가짜 전쟁

서문

 이 책에 선별적으로 수록된 일련의 에세이는 내가 수년간 일간지와 — 고작해야 전문지도 아닌 — 주간지에 쓴 기사들이다. 대부분의 글은 주제가 같은 문제를 다루고 있으며 이들 간에는 어느 정도 시간상의 간극이 존재한다.
 일상생활의 이모저모를 논평하는 활동에는 — 그럼에도 별로 구속력은 없는 — 한 가지 방법이 적용된다. 이것은 어떤 사건으로 자극된 감정을 글의 논리로 표현하고 — 독자들에게 — 생각이 읽힌 후에는 잊히기를 바라는 것이다. 나는 이 책에 수록된 글 가운데 〈전문 서적〉의 것과 신문에 게재된 것 사이에 단절의 벽이 있다고는 생각하지 않는다. 물론 어조의 차이는 엄연하게 존재한다. 정치 담론의 경우, 스포츠나 텔레비전에서부터 테러리스트의 만용에 이르는 일상의 사건들을 일상적으로 읽다 보면, 이론적 가설에서 구체적인 사례를 들추어내기보다는 구체적인 학술 용어로 결론에 도달해야 한다는 부담 없이 사건 스스로 자신을 고백하도록 만들면 그만이다. 이러한 방법은 가설을 제기할 때 이를 사실들과 대비하여 증명하는 개설서의 맥락과는 차이가 있다. 신문 기사의 경우 가설을 도출하기 위해 사실을 인용하지만 이를 어떤 구체적인 법칙으로 바꾸어야 할 의무는 없다. 가설을 제시한 후 독자의 판단에 맡기면 그만이다. 어쩌면 이것은 추측성이 농후한 사고의 한시적인 특징을 정의하는 것인지도 모른다. 퍼스는 모든 철학적 또는 과학적 발견에 〈musement의 놀이〉가 선행된다고 하였다. 이는 곧, 어떤 일이 일어날 것 같은 직감의 편력, 특정한 사실에 직면했을 때 떠오르는 질문들의 축적, 단 한 번에 많은 해결책을 제시하려는 시도라 할 것이다. 과거에 이런 놀이는 비공개적으로 그리고 사적인 편지나 일기를 지면으로 삼았다. 그러나 오늘날 신문은 지성 세계의 일기이기에 지식인은 이곳에 공적인 편지를 쓸 수 있게 되었다. 아울러 기사의 내용이 정확하지 않을지 모른다는 두려움도 커뮤니케이션의 비밀이 아니라 그 전파를 통해 중화된다.

나는 글을 쓸 때마다 전문 개념들을 모든 사람이 이해하는 언어로 서술하는지, 소소한 내용까지 지적하려고 노력하는지, 아니면 그 반대를 추구하는지를 자주 반문한다. 하지만 미학과 기호학 또는 매스 커뮤니케이션에 관한 저술에서 소개된 많은 이론이 현실에 대한 관찰의 토대 위에서 점진적으로 발전하였다고 믿는다.

이 책의 모든 글은 어느 정도는, 비언어적이거나 특정한 방식으로 진술되거나 또는 이해를 담보하지 않은 담론에 관한 내용이다. 나는 바르트가 〈기호학적 육감〉으로 정의한 것을 실천하려고 한다. 이것은 사실에 집착하는 순간에 육감을 포착하고, 행동만을 강요받을 때 메시지에 주목하고, 누구나 사물에만 집중할 때 기호를 간파하는 우리 각자 내면의 능력을 의미한다. 하지만 나는 독자들이 이 책을 기호학 연습의 계기로 삼지 않기를 바란다. 진정으로 말이다. 프랑스의 경우, 고상한 기호학을 연구했거나, 하고 있는 사람들은 스스

가짜 전쟁

움베르토 에코 지음
김정하 옮김

SEMIOLOGIA QUOTIDIANA
by UMBERTO ECO

Copyright (C) R.C.S Libri S.p.A.-Milano Bompiani 1973, 1977, 1983
Korean Translation Copyright (C) The Open Books Co., 2009

일러두기
- 에코가 단 각주는 〈원주〉라고 표기했다. 그 외의 각주는 모두 옮긴이가 달았다.

이 책은 실로 꿰매는 정통적인 사철 방식으로 만들어졌습니다.
사철 방식으로 만든 책은 오랫동안 보관해도 손상되지 않습니다.

로 뭔가를 하고 있다고 선언하고, 다른 사람들은 — 적어도 나의 생각에는 — 기호학이라고 할 수 없는 기호학을 주장하고, 또 다른 사람들은 기호학을 연구하면서 이를 부끄러워하고, 그리고 또 다른 부류는 자신의 연구로 다른 사람들에게 부끄러움을 느끼게 만든다. 어쨌든 나는 상황이 악화되는 것을 원하지 않는다. 오늘날 내가 전하는 기호학은 이미 다른 책들에 언급되었으며, 그중 두 권이 프랑스어로 번역 중에 있다. 기호학자는 신문에 글을 기고할 때 특별히 훈련된 관점을 활용한다. 그 이상도 그 이하도 아니다. 이 책의 각 장은 정치적인 의무감으로 쓴 것들에 지나지 않는다.

나의 정치적인 의무감은 독자들이 지면에 소개된 일상의 담론을 계속해서 의심하게 만드는 것을 의미한다. 여기에서 의심은 전문 기호학자라면 일목요연하게 이야기할 수 있겠지만, 그럼에도 딱히 전문성을 위해 과학적 능력이 필요하지는 않다는 것이다. 나는 이 글을 쓰면서 마치 해부학자가 된 것 같다는 느낌을 경험하였다. 물론 익숙한 솜씨로 살아 있는 유기체의 구조를 연구하고 글로 표현하지만 신문의 경우, 연구의 전제나 결론을 굳이 고집하지는 않는다. 예를 들면 전문가라는 사람이 목관절의 경련을 완화하는 데는 아침마다 머리를 오른쪽에서 왼쪽으로 스무 번 움직이고 계속해서 같은 횟수를 위에서 아래로 반복하는 것이 도움이 된다고 말하는 정도일 것이다. 이러한 〈사회적 르포르타주〉의 의도는, 모두가 알고 있는 바와 같이, 모든 독자를 해부학 전문가로 만들려는 것이 아니라, 이들이 자기 몸 근육의 움직임에 대한 구체적인 의식을, 그것도 비판적으로 가질 수 있게 하는 것이다.

나는 정치적인 활동에 대해 말하였다. 우리는 여러 방식으로 정치를 구현할 수 있다는 사실과 그리고 그중 몇 가지에 대해서는 무기력증에 빠진 많은 사람들이 이미 정치 활동의 정당성을 의심하기 시작했다는 사실을 알고 있다. 소피스트, 소크라테스, 플라톤 이후 지식인은 자신의 담론에 근거하여 정치를 구현하였다. 나는 이것만이 유일한 방법이라고 생각하지는 않는다. 그럼에도 이 방법은 작가, 연구자 그리고 과학자에게 불가피한 대상이다. 또한 지식인의 배신을 언급하는 것도 정치 참여의 한 형태이다. 따라서 신문에 글을 기고하는 것은 그 소재가 붉은 여단이든 밀랍 박물관이든 관계없이 모두 정치하는 것의 일종이다.

이것은 앞서 언급한 내용과 모순되지 않는다. 저널리즘에 대한 담론의 책임은 과학적 담론의 그것보다 크지 않다. 가설이 잠정적인 것일 뿐이라는 위험만 피하면 되기 때문이다. 즉각적인 판단과 일상적인 내기의 위험을 감수하는 것 그리고 잘 표현할 수 있다는 이론적인 확신(또는 희망)에 의해서가 아니라, 도덕적인 의무감으로 말하는 것도 정치하는 것이다.

그러나 나는 다른 이유로 신문에 글을 기고하는데, 그것은 바로 걱정과 불안감 때문이다. 나는 내가 틀리는 것이 두려울 뿐만 아니라 내가 틀렸다고 말하는 다른 사람들의 말이 옳을 수 있다는 것도 두렵다. 〈학술적인〉 서의 경우, 해결책은 모순을 피하려 노력하고, 방향 전환의 모든 사례가 고통스럽게 성숙한 사고의 결과라는 사실을 보여 주면서, 수년에 걸쳐 지속적으로 판본을 수정하여 세상에 내놓는 것이다. 그럼에도 성숙하지 못한 저자의 대부분은 그간의 세월을 인내하지 못한다. 이들은 언젠가 드러날 진실을 기다리며 침묵 속에서 자신의 사고를 성숙시키려는 노력을 경주하지 않는다. 바로 이러한 이유 때문에 가르치면서 완전하지 못한 생각을 드러내고 학생들의 반응을 기다리는 것을 좋아한다. 또한 같은 이유로 신문에 글을 기고하여 이튿날 다시 읽으며 다른 사람들의 반응을 궁금해 한다. 이것은 결코 쉽지 않은 놀이이다. 매번 찬성과 마주하여 안도하거나 또는 반대로 매번 의심에 직면하는 놀이가 아니기 때문이다. 어떤 때는 반대로 하는 것이 필요하다. 즉 동조하는 견해를 무시하고 반대의 의견들 속에서 직관의 확증을 찾는 것이 필요하다. 법칙은 존재하지 않는다. 다만 모순의 위험만이 있을 뿐이다. 월트 휘트먼도 말하지 않았던가. 〈자가당착이라고요? 그렇습니다. 자가당착이죠!〉

이러한 노력의 한 가지 사례로 이 책은 프랑스어판 제목(가짜 전쟁)이 내포하는 위험을 수용하였다. 분명히 이 책의 모든 글은 방식에 상관없이, 다른 무언가를 내포하는 담론에 대해 이야기하고 있다. 착각의 전략이 바로 그것이다. 하지만 우리는 가짜와 진짜를 비교하는 데 지나치게 익숙하기 때문에, 제목을 본 독자는 이 책의 글들이 사물의 진실을 추구하는 거짓된 담론에 대해 이야기할 것이라고 추측한다. 거짓 담론에 관한 분석에 앞서 진실에 대한 평안하고 너그러운 형이상학이라도 기대하는 것처럼 말이다. 물론 이것은 사실이 아니다. 이 책의 궁극적인 목표는 다른 담론을 드러내기 위한 담론이다. 즉, b를 암시하기 위해 a를 의미하는 담론, 또는 a를 말하지만 사실은 b로 해석될 수 있는 담론, 또는 다른 무언가를 말하면서 그 자체의 취약성과 모순 그리고 불가능을 감추고 있는 담론이다.

이 책이 독자에게 전달하려는 게 있다면, 그것은 담론을 통해 사물을 드러내는 것이 아니라, 그 반대로 사물을 통해 담론을 드러내는 것이다. 따라서 이 책의 글들이 신문에 기고하기 위해 쓰였다는 것은 이러한 순리에 순응하는 이치에 해당한다. 매스 미디어로 매스 미디어를 비판하는 것은 정치적인 선택이다.
 이것이야말로 〈매스 미디어로 재현된〉 세계에서 우리가 할 수 있는 유일한 자유 선택인 셈이다.

차례

5   서문

1 극사실주의 세계로의 여행   15

고독의 요새   17
사탄의 말구유   30
매혹의 성   44
구원의 수도원   59
로봇들의 도시   72
『1984년』의 생태학과 육화된 코카콜라   85

2 새로운 중세   99

3 지하 세계의 신들   131

『플라네트』의 신비   133
신성   141
인민 사원의 자살   149
오릭샤는 누구의 편인가?   160

국가의 심장부를 강타하기	174
그들은 왜 감방에서 웃고 있을까?	182
이성의 위기	189
교수형에 관한 대화	199

4 ___ 지구촌 연대기

207	
209	기호학의 게릴라
221	미디어의 증가
229	투명성의 상실
256	문화 유행의 방식들
267	볼거리로서의 문화
275	스포츠에 대한 수다
284	월드컵과 허영
291	위조

5 ___ 사태 읽기

	301
텔레비전 방송	303
대상으로서의 두 부류: 멋진 것과 흉한 것	314
바르바라 부인	318
엉덩이에 대한 사고	322
카사블랑카	328
한 장의 사진	336
카탈로그 소개하기	342
대작은 그 값이 얼마나 갈까?	350

6 철학의 위안   359

중단된 사고   361

새로운 철학자들   384

언어, 권력, 힘   390

토마스 아퀴나스에 대한 찬사   411

희극과 규칙   427

441   찾아보기

447   옮긴이의 말

451   움베르토 에코 연보

1
극사실주의 세계로의 여행

고독의 요새

아름다운 두 소녀가 벌거벗은 채 마주 보면서 쭈그리고 앉아 있다. 관능적인 눈길로 서로를 애무하고 키스하며 상대의 젖꼭지를 혀로 핥아 주고 있다. 두 소녀는 실린더같이 생긴 투명한 플라스틱 통 속에서 움직이고 있다. 관음증 환자가 아니더라도 어깨 너머로 보거나 좀 더 잘 보려는 마음에 실린더 통의 반대편으로 돌아간다. 그러면서 작은 기둥에 부착된 실린더에 가능하면 1미터도 안 되는 곳까지 접근하거나 위에서 내려다보려고 애를 쓴다. 실제로 두 소녀는 그 통 속에 존재하지 않는다. 이것은 홀로그래피 학교Scuola di Olografia가 뉴욕에서 주최한 많은 (홀로그래피 효과) 전시회들 가운데 하나에 전시된 작품이다.

1950년대에 데니스 가보르Dennis Gábor는 획기적인 레이저 광선 기술인 홀로그래피를 발명하여 3차원의 한계를 뛰어넘는 놀라운 입체 효과의 컬러 사진을 보여 주는 데 성공했다. 이 마술 상자 속에는 작은 말이나 기차도 등장한다. 원한다면 과거에 불가능했던 사물의 이면들도 들여다볼 수 있다. 만약 이 상자가 둥글다면 사물의 모든 측면까지도 관찰이 가능하다. 또한 기술적으로 피사체의 움직이는 동작을 사진으로 찍을 수 있다면 이 역시 우리의 눈앞에서 전개될 것이다. 만약 우리가 움직이면서 위치를 바꾼다면 때로는 윙크하는 소녀의 모습도, 때로는 손에 든 캔 맥주를 마시는 어부의 모습도 볼 수 있다. 이것은 결코 영화가 아니다. 오히려 3차원의 실물로서 우리가 볼 수 없는 곳에서도 존재한다. 따라서 이것을 보기 위해서는 몸을 그쪽으로 움직이기만 하면 된다.

홀로그래피는 하찮은 장난감이 아니다. 미국 항공 우주국 NASA은 이것을 연구하여 우주 탐사에 이용하고 있으며 의학에서도 문제의 신체 부위를 실제 상태 그대로 보여 주기 위해 이것을 활용하고 있다. 또한 항공 사진 분야는 물론, 산업계에서도 이를 이용하여 물리적인 변화를 관찰하고 있다. 한때 극사실주의를 추구하면서 이를 통해 굶주린 욕망의 배를 채우려 했던 예술가들도 이 기술에 호기심을 보인다. 미국 샌프란시스코의 주술 박물관 정문에는 사상 최대 크기의 홀로그래피가 설치되어 있는데, 가장 멋진 마녀의 모습을 한 악마의 홀로그램이다.

홀로그래피는 유독 사실주의에 집착하는 미국에서만 유행하고 있다. 만약 회상하고 싶은 대상을 믿을 만한 것으로 보이게 하려면 절대적인 도상, 즉 실물과 거의 유사한 복사판이거나 또는 실물인 것처럼 착각하게 만들어야 한다.

유럽의 지식인과 유럽화된 미국인들은 이 나라를 유리와 강철로 세워진 고층 빌딩과 추상 표현주의의 고향으로 생각한다. 아울러 미국은 1938년 이후 여러 만화들에 등장하는 초인적인 영웅인 슈퍼맨의 조국이다. 미국의 슈퍼맨은 때때로 자신의 추억 속으로 숨어 버리려고 한다. (그럴 때면) 하늘에 닿을 듯이 치솟은 산맥으로 날아가 그 높은 곳 바위들의 중심부에서 거대한 강철 문으로 보호받는 고독의 요새에 안주한다.

이곳에서 슈퍼맨은 자신을 완벽하게 빼닮은 로봇들을 거느리고 있다. 그는 전자 기술의 기적이나 다름없는 부하들을 차례로 세상에 보내, 세계 도처에 자신의 존재를 알리려는 정당한 편재(遍在)의 욕망을 과시한다. 겉모습이 진짜처럼 보이기 때문에 이들이 로봇이라는 사실은 정말로 믿기지 않는다. 이들은 톱니바퀴로 구성된 몸체에서 삑삑거리는 소음을 내는 기계 인간이 아니다. 오히려 완벽한 인간 복제품으로서 피부, 목소리, 운동 능력과 의사 결정 능력을 소유하고 있다. 슈퍼맨은 이 요새를 기억의 박물관으로 사용한다. 그는 이곳에 모험으로 점철된 자신의 삶에서 경험한 모든 것을 완벽히 복제하여 기록하거나 세밀화 원본으로 보관한다. 특히 후자의 대표적인 사례로는 크립톤 행성이 멸망할 때 유일하게 살아남은 도시 칸도르Kandor이다. 그는 건물, 고속도로, 남자와 여자들을 작은 크기로 축소하여 논나 스페란차[1]의 응접실처럼 생긴 유리 덮개 아래에서 살아가도록 했다. 슈퍼맨이 자신이 겪은 과거의 모든 추억을 보존하는 치밀함은 중세 영주들의 보물들이나 그 이전 그리스-로마 시대의 수집품들로 넘쳐 나는, 독일 바로크 문명에서나 볼 수 있는 〈분더카머Wunderkammer〉, 즉 〈감탄을 자아내는 방〉을 연상시킨다. 이러한 고대 수집품들 중에는 그리스 동상들 사이로 유니콘의 뿔이 보인다. 또한 이 방에는 그 이후 시대의 것으로서 역시 기계로 된 말구유와 자동으로 움직이는 기계인

---

[1] 에코가 언급한 논나 스페란차Nonna Speranza는 이탈리아의 시인 구이도 고차노(Guido Gozzano, 1883~1916)의 시 「논나 스페란차의 벗L'amica di Nonna Speranza」을 의미한다. 이 시는 응접실 벽난로 옆에서 어린 시절 자신만의 소중한 물건이나 기억의 흔적들을 담아 두던 작은 사물함에 대한 이야기를 들려주던 할머니의 모습을 회상하는 내용으로 되어 있다.

1___극사실주의 세계로의 여행

형, 귀금속으로 만든 소리 내는 닭, 정오가 되면 어김없이 난쟁이들의 퍼레이드를 보여 주는 시계 등도 놓여 있었다. 초기에 슈퍼맨의 세심함은 진정 놀라운 것처럼 보였던게 사실이다. 물론 오늘날 〈감탄을 자아내는 방〉은 더 이상 감탄의 대상이 아니지만, 당시만 해도 스포에리²식 일상의 파편들(제멋대로 식사한 후 아직 치우지 않은 식탁, 헝클어진 침대 등) 혹은 아르망³식으로 유리 상자 안에 시계 케이스를 쌓아 놓는 포스트 앵포르멜 예술의 관행들이 보편화되지 않았기 때문이다. 뿐만 아니라 어린 시절의 기억들을 노트에 기록으로 남겨 예술 작품으로 내놓는 아네트 메사제⁴의 수집품들로 상징되는 포스트 컨셉추얼 방식의 관행들도 아직은 나타나지 않고 있었다.

정말 놀라운 것은 슈퍼맨이 회상을 목적으로 지난 과거의 기억들을 그레뱅 박물관에나 있을 법한 거대한 실물의 밀랍 조상(彫像)으로 복제해 놓았다는 사실이다. 아직 극사실주의자들의 동상은 그 어디에서도 보이지 않는다. 하지만 나중까지도 이들이 추상이나 데포르마시옹⁵ 팝 문명에 저항하기 위해 등장한 기묘한 아방가르드 예술가들이었을지 모른다는

---

2 Daniel Spoerri. 루마니아 태생의 현대 미술가로 먹다 남은 음식, 식탁 등을 소재로 한 작품을 선보였다.

3 Arman(1928~2005). 본명은 Armand Pierre Fernandez. 프랑스의 현대 미술 작가. 같은 물건을 대량으로 모아 놓은 「집적(集積)」 시리즈, 당대의 폐기물을 유리 상자에 넣어 만든 「소포」 시리즈 등 일상의 물건을 아상블라주(집적)하여 소비 문명의 반문명적 불합리성을 상징적으로 보여 주었다.

4 Annette Messager. 프랑스 현대 미술의 대표적인 여성 작가. 박제된 새나 천과 실을 이용해 만든 동물 인형이 작품에 종종 등장한다. 그 가운데 「기숙사 학생」은 여러 개의 유리 진열장 안에 박제된 새들을 설치해 놓은 작품으로 큰 화제가 됐다.

5 *déformation*. 자연을 대상으로 한 사실 묘사에서 특정 부분을 강조하거나 왜곡하여 변형시키는 미술 기법.

생각이 지배적이었다. 이와 같이 슈퍼맨의 독특한 박물관 취향은 그의 독자들에게는 미국인의 사고와 취향에 부합하지 않는 것처럼 보였던 것이 사실이다.

하지만 미국에는 밀랍 조상, 자동 기계 장치, 기이한 수집품들을 갖춘 고독의 요새들이 수없이 존재한다. 따라서 현대 예술 박물관과 예술 화랑의 경계를 넘어 평범한 가정, 관광객, 정치인 모두가 속한 또 다른 보편의 세계로 들어갈 필요가 있다.

가장 충격적인 고독의 요새는 존슨 대통령이 생전에 지은 자신의 기념관 겸 피라미드로서, 나중에 개인 묘지로 쓰기 위해 텍사스의 오스틴에 건립한 것이다. 나는 현대 제국주의 스타일의 거대한 구조물과 대통령의 모든 정치 활동에 대한 기록물을 보존하고 있는 4만 개의 붉은 문서함, 초상화 혹은 죽은 남편의 삶을 방문자들에게 설명하는 존슨 부인의 목소리를 이야기하자는 것이 아니다. 그보다는 오히려 존슨 전 대통령의 학창 생활과 신혼여행 사진들, 대통령 부부의 해외여행을 방문자들에게 보여 주는 필름들, 딸 루시와 린다의 웨딩드레스, 실제 크기로 재현된 백악관 집무실, 무용가 마리아 톨치프Maria Tallchief가 신었던 붉은 구두, 피아니스트 반 클리번Van Cliburn의 자필 악보, 뮤지컬 가수 캐럴 채닝이 「헬로 돌리Hello Dolly!」에서 머리에 썼던 깃털 모자(이러한 유품들은 예술가들이 백악관에서 전시했다는 이유로 모두 이곳에 수집되었다), 여러 나라의 대사들이 가져온 선물, 인디언 깃털 머리띠, 성냥으로 만든 초상화, 카우보이모자 형태의 감사패, 성조기 모양으로 수를 놓은 받침용 레이스, 타이 국왕이 선물한 칼, 우주인이 가져온 월석에 대해서 말하고 있다. 존슨 대통령 도서관은 고독의 요새, 즉 천재적인 서사 예술,

밀랍 박물관, 자동 기계 장치들의 소굴이다. 이 모든 것은 미국 보통 사람들의 상상력과 취향이 계속해서 유지되고 있다는 사실을 말해 준다. 그리고 이러한 이유로 과거가 실제 크기로 완벽하게 복제되어 보존되어야 한다는 당위성이 설득력을 얻는다. 즉 복제를 불멸로 간주하는 철학이 존재한다는 것이다. 불멸의 철학적 개념은 자신과의 관계, 지난 세월과의 관계, 그리고 때로는 자신의 현재로 이어지는 관계, 즉 역사, 적어도 유럽 전통과의 관계를 지배한다.

백악관의 모든 집무실을 대상으로 그 모형을 복제한다는 것(동일한 재료와 같은 색을 사용하지만, 광택과 윤기가 월등하며 손상도 훨씬 덜하다)은 백악관이 역사적 정보로 남기 위해 다시 재생된 모습을 갖추어야 한다는 것을 의미한다. 진짜와 같은 인상을 주려는 것들에 대해 이야기하기 위해서는 이것들이 진짜처럼 보여야만 한다. 〈완벽한 진짜〉는 〈완벽한 가짜〉와 동일시된다. 완벽한 허구는 실제 존재로 여겨진다. 복제된 백악관 집무실의 경우에 어떤 〈기호〉를 부여한다면 우리는 분명 쉽게 잊어버릴 것이다. 즉 기호는 구체적인 그 어떤 것이 되기를 열망하며 되돌림/되돌아감의 차이와 대체의 메커니즘을 없애려고 한다. 이것은 어떤 사물의 이미지가 아니라 그 재료인 석고나 또는 복제한 것의 이미지에 지나지 않는다.

이것이 미국의 취향이란 말인가? 물론 프랭크 로이드 라이트, 시그램 빌딩, 즉 미스 반 데어 로에의 마천루에 대한 것은 아니다. 또한 뉴욕파[6]나 잭슨 폴록의 취향도 아니다. 더구나 자신의 척하는 행동을 만방에 고함칠 정도로 진실한 현실을

---

6 1940년대 초 뉴욕에서 형성된 미국의 화파로 추상 표현주의, 추상 인상주의, 액션 페인팅 등 여러 그룹을 포괄하고 있다.

재생하는 극사실주의자들의 취향은 더더욱 아니다. 오히려 극사실주의자들이 어느 정도의 대중적 감수성과 장인의 세련된 능력으로 자신들의 영감을 이끌어 내는지, 그리고 무슨 이유로 이러한 성향을 과대 포장하는지를 이해할 필요가 있다. 하여튼 팝, 미키 마우스 혹은 할리우드 영화의 주체가 아니라 극단적 사실주의에 빠진 미국이 존재한다. 그 외에도 매우 비밀스러운 또 하나의 미국이 존재한다(이 미국도 앞선 다른 두 미국과 마찬가지로 공공성을 가지고는 있지만, 유럽의 방문객들은 물론, 심지어 미국 내의 지식인들 사이에서도 비웃음거리가 되고 있다). 즉 이러한 비밀스러운 미국은 결국 박식한 문화와 오락 산업의 생산품들에까지 일련의 구제책과 영향력을 확대한다. 지금부터 이러한 미국을 찾아보기로 하자.

순례의 수많은 여정에서 만나게 될 다양한 형태의 모든 대상을 확인할 수 있도록 해주는 아리아드네[7]의 붉은 실을 가지고 여행을 시작해 보자. 우리는 순례의 대상을 광고들에 넘쳐나는 두 가지 유형의 슬로건을 통해 확인할 수 있다. 슬로건의 첫 번째 유형인 〈진짜 *the real thing*〉는 코카콜라가 광고에 널리 이용하고 있으며, 보통의 언어에서도 과장된 공식으로 사용되고 있다. 지면에서 보거나 텔레비전으로 들을 수 있는 두 번째 유형은 〈좀 더 *more*〉이다. 보통은 〈아직 더〉를 의미하는 표현이지만, 〈보다 더〉의 형태를 가진다. 사람들은 〈프로그램이 잠시 후 계속됩니다〉라고 말하지 않는다. 이보다는 〈좀 더 있습니다〉라고 말한다. 뿐만 아니라, 〈커피를 더 주시겠습니까 혹은 커피를 한 잔 더 주시겠습니까〉라고 하기보다는 〈커피를 좀 더 주시겠어요〉라고 표현한다. 또한 그 담배가

---

[7] 그리스 신화에 나오는 크레타 섬 미노스 왕의 딸로 아테네의 영웅 테세우스가 미궁 속 괴물 미노타우로스를 없애고 미궁에서 빠져나올 수 있도록 돕는다.

더 길다가 아니라 〈좀 더 많이 피울 수 있습니다〉라는 표현을 즐긴다. 평상시에 가진 것보다 더 많이, 원하는 것보다 더 많이 버릴 수 있는 것, 이것이 바로 복지이고 행복이다.

우리는 여기에서 극사실주의적 세계로의 여행을 위한 명분을 찾을 수 있다. 미국인의 상상력이 진품을 원하고 이를 위해서 절대적인 가짜를 실현해야 하는 경우를 발견하는 것이 본 여행의 궁극적인 목표이다. 오락과 환상의 경계가 혼란스러운 곳에서 예술 박물관은 바로크 양식의 경이로움에 오염되었으며, 거짓은 〈가득함〉과 〈비어 있는 것에 대한 공포〉를 느끼는 상황에서 활개를 친다.

첫 여행지는 뉴욕 시립 박물관이다. 이 박물관은 페터 스튀브산트Peter Stuyvesant와 네덜란드인들이 단돈 24달러를 주고 인디언들로부터 맨해튼을 사들인 때부터 우리 시대에 이르기까지 이 대도시의 탄생과 성장 과정을 증언한다. 박물관은 세심한 노력, 역사적 고증, 시간적 거리감(동부 해안에 앞서 서부 해안이 우선적으로 가지고 있던)에 대한 감각, 그리고 놀라운 교육적 상상력의 결실이다. 더욱 효과적이고 덜 지겨운 교육용 기계들 중의 하나가 일정한 비율에 따라 대상을 재구성한 소형 세트, 소형 극장 혹은 마구간이라는 사실에는 의심의 여지가 없다. 박물관은 크리스털 유리 속의 작은 마구간들로 활력이 넘친다. 이곳을 방문하는 수많은 아이들은 〈여기 좀 봐, 월 스트리트가 있어〉라고 말한다. 이는 이탈리아 아이들이 〈야, 여기 베들레헴이 있네. 당나귀와 황소도 있어〉라고 말하는 것과 마찬가지다. 오히려 소형 세트는 현실의 대용품이지만, 더 그럴듯해 보인다. 왜냐하면 그 옆에 양피지나 동판과 같은 문서가 있는 경우, 소형 세트는 동판의 그것보다 더 진짜처럼 보이기 때문이다. 그러나 동판이 없다면 — 소형 세트가 그림보다 더 효율적이고 활기차게 보이는 것이 사실이지만 — 소형 세트의 근처에는 마치 당시의 그림인 것처럼 보이는 소형 세트의 컬러 사진이 마련되어 있다. 때에 따라서는 정말 당대의 그림이 걸려 있기도 하다. 이럴 때면 페터 스튀브산트의 17세기 초상화가 존재하는 것 같은 전설이 만들어진다. 교육적인 측면에 치중하는 유럽의 박물관이었다면 컬러 복제 사진을 전시했을 것이다. 반면에 뉴욕의 박물관은 키 30센티미터짜리의 3차원의 작은 동상을 전시하고 있다. 이 동상은 그림의 페터 스튀브산트와 동일한 모습 그대로를 재현하고 있다. 한 가지 다른 것이 있다면 그림에서는 페터의 정면이나 측면의 모습만을 볼 수 있지만, 동상에서는 모습 전체, 심지어는 엉덩이까지도 볼 수 있다는 사실이다.

그러나 이 박물관은 일보 진전된 면모를 자랑한다(그렇다고 이곳이 세계 유일의 박물관은 아니며, 최고 수준의 민족 박물관들도 이와 동일한 기준을 준수한다). 즉 뉴욕의 박물관은 내부의 모든 전시품을 존슨 대통령의 집무실처럼 실물과 동일한 크기로 재구성했다. 멕시코시티에서 가장 유명한 인류학 박물관에서는 상인, 전사 그리고 사제들의 모습도 목격할 수 있는 매우 인상적인 아스테카 광장을 재현해 놓았다. 물론 진품 유물들도 진열되어 있다. 하지만, 석회로 완벽하게 재현한 경우에는 복제품이라는 사실을 분명하게 밝혔다. 뉴욕의 박물관에도 고고학적으로 가치 있는 진품들이 전시되어 있다. 또한 진품과 복제품을 구분하고 있다. 이들을 구분하기 위해서는 전시품을 덮고 있는 유리 상자 옆에 놓인 안내문을 볼 필요가 있다. 그러지 않고서는 관람객이 그 속에 함께 섞여 있는 복제품과 진품 그리고 밀랍 인형의 진위 여부를 구분하는 것은 불가능하다. 이러한 현상이 발생하는 것은 전시실 설치가들이 비판받지 않을 교육적 명분을 의식하여, 일반 관람객들이 문헌학이나 고고학의 전문 지식이 없이도 과거의 분위기에 쉽게 빠져들도록 배려했기 때문이다. 이유는 그뿐만이 아니다. 복제되었다는 사실 그 자체가 이미 〈과거의 평준화〉, 복제와 진품의 혼합에 대한 원죄 의식을 동반하기 때문이다. 이러한 의미에서 1906년의 하크니스 플래글러Harkness Flagler 부부 저택의 응접실을 완벽하게 재현한 거대한 진열장은 대표적인 사례로 꼽힌다. 불과 70여 년 전의 개인 저택이 고고학적 유물로 전시되고 있다는 사실은 참으로 놀라운 일이다. 이것은 미국 문명이 공상 과학과 향수 어린 회한들이 쉼 없이 교차하는 자신의 길목에서 현재를 게걸스럽게 소비하고, 계속해서 모든 것을 서둘러 과거의 것으로 만들어 버린 결과이다. 거대한 규모의 레코드 가게에는 보통은 〈과거에 대한 향수〉라는 독특한 명칭의 코너가 설치되어 있는데, 이곳에는 1940년대, 1950년대를 보여 주는 전시실들과 더불어 1960년대와 1970년대의 전시실들도 마련되어 있다.

그러나 하크니스 플래글러 부부의 저택은 본래 어떤 모습이었을까? 안내문에서 알 수 있듯이, 이 저택의 응접실은 황도 12궁이 묘사되어 있는 만토바 공작의 저택 응접실을 응용하여 만들었다. 천장은 현재 아카데미아 미술관에 소장되어 있는 베네치아 성당 건축 양식의 아치형 천장을 모방했다. 벽면은 라파엘로 시대 이전의 폼페이 스타일을 흉내 낸 것이고, 작은 벽난로 상단의 벽화들은 피에르 세실 퓌비 드샤반[8]

---

8 Pierre Cécile Puvis de Chavannes(1824~1898). 19세기 후반에 활동한 프랑스의 상징주의 화가. 고대 설화의 주제들을 이상적으로 표현하거나 우의적으로 그린 작품들에서 단순한 형태와 율동적인 선, 얇고 평면적인 프레스코 기법의 채색을 특징으로 하는 양식을 개발했다.

을 상기시킨다. 진품보다 더 진짜 같은 1906년의 저택은 박물관의 유리 진열대에서 진품 같은 자태를 뽐내고 있다. 때문에 응접실의 어떤 물품들이 진짜이고 또 어떤 것들이 분위기 연출을 위한 모조품인지 거의 구분이 가지 않는다(식별한다고 해도 별 소용이 없다. 왜냐하면 모조의 모조품들이 완벽에 가까울 정도로 정교해서 골동품상의 돈을 받고 일하는 도둑들이나 그 진위 판단에 어려움을 토로할 것이기 때문이다). 물론 가구들은 진품이지만 — 나는 이것들이 값나가는 진품 골동품이라 생각한다 — 천장의 진위 여부에 대한 정확한 판단에는 자신이 없다. 하지만 여주인과 여종, 그리고 한 여자 손님과 함께 있는 어린아이의 인형은 모두 진품이다. 또한 인형이 걸치고 있는 의상들도 모두 1906년 당시의 것이다.

그러면 도대체 무엇이 불만일까? 이러한 주변의 모습 전체를 무겁게 짓누르는 영안실 같은 느낌이 못마땅한 것일까? 그것도 아니면, 이러한 순진한 관람객이 주변의 분위기를 마치 절대적인 진실로 착각하는 것이 내심 불쾌한 것일까? 부르주아의 세계를 그대로 반영한 모형에 대한 혐오감일까? 이도 저도 아니라면 어쩌면 박물관이 제공하는 두 가지 종류의 안내문, 즉 벽화들에 대한 전문적인 내용을 알고 싶어 하는 열람자들에게 고고학적 내용을 제공하는 것과 별다른 목적의식 없이 가벼운 마음으로 이곳을 방문한 사람들에게 거짓과 진실, 근대와 고대를 한 공간에 뒤섞어 놓은 것에 대한 불쾌감의 표현은 아닐까?

마술 같은 과거와의 만남으로 한껏 흥이 난 관람객들이 19세기적인 취향의 값싼 예술품에 존경심을 갖는 것이 못마땅하기 때문일까? 그것도 아니라면 빈민가에서 왔는지 혹은 거대한 빌딩들의 도시나 유럽의 역사를 교육하지 않는 학교에서 견학을 왔는지와 상관없이 관람객들이 과거에 대해 조금이나마 생각을 하게 되는 것 때문일까? 왜냐하면 난 이곳에서 한 무리의 흑인 학생들이 매우 흥분된 표정으로 즐거워하면서, 마지못해 끌려온 듯한 표정으로 루브르 박물관을 일주하는 유럽의 백인 학생들보다 더욱 적극적으로 관람하는 광경을 보았기 때문이다. 출구에서는 그림엽서나 역사책 그리고 맨해튼 매입 문서에서 미국 독립 선언문에 이르기까지 복제된 역사 문서들을 판매하고 있다. 사람들이 이것들을 바라보면서 〈낡고 오래된 것처럼 보인다〉고 말한다. 만져 보면 정말 낡은 것처럼 느껴질 뿐만 아니라, 오래된 냄새를 풍기기 때문이다. 이 정도 수준이면 거의 진품이나 다름없다. 유감스럽게도 고서체로 흉내 낸 맨해튼 매입 문서는 영어로 기록되어 있다. 반면에 진본은 네덜란드어로 쓰여 있다. 그러므로 이 문서는 팩시밀리가 아니라, 조금 낯선 단어로 말하자면 팩시밀리와는 약간 다르다는 의미의 〈팍디베르소 *fac-diverso*〉라고 할 것이다. 이것은 하인라인이나 아시모프의 소설을 읽듯이 시간에서 벗어나 여러 세기가 공존하는 시공의 안개 속으로 들어가는 듯한 느낌을 준다. 캘리포니아 해안에 위치한 밀랍 박물관들 가운데 한 곳을 방문하여 모차르트와 카루소가 같은 테이블에 앉아 있고 헤밍웨이가 어깨 너머에 서 있으며 다른 테이블에서 셰익스피어가 손에 커피 잔을 들고 베토벤과 대화를 나누고 있는 모습을 목격한다면 지금의 내 기분에 공감할 것이다.

한편 롱아일랜드의 올드 베스페이지 빌리지에서는 19세기 초반의 한 농가를 복원하려는 시도가 한창 진행 중이다. 그러나 말 그대로 과거를 있던 그대로 재현한다는 것은, 예를 들어 가축도 당시의 것과 동일해야 한다는 것을 의미한다. 하지만 그 이후 오늘날까지 양들은 더욱 정교해진 교배 방식의 영향으로 놀랍도록 진화했다. 그때만 해도 양들의 코는 검고 몸에 털도 없었지만, 지금의 양들은 흰 코에 털북숭이이다. 환경 고고학자들은 다시금 종의 교배를 통해 양들을 과거의 상태로 되돌리려는 〈퇴보적 진화〉에 노력을 기울이고 있다. 그러나 미국의 목축업 협회는 시대의 생물학적 진보를 모독하는 이러한 행위를 강도 높게 비판한다. 그리하여 과거로의 전진을 주장하는 이들과 미래로의 전진을 지지하는 이들의 입장이 상호 날카롭게 대립하고 있다. 어느 쪽이 공상 과학주의자들이고 어느 쪽이 실제로 자연을 왜곡하는 자들인지는 알 수 없다. 그럼에도 진짜를 위한 투쟁에서 우리의 기나긴 여정은 이곳에서 막을 내리지는 않을 것 같다. 〈좀 더 기다려 볼 일이다!〉

『레스프레소』(1975)

사탄의 말구유

샌프란시스코의 피셔맨스 워프는 레스토랑, 여행자들의 시선을 끄는 기념품 가게 그리고 아름다운 조개와 게와 가재 그리고 굴을 구워 먹을 수 있고 프랑스 빵까지 맛볼 수 있는 이탈리아식 노점들이 즐비하게 늘어선 명소이다. 사람들이 오가는 도로에서는 흑인과 히피들이 즉석에서 연주를 한다. 그리고 이들 뒤에 펼쳐진 바다에는 수많은 범선들이 정박해 있어, 알카트라스 섬과 함께 세상에서 가장 아름다운 만(灣)의 모습을 연출한다. 그리고 이곳에는 네 개의 밀랍 인형 박물관이 연이어 붙어 있다. 밀랍 인형 박물관은 파리, 런던, 암스테르담 그리고 밀라노에도 각각 하나씩 있다. 그런데 이들은 도시의 전경에서 소외된 채, 뒷골목에 위치하고 있다. 그러나 이곳 피셔맨스 워프에는 밀랍 박물관이 관광객들의 발걸음이 붐비는 곳에 자리 잡고 있는데, 그 정확한 위치는 유명한 차이니스 시어터에서 조금 떨어진 로스앤젤레스 최고 번화가인 할리우드 불러바드이다. 미국 전역에는 수많은 밀랍 박물관이 있는데, 박물관 홍보용 전단들을 거의 모든 호텔에서 쉽게 발견할 수 있는 것을 보면 상당한 관심의 대상인 것 같다. 로스앤젤레스 주변만 해도 무비랜드 밀랍 박물관, 리빙 아트 박물관이 있으며 뉴올리언스에는 콘티 밀랍 박물관, 플로리다에는 마이애미 밀랍 박물관, 세인트오거스틴에는 포터 밀랍 박물관, 올랜도에는 명예의 전당 밀랍 박물관, 세인트피터즈버그에는 튀소 밀랍 박물관이 있으며 그 외에 테네시의 개틀린버그, 뉴저지의 애틀랜틱시티, 콜로라도의 에스테스 파크, 시카고 등에도 밀랍 박물관이 있다.

유럽의 밀랍 박물관들의 전시 품목들 가운데 가장 잘 알려진 것은 카이사르부터 교황 요한 23세에 이르는 밀랍 인형으로 이들은 마치 살아 숨 쉬고 말하는 것처럼 보인다. 보통 밀랍 박물관의 환경은 마치 상점과 같고 한결같이 약간은 정적이고 침체된 느낌이다. 그러나 미국의 밀랍 박물관은 이와 대조적으로 화려하고 공격적인 인상을 준다. 뿐만 아니라 고속도로 주변에는 이미 몇 킬로미터 떨어진 곳에서도 볼 수 있을 만큼 커다란 크기의 광고 표지판들이 설치되어 있다. 밤의 어둠을 뚫고 화려한 조명의 강렬한 빛을 발산하면서 끝없이 회전하는 광고탑들이 이곳을 지나는 사람들의 호기심을 잔뜩 부풀려 놓는다. 밀랍 박물관에 들어서면 입구에서부터 인생의 가장 감각적인 순간을 체험하게 될 것이라는 말을 시작으로 여러 장면들에 대한 감동적인 어조의 장황한 설명이 이어진다. 이 순간은 재현된 역사와 종교 의식들, 영화배우들과 동화와 모험극의 등장인물들에 대한 찬미가 한데 뒤섞여 버리며, 유혈의 잔혹함과 공포에 집요하게 매달림으로써, 결국에는 정말 진짜처럼 보이게 하려는 이른바 복제 노이로제의 증상을 여지없이 드러낸다. 캘리포니아의 부에나 공원에 있는 무비랜드 밀랍 박물관의 경우, 진 할로Jean Harlow가 의자에 길게 누워 있고 그 옆 작은 탁자에는 당시의 잡지 복사본이 놓여 있다. 반면, 찰리 채플린Charles Spencer Chaplin이 살던 방의 사방은 세기 초의 온갖 포스터들로 가득하다. 이러한 장면들이 연속적으로 이어지면서, 깜깜한 어둠 속 밀랍 인형들이 놓여 있는 벽감(壁龕)들 사이에는 더 이상의 빈 공간이 없어 보인다. 차라리 이것은 느낌의 정도를 높여 주는 실내 장식과 같은 효과를 나타낸다. 보통은 거울들이 있어서, 오른쪽에서는 드라큘라가 관을 열고 나오는 장면을 볼 수 있으며 왼쪽에서는 관람자들이 거울에 반사된 드라큘라의 바로 곁에 위치한 자신들의 얼굴을 보게 된다. 한편으로 살인마 잭 또는 예수의 모습도 어른거리는데, 이는 각과 곡선, 그리고 원근법의 효과로 인해 어느 것이 진짜이고 환영인지 분간하기가 거의 불가능해 보인다. 때로는 매혹적인 장면을 목격하기도 한다. 즉 한 인물이 오래된 공동묘지의 어둠 속으로 사라지는데, 나중에 관람객들은 그가 바로 자신이었다는 것을 알게 된다. 공동묘지의 모습은 지난 19세기 파리의 무덤들을 도굴하던 자들의 끔찍한 이야기를 재현하고 있다.

무비랜드 밀랍 박물관에서는 의사 지바고와 라라가 썰매를 타던 눈 덮인 초원이 펼쳐진다. 그러나 이곳에 들어가기에 앞서 사람들은 두 연인이 살게 될 오두막을 통과한다. 천장이 무너져 내려 마룻바닥에는 흰 눈이 산처럼 쌓여 있다. 이곳에서 관람객들은 감흥에 젖어 자신을 지바고로 착각한 채, 이러한 심정적 변화가 진짜 같은 인물들 때문인지, 자연스러운 동작들 때문인지, 아니면 달콤하게 흘러나오는 「라라의 테마」때문인지 자문하게 된다. 그러고는 이내 이곳의 기온이 실제로 영하라는 사실을 알게 된다. 왜냐하면 모든 것이 실제 그대로의 모습으로 비쳐야 하기 때문이다. 이곳에서는 현실이 곧 영화이다. 그러나 밀랍 박물관의 또 다른 특징은 역사 현실의 개념이 매우 민주적인 것으로 보인다는 데 있다. 마리 앙투아네트의 규방이 구석구석까지 매우 세심하게 재현되었다면 앨리스가 매드 해터와 만나는 장면 역시 그러하다.

모차르트를 구경한 후에 톰 소여를 보거나 또는 제자들 앞에서 산상 수훈을 행하는 예수를 본 후에 원숭이 혹성의 동굴로 들어가면 실제 세계와 가능 세계의 논리적 구분이 완전히 불가능해진다. 이곳은 평균 60~70개 정도의 주제 공간이 영화와 종교와 역사 그리고 여행의 세계를 구성하고 있으며 밀랍으로 제작된 2백~3백 명 정도의 인물들이 진열되어 있는 훌륭한 박물관이지만, 관람을 모두 마칠 무렵에는 이 같은 상태의 혼란을 피할 수 없는 것도 사실이다. 인물들 가운데 링컨과 파우스트 박사는 중국의 사회주의적 현실주의에 입각해서 재구성된 것처럼 획일적인 모습이며 폴리치노[1]와 피델 카스트로는 존재론적 차원에서 동일한 공간에 공존한다.

이러한 해부학적 정밀함과 광적인 냉철함, 끔찍할 정도로 특별한 정확성(따라서 만약 이 밀랍 인형들의 사지가 절단된다면 의대에서 사용하는 플라스틱 인체와 같이 잘 정돈된 상태로 배 속의 창자가 밖으로 드러날 것만 같다)은 우리의 머릿속에 몇 가지 전례를 떠올리게 한다. 그 첫 번째는 피렌체에 있는 스페콜라 밀랍 박물관에 진열되어 있는 신고전주의 스타일의 밀랍 인형들로, 여기서는 섬뜩한 사디즘과 결탁한 카사노바적인 야심이 노골적으로 드러난다. 또한 성 바르톨로메오의 밀랍 인형들은 근육이 한 겹씩 벗겨지는 모습으로 해부학 실험실을 장식하고 있다. 게다가 나폴리 스타일의 마구간은 극사실주의적인 분위기를 물씬 풍기고 있다. 그러나 지중해 주변 지역에서는 가치를 크게 인정받지 못하고 있는

---

[1] Pollicino. 한스 베르너 헨체Hans Werner Henze가 몬테풀차노 음악제를 위해 어린이와 아마추어들이 공연할 수 있게 만든 연극 오페라.

이러한 기억의 저편에는 다른 훌륭한 작품들이 존재한다. 즉 다색 화법으로 조각된 독일식 교회와 시 청사, 그리고 중세 플랑드르 부르고뉴의 묘사들이 그 대표적인 사례이다. 이들은 결코 우연한 선택이 아니다. 왜냐하면 이러한 과장된 미국식 사실주의에는 중세 유럽 이주민들의 다양한 취향이 그대로 반영되어 있기 때문이다. 이러한 의미에서 독일 뮌헨의 도이치 박물관도 반드시 언급되어야 할 대상이다. 이 밀랍 박물관은 놀라울 정도의 과학적 정교함을 통해 기술의 역사를 한눈에 보여 주고 있다. 뉴욕 시립 박물관에서 볼 수 있는 투시화를 이곳에서도 볼 수 있으며 심지어는 19세기의 수십 미터 땅속 지하 갱도까지 재현했는데, 이곳에서 광부들은 허리를 구부린 채 일을 하고 있으며 말들은 들것에 실려 갱도에 내려지고 있다. 유럽에 비해 미국의 밀랍 박물관은 좀 더 자유로운 분위기를 연출한다. 예를 들어 허리에 수건을 두르고 있는 모습으로 브리지트 바르도를 연출하는가 하면, 말러와 차이콥스키와 함께 그리스도의 생애를 찬양하고 또 와이드 비전의 파노라마 효과를 위한 곡선 형태의 공간에서 「벤허」의 전차 경주를 실감 나게 재현한다. 위에서 지적한 사례들에서도 알 수 있듯이, 비록 이 경우의 현실은 실제로 환영에 불과하지만 그럼에도 모든 것이 현실과 일치하고 있다.

복제를 지배하는 극사실주의 철학은 리플리의 〈믿거나 말거나〉 박물관에서 볼 수 있는 〈세상에서 가장 사실적인 조각상〉들에 부여된 중요성의 정도를 통해 여지없이 드러난다. 그는 40년 동안 미국 신문들에 삽화를 그리면서, 세계 여행 중에 목격한 신기한 것들을 소개했다. 그는 이곳에 보르네오 원시림에 사는 원주민의 방향 처리된 쪼그라진 머리에서 전체를 성냥개비로 만든 바이올린까지, 머리가 둘 달린 소에서 1842년에 발견되었다는 인어에 이르기까지, 세상의 놀랍고 신비한 모든 것을 수집해 놓았다. 어느 시점에 이르자 리플리는 체인 형태로 일련의 박물관들을 설립하여 〈진품〉들을 수집했는데, 이들 중에는 특별히 마련한 공간에 전시된 1843년의 인어(〈세상에서 가장 위대한 거짓말!〉이라는 표지가 붙어 있다), 18세기의 프랑스 비데로 만든 기타, 신기한 묘비석, 고대의 끔찍한 고문 도구인 뉘른베르크의 철녀, 쇠사슬을 몸에 감고 사는 탁발승, 동공이 두 개인 중국인, 그리고 불가사의 중의 불가사의로 세상에서 가장 사실적인 조각상으로 〈나무로 만든 실제 크기의 조상〉을 볼 수 있다. 이 조상은 일본의 조각가인 하나무나 마사키치의 작품으로 예술 비평가들에게 가장 완벽한 인간 이미지로 평가받고 있다. 이 일본 조각가의 작품은 해부학적 사실주의의 전형적인 사례로서 인체의 늑골이 완벽하게 디자인된 것으로 유명하다. 그러나 놀라움의 극치는 진정 따로 있다. 마사키치의 조각품도, 머리가 둘 달린 소도, 성냥개비 바이올린도 실제의 유품들이 아니다. 왜냐하면 리플리의 박물관에는 이러한 것들이 수없이 많으며 모두 동일하다. 또한 바이올린은 그 전체가 인내심을 요구하는 작품이다. 한편 모든 작품은 다양한 재료들로 제작되었지만, 완벽한 복제품으로서 가장 독창적인 면모를 자랑한다. 그러나 중요한 것은 이 작품들의 진위가 아니라, 우리에게 제공하는 충격적인 정보의 양태이다. 최고의 분더카머로서 리플리 박물관은 중세와 바로크 시대의 경이로운 수집품들처럼 호기심을 자극하는 모든 물품들이 한곳에 쌓여 있는 공통점이 있다. 반면에 이 박물관 내부의 전시 품목들은 유일하면서도 무가치한 것들과 확연하게 구분된다. 다시 말해 진위성의 문제로부터 자유롭다. 널리 알려진 진위성은 역사적인 것이 아니라, 시각적인 것이다. 모든 것이 진실처럼 보이면 진실이다. 어떤 경우든 간에 진실처럼 보이는 것은 진실한 것이다. 그럴듯하게 보이는 것은 비록 〈이상한 나라의 앨리스〉처럼 결코 존재하지 않았다고 할지라도 진실한 것으로 비친다. 전 세계 묘비석의 글은 항상 영어지만, 그 어떤 방문객도 이러한 사실을 주목하지 않는다(영어가 통용되지 않는 장소가 있긴 할까).

한편 마술과 마법 박물관은 중세 마녀의 실험실을 재현해 놓은 것이다. 이곳에는 수많은 서랍과 작은 공간들로 세분된 가구들이 먼지를 덮어쓰고 있다. 가구의 서랍들 속에는 두꺼비, 독초, 이상한 뿌리들이 담긴 작은 항아리, 부적, 증류 장치, 불길한 액체가 든 물약 병, 바늘이 꽂힌 작은 인형, 뼈만 앙상한 손, 신비한 이름의 꽃, 독수리 부리, 갓난아이의 뼈가 들어 있다. 이 모든 가시적인 물품들에 대해서 루이즈 니벨슨[2]이나 젊은 시절의 델 페초Del Pezzo도 부러워했을 것이 분명하다. 반면에 전시장의 맨 끝 부분에서 교수대로 끌려가는 젊은 마녀들의 비명 소리가 들려오는 가운데, 음침한 복도의 한쪽 구석에서는 화형대에 쓰일 장작들에서 불길이 치솟는 모습이 어렴풋하게 보인다. 이는 무대에 올린 연극의 한 장면을 연상시킨다. 이 장면에서 박식한 관람객이라면 복제 능력을 높게 평가했을 것이며, 순진한 관람객이라면 정보의 폭력에 놀라움을 금치 못했을 것이 분명하다. 그런데 불만이 있다면 그것은 무엇 때문일까? 역사 정보는 감각적인 것으로 바뀌며 진실한 것은 전설과 뒤섞이는 것이 보통이다. 로저 베이컨과 파우스트 박사 다음으로 — 역시 밀랍으로 복제된 — 에우사피아 팔라디노[3]가 등장하는데, 그 결과 마치 꿈을 꾸고 난 듯한 느낌을 받는다.

2 Louise Nevelson(1899~1988). 소련 태생의 미국 조각가.
3 Eusapia Paladino(1854~1918). 나폴리 출신의 농부로 강신술과 같은 초심리학적 현상을 연구해 가장 주목받았던 영매이다.

그러나 복제하려는(그리고 좀 더 많이 보여 주고 좀 더 훌륭하게 보이려는) 열광의 걸작은 절대 모조품 산업이 예술의 문제에 직면할 때 발견된다.

샌프란시스코를 떠나 로스앤젤레스에 도착할 때까지 밀랍으로 복제된 레오나르도 다빈치의 「최후의 만찬」을 일곱 번이나 목격했다. 몇 개는 조잡해서 본의 아니게 희화화한 것처럼 보였다. 하지만 다른 몇 개는 강렬한 느낌을 주는 레오나르도 다빈치의 역작에 비해 수준이 떨어지고 경직된 분위기를 드러내기는 해도 세심한 노력의 흔적이 엿보였다. 이 밀랍 인형들 옆에는 원본 그림이 있어 관람객들이 대조해 볼 기회를 제공한다. 컬러 복사 기술의 측면에서 볼 때, 이것들은 프라텔리 파브리 출판사에서 만들어 낸 복사본이라고 생각할 수도 있지만, 이는 잘못된 생각이다. 즉 원본과 비교할 때, 3차원의 복제품은 아무래도 그 수준이 떨어지기 때문이다. 종종 밀랍 복제품은 19세기에 나무로 축소 조각한 것, 현대의 아라스 천으로 만든 복제품이나 동판과 좋은 대조를 보인다. 밀랍이 재료의 성격상 가장 그럴듯한 유사성의 효과를 나타낸다는 점을 고려한다면, 밀랍 복제품이 단연 우수한 것으로 결론이 난다. 그렇다고 이러한 거짓이 모두 틀린 것만은 아니다. 왜냐하면 지금까지 장황하게 늘어놓은 유사성의 기준은 형식상의 절차와 전혀 관련이 없기 때문이다. 이 경우 오히려 〈유다를 보시오. 그때와 얼마나 똑같은 모습입니까…… 성 마태오는 또 얼마나……〉와 같은 주제와 밀접한 관계를 가지고 있다.

보통 「최후의 만찬」의 장면은 장엄한 교향곡이 흐르는 〈소리와 빛 *son et lumière*〉[4] 분위기의 마지막 전시실에서 볼 수

---

4 밤에 조명과 녹음된 음악과 설명을 곁들여 역사적 사건을 재현하는 행사.

있다. 깊고 감동적인 톤의 녹음된 목소리가 〈여러분은 여러분의 삶에서 가장 감동적인 순간을 경험하고 있으며 이 순간을 친구와 지인들에게 증언해야 합니다〉라고 말하는 가운데, 천천히 열리는 커튼 뒤에서 밀랍으로 제작된 최후의 만찬 장면이 그 모습을 드러내는 경우도 적지 않다. 이어서 들려오는 복음의 성구들은 그리스도의 구원과 그 역사에 대한 정보를 재차 확인시켜 준다. 그리고 마지막에는 레오나르도 다빈치가 보여 준 신비의 예술에 대한 감동적인 묘사가 이어진다. 산타크루스 밀랍 박물관에 전시된 「최후의 만찬」은 그 자체만으로도 충분한 매력을 가지고 있으며 이 도시의 시민 위원회가 정신적인 가치 함양과 기념이라는 이중적 의도를 가지고 설립한 일종의 성당이라고 해도 과언이 아니다. 이곳에는 밀랍 작품과의 비교를 위해 재료가 다른 여섯 개의 모조품이 함께 전시되어 있다(판화, 동판, 컬러 복제품, 한 개의 거대한 나무로 제작된 복제품, 아라스 천 그림, 거울에 비친 영상을 인쇄하여 재생한 그림). 또한 성스러운 음악이 흐르는 가운데 감동적인 목소리가 들리는가 하면, 안경을 쓰고 단정한 옷차림으로 관람객의 헌금을 모으는 할머니의 모습도 보인다. 뿐만 아니라 나무, 쇠, 유리로 복제된 것에서 전시품목들의 인쇄물까지 다양한 기념품을 판매하는 코너들도 손님을 기다리고 있다. 관람을 마치고 박물관을 나서면 태양 아래 펼쳐진 태평양 연안의 자연이 우리를 반기고, 코카콜라의 현란한 간판들이 우리를 유혹하며 그 아래로 5차선 고속도로가 길게 뻗어 있다. 자동차 라디오에서는 올리비아 뉴튼 존의 「플리즈, 미스터, 플리즈Please, Mister, Please」가 흘러나온다. 그러나 관람객들은 방금 밀랍 박물관에서 나온 터라 아직까지도 위대한 예술의 감동으로 인한 전율에서 벗어나지 못한 채, 인생의 가장 떨리는 정신적 감동과 세상에 존재하는 최고의 작품을 보았다는 기억의 순간에 머물고 있다. 이곳은 밀라노에서는 멀지만, 도시 전체가 르네상스인 피렌체와 같다. 설사 이곳에 한 번도 가보지 않는다고 할지라도, 원본 벽화가 거의 훼손되어 보이지 않으므로 어떤 의미에서는 더욱 사실적이며 오히려 그 이상이라고 평가되는 3차원의 밀랍 복제품이 아니고서는 더 이상의 감동을 기대하기 힘든 지경에 이르렀다는 소리는 들어 보았을 것이다.

그러나 정신적 감동 면에서는 로스앤젤레스의 부에나 공원에 있는 리빙 아트 박물관을 따라갈 곳이 없을 것이다. 중국의 팔각정을 모방한 이 박물관은 무비랜드 밀랍 박물관 근처에 있다. 이 박물관의 정면에는 온통 금으로 치장한 롤스 로이스 자동차가 있으며 그 전면에는 대리석으로 조각된 미켈란젤로의 다비드상이 서 있는데, 원본과의 구별이 거의 불가능할 정도로 정교한 복제품이다. 하지만 그리 놀랄 필요는 없다. 왜냐하면 그동안의 여정에서 이미 10여 개의 다비드상은 물론, 여러 개의 피에타 상과 완벽한 한 세트의 메디치가의 무덤들을 볼 수 있는 행운을 누렸기 때문이다. 하지만 리빙 아트 박물관은 좀 다른 것이 몇 점의 조각품들만이 원형에 충실할 뿐 다른 대부분의 전시품들은 그렇지 않기 때문이다. 이 박물관에는 시대를 초월하여 위대한 작품들을 3차원 실물 크기의 컬러로 복제한 밀랍 모조품들이 전시되어 있다. 입구에 들어서면 가장 먼저 정면에서 포즈를 취하고 있는 한 부인의 초상을 그리는 레오나르도를 볼 수 있다. 그녀는 바로 모나리자이며 의자, 다리 그리고 등받이와 함께 화폭의 완벽한 균형을 유지하고 있다. 레오나르도 곁에는 그림 도구들이 놓여 있으며 그 화가(畵架) 위에는 「모나리자」의 2차원 복제품이 놓여 있다. 그리고 그 옆에는 호메로스의 상반

신을 감상하고 있는 렘브란트의 「아리스토텔레스」가 있으며 계속해서 엘 그레코의 「게바라 추기경」, 필리프 드 샹파뉴의 「리슐리외 추기경」, 구이도 레니의 「살로메」, 앵그르의 「오달리스크」, 토머스 로런스의 사랑스러운 「핑키」(이것은 비록 3차원 작품이지만, 숨겨져 있는 선풍기 바람에 여인의 실크 의상이 가볍게 흔들리는데, 그 이유는 이미 알려진 바와 같이 배경에 그려진 시골 풍경의 먹구름을 통해 짐작할 수 있다)도 보인다.

모든 조각품 옆에는 원본 그림이 놓여 있다. 하지만 이 그림 역시 사진 복제품이 아니라, 길거리 화가들 수준의 유화 복제품이며 이 경우에도 모델보다 더 그럴듯해 보인다. 관람객들은 이 박물관이 내셔널 갤러리나 스페인 마드리드의 프라도 미술관을 대체할 뿐만 아니라 더 훌륭하다고 생각할 것이 분명하다.

이 박물관의 운영 철학이 있다면 그것은 원본을 보고 싶은 마음이 생기도록 복제품을 보여 주는 것이 아니라, 복제품을 보여 주어 원본을 보려는 마음이 들지 않도록 하는 것이다. 그러나 복제품에 이목을 집중시키기 위해서는 원본이 우상화되고 과거 예술의 위대함을 기억하는 많은 사람들과 기록의 쓸모없는 기능이 전세되어야 한다. 마지막 방에는 미켈란젤로의 「피에타」가 전시되어 있는데, 대리석 복제품은 피렌체의 한 장인이 제작한 것이다. 게다가 이 모조품이 놓여 있는 바닥의 돌들은 예루살렘의 성묘에서 가져온 것들이다(그러니 산피에트로 성당보다 더 그럴듯해 보이며 더 진짜처럼 보이는 것이 사실이다).

사실 관람객들은 5달러를 지불한 만큼, 속지 않을 권리를 가지고 있다. 그런 의미에서인지는 모르지만 그 옆에는 성묘교회가 리빙 아트 박물관에 — 정확한 출처는 모르지만 —

20개의 돌을 제공한다는 사실을 입증하는 문서의 사본이 놓여 있다. 관람객들은 이 순간의 감동에 사로잡힌 채, 어둠을 가르는 빛줄기들이 특별한 대상만을 밝히는 상황에서 바닥이 20개 이상의 돌로 되어 있는지, 또 무엇보다 이 돌들이 예루살렘 주위에 있는 벽들을 흉내 낸 것인지, 그래서 고고학적 기술이 광범위하게 활용되었는지에 대해서는 미처 관심을 돌리지 못한다. 그러나 중요한 것은 이 모든 전체의 상품 가치가 확실한가이다. 예를 들어「피에타」만 해도 확실한 사본을 얻기 위해 이탈리아에 가야 했던 만큼 막대한 금액이 투자된 것이기 때문이다. 뿐만 아니라 게인즈버러의「블루 보이」옆에는 현재 진본이 캘리포니아 산마리노의 헌팅턴 아트 갤러리에 있으며 이를 구입하는 데 75만 달러를 지출했다는 설명서가 붙어 있다. 어쨌든 이것도 예술이다. 이것은 동시에 삶이기도 한데, 왜냐하면 설명서에는 의도한 바 아니겠지만, 〈블루 보이의 나이는 신비로 남아 있다〉는 말이 덧붙어 있기 때문이다.

이 박물관의 최고 정점은 두 지점에서 볼 수 있다. 그중 한 곳에서는 반 고흐를 볼 수 있는데, 이것은 화가의 특정 작품을 복제한 것이 아니다. 오히려 가련한 반 고흐가 헝클어진 침대를 뒤로한 채 감전당한 듯, 역시 그려진 의자들 중의 하나에 앉아 있다. 그리고 주변 벽에는 그의 작품으로 보이는 작은 그림 두 개가 걸려 있다. 그럼에도 가장 충격적인 것은 위대한 광인의 얼굴이다. 물론 밀랍으로 제작된 것이지만 화가의 즉흥적이고 고통스러운 붓놀림을 충실하게 반영한 흔적이 확연히 드러난다. 그의 얼굴은 마치 역겨운 습진에 걸린 것처럼 일그러져 있고 턱수염에는 좀이 슨 듯한 흔적이 뚜렷하게 보인다. 피부는 괴혈병과 대상 포진 그리고 사상균병 증세로 허물이 벗겨져 내리는 참혹함 그 자체이다. 최고 극치의 인상적인 다른 한 곳은 밀랍으로 제작된 세 개의 조상이다. 이들은 컬러 작품으로 정말 진품처럼 보이지만, 사실 진품은 백색의 대리석으로 활력이 없어 보인다. 이들 중에 미켈란젤로의 「죽어 가는 노예」와 「다비드」상이 서로 인접한 거리에 있는데, 전자는 거대한 몸집에 속셔츠는 가슴까지 말려 올라가 있어 마치 오늘날 나체촌에서나 볼 수 있는 거의 벗은 듯한 식민지 원주민의 옷을 연상시킨다. 「다비드」상은 검은 곱슬머리의 활력이 넘치는 소년의 모습으로 새총을 들고 있으며 분홍색 복부에는 녹색의 나뭇잎이 놓여 있다. 전설에 의하면 밀랍 복제품은 미켈란젤로가 소년의 모습을 주조하기 시작했을 때 그 모습 그대로를 보여 주는 것이라고 한다. 이들에서 조금 떨어진 곳에는 밀로의 비너스가 흰색 바탕에 분홍색 그림들을 배경으로 한 채 이오니아식 기둥에 기댄 모습으로 서 있다. 그녀가 기둥에 기댄 듯한 모습으로 보인다고 말한 데는 실제로 살구색의 팔을 가지고 있는 것으로 보였기 때문이다. 이 역시 전설에 의하면, 〈밀로의 비너스는 (두 개 언어 이상의 어휘들이 혼합적으로 사용되고 있음에 주의하기 바란다) 기원전 200년경에 그리스의 한 무명 조각가를 위해 포즈를 취했던 당시의 모습에 생명력을 불어넣었다〉고 한다.

이 박물관에서는 돈키호테(그림으로는 아니지만, 이곳에서 한 공간을 차지하고 있는)의 모습도 관람객들의 많은 이목을 집중시킨다. 그는 인간의 이상주의적이고 사실주의적인 특성을 여실히 보여 주며, 이러한 특성으로 인해 이 박물관의 상징처럼 군림하고 있다. 〈이상주의적〉이라는 말은 예술의 영원한 가치를 의미한다. 반면 〈사실주의적〉이라는 표현은 이곳이 조상 대대로 내려온 욕망을 만족시켜 주는 곳, 즉 그림의 틀을 초월하여 흉상 초상화의 발까지도 볼 수 있다는 것을 의미한다. 오늘날 리빙 아트 박물관은 최고 수준의 레이저 재생 기술인 홀로그래피를 이용하여 과거의 대작들을 재현하고 있다.

정작 놀라운 것은 반 에이크의 아르놀피니 부부 초상화를 3차원으로 완벽하게 복제했다는 사실이다. 이 그림은 바라보는 사람들의 감탄을 자아낼 만큼 환상적인 테크닉을 자랑한다. 또한 광각 렌즈로 보듯이 배경으로 그려진 장면을 어깨 너머로 비추는 볼록 거울을 볼 수 있는데, 이를 그림에 그려 넣은 것은 박물관의 복제 전문가들에게 정말 아무런 문제도 아니었을 것이 분명하다. 이곳 밀랍의 왕국에서는 거울도 장면의 한 부분으로 그려진다. 이것에 대해 상징적인 배치라고 하지 않으면 달리 합당한 이유도 찾아볼 수 없다. 의도적으로 예술에 환상의 요소를 첨가하여 어떤 이미지의 이미지를 통한 허상의 이미지들로 평가되는 경우, 절대 모조품 산업은 스스로 가짜임이 드러날까 봐 두려워하여 복제를 시도하지도 않았을 것이다.

『레스프레소』(1975)

매혹의 성

 샌프란시스코, 토르티야 평원과 로스파드레스 국립공원 사이에 위치한 태평양 연안의 만곡(카프리와 아말피를 연상시킬 만큼, 황홀한 전경의 해안이다)에서 내려오다 보면 퍼시픽 하이웨이는 샌타바버라를 향해 뻗어 있는 계곡으로 접어든다. 부드러운 지중해풍의 언덕처럼 보이는 산시메온에는 윌리엄 랜돌프 허스트William Randolph Hearst의 성이 자리하고 있다. 여행객의 마음은 설레기 시작한다. 왜냐하면 이곳이 바로 「시민 케인Citizen Kane」에 나오는 제너두 성(城)으로서, 오손 웰스Orson Welles가 극좌 심비어니즈 해방 전선의 일원으로 불행한 삶을 살았던 퍼트리샤의 조부인 위대한 신문왕을 모델로 완벽한 연기를 연출했던 장소이기 때문이다.

 부와 권력의 정상에서 허스트는 이곳에 자신만을 위한 고독의 요새를 건설했다. 한 전기 작가는 후에 이곳을 〈메디치 시대 이후 더 이상 볼 수 없었던 궁전과 박물관의 결합〉이라고 정의했다. 르네 클레르René Clair의 영화에서 그러했듯이(그러나 이 영화에서 현실은 허구를 훨씬 능가한다), 그는 일부이든 전체이든 관계없이 유럽의 궁전과 수도원들을 마구잡이로 사들여 해체했다. 그리고 벽돌 하나하나에 번호를 매겨 포장한 다음 태평양을 건너 야생 동물들이 자유롭게 돌아다니는 매혹의 언덕 위에 다시 조립해 놓았다. 그는 이 성이 박물관으로 전락하기보다는 르네상스의 저택으로 남기를 희망하여 진품과 현대의 모조품을 구분하는 수고를 덜기 위해 진품 조각들에 의도적으로 재생한 조각들을 함께 섞어 전체를 완성했다. 통제 불가능한 수집욕, 거부(巨富)의 저급한 취향, 그리고 명성에 대한 질투심이 그로 하여금 과거를 오늘날의 삶의 수준으로 평준화시켜 놓았다. 그렇지만 그는 〈과거와 동일한 것〉으로 보장할 때에야 비로소 오늘을 살 만한 것이라고 여겼다.

로마 시대의 석관과 외국에서 들여온 식물들 사이로 난, 바로크풍으로 재현한 계단을 오르면 환상의 〈피시아나 디 노투르노Pisciana di Notturno〉, 즉 1930년에 이탈리아의 조각가인 카수Cassou의 물에서 나오는 그 유명한 비너스를 포함한 고전적인 조각상들로 가득한 (안내자의 거침없는 말처럼) 그리스-로마 시대의 사원에 도달한다. 그 옆에는 〈카사 그란데Casa Grande〉가 있는데, 이는 스페인-멕시코 스타일의 성당으로서 두 개의 탑이 매우 특징적이다. 이 성당의 문은 16세기 스페인의 한 수도원에서 사용하던 철제 대문으로, 표면에 성모 마리아와 아기 예수의 상이 조각되어 있다. 현관의 마루에는 폼페이에서 발견된 모자이크가 깔려 있으며 사방의 벽들에는 고블랭직이 걸려 있다. 연회실로 통하는 문은 산소비노Sansovino의 작품으로서 이 방은 이탈리아·프랑스풍으로 알려진 르네상스 시대의 모조품이다. 그리고 성가대석은 이탈리아의 한 수도원에서 유래한 것이다 (허스트 가문의 남자들은 유럽의 골동품 상점들에서 분실된 조각들을 발견했다고 한다). 카펫은 17세기 플랑드르 지방에서 생산된 것이며, 진본이든 모조품이든 관계없이 다양한 시대의 물건들이 진열되어 있다. 그리고 네 개의 메달들은 덴마크의 조각가 토르발센Thorvaldsen의 작품이다. 식당의 천장은 4백 년 전 이탈리아에서 사용되던 것이며 벽에는 고대 시에나 가문들의 문장이 걸려 있다. 침실에는 리슐리외 추기경이 사용하던 침대가 놓여 있고, 당구실에는 고딕 시대의 카펫이 깔려 있으며, 영화 감상실(이곳에서 허스트 씨는 손님들에게 자신이 제작한 모든 영화를 관람하도록 초대했으며, 그가 앉는 맨 앞줄의 좌석에는 전 세계를 연결해 주는 통신 장치들이 설치되어 있었다)은 온통 이집트의 분위기를 연출하고 있어서 마치 제국을 연상시키는 듯하다. 도서관의 천장도 이탈리아에서 온 것이며 연구실은 고딕 시대의 지하 예배당을 모방했고 여러 방의 벽난로들은 진품이었다. 반면 실내 수영장은 알람브라 궁전과 파리의 지하철, 그리고 칼리프의 변기를 뒤섞어 놓은 것처럼 보이지만 그 웅장함은 실로 대단하다.

이 모든 것들 가운데 가장 충격적인 것은 거의 유럽의 절반을 약탈했을 정도의 엄청난 골동품도, 항구적인 해결 방안도 없이 진품과 모조품을 뒤섞어 놓은 무관심도 아닌, 충만함과 더불어 무언가를 기억시키시 않는 그 어떤 공산노 허용하지 않겠다는 확고한 의지이다. 그 결과 이곳은 빈 공간에 대한 공포를 지나치게 의식한 브리콜라주 형태의 작품들로 넘쳐 나 더 이상 살 수 없는 장소가 되어 버린다. 이것은 미국의 최고급 레스토랑들이 전체적으로 어둡고 나무 칸막이로 나뉘어 있으며 붉은빛 천장에 잠시도 쉬지 않고 음악을 틀어대면서 자신들의 넉넉함과 풍요로움을 뽐내고 있지만, 정작 이러한 극도의 풍요로운 분위기가 이곳을 찾은 손님들로 하여금 편한 마음으로 음식을 즐기지 못하게 만드는 것과 다르지 않다. 다시 말해 이곳을 찾은 손님들은 바닷가재와 두툼한 스테이크(크림과 버터로 요리한 감자와 익힌 토마토와 고추냉이 무 소스가 곁들여 나온다)가 나오므로 자연스레 〈점점 더 많이〉 먹게 되며, 결국에는 더 이상 아무것도 갈구하지 않는다.

진품도 비교 대상을 찾을 수 없을 만큼의 많은 양이 수집되어 있는 까닭에 시민 케인의 성은 오히려 사이키델릭하고 키치적인 효과를 낳는다. 하지만 이것은 과거가 현재와 구분되지 않기 때문이 아니라(왜냐하면 고대 사람들도 희귀한 물품들을 이런 식으로 싹쓸이했으며 이러한 스타일은 로마의 수많은 교회들의 경우 바로크 시대의 본당에 17세기의 종이 걸려 있는 것을 통해 반복되고 있다), 무차별적인 탐욕이라는 비난과 숭배받아 마땅할 아름다운 물품들로 가득한 정글의 매혹에 사로잡히지 않을까 하는 불안감 때문이다. 뿐만 아니라 야만적 취향과 감상적인 슬픔 그리고 감성적 도착증을 노골적으로 드러내고 욕지거리를 내뱉으며 악마의 미사를 갈구하는 것으로서, 이는 알렉산드르 스크랴빈[1]의 「잘 조율된 피아노」가 열 대의 전자 오르간을 통해 울려 퍼지는 가운데 고위 성직자의 예복을 입고 보들레르의 시를 읊조리는 창녀와 좁은 고해실 안에서 섹스에 몰두하는 것과 다를 바 없다.

그러나 허스트의 성은 세상에서 유일한 것도 보기 드문 것도 아니다. 이 성은 밀랍으로 제작된 「최후의 만찬」과 디즈니랜드의 중간쯤으로 캘리포니아 관광 지역에 위치하고 있다. 이 성을 떠나 산루이스 오비스포 방향으로 수 킬로미터를 이동하면, 마돈나 씨가 대중적이고 저렴한 모텔 단지를 조성하

---

[1] Aleksandr Skryabin(1872~1915). 러시아의 작곡가이자 피아니스트.

기 위해 전체로 매입한 산루이스 산의 절벽이 눈앞에 펼쳐지는데, 이곳에 마돈나 인Madonna Inn이 있다.

사람들의 보통 말로는 마돈나 인을 설명하는 데 역부족이다. 백운석 암벽을 깎아 만든 공간에 들어선 주유소를 지나 좀 더 안으로 들어가면 레스토랑, 바, 커피숍과 같은 일련의 많은 건축물들이 늘어서 있다. 이곳을 좀 더 잘 설명하기 위해서는 몇 가지 유사한 힌트가 필요하다. 피아첸티니[2]가 가우디의 책을 읽다가 LSD를 다량 복용하고 라이자 미넬리를 위한 지하 결혼식장을 건설하기 시작했다고 가정해 보자. 하지만 이것만으로는 이해가 잘 되지 않을 것이다. 또한 아르침볼도[3]가 오리에타 베르티[4]를 위해 성가족 교회를 건축한다고 가정해 보자. 아니면 카르멘 미란다[5]가 모타 호텔을 티파니풍으로 설계했다고 하자. 몇 가지 사례를 더 지적한다면 판토치가 상상한 비토리알레[6], 리알라가 기술하고 레오노르 피니[7]가 판노 렌치[8] 박람회에서 구체화한 이탈로 칼비노Italo Calvino의 『보이지 않는 도시들Le città invisibili』, 발렌티노가 편곡하여 클라우디오 빌라가 노래하고 폼피에리 디 비지우가 연주한 쇼팽의 「B 플랫 마이너」가 그것이다. 그러나 이것들 역시 이해하는 데는 충분하지 않다. 그럼 이번에는 화

---

[2] Marcello Piacentini. 20세기 이탈리아의 건축가이자 도시 설계가 — 원주.

[3] Giuseppe Arcimboldo(1527?~1593). 이탈리아 르네상스 시대의 화가. 매너리즘과 바로크풍의 작품들을 그렸다. 특히 위트 넘치는 그의 알레고리화는 20세기 초현실주의 미술에 많은 영향을 끼쳤다.

[4] Orietta Berti(1945~). 20세기 이탈리아의 여가수.

[5] Carmen Miranda(1909~1955). 포르투갈 출신의 브라질 가수. 미국 뉴욕에 진출하여 〈삼바의 여왕〉으로 군림했다.

[6] 이탈리아 작가 단눈치오가 지내던 성(城) 이름.

[7] Leonor Fini(1908~1996). 아르헨티나 출신으로 이탈리아 등 유럽에서 활동한 초현실주의 여성 화가.

[8] 펠트 직물의 일종.

장실에 대해 이야기해 보자. 화장실은 알타미라와 포스투미아의 중간쯤에 해당하는 거대한 동굴로서 비잔틴풍의 주랑들이 서 있고 그 위에는 석고로 된 바로크풍의 천사들이 묘사되어 있다. 세면대는 거대한 진주조개이며 소변기는 바위를 깎아 만든 벽난로이다. 그러나 오줌이 소변기 바닥에 닿으면(점잖지 못한 표현이나 의미를 전달하기 위해서는 어쩔 수 없다), 굴뚝에 맞닿은 지붕의 벽면에서는 몽고 행성[9]의 동굴들로부터 물이 폭포처럼 쏟아지듯이 내려온다. 1층에는, 티롤 지방의 양치기와 르네상스 시대의 취향을 배경으로, 수많은 꽃봉오리 모양 전구로 만든 샹들리에가 마치 폭포처럼 장관을 이룬다. 그리고 보랏빛 오팔의 유백광을 내는 거품들이 뿜어져 나오는 듯한 광경들 주변에서 빅토리아 시대의 인형들이 그네를 타고 있는 모습도 목격된다. 반면 벽들은 샤르트르 대성당에서나 볼 수 있는 아르누보풍의 색유리들로 장식되어 있으며 바닥에는 레장스Régence 양식의 카펫이 깔려 있다. 원형의 소파는 장밋빛과 금색이며 중앙에는 금과 유리로 된 고풍스러운 테이블이 자리하고 있다. 이 모든 것은 헨젤과 그레텔을 위한 얼음과자, 온갖 빛깔의 크림, 설탕에 절인 과자 상자, 시칠리아 아이스크림과 같은 온갖 발명품들과 함께 어우러져 있다. 계속해서 2백여 개의 방들이 나오는데, 이들은 각자 나름의 독특한 특징들을 띠고 있다. 가격이 저렴하기 때문에(그리고 킹 또는 퀸 사이즈의 거대한 침대가 있기 때문에 신혼여행지로는 적격이다), 이곳을 찾는 사람들은 취향에 따라 온통 동굴과 종유석으로 치장된 선사시대 방, 사파리 룸(방바닥이 얼룩말 가죽으로 덮여 있으며 침대는 반투족의 우상 형상을 하고 있다), 하와이 룸, 캘리포

---

9 알렉스 레이먼드Alex Raymond(1909~1956)의 SF 만화 〈플래시 고든Flash Gordon〉에 등장하는 행성의 이름.

니아 포피 룸, 고풍스러운 허니문 룸, 아이리시 언덕의 방, 폭풍의 언덕 방, 빌헬름 텔 룸, 키 차이가 많이 나는 부부를 위해 불규칙한 다각형의 침대를 갖춘 톨 앤드 숏 룸, 바위 암벽을 타고 장관을 이루는 폭포의 방, 임페리얼 룸, 옛날식 네덜란드 풍차 방, 회전목마를 탄 듯한 효과를 만끽할 수 있는 조스트라 룸 등을 자유롭게 선택할 수 있다.

마돈나 인은 가난한 사람들을 위한 허스트 성이다. 예술적이거나 문헌학적인 의도는 전혀 찾아볼 수 없다. 오히려 놀라움에 대한 원시적인 취향을 드러낼 뿐, 온갖 풍요와 사치를 싼값에 누릴 수 있다. 그래서 마돈나 인은 이곳의 방문객들에게 〈여러분도 백만장자들과 마찬가지로 믿기지 않는 것들을 가질 수 있습니다〉는 말을 잊지 않는다.

중산층 여행객들은 물론 백만장자들도 그토록 바라는 풍요에 대한 갈망은 분명 미국적 풍습의 한 단면으로 보인다. 하지만 대서양 연안에서는 이러한 시설이 별로 눈에 띄지 않는다. 그것은 결코 이곳에 백만장자들이 많지 않아서가 아니다. 소위 말해 대서양 연안에 거주하는 백만장자에게는 핵심적인 현대화의 수단들 외에도 견고한 시멘트와 유리로 지어진 건축물들이나 뉴잉글랜드 양식으로 오래되었지만 리모델링한 서택들이 즐비하기에 스스로의 위용을 드러내는 데 별다른 어려움이 없기 때문이다. 다시 말해 이곳 대서양 연안에는 그 자체로 위용을 갖춘 집들이 적지 않기 때문에 단눈치오 스타일의 건축물이 필요치 않다. 왜냐하면 이미 그 자체로 18세기의 역사적 건축과 사업 구역의 현대적인 건축이 존재하기 때문이다. 부의 역사가 일천했던 지역에서는 바로크 스타일의 수사학과 절충주의적인 성향, 그리고 모방의 욕구가 난무하기 마련이다. 이곳은 광범위한 지역이 뒤늦게 식민지화되면서 포스트 도시 문명이 꽃피운 지역으로 로스앤젤레스와 각기 다른 66개의 도시들이 우후죽순처럼 솟아 있다. 또한 이 지역 도시들은 좁은 골목조차도 왕복 5차선의 널찍한 도로로 되어 있어, 사람들은 자신의 오른발을 가속 페달을 밟기 위한 것으로만 간주하는 반면, 대부분의 자동차들이 자동 변속기를 달고 있어 왼발은 더 이상 쓸모없는 것으로 여기게 되었다. 그리고 눈은 자동차의 속도에 맞추어 극히 시각적이고 기계적인 간판과 표지판, 불과 몇 초의 짧은 순간에 머릿속에 깊은 인상을 심어 주는 건축물들을 구경하기 위해 필요할 뿐이다. 실제로 우리는 캘리포니아와 쌍둥이라 할 수 있는 플로리다에서 시인들이 살지 않는 비토리알레에 대한 동일한 취향을 경험한다. 플로리다 역시 인위적으로 조성된 주(州)로서 도시의 중심들이 끊어짐 없이 연속적으로 이어지고 있으며 널찍한 고속도로들이 거대한 만들과 멋지게 어우러져 있는 인공 위락 도시이다(디즈니랜드와 디즈니 월드가 캘리포니아와 플로리다에 있지만, 디즈니 월드가 전자에 비해 150배나 크며 오늘날까지도 파라오처럼 웅장하고 미래주의적인 위용을 자랑한다).

플로리다에서 세인트피터즈버그의 서쪽을 향해 가다 보면 바다 위에 건설된 다리가 나오고, 작은 배와 도크 같은 설비를 소유하지 않은 사람에게는 환상적이기는 하나 무용지물에 불과한 만을 가로질러 두 도시를 연결하는 해수면 높이의 고속도로를 달려가다 보면 새러소타Sarasota에 도착한다. 이곳에서 서커스 사업으로 대부호가 되었으며 이를 기억하는 기념물까지 서 있는 링글링 가문은 위대한 유산의 기억을 남겼는데, 이는 다름 아닌 르네상스풍의 빌라 내부에 수많은 조각과 회화 작품들이 전시되어 있는 서커스 박물관과 아솔로 극장 그리고 카드잔Cà d'Zan이다. 안내인의 설명처럼 카드잔은 베네치아 방언으로 〈존의 집〉을 의미한다. 카드잔은 대저택의 위용으로 대운하의 전면 일부에 해당한다. 이 저택의 전면에는 상상을 초월하는 아름다운 정원이 있는데, 예를 들면 살가리의 소설에 등장하는 무화과나무처럼, 거대한 뿌리가 지상으로 드러나 있는 뱅골산 보리수나무는 청동기 시대의 원시 상태 그대로의 전망대를 방불케 한다. 또한 대저택의 반대편에는 별로 베네치아풍이라 할 수 없는 테라스가 있으며, 첼리니와 잠볼로냐의 모조품들이기는 하지만 청동의 녹 이끼가 낀 작품들을 뒤로하고 계속 앞으로 나아가면, 과거 초기 발견자들의 천국 또는 『이얼링 The Yearling』[10]에서 울면서 불멸의 깃발을 따라가던 소년 조디의 축복받은 땅인 플로리다의 여러 만들 중 하나가 눈앞에 펼쳐진다.

카드잔은 베네치아풍의 궁전으로 건축학을 전공하는 학생들에게는 졸업 시험을 위한 주제로도 손색이 없는 곳이다. 〈베네치아 총독들의 호사와 역사적 운명의 상징이며 라틴 문명과 야만족인 무어인들의 만남의 장소였던 베네치아 궁전에 대해 서술하시오.〉 최고의 점수를 기대하는 학생이라면 색의 생동감과 동양의 영향을 강조할 것이며 오셀로보다는 마르코 폴로가 더 만족스러운 답안을 작성할 것이다. 내부에 대해서는 한순간의 망설임도 사치이다. 마치 다니엘리 호텔에 들어온 것과 다르지 않다. 건축가 드와이트 제임스 바움 Dwight James Baum은 아이히만의 경우처럼 자격 면에서 역사에 그 이름을 남길 충분한 가치를 가진다. 다니엘리 호텔에 만족하지 못한 그가 도가 지나칠 정도로 과장했기 때문이다. 그는 무명의 헝가리 장식가에게 대학교의 보고서 스타일로 천장을 색칠하는 작업을 부탁했으며 사치스러움이 강조된 테라코타를 만들고 무라노 섬의 연분홍 유리, 자수정,

---

10 미국의 여성 소설가 M. K. 롤링스의 퓰리처상 수상 작품 — 원주.

그리고 푸른빛의 유리로 창을 만든 곤돌라에 도크까지 갖추었다. 또 그는 완벽을 기하기 위해 플랑드르와 영국의 카펫, 프랑스풍의 창 거울, 아르누보풍의 조각품, 제국풍의 의자, 루이 15세의 침대들, 이탈리아 카라라의 대리석(진품 보증서가 붙어 있다)으로 도배를 했다. 그 외에도 그는 이 모든 것을 위해 베네치아의 장인들을 직접 초빙했으며 이러한 바를 극도로 화려하게 보이게 하려는 의도에서 납 장식이 부착된 유리 화판(고고학적 정교함에 주목하라)까지도 세인트루이스의 치카르디 겨울 궁전에서 가져오도록 했다. 정말 솔직히 말해 이 궁전은 인간의 의지로 표현할 수 있는 최대치라 할 수 있다. 이곳에는 소더비즈[11]를 행복하게 만들 많은 진품들이 있지만, 그럼에도 가장 강조되고 있는 것은 무한한 상상력으로 모방된 일련의 작품들이다. 물론 안내 표지판에는 중세 성의 형태로 빚은 네덜란드 도자기 시계에 〈네덜란드, 1900년경?〉이라고 기록한 것처럼 진품을 진품으로 소개하려는 노력의 흔적이 역력하다. 이 모든 것을 소유하고 있는 부부의 초상화는 유화로 그려져 전시되어 있다. 이들은 사망하여 역사의 저편으로 사라졌으나 여전히 이 모든 것에 군림하고 있다. 왜냐하면 오늘날에는 그냥 비토리알레라고 부르는 원시의 비토리알레는 사람이 살기에는 별로이지만, 후손들에게 이곳에 살았던 사람들이 얼마나 특별했는가를 생각하게 만들기 때문이다. 또한 솔직히 말하자면, 훗날 이곳의 방들에 머물면서 사랑하고 소변을 보고, 햄버거를 먹고, 신문을 읽고 바지의 단추를 채우기 위해서는 특별한 능력, 즉 둔감한 신경과 과거에 대한 애정이 필요하다. 그리고 이곳의 건축물보다도 고귀하지 못한 수단들을 이용하여 축적한 부

---

11 Sotheby's. 세계적인 미술품 및 골동품 경매 회사.

에 대한 깊은 뉘우침, 속죄의 희생적 의지, 후손들에게 용서를 빌려는 노력이 절충주의적인 색채가 농후한 이 모든 건축물을 지배한다.

그렇지만 이러한 처절한 노력에 정의를 내세워 신랄하게 비판하는 것은 어려울 것 같다. 왜냐하면 다른 힘 있는 자들은 뉘른베르크 스타디움 또는 무솔리니 광장을 통해 역사에 자신의 이름을 남기려고 했으며 유럽의 과거에 대한 일방적인 애정으로 영광을 모색하려는 이러한 시도는 측은해 보이기 때문이다. 또한 고립된 사바나에 유럽을 다시 세우려다 진짜 사바나처럼 더 이상 존재하지 않는 습지대로 유럽을 전락시켜 버린 가련한 백만장자가 불쌍하다는 생각이 든다. 그러나 애처로운 생각이 드는 것은 사실이지만, 역사에 대한 이러한 도전은 도저히 합리화될 수 없는 것이다. 왜냐하면 역사는 모방되는 것이 아니라 창조되는 것이며 그리고 이것이 가능하다는 사실을 건축학적으로 뛰어난 미국이 증명해 보이고 있기 때문이다.

뉴욕의 월 스트리트 지역은 거대한 빌딩들, 신고딕 양식의 성당들, 신고전주의풍의 파르테논과 정육면체 형태의 건축물로 가득하다. 이 도시를 건축한 이들은 열정만큼은 링글링과 허스트에 비해 결코 뒤떨어지시 않는나. 우리는 이곳에서 뉴욕 연방 준비 은행의 소유로 울퉁불퉁한 석조 블록으로 마감한 스트로치 가문의 대저택을 볼 수 있다. 이 저택은 1924년 〈인디애나의 석회석과 오하이오의 사암〉으로 지었으나 3층부터는 더 이상 르네상스 양식을 모방하지 않고, 이후 여덟 개 층은 상상력으로 그리고 교황파 건축 양식을 연구하면서 건물을 올리고 있다. 그러나 이러한 사실에도 사람들은 거부 반응을 보이지 않는다. 왜냐하면 맨해튼의 저지대는 생동감 넘치는 건축의 대작으로 카우보이 캐시cowboy Kathy의 아래

치열처럼 약간 뒤틀려 있으며, 고층 빌딩들과 고딕 양식의 성당들은 이곳에서 인류의 역사를 통틀어 돌로 건축된 가장 웅장한 규모의 즉흥 재즈 연주회를 벌이고 있기 때문이다. 게다가 여기서 고딕 양식과 신고전주의 양식은 냉철한 이성의 결과처럼 보이지는 않지만, 이러한 건축물들이 지어질 당시의 부흥 의식을 보여 준다. 어쨌든 이 건물들은 가짜가 아니다. 적어도 파리의 마들렌 사원처럼 가짜는 아니며, 의심을 받을 만한 이유도 없다. 오히려 토리노의 몰레 안토넬리아나보다 낫다. 모든 것이 이제는 동질화되어 뉴욕의 공간 속에 통합되어 있다. 왜냐하면 진짜 도시들은 도시 공학적으로 보기 흉한 건축물까지도 구제하기 때문이다. 아마 베네치아의 카날 그란데가 카드잔과 별반 다를 바 없는 저택들과 잘 어우러지듯, 뉴욕은 새러소타의 카드잔과 얼마든지 어울릴 수 있을 것이다.

실제로 훌륭한 도시는 자신의 역사와 더불어, 유머의 차원에서 쓸모없는 것들까지도 살도록, 그리하여 도시에서 악귀를 쫓아내도록 해준다. 산시메온과 새러소타의 중간쯤에는 뉴올리언스가 위치하고 있다. 나는 디즈니랜드에 모형으로 만들어진 뉴올리언스를 보면서 실제 도시에 대한 나의 생각을 피력하려고 한다. 과거 한때만 해도 뉴올리언스는 아무런 변화도 없던 곳이다. 왜냐하면 프랑스풍의 비외카레 Vieux-Carré는 아직까지도 미국 문명이 고치고 파괴하고 재건하지 않은 소수의 도시들 중 하나로 남아 있기 때문이다. 과거 프랑스가 식민지로 건설한 이 낡은 도시에서는 옛날과 마찬가지로 지붕이 낮은 집들과 베란다 그리고 주철로 만들어 이제는 가장자리에 금이 가고 녹이 슨 현관들을 흔하게 볼 수 있다. 파리나 암스테르담에서처럼 많은 건물들이 기울어지고 칠을 다시 한 듯 보이지만 그렇다고 모두 새롭게 단장한 것도 아니다. 이제는 더 이상 스토리빌도 없고,

베이슨Basin 거리도 보이지 않으며 홍등가도 과거의 화려했던 자취를 감추었다. 그 대신 거리를 향해 문이 열려 있는 스트립쇼 술집들이 밴드의 연주 소리와 관광객의 물결 그리고 거리를 배회하는 게으름뱅이들과 함께 어우러지는 모습은 여전하다. 비외카레는 미국 도시들에서 전형적으로 존재하는 유흥가가 아니며, 몽마르트르의 독일 사촌쯤 되는 곳이다. 유럽의 몽마르트르에는 영화 「바람과 함께 사라지다」의 등장인물들이 찾는 레스토랑들이 아직도 있는데, 연미복을 입은 이곳의 웨이터들은 여러분에게 지역의 고유한 향료들에 따른 베아른 소스 맛의 다양한 변화에 대해 대화를 청한다. 또 어떤 레스토랑은 밀라노의 브라세라brasera와 거의 흡사하여 초록색 소스를 넣고 끓인 요리의 신비의 맛을 알고 있는 듯하다(그런데 이들은 이 신비의 소스 맛을 뉴올리언스의 전통 음식으로 소개한다).

미시시피 강에서는 외륜 기선을 타고 여섯 시간의 유람을 할 수 있다. 물론 현대의 기술로 만든 모조품이라 실제 여행은 불가능하지만, 그럼에도 이곳을 찾는 관광객들은 강의 물살을 가르는 가운데 악어들이 살고 있는 원시 상태의 강가를 바라보며 바라타리아까지 여행할 수 있다. 이곳은 해적 장 라피트Jean Lafitte가 부하들과 함께 잭슨 장군과 합세하여 영국군과 전투를 벌인 곳이다. 그러므로 뉴올리언스의 역사는 아직도 살아 있으며, 이런 의미에서 이 장로교도 장군의 항구의 바닷속에는 남북 전쟁 당시 남군이 북군의 선단을 공격할 때 사용한 잠수함들 중의 하나가 잊힌 고고학적 유물로 존재한다. 뉴올리언스는 마치 뉴욕처럼, 자신의 모조품들을 인정하면서도 이들을 역사화에 동원하고 있다. 즉, 예를 들면 루이지애나에 있는 귀족들의 저택에는 앵그르의 작품인 나폴레옹의 대관식 모조품들이 있다. 왜냐하면 수많은 프랑스 화가들이 19세기에 위대한 화가의 제자를 자처하면서 이곳에 정착하여 어느 정도는 축소된 크기로, 어느 정도는 그럴듯하게 모방한 작품들을 양산했기 때문이다. 그러나 이것은 어디까지나 유화로 모조품을 그리는 것이 원본을 감상할 수 있는 유일한 방식이었던 시대의 현상이었으며, 지역사 연구는 이러한 모조품들을 이 지역 식민지 과거의 증거로 기술한다. 모조품은 〈역사적〉인 것으로 인정되며 그러기에 이미 진품으로 은폐되기에 이른다.

이제는 뉴올리언스에도 루이지애나의 역사를 되살리기 위한 밀랍 박물관이 존재한다. 세밀하게 만들어진 모습에 정밀한 의상과 장식은 정말 진짜를 방불케 한다. 그러나 분위기는 정반대이다. 서커스의 분위기나 마술이라는 암시가 전혀 드러나지 않는다. 곳곳에 마련된 안내문에서는 회의주의와 유머 감각이 엿보인다. 어떤 전설이 언급되는 경우, 전설을 재구성하는 것이 역사를 그렇게 하는 것보다 더 흥미롭다는 사실을 기꺼이 인정한다. 역사에 대한 감각은 극사실주의의 시도를 회피하도록 허용한다. 즉, 욕조에 앉은 상태로 루이지애나 매각 협상을 진행하던 나폴레옹은, 당시의 역사 기록에 의하면, 신경질적인 반응을 보이며 욕조에서 벌떡 일어나는 바람에 주변의 사람들에게 물을 튀겼을 것이다. 그러나 박물관 관계자는 의상들이 매우 고가여서 이러한 실제 상황은 연출할 수 없었다고 설명한다. 밀랍 인형들은 주변의 여러 거리들에 자신의 흔적, 즉 식민지, 귀족들, 크레올 미인들, 창녀들, 무자비한 칼잡이들, 해적들, 강을 오르내리는 배의 도박꾼들, 재즈와 캐나다 사람들, 스페인 사람들, 프랑스 사람들, 영국 사람들에 대한 전설을 암시한다. 뉴올리언스는 부정된 과거에 과민 반응을 보이지 않고 위대한 군주의 모습으로 추억을 선사하며, 진짜에 안달하지 않는다.

반면, 진짜에 가까운 것에 대한 광적인 열망이 오직 기억의 공백에 대한 신경질적인 반응으로 나타나는 곳에서 완벽한 모조품은 실체가 없는 현실에 대한 불행한 의식의 산물이다.

『레스프레소』(1975)

구원의 수도원

캘리포니아와 플로리다의 예술 후원 제도는, 단눈치오만큼 하거나 그를 능가하기 위해서 굳이 학위를 소지한 시인일 필요는 없으며 오직 돈과 굶주린 융합주의에 바탕을 둔 성실한 숭배이면 충분하다는 사실을 보여 준다. 그러나 이 시점에서 우리는 미국이 후원 제도의 다양한 형태를 통해 과거를 직시할 때마다 항상 탐욕과 함께 모든 것을 혼합해 놓은 듯한 브리콜라주와 같은 모양새로 일관하는지를 자문해 보아야 한다. 다른 사실들에 대한 세심한 고찰도 필요하지만, 지금 우리가 함께 살펴보려는 본보기는 완벽한 모조품이다. 따라서 문헌상으로 정확하며 전문가의 개입 없이도 유명한 진품들이라는 사실을 증명할 수 있는 예술품들의 경우는 제외한다. 다시 말해서 고고학과 모조가 접목되는 극히 제한된 경우와 순간들을 지적해 보려는 것이다. 이러한 의미에서 캘리포니아는 여전히 최적의 장소이다.

밀랍 박물관과 시민 케인의 성 그리고 마돈나 인을 감탄의 눈으로 경험한 후에 다음 차례로 우리는 샌타모니카를 지나 태평양 연안의 말리부 해안 근처에 위치한 폴 게티 박물관으로 향했다. 이 박물관은 말 그대로 믿을 수 없는 것들의 천국이다. 나는 아름답고 감성적인 박물관 직원의 안내를 받은 덕에 방문객들에게 제공되는 이어폰과 카세트의 도움 없이도 편하게 내부를 구경할 수 있었다. 사실 그녀는 로스앤젤레스의 한 대학에 근무하는 동료의 부인으로 몹시 수줍음을 탔다. 내가 다른 여러 곳을 이미 구경한 후에 폴 게티 박물관에 왔기 때문에 혹시라도 빈정대지나 않을까 우려하는 눈치였다. 그녀는 나를 라파엘로, 티치아노, 파올로 우첼로, 베로네세, 마냐스코, 조르주 드 라투르, 푸생, 심지어는 알마 타데마의 작품들이 전시되어 있는 방들로 안내했다. 「최후의 만찬」과 「밀로의 비너스」 같은 모조품들을 계속해서 며칠간 구경한 내가 진품들을 건성으로 바라보며 조금은 따분하다는 반응을 보이는 것에 매우 의아해했다. 계속해서 그녀는 그리스 시대와 헬레니즘 시대 그리고 로마 시대의 조각품들이 수집되어 있는 공간으로 안내한 후에 복원실까지 나와 동행했다. 이곳에서는 과학 기술과 문헌상의 정확성에 기초하여, 18세기에 덧그린 코 부분까지 그림에서 제거하고 있었다. 그 이유는 박물관의 철학이 엄격하고, 전문적이며 철저한 독일식이기 때문이다. 또한 폴 게티는 사실상 박식한 예술 보호주의자이며 의심의 여지가 없는 진품만을 캘리포니아의 대중들에게 보여 주기를 원하는, 말 그대로 예술을 사랑하는 사람이기 때문이다. 그러나 나의 베아트리체[1]는 소심해서인지 아니면 조금 어색해서 그런지 묻지도 않은 나에게 내부의 거실들을 향해 걸어가면서 두 개의 커다란 정원과 거대한 열주랑들을 지나야 한다고 말했다. 우리가 통과한 에르콜라노의 파피루스 빌라는 주랑과 폼페이 벽화들 전체가 본래의 모습 그대로 재현되었으며 대리석들의 찬란함도 한몫하고 있

---

[1] 『신곡』에서 단테를 천국으로 안내한 베아트리체를 박물관 사서에 비유했다.

었다. 온갖 조각상들이 자리한 정원에는 나폴리에서만 볼 수 있는 식물들로 가득했다. 우리는 이곳에서 에르콜라노에 실존하던 파피루스 빌라의 완벽한 원형을 목격했다. 왜냐하면 에르콜라노의 파피루스 빌라는 완전하지 못하고 절반은 아직도 땅속에 묻혀 있는 로마 시대의 건축물로 추정되는 반면, 이곳 말리부에 있는 파피루스 빌라는 모든 것이 완벽하기 때문이다. 폴 게티가 고용한 고고학자들은 로마 시대에 지어진 다른 빌라들의 설계도와 모델들을 세밀하게 연구하여 그 결과로부터 파피루스 빌라를 완벽하게 복원하기 위한 치밀한 판독 방식과 고고학적 추론을 이끌어 낼 수 있었다. 그 결과 이들은 파피루스 빌라를 있었던 모습 그대로, 또는 적어도 그러했을 것이라고 추정되는 모습 그대로를 재현할 수 있었다. 나를 안내하던 부인은 박물관 설계학의 현대적 개념들이 현대적이고 청결한 전시 공간을 원한다는 사실을 알고 있기에 난감해하는 눈치였다. 이러한 현대적 개념을 가장 모범적으로 구현한 사례는 프랭크 로이드 라이트의 구겐하임 미술관이다. 사실 그녀는 진품보다 더 진품처럼 보이는 모조품과 진품 사이에서 우왕좌왕하는 관람객들이 판단 기준을 상실한 채 밖에 있는 것을 진품으로 간주하고 내부의 것들을 마치 한 장소에 모아 놓은 현대의 모조품처럼 간주할 위험에 빠질 것을 우려하고 있었던 것이다. 장식 예술 코너에 있는 베르사유풍의 방들에는 진품으로 그 가치가 매우 높은 것들도 있지만, 그리고 나의 안내자가 일일이 지적하면서 진품과 모조품을 명확하게 구분해 주기는 했지만, 이곳 역시 모조품들이 다수를 차지하고 있다. 사실 〈섭정 시대 방〉의 패널화는 에를로 호텔에서 가져온 진품이지만 장식 세공 액자와 장미 형태의 장식은 모조품이다. 또한 나무로 된 세공 마루는 18세기에 만들어졌지만 진품은 아니며, 서랍장은 다른 곳에서 가져온 것이지만 이 역시 진품이라고는 할 수 없다. 하지만 관람객은 이 모조품들이 서로 다른 공간에 나뉘어 있을 때보다는 이러한 방식으로 모여 있는 프랑스 로코코 시대의 건축을 더욱 잘 이해할 수 있을 것이다. 하지만 게티 박물관의 보수주의자들은 유럽식 교육을 받은 이들로서, 허스트 성의 경우와 같은 실험들을 통해 야기된 의심과 혼란이 자신들에게까지 영향을 미치는 것을 두려워한다.

한편, 안내 책자에 수록된 폴 게티의 글은 내용상 의식적인 일관성이 엿보인다. 만약 오류가 있다면 그것은 명백하게 드러날 것이다. 그의 글은 의도성이나 천재성은 드러나지 않지만, 개척자들에 대한 기억과 디즈니랜드로 양분된 채 밝은 미래에도 불구하고 그 어떤 역사적 향기도 느낄 수 없는 캘리포니아 해안에서 유럽의 과거를 어떻게 재현할 수 있는가에 대한 구체적인 철학을 담고 있다.

어떻게 해서 예술 애호가인 한 부자가 어느 날 에르콜라노 혹은 베르사유에서 느꼈던 감동을 떠올릴 수 있었을까? 어떻게 해서 그가 자국의 시민들에게 유럽이 무엇인가를 이해할 수 있도록 도와줄 생각을 했을까? 그 대답은 간단하다. 폴 게티는 자신이 소장하고 있는 모든 예술품들을 간단한 설명문을 달아 어느 한쪽에 치우치지 않는 중간적 입장에서 힌 줄로 나열했다. 유럽에서 중간적 입장을 취하고 있는 곳은 루브르, 스포르체스코 성, 우피치, 테이트 갤러리(웨스트민스터 사원에서 조금 떨어진 곳에 있는)이다. 얼마 멀지 않은 곳에서 과거의 숨결을 느끼고 숭배의 돌들을 지나면서 감동의 발길을 옮기던, 중간적 배경의 장소에 도착한 관람객들에게 이러한 환경을 제공하는 것은 별로 어렵지 않다. 그러나 한편에는 태평양이 있고 다른 한편에는 로스앤젤레스가 있으며 슈크림과 햄버거 형태의 수많은 레스토랑과 1만여 개의 가로등과 4층의 고속도로들이 통과하는 캘리포니아에서 관람객들은 무엇을 할 수 있을까? 파피루스 빌라를 이곳에 복원하면 될 것이다. 그리고 과도하게 일을 벌이지 않고, 로마 시대의 작은 사원을 복원한 후 그곳에 에르콜라노에서 가져온 흉상들을 배치하는 일을 독일 고고학자에게 맡기면 된다. 자금의 여유가 있다면 이 사원이 있던 장소에서 대리석을 가져오고, 작업자들로는 나폴리, 카라라, 베네치아 사람들을 고용하고 글도 이탈리아어로 쓰면 될 것이다. 어쩌면 누군가는 이것을 보고 저속하다고 말할지도 모른다. 하지만 허스트 성의 의미에서 본다면 반드시 그런 것만은 아니다. 또한 리빙 아트 박물관이나 마돈나 인의 〈마술의 방〉의 의미에서 보거나, 팔 달린 밀로의 〈비너스〉라는 의미에서 본다면 절대 그렇지 않다고 할 것이다.

리빙 아트 궁전이나 마돈나 인은 예술의 특권을 약삭빠르게 이용하려는 사람들의 작품이다. 존슨 대통령 기념관은 자신의 모든 제스처가 충분히 가치를 지닌다고 여겨 세탁물의 목록까지도 기념비의 대상으로 만들려는 돈벼락 맞은 텍사스인의 작품이다. 허스트 성은 부를 주체하지 못하여 예술보다는 예술이 제공하는 특권을 갈망하던 부자의 작품이다. 그는 돈과 절충주의적 성향을 가지고 있었기에 19세기 후반에 고딕 양식으로 재건축된 루드비히Ludwig II von Bayern의 성과 같이 모든 것이 온통 진품이 아닌 모조품들로 구성된 그 무언가를 만들어 내지 않았다.

반면 폴 게티 박물관은 의미 있는 과거와 그 대상을 자신들의 방식으로 재현하려고 노력한 그 자신과 그에게 협력한 사람들의 작품이다. 비록 그리스 조각상들이 그리스 시대의 진품이 아니라 할지라도 적어도 로마 시대의 것들은 완벽하게 복제해 놓았으며, 실제로도 그렇게 밝히고 있다. 만약 라파엘로의 진품으로 보이는 태피스트리들이 오늘날에 제작되었다면 이는 과거의 환경과 다르지 않은 분위기에서 그림으로 제작하는 것이 연구되었을 것이다. 로마의 마테이 화랑에서 구입한 키벨레[2]는 키벨레 신전에 전시되어 있다. 얼마 전에 완성된 신전의 산뜻함은 낡고 반쯤 허물어진 신전들에 익숙한 우리의 눈에 매우 낯선 느낌을 줄 것이 뻔하다. 그러나 박물관의 고고학자들은 건축된 지 얼마 지나지 않은 것처럼 보이게 하는 방식을 사용했다. 게다가 우리는 백색의 순결함으로 우리를 황홀하게 만드는 고전 시대의 수많은 조각상들이 본래에는 유채색이었으며 오늘날 백색으로 보이는 눈에 동공이 그려져 있었다는 사실을 잘 알고 있다. 게티 박물관은 백색의 조각상들을 그대로 전시하고 있지만(이러한 의미에서 고고학적 물신주의는 유럽의 잘못이라 할 것이다), 신전 벽면에는 채색 대리석을 사용했는데, 이것은 가설적인 차원에서 내려진 결정이었다. 게티는 신전을 복원할 때 지나치게 냉철하다 싶을 정도로 조각상들을 불완전하고 부자연스럽지만 정확하게 복원했던 만큼 그 누구보다 과거에 충실한 인물이었다고 할 것이다.

다시 말해 게티 박물관은 처음에는 조롱을 당했다거나 또는 황당하다는 인상을 주지만, 다음과 같은 의문을 공개적으로 남긴다. 누가 옳은가? 어떻게 과거와 접촉할 것인가? 고고학적 측면은 가능한 여러 차원들 중의 하나이다. 사람들은 이 문제를 시대에 따라 다양한 방식으로 해결해 왔다. 폴 게티의 해결 방식은 현대적이라고 할 것인가? 로마 시대에 귀족은 어떻게 살았을까, 그리고 게티 박물관이 조국인 미국에서 그리스 문명의 위대함을 옮겨 놓기 위해 재현한 빌라들

[2] Cybèle. 그리스 신화에 나오는 프리기아의 여신으로 생식 능력이 풍부한 대모신이다.

가운데 하나로 건축되었을 때 그 귀족은 무슨 생각을 했을까? 로마인은 불가능한 파르테논 신전들을 열망하면서 헬레니즘 시대의 예술가들에게 페리클레스 시대의 위대한 조각들을 복제하도록 지시했다. 그리스를 위기에 빠뜨리는 데 일조한 후에 복제의 형태로만 그리스의 생존을 보장한 것을 보면 로마 귀족은 탐욕스럽기 그지없는 상어들이나 다름없다. 로마 귀족과 5세기 그리스 간에는 5백 년에서 7백 년의 시간차가 존재한다. 게티 박물관과 복제된 로마 간에는 줄잡아도 2천 년의 시간 차가 엄연하다. 이러한 시간의 격차는 현명한 고고학이 메워 주기에 우리는 게티의 동료들을 믿을 수 있다. 이들의 작업은 에르콜라노의 재건이 그리스 전통에 충실하려고 했던 것인 만큼, 에르콜라노의 역사적 현실에 더욱 충실했다. 아이러니와 소피스트적인 혐오감의 표식으로 시작된 완벽한 모조품 세계로의 여행은 이제 일련의 극적인 질문들에 직면한다.

잠시 게티 박물관은 잊어버리고 수천 킬로미터 떨어진 플로리다의 링글링 미술관으로 눈을 돌려 보자. 링글링 가문은 석유 재벌이 아니라 서커스계에 군림해 온 대부호이다. 이들은 자신들의 저택을 지을 때 그 모델로 비록 허스트 성보다는 비용이 적게 들지만, 훨씬 많은 모조품들로 넘쳐 나는 베네치아풍의 건축물을 선택했다. 하지만 새러소타 만에 위치한 동일한 공원에 예술 박물관을 건축했을 때 이곳은 게티 박물관에 비해 조금도 손색이 없는 진품들로 넘쳐 났다. 카라바조, 가우덴치오 페라리, 피에로 디 코시모, 루벤스, 엘 그레코, 크라나흐, 렘브란트, 베로네세, 할스 등을 모아 놓아 루브르 박물관에 비하면 왜소하지만 폴디 페촐리에 비하면 그 규모가 대단하다.

그러나 박물관 자체의 모양새는 어떠한가? 방대하고 거만

해 보이는 외관의 르네상스식 저택으로, 미켈란젤로의 「다비드」상의 영향인지는 모르지만 비율적으로 약간 기울어진 듯이 보인다. 또한 이 저택의 주랑에는 에트루리아의 조각상들이 가득하며(추측하건대 진품들로 보이며, 오늘날에 비해 에트루리아인들의 무덤이 잘 보존되지 않았던 시대에 도굴된 것으로 보인다), 이탈리아풍의 정원을 내부에 품고 있다. 이탈리아풍의 정원은 조각상들로 가득하여 이곳에 들어가면 마치 친구들의 영접을 받는 것 같은 분위기에 빠지게 된다. 이분이 바로 그 유명한 원반 던지는 사람이고, 저기에 계신 분은 라오콘 씨네요. 그리고 안녕하세요? 벨베데레의 아폴론 씨, 어찌 지내시나요……. 세상에, 항상 그 인물이 그 인물이다.

물론 저택 내부의 회화 작품이 모두 진품인 반면 그 밖의 모든 것은 모조품이다. 이러한 사실은 모든 조각상의 하단에 붙어 있는 청동 안내판에서도 확인할 수 있다. 하지만 석고나 동판 주물 틀에서 만들어진 모조품이란 말이 무슨 의미가 있는가? 한 안내문을 무작위로 선택하여 읽어 보자. 〈춤추는 여인. 기원전 5세기 그리스 시대의 것으로 기원전 1세기 로마 시대에 복제되었다가 다시 현대에 청동으로 모조된 작품. 신품(로마 시대에 제작된 모조품)은 나폴리 국립 박물관에 소장되어 있음.〉 그래서 어쨌단 말인가? 이 박물관에는 로마 시대의 모조품이 소장되어 있다. 미국의 박물관에는 로마 시대 모조품을 모조한 작품이 있다. 그러나 이들은 모두 모조된 조각품으로서, 몇 가지 기술적 기준에 따라 관찰만 한다면 모조리 모조품이라는 것을 쉽게 알 수 있다. 누가 감히 항의할 수 있겠는가? 유럽의 박물관들에 설치한 것을 모방하여 잠볼로냐를 「라오콘」이 전시된 곳과 가까운 곳에 배치했다고 하여 이를 항의할 것인가? 르네상스 시대의 로지아[3]를 그럴듯하게 모방한 것이 이보다 거칠어 보이는 카날 그란데의 빌라에서 조금 떨어진 곳에 있다고 해서 이를 항의해야 하는가? 그렇다면 천 년 후 유럽이 한참 전에 이미 사라졌다는 사실을 전혀 모르는 채, 이러한 기념물을 방문할 관람객에게는 무슨 일이 벌어질까? 아마 모르긴 해도 베네치아 광장의 보험사 본부에서 시작하여 조국의 제단과 제국 광장의 거리, 그리고 콜로세움을 지나 테르미니 기차역 정면에 위치한 세르비아의 벽에 도착한 사람의 느낌과 크게 다르지 않을 것이다.

하지만 진품과 모조품을 단단하게 결속시키려고 한다면 역사적 재앙이 불가피할 것이며 아테네의 신성한 아크로폴리스를 도박과 매춘, 그리고 빵 가게의 도시인 폼페이만큼 존경할 만하게 만든 것도 이와 마찬가지의 역사적 파국을 필요로 한다. 이 시점에서 우리는 마지막 해안, 즉 정도의 차이에도 불구하고 이러한 모조의 문제가 분명하게 드러나는 묵시록적인 철학에 봉착한다. 유럽은 야만의 상태로 전락하고 있으며 따라서 무언가 구원의 필요성이 절실하다. 이것은 로마 귀족의 사고는 아닐지 모르지만, 천체 관측기를 위해 한순간의 주저함도 없이 스타치오의 필사본을 넘겨준 제르베르 도리야크Gerbert d'Aurillac와 같이, 문헌학적 냉철함으로 무장하고 닥치는 대로 고전 시대의 유물들을 수집했지만 동시에 이와는 반대의 행동을 했을지도 모르는 중세 예술 애호가들의 생각이었다(하위징아Huizinga는 예술 작품에 대한 중세인의 이 같은 민감함이 오늘날의 거만한 부르주아에게서 예상되는 것과 마찬가지라고 말한다). 링글링가로 하여금 아솔로 극장(목조 건물, 무대, 객석, 회랑)을 통째로 구입

3 한쪽 벽이 트인 주랑.

하도록 만든 광적인 수집욕과 혼합된 경건한 마음을 비웃을 생각은 없다. 아솔로 극장은 1798년부터는 카테리나 코르나로[4]의 저택에 있었으며 여배우 엘레오노라 두세Eleonora Duse가 사용하기도 했으나 1930년에는 한 골동품 상인이 구입하여 현대적 감각의 홀로 개조했다. 오늘날 이 극장은 모조품인 베네치아 저택에서 그리 멀지 않은 곳에 있으며 특별한 재능을 가진 예술가들의 거처로 사용되고 있다.

하지만 〈마지막 해안〉의 주제를 이해하기 위해서는 캘리포니아 글렌데일에 있는 포리스트 론 공동묘지에 가보아야 한다. 이 공동묘지를 만든 사람의 생각은 다양한 내부 구조로 만들어진 이곳이 더 이상 고통이 아닌 경건함의 장소가 되어야 한다는 것이다. 그리고 이러한 사고를 전달하기 위해서는 자연과 예술만큼 효율적인 것이 없다. 새로운 공동묘지 철학의 창시자인 이턴Eaton 씨는 포리스트 론을 미켈란젤로의 다비드에서 모세까지, 도나텔로의 성 조르조에서 라파엘로가 대리석으로 조각한 시스티나 성당의 마돈나상에 이르기까지 온통 과거 위대한 대작들의 모조품으로 장식했다. 뿐만 아니라 그는 이 모든 모조품들에 이탈리아 예술 협회가 발행한 공증 복제품 안내문을 달아 놓는다. 이 기관은 포리스트 론의 설립자들이 르네상스 시대 여러 걸작들의 공증된 모조품을 제작하기 위해 사실상 이탈리아의 모든 박물관을 방문했다는 사실을 확인해 주었다.

레오나르도 다빈치의 「최후의 만찬」을 보기 위해서는 극장의 관람객과 마찬가지로 정해진 시간에 입장하여 커튼 반대편에 놓인 의자에 앉아 기다려야 한다. 왼편에는 피에타상이 있고 오른편에는 메디치 가문의 무덤들에서 출토된 조각품

---

4 Caterina Cornaro(1454~1510). 베네치아 출신으로 키프로스의 여왕이 되었지만 베네치아에 키프로스를 넘겨주어야 했던 불우한 여인이다.

들이 전시되어 있다. 무대의 커튼이 오르기 전에 관람객은 왜 이 납골당이 또 하나의 웨스트민스터 사원인지를 설명하고, 거츤 보글럼Gutzon Borglum, 얀 스티카Jan Styka, 캐리 제이콥스본드Carrie Jacobs-Bond 그리고 로버트 앤드루스 밀리컨Robert Andrews Millikan 등의 무덤이 이곳에 있다는 기나긴 연설을 경청해야 한다. 앤드루스 밀리컨이 노벨 물리학상 수상자라는 사실 외에 다른 사람들에 대해서는 더 이상의 언급을 자제하고 싶다(예를 들어 본드 부인은 「나는 진정으로 당신을 사랑해요I love you truly」의 작곡자이다). 웨스트민스터 사원이 없었다면 오늘날 역사적인 인물로 우리의 뇌리에 남아 있는 수많은 사람들이 하찮은 남작들의 명단으로만 남았을지 모른다. 불멸의 명성을 획득하는 데는 무엇보다 범세계적인 규모의 뻔뻔함이 있어야 한다. 동일한 이름의 묘지가 없었다면 도대체 누가 체칠리아 메텔라를 알까?

이제 그만하는 것이 좋겠다. 왜냐하면 이러한 설명에 감격한 우리의 눈앞에 스테인드글라스로 제작한 「최후의 만찬」 복제품이 그 모습을 드러내기 직전에, 이턴 씨가 산타마리아 델레 그라치에에 갔을 때 어떤 일이 있었고 시대와 인간의 야만성이 결합된 행위가 어느 날 레오나르도의 걸작을 파괴할지도 모른다는 사실을 인식하게 되었다는 멘트가 흘러나오기 때문이다. 보존을 위한 신성한 열정에 사로잡힌 이턴 씨는 오래전 페루자의 수공업자 가문 출신인 로사 카셀리모레티Rosa Caselli-Moretti 부인과 접촉하여 레오나르도 다빈치의 걸작을 〈유리〉로 복제할 수 있도록 해줄 것을 요청했다. 그가 기대한 것은 산타마리아 델레 그라치에에 있는 상태가 아니라, 레오나르도가 이 그림을 그리던 3년 동안 허송세월을 보내지만 않았다면 더 그렸을 거라는 가정하의 걸작이었다. 이러한 멘트가 끝나면 곧바로 커튼이 열린다. 캘리포니아 전 지역에 퍼져 있는 밀랍 복제품들과 비교할 때 카셀리 모레티가 제작한 유리 복제품은 한 장인의 정직한 작품으로 19세기 유럽의 교회들에서도 흔히 볼 수 있는 것이었다. 이 여성 예술가는 그리스도의 얼굴을 선명하지 않게 처리할 정도의 인식을 가지고 있었음은 물론이고 신성한 성화를 다룰 때 레오나르도가 경험한 바로 그 두려움을 겪었을 것이다. 이곳의 관리자는 스테인드글라스 뒤에서 태양 빛의 그늘을 최소화하는 방식(새벽, 정오, 황혼)으로 서로 다른 빛들을 비추도록 함으로써 주변 환경과 어울려 예수의 얼굴이 좀 더 동적으로 보이는 효과를 유도했다.

과거를 재생하는 이 모든 기술은 포리스트 론에서는 당연히 이윤을 얻기 위한 도구이기도 했다. 레오나르도 예배당의 입구에는 거대한 그리스풍의 대리석 판이 있는데 여기에는 다음과 같은 운명적인 문구가 적혀 있다. 〈왜 여러분은 포리스트 론에서 치르는 장례식이 비싸다고 생각하십니까? 먼저 경험해 보세요. 그리고 우리가 하루에 20여 가족의 장례식을 치른다는 것을 생각해 보세요. 우리는 다른 공동묘지들처럼 하루에 12건의 장례식만을 치르는 그런 곳이 아닙니다. 따라서 그만큼 이곳에서는 전체 비용을 줄일 수 있습니다.〉 뿐만 아니라 제시된 가격에 대한 성급한 판단에 앞서 우선 왕림하여 꼼꼼하게 따져 볼 것을 권하는 초대의 말도 잊지 않고 있다. 그러나 포리스트 론이 천명한 이념은 일반에 무료로 공개되는 게티 박물관의 이념과 동일한데, 바로 보존과 새로운 세계 그리고 낡은 세계에 대한 무관심과 경솔함 때문에 보물들이 사라지고 있다는 확신이다. 물론 이러한 이념은 무언가를 은폐하고 있다. 공동묘지의 경우에는 이윤에 대한 욕망이, 게티 박물관의 경우에는 새로운 세계의 기업 식민주의(여기에는 폴 게티의 석유 제국도 포함된다)가 낡은 세계를 몰락의 구석으로 몰아붙이고 있다는 사실이다. 이것은 자신의 국가가 식민지로 전락시킨 그리스의 위대한 유산을 재생산하면서 로마 귀족이 흘리는 악어의 눈물과 다를 바 없다. 마지막 해안의 이념에서는 예술에 대한 체제가 제국주의의 효율성에 기초하고 있지만, 이 같은 이념은 앞서 말한 제국주의의 효율성에 대한 사악한 의식으로서, 마치 문화 인류학이 파괴된 원시 문명에 대한 빚을 갚으려는 백인의 사악한 의식인 것과 마찬가지다.

그러나 이 시점에서 이러한 미국의 현실을 유럽적 취향에 대한 의식을 조사하는 데 필요한 역비평의 수단으로 사용하지 않는 것은 올바른 처사가 아닌 것 같다. 우리는 산피에트로 성당의 「피에타」에 대한 유럽 관광객의 순례가 포리스트론의 피에타(여기 미국에서는 전시물을 보다 가까이 접할 수 있고 만져 볼 수도 있다)에 대한 미국 관광객의 순례가 드러내는 맹목적인 숭배보다 세속적이지 않다고 확신할 수 있을까? 근본적으로 이러한 박물관들에서는 작품들이 여러 개라는 생각을 더욱 확실하게 구현한다. 최근 괴테 연구소는 쾰른에서 만 레이의 못이 박힌 다리미와 눈이 달린 메트로놈을 다시 만들어 냈다. 또한 사진으로만 남아 있는 뒤샹의 자전거 바퀴와 동일한 것을 재현하는 데 성공했다. 실제로 일단 진품에 대한 물신주의적인 욕망을 제거한다면 복제품은 좀 더 완벽해진다. 따라서 예술의 권리에 반기를 드는 사람은 수많은 복제품이 소수로만 남도록 하기 위해 판을 훼손하는 조판공이라 할 수 있지 않겠는가?

물론 모조품의 숭배를 무죄로 방면할 생각은 없다. 다만 유럽의 진품 숭배도 결코 잘못과 무관하지 않다는 사실을 상기해 보고자 했을 뿐이다.

『레스프레소』(1975)

로봇들의 도시

유럽인은 즐기고 싶을 때면 보통 유흥을 제공하는 〈하우스(이를테면 영화관, 극장, 카지노 같은)〉에 간다. 때로는 임시로 오락 공원을 만들기도 하는데, 이는 마치 하나의 도시처럼 보이지만, 단지 은유적인 의미에 불과하다. 반면 얼마 전에 알게 된 바에 의하면 미국에는 말 그대로 유흥의 도시들이 존재한다. 라스베이거스가 그 대표적인 사례인데 도시 전체가 게임과 볼거리에 집중하며 건축은 거의 대부분이 인위적이다. 로버트 벤투리Robert Venturi의 연구에 의하면, 이는 전혀 새로운 도시 공학적 개념으로, 이른바 메시지 도시로서의 원활한 기능을 위해 커뮤니케이션을 하는 여느 도시들과 달리 도시 전체가 기호로 이루어져 있다. 이런 의미에서 라스베이거스는 커뮤니케이션으로 기능한다고 말해도 될 정도이다. 그러나 이 도시는 여전히 〈진짜〉 도시에 속한다. 최근에 출판된 저서에서 조반니 브리노Giovanni Brino는 라스베이거스가 여흥의 도시로 세워진 이후 점차 거주 도시, 사업 도시, 공업 도시, 행사 도시로 탈바꿈하고 있다고 지적했다. 하지만 이번 여행의 주제는 〈절대 모조〉이다. 따라서 우리의 관심은 절대적으로 복제된 도시들에만 머문다. 디즈니랜드(캘리포니아)와 디즈니 월드(플로리다)가 대표적인 도시들이지만, 독자적으로는 별로 중요하지 않은 사례에 불과하다. 미국에는 하나의 도시를 모방한 수많은 도시들이 존재하는데, 이것은 밀랍 박물관들이 회화들을 흉내 내고 건축에서는 베네치아의 저택 또는 폼페이의 빌라들을 모방하는 것과 마찬가지다. 게다가 유령의 도시들이나 백 년 전의 서부 도시들도 건재하다. 이들 중에는 거의 진품처럼 보이는 것도 있는데, 이 경우 보존이나 재건축은 고고학적 도시의 체계를 바탕으로 이루어진다. 하지만 이보다 더 흥미로운 것은 정확한 모방에 기초하여 무에서 만들어진 것들이다. 이들은 당연히 진짜이다.

방문할 도시를 선택하는 것은 정말 곤혹스러울 정도이다. 즉 사방이 도시들로 넘쳐 나고 있다. 애틀랜타의 스톤 마운틴은 19세기식 철도로 여행하다 보면 인디언의 습격과 구조의 손길을 내미는 보안관들, 미국 대통령들의 얼굴을 바위에 조각해 놓은 인공의 러슈모어 산을 보게 된다. 실버 스프링스의 식스 건스 테리토리도 기차로 달리다 보면 보안관, 길거리의 총격전, 살롱의 프렌치 캉캉 춤이 공연된다. 애리조나에서는 오두막집과 멕시코 선교단이, 피닉스 근처에는 툼스톤과 OK 목장, 올드 투손, 레전드 시티가, 플로리다의 클루이스턴에는 올드 사우스 바비큐 랜치가 있다. 서부의 신화까지 포함한다면 발렌시아의 매직 마운틴, 캘리포니아, 산타클로스 빌리지, 폴리네시아의 정원, 해적의 섬, 텍사스의 커비Kirby에서 볼 수 있는 것과 같은 애스트로월드, 심지어는 머린랜드에 펼쳐진 다양한 야생의 땅들, 다른 기회에 언급하게 될 환경 도시들도 있다.

선박의 복제품들도 존재한다. 플로리다의 탬파와 세인트 피터즈버그 중간 지역에 있는 타히티풍tahitien의 마을 앞에는 관광객이 탈 수 있는 바운티호가 정박해 있다. 이 배는 영국 런던 왕립 협회가 소장하고 있던 도면에 전적으로 의존했지만, 다른 한편으로는 찰스 로턴과 클라크 게이블이 열연한 영화에서도 몇 가지 사항을 참고했다고 한다. 항해 시에 사용되던 수많은 도구들은 모두 해당 시대의 것들이며 몇몇 선원의 모습은 밀랍으로 만들었고, 장교의 신발은 그의 역할을 맡은 배우가 직접 신고 연기를 했다고 한다. 여러 안내판에 기록된 역사적 사실들은 모두 신빙성이 있어 보였으며 주변 환경을 압도하는 해설자의 목소리는 영화의 사운드 트랙으로 들려왔다. 하지만 서부의 신화에 대해서는 여기서 중단하고, 대표적인 도시로 로스앤젤레스 부에나 파크의 노트 베리 팜을 선택해 보자.

겉으로만 봐도 게임의 알맹이는 금방 드러난다. 도시의 주변 환경과 쇠로 제작된 울타리(그리고 입장권)는 진짜 도시로 들어간다기보다는 마치 장난감 도시에 들어간다는 느낌을 준다. 그러나 들어가서 첫 번째 거리를 걷다 보면 일련의 환상들이 주마등처럼 스쳐 간다. 무엇보다 사실주의적인 재건축, 먼지 쌓인 마구간, 쓰러져 가는 상점들, 보안관 사무실과 전신기, 감옥, 살롱은 실제와 동일한 크기로 매우 철저하게 건축되었다. 낡은 포장마차는 먼지에 덮여 있고 중국인 세탁소의 불빛은 희미하기만 하다. 이곳의 모든 가게에서는 물품을 구입할 수 있다. 상점들은 영업 중인데, 베리 팜은 디즈니랜드와 마찬가지로 가짜 게임 속에 거래와 매매의 현실을 슬쩍 끼워 넣었기 때문이다. 잡화점이 19세기의 모습으로 분장하고 있다면 이곳에 있는 여종업원은 존 포드 영화의 여주인공 의상을 입고 있고, 설탕에 절인 과일, 땅콩, 인디언 수제품으로 둔갑한 모조품들은 모두 진짜들이다. 교환 수단으로 사용되는 달러도 모두 진짜 화폐이다. 이것과 마찬가지로 허름한 표지판에 광고된 음료들도 진짜이며 이곳을 찾은 손님들은 자신들이 진짜 소비자이기에 더욱 환상 속에 빠져든다. 다른 말로 한다면 손님들은 오랜만에 마을로 내려와 그동안 모은 돈을 모두 써버리는 카우보이나 황금을 찾는 사람들과 다를 바 없다.

게다가 착각의 정도는 더욱 증폭되어 환영에까지 이른다. 세탁소의 중국인이나 감옥에 갇힌 죄수는 밀랍으로 만든 마네킹으로 실제의 환경에서 진짜처럼 느끼게 하는 자세를 취하고 있다. 우리는 실제로 이들이 있는 곳에 들어갈 수 없지만 그렇다고 문제의 방이 작은 진열 공간에 지나지 않는다는 사실도 미처 깨닫지 못한다. 원한다면 문을 열거나 창문을 통해 들어갈 수 있으며 옆의 방도 진짜이기 때문이다. 이 방은 약국 겸 치안 판사의 사무실로서 얼핏 보면 작은 진열 공간처럼 보이지만, 실제로는 사용 가능한 공간으로 이곳에서 치안 판사는 검은 상의를 입고 허리에 권총을 찬 실제의 모습으로 진열대의 상품을 관광객에게 판매한다. 게다가 거리에는 보조 연기자들이 돌아다니다가 일정 시간에 다다르면 격렬한 총격전을 벌인다. 보통의 미국인 방문객은 이곳의 카우보이들이 입은 것과 별로 다르지 않은 청바지를 입고 있기 때문에 대부분의 방문객은 이곳의 엑스트라들과 방문객들의 모습을 쉽게 구분하지 못한다. 예를 들어 극사실주의적인 세밀함으로 건축된 마을 학교에는 머리띠를 매고 폭이 넓은 줄무늬 스커트를 입은 여선생이 교실에 앉아 있고 그 앞의 의자들은 이곳을 지나는 어린 관광객들이 차지하고 있다. 나는 한 관광객이 자신의 부인에게 이곳 어린아이들이 진짜인지 가짜인지를 묻는 것을 들었다(볼 수 있는 것과 같은 유의 그 꼬마 관광객들을 엑스트라, 인형, 디즈니랜드의 움직이는 로봇으로 생각하는 것은 순전히 그의 자의에 달려 있다는 것을 알 수 있을 것이다).

겉으로는 유령의 도시에 대한 이야기가 밀랍 박물관이나 예술 복제품들에 대한 것과 다른 것처럼 보인다. 처음에는 그 누구도 밀랍으로 만든 나폴레옹이 진짜라고는 생각하지 않는다. 그러나 여러 역사 기간들의 차이는 물론 역사적 사실과 환상 간의 구분에 대한 착각의 정도가 심해진다. 예술 작품들의 경우, 심리적으로는 아니더라도 문화적으로 복제품과 진품을 혼동하게 되며 예술을 저명한 주제들의 연속이라는 논리로 간주하는 물신주의가 고개를 든다. 반면 유령의 도시에서는 무대성이 더욱 명확히 드러나기 때문에 연출된 장면들에 참여한 관광객들은 착각을 하게 되고, 따라서 허구에 불과하지만 실제로는 모든 모방 장치들의 근본적인 목적을 구성하는 상업적 논리에 가담하게 된다.

디즈니랜드에 대한 자신의 저서에서 디즈니랜드를 〈타락한 유토피아〉(이러한 정의는 신화의 형태로 표현된 반동적 이념이다)로 묘사한 루이 마랭은 관광객을 맞이해 마술 도시의 이곳저곳을 구경시키면서 지난 과거의 19세기로 빠져들게 하는 이 도시의 거리 구조를 이미 분석한 바 있다. 디즈니랜드의 주요 거리는 허구의 첫 번째 장소이지만 동시에 매우 기발한 상업적 현실이기도 하다. 다른 모든 도시들과 마찬가지로, 디즈니랜드는 한때 절대 현실적이고 절대 환상적인 곳으로 소개되었는데, 이 점에서 디즈니랜드는 다른 장난감 도시들에 비해 강점(예술적 개념상의)을 가진다. 디즈니랜드에 있는 집들은 1층의 경우 실물 크기이며 그 위로 올라갈수록 3분의 2로 줄어들어 실제로 사람이 살 수 있다는 생각을 갖게 해줄 뿐만 아니라, 환상이 지배하는 환상적인 과거에 속한다는 느낌마저도 제공한다. 중심 도로의 전면은 마치 장난감 집처럼 보이게 함으로써 이곳을 찾는 사람들이 그 속으로 들어가고 싶게 만든다. 하지만, 그 내부는 변장한 슈퍼마켓으로 게임의 연속선에서 구매의 강박 관념을 강요한다.

이러한 의미에서 디즈니랜드는 밀랍 박물관들에 비해 보다 극사실주의적이다. 그도 그럴 것이 밀랍 박물관들은 보이는 모든 것이 절대적으로 현실의 복제품이라고 믿게 만드는 반면, 디즈니랜드는 마술의 영역에서 절대적으로 환상이 복제된다는 사실을 분명히 하고 있기 때문이다. 3차원 예술 박물관은 거의 진품이나 다름없어 보이는 밀로의 비너스를 판매하는 반면 디즈니랜드는 자신의 모조품을 복제 기술의 걸작으로 판매하는데, 그 이유는 디즈니랜드가 효율적으로 판매하는 것들이 진짜 상품이기 때문이다. 거짓된 것은 구입하려는 우리의 마음이지 실제로 구입하는 물품이 아니다. 이러한 의미에서 본다면 디즈니랜드야말로 소비 이데올로기의 정수이다.

하지만 일단 모든 것이 가짜라는 사실이 밝혀지더라도 이를 즐기려면 이 모든 것이 진짜처럼 보여야 한다. 폴리네시아풍의 레스토랑이라면 매우 진짜처럼 보이는 그럴듯한 메뉴들 외에도, 타히티 여인으로 분장한 종업원, 폭포수가 떨어지는 암벽, 열대풍의 식물들을 갖추어야 할 것이다. 그리고 이곳에 들어가는 순간, 밖에는 더 이상 폴리네시아가 아니라는 것을 보여 주는 그 무언가가 존재한다는 사실을 의심하게 방치해서는 안 된다. 만약 두 그루 나무 사이로 흐르는 조그만 물줄기가 〈어드벤처랜드〉로 흘러 들어가는 경우, 이 역시 통상 타히티에서 강물이 정원의 울타리 너머로 보이는 것과 마찬가지로 그럴듯해야 한다. 그리고 밀랍 박물관에서 밀랍이 진짜 살이 아닌 반면, 디즈니랜드에서 바위는 진짜 바위이고 물은 진짜 물이고 바오바브나무도 그렇다. 그리고 이곳에 하마, 공룡, 바다뱀이 있다고 해서 그렇게 가짜처럼 보이지는 않는다. 왜냐하면 진짜와 같은 대용품을 구하는 것이 불가능하기 때문이다. 그러나 이곳에 놀러 오는 사람들은 동물들의 온순함까지 정확하게 프로그램된 진짜 같은 가짜에 감탄한다. 이러한 의미에서 디즈니랜드는 환상을 양산할 뿐만 아니라, 고백하자면 환상에 대한 욕망까지도 자극한다. 동물원 정원에서 볼 수 있는 진짜 악어들은 보통 졸거나 숨어 있는 반면, 디즈니랜드의 가짜들은 우리의 꿈같은 바람 그 이상으로 반응을 보인다. 하루 24시간이면(프로그램을 어떻게 계획하는가에 따라 얼마든지 가능하다) 디즈니랜드의 뉴올리언스에서 진짜 뉴올리언스까지, 어드벤처랜드에 있는 야생의 강에서 미시시피 강으로의 여행이 충분히 가능하다. 하지만 미시시피에서는 증기선의 선장이 강가에서 쉬고 있는 악어들을 볼 수 있다고 말한 것과는 달리 한 마리도 보지 못할 수도 있다. 상황이 이렇다면 야생의 동물들에게 제발 모습을 드러내도록 간청하지 않아도 되는 디즈니랜드를 보지 못한 것에 대해 원망하는 사람도 있을 것이 분명하다.

이러한 의미에서 내가 보기에 이 세계의 가장 전형적인 현상은 그토록 유명한 판타지랜드, 관람객을 피터 팬이나 백설공주의 세계로 안내하는 환상의 여행을 통한 재미있는 유희(이 유명한 기계기 얼마나 매력적이고 열성적인 즐거움을 제공하는지를 부정하는 것은 어리석기 짝이 없는 일이다)가 아니라, 카리브 해의 해적들, 유령의 집이다. 해적들의 소동은 약 15분 정도 지속되는데(하지만 이 시간 동안은 시간 개념을 잃어버려 10분이 마치 30분처럼 느껴진다), 사람들을 태운 작은 기선은 일련의 동굴들 속으로 흘러들고 가장 먼저 엄청난 보물들과 거미줄에 휘감긴 채 화려한 장식의 침대 위에 나뒹구는 선장의 두개골, 교수형을 당한 후에 까마귀가 마구 훼손한 시신이 나타난다. 선장의 두개골은 무언가를 경고하듯이 위협적인 모습으로 이곳을 지나는 관람객들을 쳐다보고 있다. 그런 다음에 사람들은 대형 범선과 요새의 대포에서 불을 뿜는 십자 포화를 겨우 뚫고 나가면서 길게 뻗은 만을 지나게 된다. 반면에 해적 선장이 자극적인 욕설을 쏟아내는 현장을 통과하여 강을 따라 더 내려가면 침입을 당해 함락된 도시에서 해적들이 닥치는 대로 여성들을 겁탈하고 보물을 약탈하며 마을 촌장을 고문하는 참혹한 장면을 목격한다. 도시는 유황처럼 타오르고, 술에 취한 해적들은 보석함에 벌렁 누워 음흉한 노래를 부르고 있다. 몇몇 해적들은 방문객들을 향해 총을 난사한다. 모든 것이 천천히 막을 내리면서 모든 것을 태워 버린 불길은 멀리서 들려오는 노랫가락을 타고 서서히 꺼져 가고 반대편 하늘에서는 석양이 물들어 온다. 이 모든 것이 우리의 환경과 동일한 크기로 이루어져 있고 동굴의 천장은 하늘의 천장과 다를 바 없다. 이러한 지하 세계의 한계는 우주의 한계이며 그 끝을 알아차리는 것은 결코 불가능한 일이 아니다. 해적들은 활보하며 춤을 추거나 잠을 자거나 눈동자를 이리저리 굴리다가 얼굴을 일그러뜨리면서 진짜로 술을 마신다. 자세히 보면 이들이 로봇이라는 것을 알 수 있지만, 이들의 진짜 같은 모습에는 감탄하지 않을 수 없다. 실제로 오디오 애니매트로닉스[1] 기술은 월트 디즈니가 그토록 긍지를 느끼는 핵심적인 동기들 중의 하나를 구성한다. 그것은 진짜보다 더 진짜 같은 환상의 세계를 재현했고 2차원의 벽을 허물었으며 환상에 불과한 영화를 실현하기보다는 완벽한 극장을 연출한 것이었다. 그것도 단순히 인간화된 동물을 가지고 성공한 것이 아니라 인간들

---

[1] Audio animatronics. 소리 *audio*, 움직임 *animation*, 전자 공학 *electronics* 의 세 가지 요소를 결합한 월트 디즈니사의 조어이자 등록 상표.

로 성공한 것이어서 더욱 보람된 가치를 가진다. 실제로 디즈니랜드의 로봇들은 전자 분야의 걸작들로서 이것들은 각각 실제 배우의 모든 표현들에 대한 분석과 연구 결과를 바탕으로 축소된 모델로 만들어진 후에 매우 정밀한 골격으로 완성되었다. 또한 이것들은 인간 형태의 진정한 컴퓨터이지만, 믿을 수 없을 정도의 천재적인 모방 기술을 자랑하는 기술자들이 이것들에 살과 피부를 붙이는 최종적인 작업을 했다. 모든 로봇에는 프로그램이 입력되어 있어 말과 소리의 음에 따라 입과 눈을 움직이며, 하루 종일 잠시도 쉬지 않고 프로그램화된 동작(또는 문장)을 반복한다. 이들이 연출하는 장면에 놀란 관람객은 시선을 좌우 그리고 전면에 고정하고 결코 뒤를 돌아볼 생각조차 하지 못하기 때문에 방금 본 로봇이 자신의 반복된 동작을 끝없이 되풀이하고 있다는 사실을 전혀 알아차리지 못한다.

오디오 애니매트로닉스 기술은 디즈니랜드의 다른 곳에도 적용되어 한 장소에 모여 있는 역대 미합중국 대통령들에게 생명력을 불어넣기도 하는데 그 효과도 해적들의 동굴에서처럼 매우 환상적이다. 이들은 사람보다는 못하지만 가격 면에서는 전혀 그렇지 않을 것이다. 하지만 중요한 것은 이들이 인간이 아니라는 점이며 사람들도 이 점에 대해서는 잘 알고 있다. 모방의 즐거움은 고대인들도 잘 알고 있었듯이 인간의 영혼에 가장 깊이 뿌리박혀 있는 것들 중 하나이다. 그러나 여기서 우리는 하나의 완벽한 모방을 즐길 뿐만 아니라 모방이 극치에 도달했으며 이후 현실이 이 같은 모방에 절대로 미치지 못할 것이라는 사실에 대해서도 확신한다.

〈유령의 집〉의 지하 세계 여행은 이와 결코 다르지 않은 기준들에 기초한다. 이 세계는 에드거 앨런 포와 찰스 애덤스의 만화 사이 어딘가에 나올 듯한 농촌의 한 저택에서 열린 미사의 분위기를 보여 준다. 하지만 그 내부에는 방문객들이 한 번쯤은 보기를 원하는 마녀들의 놀라운 세계가 완벽하게 갖추어져 있다. 뼈만 남은 손이 땅속에서 솟아 나와 무덤의 거대한 돌을 들어 올리는 황량한 공동묘지를 가로지르면 마녀와 요괴들이 향연을 벌이는 언덕을 통과한다. 이들의 연회가 열리는 만찬장에서는 19세기풍 의상을 입고 춤을 추는 투명한 유령들이 이리저리 하늘을 날아다닌다. 허공에 떠 있는 투명한 영혼들도 야만적인 군주의 만찬에 참석한다. 그리고 이들은 거미줄 이곳저곳에 걸려 허우적거리기도 하는데 이러한 모습들은 크리스털 표면에 생생하게 반영된다. 우리의 뒤에서는 푸른빛의 창백한 형상이 흔들리는 샹들리에와 겹친다. 그 어떤 경우에도 이것은 마녀들의 성과 같은 촌스러운 속임수가 아니며 관람객의 관심은 이 모든 것에 완전히 빠져든다(시간이 갈수록 관람객은 자신이 목격하는 것들의 유머에 익숙해진다). 최근의 공포 영화들에서처럼 중간 중간 잠시 쉬는 법도 없고, 옆 사람이 체험하는 공포의 장면들에 끼어들 틈도 없이 오로지 공포의 한가운데 머문다. 따라서 지진이 난다면, 이 영화관의 홀도 흔들려야 한다.

나는 이상에서 언급한 두 가지 매력적인 요소들이 해적선, 강의 증기선, 범선 컬럼비아Columbia의 완벽한 모델들(현실에서도 모두 사용 가능한)보다 디즈니랜드의 철학을 훨씬 잘 반영하고 있다고 생각한다. 또한 이러한 논리는 공상 과학적인 감동을 더 잘 체험할 수 있는 미래 세계 탐험(예를 들어 화성으로 우주선을 타고 가면서 사람들은 감속 효과, 중력감 상실, 지상에서 이륙할 때 느끼는 엄청난 속도의 이탈감 등을 느낀다)에도 예외 없이 적용된다. 뿐만 아니라, 로켓 추진 미사일과 핵 잠수함과 같은 모델에도 동일한 논리의 적용이 가능하다. 이에 대해 마렝은 가짜 서부 도시, 가짜 뉴올리언스, 가짜 정글이 유기적이지만 이미 과거이거나 환상에 불과한 사건들을 실제 크기로 복제하여 보여 주는 반면, 로켓 미사일과 핵 잠수함은 실제의 기계보다 축소된 규모의 모델들로 등장한다는 사실을 날카롭게 지적한다. 때문에 이들이 믿을 수 없는 곳에서는 실물을 모방하는 것으로, 그리고 이들이 현실과 매우 흡사한 곳에서는 좀 더 환상적인 효과를 높이기 위해 축소된 규모가 등장한다. 적어도 우리의 이번 여행을 기준으로 한다면 해적과 유령들은 디즈니랜드 전체를 포함한다. 왜냐하면 이들은 도시 전체를 거대한 로봇으로 변화시키기 때문이다. 이것은 뇌샤텔의 필경사와 폰 켐펠렌 von Kempelen의 〈장기 두는 터키인〉에 활력을 불어넣어 주었던 18세기 기계 장인들의 꿈을 최종적으로 실현시킨 것이다.

어떤 의미에서는 디즈니랜드의 정확성과 일관성이 플로리다에 있는 디즈니 월드의 야심으로 인해 많은 부분 희석되었다고 본다. 건설 당시 디즈니 월드는 디즈니랜드에 비해 150배 이상 크게 지어졌으며 장난감 도시로서가 아니라 미래 도시의 전형으로 소개된 것에 큰 자부심을 가지고 있었다. 캘리포니아 하면 역시 디즈니랜드였지만, 플로리다의 디즈니 월드에 비하면 맨해튼의 두 배에 해당하는 방대한 대지에 세워진 시설의 핵심 주변부에 지나지 않는다. 입구에서 매직 킹덤(실질적인 디즈니랜드이다)으로 관람객을 실어 나르는 단선 열차는 만과 인공 호수, 스위스 마을, 폴리네시아의 마을, 골프장과 테니스장, 거대한 호텔, 즉 이른바 계획된 바캉스 지역을 통과한다. 그러므로 매직 킹덤에 도착한 사람들은 중세의 성(디즈니랜드에 있는 중세의 성에 비해 더 고딕적인 모습이며 산미니아토 알 몬테와 스트라스부르의 성당에 비견된다)이 환상을 자극하는 것과는 비교가 되지 않을 정도로 매우 공상 과학적인 모습에 이미 지친 모습을 내비친다. 미래는 그 폭력성으로 어제의 일들을 무색하게 만든다. 이 점에서 디즈니랜드는 좀 더 빈틈이 없으며 이곳에 놀러 온 사람들은 별다른 기억을 떠올리지 않고도 자신들을 둘러싸고 있는 것을 관통해 들어갈 수 있다. 마랭은 이 모든 것을 믿게 만들려면 끝없이 펼쳐진 주차장 한 곳에 자동차를 주차한 다음 이곳에 준비된 작은 열차를 타고 꿈의 도시의 한계에 도착하는 것이 핵심이라는 사실을 지적한다. 하지만 캘리포니아 사람들에게 자동차를 한 곳에 내버려 둔다는 것은 자신들의 인간성을 포기하고 다른 권력에 의탁하면서 스스로의 창의성을 포기하는 것을 의미한다.

소비 사회의 알레고리이자 절대 성상주의의 거주지인 디즈니랜드는 모든 수동성의 중심이기도 하다. 이곳을 방문하는 사람들은 이곳에서 자신들의 로봇들처럼 행동해야 한다. 즉 모든 매혹적인 주제의 공간에 들어가고 싶어도 쇠 파이프로 된 손잡이와 울타리와 미로가 가로막고 있기 때문에 사적인 행동은 엄두도 내지 못한다. 방문객들은 기나긴 줄의 리듬을 연출한다. 각각의 장소와 그곳만의 특별한 주제에 어울리는 유니폼을 입은 꿈의 직원들은 관람객들이 자신들이 선택한 곳으로 들어가는 길을 안내할 뿐만 아니라, 그 이후의 모든 단계들까지 통제한다(자, 이제 여기를 주목하세요, 그럼 올라가세요, 지금 내려가세요, 의자에서 일어나기 전에 잠시 대기해 주세요 등 마이크를 이용해 항상 예의 바르지만 비인격적인 목소리로 말을 한다). 만약 관람객이 비용을 부담한다면 진짜를 가질 수 있을 뿐만 아니라 가짜로 재구성된 진실의 풍족함까지도 얻을 수 있다. 디즈니랜드 역시 허스트 성과 마찬가지로 이동을 위한 공간을 확보하지 않고 항상 구경하게 만드는 그 무언가를 위한 공간 배치에만 주력한다. 건축학과 현대 도시학에서 거론되는 거대한 공간은 전혀 눈에 띄지 않는다. 미국이 구겐하임 미술관이나 맨해튼의 새로운 마천루들의 국가라면 디즈니랜드는 호기심을 불러일으킬 만한 예외로서, 디즈니랜드에 가기를 거부하는 미국의 지성들은 이 점에 동감한다. 하지만 미국이 이번 여행의 기나긴 여정에서 목격한 모든 것들의 조국이라면, 디즈니랜드는 미국의 시스티나 성당이며 화랑의 극사실주의자들은 거대하고 지속적인 오브제 트루베(objet trouvé, 발견된 사물) 예술에 빠진 소심한 관음증 환자들에 지나지 않는다.

『레스프레소』(1975)

『1984년』의 생태학과 육화된 코카콜라

 스펀지오라마Spongeorama 박물관, 시 월드, 스크립스 아쿠아리움, 야생 동물 공원, 정글 정원, 악어 농장, 머린랜드 등 캘리포니아와 플로리다의 해안은 야생 동물들과 훈련된 돌고래, 앵무새, 올리브를 넣은 마티니를 마시고 샤워를 하는 수달, 자신보다 훨씬 작은 방문객들을 태우고 야자수 사이를 다니는 코끼리와 낙타를 볼 수 있는 인공의 해양 도시들과 정글로 넘쳐 난다. 극사실주의적인 복제의 주제는 예술과 역사뿐만 아니라 자연까지도 가만두질 않는다.
 먼저 동물원에 가보자. 샌디에이고에 있는 모든 동물원은 본래의 자연환경을 그대로 옮겨 놓은 거대한 규모를 자랑한다. 샌디에이고 동물원의 가장 핵심적인 주제는 멸종 위기에 처한 동물들을 보존하는 것이고, 이러한 관점에서 그 성과는 매우 고무적이다. 관람객은 여러 시간을 걸어 다녀야만 한다. 왜냐하면 들소나 새들이 자신들의 일정한 활동 영역 내에서 자유롭게 돌아다녀야 하기 때문이다. 지구 상에 존재하는 모든 동물원들 중에서 이곳은 동물이 가장 존중받는 곳임에 틀림없다. 그러나 동물에 대한 이러한 존중 의식이 동물이나 사람에게 확신을 주고 있는지는 확실하지 않다. 사람은 모든 희생에 적응한다. 동물들이 안전한 환경에서 산다는 사실을 알 수 있다면 이들을 보지 못하는 것에 대해 인내심을 가질 수 있다. 이 동물원의 상징인 오스트레일리아의 희귀 동물 코알라는 유칼리나무의 숲에서만 생존이 가능하다. 이 동물원에는 이러한 환경이 완벽하게 갖추어져 있다. 그래서 코알라는 숲의 나뭇잎들 사이에 숨어 행복하게 지내고 있다. 반면에 방문객은 쌍안경을 이용해 어떻게 해서든 이 동물을 보려고 안간힘을 쓴다. 이곳에서 코알라를 쉽게 볼 수 없다는 것은 이런저런 환경에 잘 적응하는 동물들에게도 자유가 제공되고 있음을 의미한다. 이곳 동물원은 백곰을 위해 물의 온도를 영하로 유지하고 있다. 그리고 바위들은 갈색으로 보이고 백곰이 잠수하는 물은 아주 탁해 보이기 때문에 북극곰은 자신이 살던 곳과 매우 유사한 환경에서 안정감을 느끼는 듯 보인다. 하지만 이러한 안락감은 일종의 사회적 순응 행위에 불과하다. 때문에 체스터라는 이름의 이 북극곰은 3분마다 관람객들을 태운 미니버스가 지나가기를, 그리고 동물원의 조련사 소녀가 이곳을 방문한 신사 숙녀 여러분들께 인사하라고 소리치기를 기다린다. 그러고는 두 다리로 딛고 상체를 일으켜 세워, 보는 사람에게 공포심을 자아내는 거대한 앞발을 흔들면서 인사를 하고 소녀는 순응에 대한 대가로 곰에게 과자를 던져 준다. 체스터는 다른 미니버스가 오기를 기다린다.

백곰이 소녀의 지시에 순응하는 것에는 의심의 여지가 남아 있다. 환경의 진실은 어디에 있단 말인가? 어찌 보면 정당하지 못한 의심으로 보이는데, 그 이유는 모든 동물원들 중에서 샌디에이고의 동물원이 가장 인간적이거나 가장 동물적이기 때문이다. 그러나 이 동물원은 〈야생의 세계〉로 대변되는 생태학적 환경을 구현한다는 철학을 가지고 있으며 그

대표적인 사례로는 샌프란시스코 외곽의 레드우드 시에 있는 머린 월드 아프리카 USA가 있다. 이 시점에서 우리는 모조품 산업에 대한 정당한 지적을 할 수 있다. 왜냐하면 이곳 동물들의 디즈니랜드에서는 모래사장, 오두막, 야자수, 뗏목들이 한곳에 정박해 있는 강, 그리고 〈아프리카의 여왕〉이라는 이름을 가진 범선을 볼 수 있다. 게다가 강의 반대편에는 얼룩말 또는 코뿔소가 자유롭게 노닐고 있는 반면 이곳의 한 가운데에는 원형 극장, 수족관, 상어들이 득실거리는 수중 동굴, 맹독성의 사나운 뱀들이 우글거리는 거대한 유리 상자가 있다. 머린 월드의 대표적인 상징은 환경 극장이다. 사람들은 이곳의 편안한 원형 극장에 앉아(그리고 만약 앞의 사람들이 앉지 않으면 친절한 여성 안내자가 뒷사람들을 방해하지 않도록 앞사람들을 강제로 앉게 한다. 왜냐하면 모든 것이 질서 정연하게 진행되어야 하고, 사람들이 원하는 곳에만 앉을 수는 없기 때문이다. 가능하면 순서대로 앉혀야 사람들이 자리를 찾아 헤매는 일이 일어나지 않게 된다) 무대를 대신한 야생의 지역을 바라본다. 이곳에는 금발의 긴 머리카락에 히피처럼 보이는 복장을 한 세 명의 소녀가 있는데, 한 명은 기타로 감미로운 포크 송을 연주하고, 다른 두 명의 소녀는 사자 새끼와 작은 표범, 태어난 지 여섯 달 된 벵골 호랑이를 등장시킨다. 동물들은 목걸이를 매고 있는데, 설사 목걸이가 없다고 할지라도 별로 위험해 보이지 않는다. 아직 어려서 그런지, 아니면 먹이에 양귀비가 들어 있어서 그런지는 모르지만 매우 졸린 듯한 모습이다. 한 소녀가 짐승들은 본래 사납다고 하지만 편안하고 우호적인 환경에서는 매우 온순하다고 설명하면서 어린아이들을 무대로 초대하여 이들을 어루만지도록 해준다. 벵골 호랑이를 어루만져 보는 감격은 일상적인 경험이 아니며 대중은 모든 숨구멍을 통해 주변 환경의 안락함을 호흡한다. 교육적인 측면에서 본다면 어린 소년, 소녀에게는 확실히 좋은 효과가 있으며 이들이 어쩌면 일생에 한 번쯤은 마주칠 기회가 있을지도 모르는 사나운 동물들을 죽이지 않도록 교육하는 데 도움이 된다. 그러나 이러한 자연의 평화(사회적 평화에 대한 간접적인 알레고리인)를 실현하기 위해서는 정말 많은 노력이 필요하다. 즉 동물들을 교육시키고, 인위적이지만 자연스럽게 보이는 환경을 조성하고, 관람객을 교육하는 등의 많은 것에 대한 철저한 준비가 요구된다. 이처럼 자연의 선한 의지에 도달하는 데 필수적인 것은 범우주적인 교화이다.

   오염되지 않은 자연에 대한 약속과 타협된 평온의 보장 사이의 불안한 상태는 계속된다. 원형의 수족관 극장에서는 훈련된 고래가 온갖 재주를 부리는데, 이 동물들은 식인 고래 또는 살인 고래로 소개된다. 아마도 이들은 배고플 때 정말 위험할지도 모른다. 일단 이들이 위험하다고 믿는 상황에서 이들이 명령에 순종하고 물속으로 뛰어들고 달리기 경주를 하고 높이뛰기를 하고 심지어는 조련사가 입에 물고 있는 물고기를 낚아채고 지시에 따라 마치 말하는 사람처럼 소리 내는 모습을 바라보는 것은 정말 짜릿한 흥분을 자아내는 구경거리가 아닐 수 없다. 근처의 다른 원형 극장들에서는 코끼리와 원숭이들이 공연에 참가하여 관람객을 즐겁게 한다. 물론 이들 역시 서커스의 일상적인 공연 스케줄에 포함되어 있는 것이겠지만, 그럼에도 나는 그토록 온순하고 영리한 코끼리를 본 적이 없다. 살인 고래, 돌고래, 사랑스러운 호랑이 그리고 아무런 해도 끼치지 않으면서 금발의 여성 조련사의 배 위에 앉아 있는 코끼리는 머린 월드야말로 인간과 동물들이 아무런 갈등도 없이 조화롭게 지내고 삶을 고갈시키는 경쟁도 없는 황금시대의 축소판처럼 보이게 한다. 황금시대가 실현되기 위해서는 동물들이 계약 내용을 충실히 따르고, 그 대가로 생존을 위해 사냥을 해야만 얻는 음식을 제공받게 될 것이다. 그러면 사람들은 이들을 사랑할 것이고 문명으로부터 이들을 보호해 줄 것이다. 머린 월드는 먹을 것만 보장된다면 모두에게 있어 야생의 혁명이 더 이상 필요하지 않으며, 음식을 확보하기 위해서는 정복자의 평화를 수용해야만 하는 그런 장소인 것처럼 보인다. 이는 좀 더 생각해 보면 〈백인의 책임〉이라는 주제의 무한한 다양성인 것이다. 월리스A. R. Wallace의 아프리카 이야기에서처럼, 총독 샌더스는 보잠보가 다른 추장들과의 비밀 회합을 계획하기 이전까지 거대한 강의 평화를 확보했을 것이다. 그렇지 않았다면 보잠보는 추장의 자리에서 쫓겨나 교수형을 당했을 것이다.

이상하게도 이 환경 극장에서 관람객은 인간 지배자의 편이 아니라 동물들의 편이다. 동물들처럼 관람객들은 정해진 여정을 따라가야 하고 적당한 순간에 착석하고 밀짚모자와 롤리팝 그리고 야생의 무방비 상태인 자유를 기념하는 슬라이드 사진들을 구입한다. 동물들은 인간화된 행복을 획득하고 관람객들은 동물화된 행복을 만끽한다.

동물들의 인간화와 관련하여 이곳에는 절대 모조품 산업의 여러 유망한 자원들 중 하나가 숨어 있다. 그리고 이것으로 인해 마리 앙투아네트의 최후의 날을 재구성한 밀랍 박물관과 머린랜드를 비교해 볼 필요가 있다. 밀랍 박물관의 모든 것은 기호지만, 현실처럼 보인다. 머린랜드에서는 모든 것이 현실임에도 마치 기호처럼 보이기를 바란다. 살인 고래들은 스퀘어 댄스를 추면서 조련사들의 요구에 부응하는데, 이는 언어적인 능력을 획득했기 때문이 아니라 조건 반사에 따라 훈련되었기 때문이다. 그런데 우리는 이러한 자극 반응의 관계를 의미의 관계로 해석한다. 이와 같이 오락 산업에서 기호가 있을 때에는 없는 것처럼 보이고, 그리고 기호가 없을 때 우리는 그것이 있다고 믿는다. 즐거움의 조건은 무언가 조작되었다는 것이다. 머린랜드는 다른 그 어떤 오락의 장소들보다 더 불온한 곳이다. 왜냐하면 이곳의 자연은 거의 다시 만들어진 것이지만 정확히 오염되지 않은 자연으로 제시될 수 있도록 그러한 흔적을 인위적으로 지워 버렸기 때문이다.

물론 이러한 언급에도 불구하고, 비판을 계속한다고 해서 프랑크푸르트학파의 낡은 도덕주의에서 벗어날 것처럼 보이지는 않는다. 이러한 장소는 매우 흥미롭다. 만약 이러한 장소들이 조류를 사냥하는 우리의 문명 속에 존재했다면 매우 칭찬할 만한 교육적 장소를 구성했을 것이다. 또한 자연에 대한 사랑은 세계에서 가장 산업화된 사람들의 지속적인 애정인 동시에 유럽 예술에 대한 사랑처럼 영원히 채워지지 않는 열정이다. 나는 이러한 〈야생의 세계〉가 실현하는 더 우선적이고 즉각적인 커뮤니케이션은 긍정적이라고 말하고 싶다. 다만 불안한 것은 문자적인 층위에 덧붙어 있는 알레고리적인 층위, 즉 동물적인 차원에서 이미 실현된 『1984년』의 함축적인 징후이다. 또한 불안한 것은 존재하지 않는 야만적인 차원이 아니다. 이것은 상징적인 위협일 뿐이다. 선한 야생은 적도 부근 열대 정글의 악어와 하마들을 죽일 것이 분명하며, 하마와 악어들은 생존을 위해 모조품 산업에 굴복해야 할 것이다. 이것은 우리를 고통스럽게 만들 것이 분명하다. 다른 대안이 없다.

야생의 세계로의 여행은 자연 숭배와 예술 숭배 그리고 역사 숭배 간의 얄팍한 관계를 드러낸다. 우리는 과거와 더 나아가 이러한 장소들까지 이해하기 위해서는 원본 모델과 가장 흡사한 무언가를 눈으로 보아야 한다는 것을 살펴보았다.

그러나 이것은 현실에서도 종종 발생한다. 백악관이나 케이프커내버럴의 미사일 축소 모델을 눈으로 보지 않고서는 이들에 대해 결코 말할 수 없다. 인식한다는 것은 오직 이미지에 기초할 뿐이며 이러한 특성은 절대적이다. 이는 자연의 경우에도 마찬가지다. 머나먼 아프리카뿐만 아니라 미시시피 역시 디즈니랜드에서는 미시시피의 모형물로 다시 태어난다. 마치 로마에 키안티의 언덕들을 작은 규모로 축소한 모형들이 설치된 공원이 있는 것처럼 말이다. 그러나 이 같은 동급의 비교는 옳지 않다. 왜냐하면 로스앤젤레스와 뉴올리언스 간의 거리는 로마와 수단의 수도인 하르툼 간의 거리와 같기 때문이다. 그리고 시간적 거리 외에도 공간적 거리는 미국으로 하여금 과거와 이국적인 대지뿐만 아니라 모방 그 자체에도 몰두하도록 만든다.

그러나 문제는 다른 곳에 있다. 만약 거의 육화된 모조품을 통해 (시간 속에서처럼 공간 속에서도) 먼 곳을 실현하는 데 익숙해 있다면 평범한 미국인은 초자연적인 것과의 관계를 어떻게 실현시킬 수 있겠는가?

만약 텔레비전에서 일요일 아침의 종교 프로그램을 시청한다면, 미국에서 하느님은 오직 자연, 육체, 에너지, 느낄 수 있는 이미지로만 인식될 수 있다는 사실을 깨닫게 된다. 그 어떤 설교자도 하느님을 수염이 난 마네킹의 형태나 디즈니랜드의 로봇으로 증거하려고 하지 않는다. 따라서 자연의 힘, 알레고리, 치유, 젊음, 건강, 경제적 부의 축적(막스 베버는 이것이 프로테스탄트 윤리와 자본주의 정신, 이 두 가지 모두의 근본이라고 설명한다)과 같은 형태로만 신을 재발견하는 방법만이 있을 뿐이다.

오럴 로버츠는 권투 선수와 같은 외모의 선지자로 오클라호마의 중심에 오럴 로버츠 대학을 설립했다. 이곳은 모든 것이 컴퓨터화된 교육 시설을 갖춘 공상 과학적인 도시로서 텔레비전 송신탑과 흡사한 〈기도의 탑〉은 헌금과 함께 세계 각지로부터 마치 대형 호텔들처럼 텔렉스로 신의 도움을 기원하는 요청을 천체의 모든 곳으로 발송한다. 오럴 로버츠는 은퇴한 권투 선수처럼 당당한 체격으로 매일 아침 권투 장갑을 끼고 연습한 후에 샤워를 하고 스카치 한 잔을 마신다. 그의 방송은 마치 신성한 음악 홀(찬란한 예루살렘의 브로드웨이라 할 것이다)을 방불케 한다. 이곳에서 흑인과 백인으로 구성된 성가대는 신을 찬양하며 탭 댄스의 리듬에 맞추어 계단을 내려오면서 한 손은 앞으로, 다른 한 손은 뒤로 하고 〈바 바 둡ba ba dup〉이나 「주님은 나의 위안」과 같은 성가를 부른다. 오럴 로버츠는 계단에 앉아(오데사가 아니라 반다 오시리스를 모방하면서), 자신의 부인과 함께 낙담한 신자들의 편지를 읽으면서 이런저런 대화를 나눈다. 그가 다루는 문제는 의식의 위기(이혼, 노동자 임금 착복, 전시 명령 등)가 아니라, 담이나 불치병과 같은 것이다. 오럴 로버츠는 손으로 만져 병을 낫게 하는 것과 같은 신통력을 가진 사람으로 유명하다. 텔레비전에서는 손으로 만질 수 없지만, 계속해서 신에 대한 이념을 에너지로 암시하고(가장 관습적인 비유로 지적한다면 전기가 통하는 느낌일 것이다), 악마에게는 자신의 신자들로부터 손을 떼라고 호통을 치면서 활력과 힘을 암시하는 의미에서 주먹을 불끈 쥐기도 한다. 신은 건강이나 낙관주의처럼 물리적으로 느낄 수 있어야 한다. 오럴 로버츠는 천국을 〈신비의 장미〉처럼 보지 않고 머린랜드와 같다고 생각한다. 신은 착한 하마이다. 그리고 신은 자신의 아마겟돈에서 전투를 벌이는 코뿔소인 것이다. 악마여 꺼져버려라, 그렇지 않으면 하느님이 너의 엉덩이를 걷어찰 것이다.

이제 채널을 바꾸어 캐스린 쿨먼Kathryn Kuhlman 여사가 진행하는 「나는 기적을 믿어요」라는 프로를 시청해 보자. 나는 기적을 믿는다. 기적을 믿는다는 것은 일반적으로 의사들이 모든 희망을 포기한 암이 한순간에 사라지는 것에 대한 믿음을 의미한다. 기적은 성체 변화가 아니며 자연적이지만 좋지 않은 것이 사라지는 것이다. 캐스린은 아르헨티나의 독재자였던 피노체트를 방문한 자리에서 CIA 국장 부인처럼 미소를 짓는 늙은 마녀와 같은 모습이다. 그녀는 장미꽃이 만발한 자신의 정원에서 이름만 들으면 다 아는 네 명의 의사와 인터뷰를 한다. 의사들은 자신의 권위를 옹호하려는 굳은 의지의 표정으로 일관한다. 「그즈르니브츠Gzrgnibtz 박사님, 나는 이 자리에서 신을 옹호할 생각은 없습니다. 신은 나의 도움을 필요로 하지 않기 때문입니다. 하지만 박사님은 혹시나 벌을 받아 죽을 운명에 있던 사람이 한순간에 말끔하게 치료된 것을 본 적이 있으신지요?」 박사는 모호하게 둘러댄다. 「잘 아시겠지만, 부인, 의약품이 모든 것을 설명하지는 않습니다. 때로는 의학적으로도 불가사의한 경우가 종종 발생합니다. 한번은 암세포가 이미 심각할 정도로 온몸에 퍼진 환자가 병원에 왔는데, 두 달 후에는 자전거를 타고 나를 방문한 적이 있습니다. 이는 어떻게 설명해야 하죠?」 캐스린은 〈우와, 우와〉 하고 감탄사를 남발하며 계속해서 「이것이야말로 오직 하느님만이 행할 수 있는 죄 사함이 아니겠습니까?」라고 말한다. 이때 의사는 상식적인 차원을 옹호하기 위한 최대의 변론을 시작한다. 「하지만 부인, 과학은 모든 것을 설명하기에는 아직 충분하지 않습니다. 또한 우리 역시 모든 것을 알 수 없습니다.」 이에 캐스린은 〈우〉 하는 소리와 함께 거의 관능적인 웃음을 터뜨리면서 다음과 같은 말을 서슴지 않는다. 「제가 말씀드리지 않았나요? 박사님 그것이 바로 진실입니다. 바로 박사님이 말씀하신 그 심오한 의미 아닌가요? 우리는 모든 것을 알 수 없어요! 이것이 바로 신의 권능, 신의 초자연적인 권능이지요. 신의 초자연적인 권능은 스스로에 대한 방어를 필요로 하지 않습니다. 물론 저는 이러한 사실을 잘 알고 있습니다. 잘 알고 있고말고요. 친애하는 시청자 여러분, 오늘 방송은 여기까지입니다.」 가톨릭 신부라면 그렇지 않았겠지만, 캐스린 쿨먼은 완쾌된 환자가 기도를 했는지 또는 무슨 이유로 신이 병원에 있는 다른 사람을 제외하고 유독 그에게만 자신의 권능을 행사했는지에 대해서는 물어보지 않았다. 다양한 색의 장미꽃 정원에서 기적인 것처럼 〈보이는〉 그 무언가가 증명되었듯이, 밀랍으로 만든 얼굴 모습도 물리적으로 한 사람의 역사적 인물처럼 보인다. 거울의 장난과 배경 음악으로 인해 이 가짜 얼굴은 진짜처럼 보인다. 박사는 복제품 박물관에 전시되어 있는 이탈리아 문화재 관리국의 증명서와 동일한 역할을 한 것이다.

하지만 만약 초자연적인 것이 물리적 형태만을 가질 수 있다면 영혼의 초자연적인 생존은 이와 동일한 운명을 비껴가지 않는다. 이것은 캘리포니아의 공동묘지가 전하는 메시지와 다르지 않다. 포리스트 론은 역사석인 기억들, 미켈란젤로 작품들의 복제품, 영국 왕실의 보석들이 모조품으로 진열되어 있는 환상의 방들, 실제 크기로 복제된 피렌체 바티스테로의 문들, 로댕의 「생각하는 사람」, 파스키노의 발, 그리고 다른 여러 가짜 보석들이 요한 스트라우스의 음악을 배경으로 진열되어 있는 곳이다. 포리스트 론의 공동묘지에는 개인적인 소장품들이 전시되어 있지 않다. 따라서 이곳에서 발견되는 모든 시대의 예술 걸작품들은 수집된 공동 재산의 일부를 구성한다. 할리우드 포리스트 론의 무덤들은 잔디밭에 깔려 있는 평범한 청동 명판 밑에 숨겨져 있으며, 글렌데일의 남루한 지하 납골당에는, 전파를 타고 배경 음악이 계속 흘러나오는 가운데 19세기풍의 어린 소녀 누드 조각상들의 복제품들이 자리를 잡고 있다. 포리스트 론의 철학은 이곳의 설립자인 이턴이 모든 기념물의 전면에 놓인 거대한 석주에 다음과 같은 내용으로 명확하게 언급하고 있다. 죽음은 새로운 삶이며 공동묘지는 슬픔의 자리가 되지 말아야 한다. 또한 장례 동상들이 무질서하게 난무하는 곳이어서도 안 된다. 따라서 이곳에는 모든 시대의 가장 아름다운 예술 작품의 모조품들과 역사의 다양한 기억들(미국 역사의 거대한 모자이크, 독립 전쟁의 ― 가짜 ― 기념물들)이 전시되어야 하며 또한 나무들과 작은 교회들로 가득한 공간으로서 연인들이 손을 잡고 산책을 하고(실제로 이런 빌어먹을 일들이 종종 발생하곤 한다), 결혼식의 신랑 신부가 행복의 자태를 마음껏 뽐내며(그리고 포리스트 론의 입구에 붙어 있는 커다란 간판에는 결혼식 환영을 알리는 문구가 적혀 있다), 독실한 신자들이 사후의 삶에 대해 간절한 기도를 드리는 성스러운 장소여야 한다. 한편 캘리포니아에 있는 거대한 공동묘지들(이탈리아의 공동묘지보다 쾌적한 분위기를 선사한다)은 죽음 이후에도 계속되는 자연적이고 형이상학적인 삶에 대한 거대한 규모의 모방이다. 영원함은 미켈란젤로와 도나텔로의 (모조) 작품들의 존재로 보장된다. 예술의 영원함은 영혼의 영원함에 대한 비유이며 식물과 꽃들의 활력은 땅속에서 영광스럽게 썩어 가면서 새로운 삶에 생명력을 제공하는 육신의 활력을 상징한다. 모조품 산업은 모방이나 복제의 게임을 통해 불멸의 신화에 진짜처럼 보이는 외형을 제공하는 데 성공했을 뿐만 아니라, 신성의 존재를 자연의 존재처럼 실현해 놓았다. 하지만, 자연은 머린랜드의 경우와 마찬가지로 배양된 것이다.

이곳에서 한 발짝도 밖으로 내디디기 전에 오락 산업은 새로운 주제를 다룬다. 저 세상은 공포와 악마적 존재에 불과하며 자연은 적이나 다름없다. 공동묘지와 밀랍 박물관은 예술적 영원함을 노래하고 머린랜드는 야생 동물의 온순함을 찬양하는 반면, 「엑소시스트」와 같은 유의 새로운 영화들은 사납고 악마적이며 악의적인 초자연에 대해 이야기한다. 흥행에 성공한 「조스」는 마치 신이 명령한 것처럼 남자들과 아이들을 갈기갈기 찢은 후에 집어삼키는 포악하고 피에 굶주린 동물에 대해 묘사하고 있다. 「조스」에 등장하는 상어는 플라스틱으로 제작된 극사실주의적 모델로서 디즈니랜드의 오디오 애니매트로닉스 로봇들처럼 진짜 같고 통제가 가능하다. 하지만 「조스」는 머린랜드에서 볼 수 있는 살인 고래의 이상적인 친척에 해당한다. 그리고 「엑소시스트」 같은 영화들에 침투한 악마들은 오럴 로버츠의 치유적인 신성의 사악한 친척으로 마치 구토하는 사람처럼 투덜대거나 신음 소리를 토해 낸다. 재앙 영화의 지진이나 해일은 캘리포니아의 공동묘지에서 나무 울타리, 잘 가꾸어진 신선한 초지 그리고 산들바람에 흔들리는 소나무의 형태로 삶이나 죽음과 타협하는 깃으로 등장하는 자연의 형제이다. 그러나 선한 자연이 현악기의 음악 형태로 물리적으로 느껴져야 하는 것처럼, 사악한 자연은 객석의 관람객들을 공포에 떨게 하는 〈센서라운드〉의 공감각 시스템을 통해 전달되는 물리적인 전율의 형태로 느껴져야 한다. 이와 같이 잘 알려진 제2의 미국에서는 모든 것이 촉각으로 느껴질 수 있어야 한다. 이러한 미국은 현대 미술관에 대해서는 아무것도 모를 뿐만 아니라 밀랍 박물관을 지은 다음 마네킹들의 머리에 시계 또는 초현실주의적인 잠수모를 붙여 놓아 혼란스러운 느낌을 자아내는 에드워드 킨홀츠Edward Kienholz의 반항 정신에 대해서도 전혀 모른다.

이것이 바로 라이너스의 아메리카이다. 그러므로 행복은 쿠촐로 칼도Cucciolo Caldo나 코페르티나Copertina의 형태를 가져야 한다. 또한 행복은 베토벤을 장난감 피아노 위에 올려놓은 악보를 통해서가 아니라, 대리석(또는 고무)으로 만든 현실주의적 흉상으로 더욱 살아 있는 것처럼 보이게 만든 슈로더의 아메리카이다. 선이 있는 곳에서 예술, 우화 그리고 역사는 육화될 수 없다고 할지라도 적어도 플라스틱의 형상은 띠어야 한다.

이러한 미국의 이념은 모방을 통해 안도감을 제공하려는 듯이 보인다. 그러나 이윤 추구로 인해 이념은 패배를 면치 못하는데, 왜냐하면 소비자들이 선의 보장을 통해 짜릿한 흥분을 맛보는 데 머물지 않고 악에 의한 전율까지도 원하기 때문이다. 이와 같은 이유로 디즈니랜드에서는 미키마우스와 테디 베어 외에도 형이상학적인 악(유령의 집)과 역사적인 악(해적들)을 직접 느낄 수 있어야만 한다. 또한 밀랍 박물관에는 밀로의 비너스 외에도 무덤 도굴꾼, 드라큘라, 프랑켄슈타인, 늑대 인간, 살인광 잭, 오페라의 유령이 필요하다. 착한 고래 곁에는 사악한 상어의 플라스틱 모형이 놓여 있어야 하는 것도 바로 이러한 맥락에서이다. 두 가지 모두 신뢰성과 조작성의 동일한 차원에서 공존한다. 이와 같이 아이러니한 위안의 성당에 들어가면서 관람객은 자신의 최종적인 운명이 지옥일지 아니면 천국일지 확신하지 못한 상태로 남아 있게 되고, 따라서 새로운 약속을 소비하게 될 것이다.

『레스프레소』(1975)

2
새로운 중세

최근 들어 사회 각계각층의 다양한 사람들 사이에서 우리가 새로운 중세에 살고 있다는 말이 회자되기 시작한다. 문제는 이것이 하나의 예언인지 아니면 주장인지 하는 것이다. 다른 말로 하자면 사람들은 이미 우리가 새로운 중세에 살고 있다고 생각하는데, 이것에 대해 로베르토 바카Roberto Vacca는 자신의 책에서 〈새로운 중세가 도래할 것인가?〉라는 명제를 제시한 바 있다. 바카의 주장은 기술 시대의 전형인 거대한 체제가 붕괴되고 있는 것과 그 맥을 같이한다. 지나치게 거대하고 복잡하여 중앙 권력의 통제는 물론 조직의 효율적인 조치에 의한 개별적인 통제도 불가능하다는 것이 그 핵심이다. 따라서 이러한 거대한 체제는 붕괴될 운명을 피할 수 없으며 그 상호 작용에 의해 산업 문명 전체가 후퇴하는 결과를 가져올 것이 자명하다. 그럼 바카의 묵시론적 가설을 설득력 있어 보이는 시나리오를 통해 검토해 보기로 하자.

묵시론적 프로젝트

 어느 날 미국에서 모든 자동차 도로와 철도망이 마비되는 사태로 거대한 공항에 근무하는 직원들이 제시간에 근무지에 도착하지 못하는 사태가 발생했다고 가정해 보자. 장시간 근무로 이미 위험 수위에 도달한 스트레스 때문에 통제사는 실수를 범하고 그로 인해 두 대의 점보제트기가 충돌하여 고압선 위로 추락하는 대형 사고를 일으킨다. 이미 과부하가 걸려 있던 다른 전선들이 합선되면서 몇 년 전 뉴욕이 경험했던 것과 같은 대규모 정전 사태를 일으킨다. 그러나 이번 사태는 지난번 사고에 비해 훨씬 심각하여 며칠이 지나도 좀처럼 해결의 기미가 보이지 않는다. 게다가 폭설로 도로는 차단되고 자동차들이 서로 뒤엉키면서 교통대란을 유발한다. 사무실의 직원들이 난방을 위해 불을 지피는 사례가 늘어나면서 화재가 빈번해지지만 화재 진압을 위한 소방차는 제때 도착하지 못한다. 또한 고립된 수천만의 사람들이 서로의 안부를 묻느라 전화기에 매달리면서 전화선이 완전히 마비되어 버린다. 이윽고 끝없는 거리를 따라 사망자들의 시신이 물건처럼 나뒹굴기 시작한다.

 모든 생필품이 떨어지자, 시민들은 거리를 배회하며 그동안 미국에서 판매된 수천만 개의 무기를 꺼내 들고 머물 곳과 먹을 것을 차지하기 위한 폭력을 서슴지 않는다. 군부가 모든 권력을 장악하지만 이들 역시 총체적 마비에 의한 희생자에 불과하다. 슈퍼마켓이 약탈되고, 각 가정에서도 그나마 조금 남아 있던 식량이 바닥나 버린다. 추위와 배고픔으로 사망한 시신들이 즐비하고 병원 역시 죽은 자들로 넘쳐 난다. 몇 주가 지나 그나마 겨우 사태가 진정 국면에 접어들었을 때, 그동안 수백만의 시신이 방치되어 있던 도시와 그 주변 지역에서는 전염병이 확산되면서 14세기에 유럽 인구의 3분의 2를 죽음으로 몰아넣었던 흑사병에 견줄 만한 크나큰 재앙이 시작된다. 이러한 현실에서는 심리적 불안감이 급속하게 확산되고 이전보다 더 야만적인 새로운 매카시즘이 등장할 것이 거의 확실하다. 또한 정치는 위기를 극복하지 못한 채, 중앙 권력의 간섭을 배제하고 독자적인 민병대와 자체적인 사법 및 행정 체제를 갖춘 수많은 하위 권력들로 인해 와해될 것이 자명하다. 반면 위기가 장기화되는 상황에서 어려움을 가장 잘 극복하는 사람들은 그동안 이미 수많은 경쟁을 경험하고 최저 생계의 여건에서 살아가는 데 이력이 난 저개발 지역의 주민들일 것이다. 대규모 이민과 더불어 인종 혼합, 새로운 이념의 도입과 확산이 자명해 보인다. 법의 권위가 몰락하고 토지 대장이 파괴된 상황에서 소유권은 오직 먼저 차지한 자의 손에 들어가게 될 것이다. 다른 한편, 몰락의 정도가 가속화되면서 도시의 모든 주택들은 파괴되어 더 이상의 거주가 불가능한 현실에서 그곳을 점령한 자들의 소굴로 전락한다. 반면에 지방의 소규모 권력들은 요새화된 작은 성벽의 내부에서 일정한 권력을 유지할 수 있을 것이다. 이 시점에서 봉건적 구조는 이미 광범위한 터전을 마련했다고 할 것이다. 지방 권력들 간의 동맹 관계는 법이 아니라 타협에 의존할 것이고 개인들의 관계는 공격 성향, 우정 관계 혹은 이해관계에 기초할 것이며 이와 더불어 떠돌이들을 환대하는 오래전의 풍속도 다시 등장할 것이다. 이러한 전망에 대하여 바카는 과거 수도원 공동체가 그랬듯이, 수많은 몰락의 현장에서 삶을 유지하고 새로운 부흥에 필요한 기술과 과학적 지식을 전수하는 새로운 조직을 형성하려는 움직임을 지적한다. 이러한 지식들을 어떻게 조직할 것이며 올바로 전달되지 않는 것을 어떻게 방지할 것인가, 그리고 공동체들이 이것들을 특수한 권력의 목적에 사용하는 것도 어떻게 방지할 것인가 등의 이러저러한 문제들은 〈도래할 중세〉의 마지막 장들에서 다룰 것이지만, 이들 대부분이 많은 논쟁의 핵심에 놓여 있는 것은 사실이다. 그러나 시작 단계에서 지적했던 문제는 전혀 다른 데 있다. 즉 무엇보다 바카의 주장이 묵시론적인 시나리오인지, 아니면 이미 존재하는 그 무엇을 과도하게 강조하는 것인지를 판단하는 것이 우선일 것이다. 그다음으로는 문화계 인사들이 르네상스적 영감으로 덧칠해 놓은 부정적인 모양새로부터 중세의 개념을 해방시키는 것도 매우 중요하다. 그럼 먼저 중세가 무엇을 의미하는가에 대해 살펴보자.

중세의 대안적 프로젝트

먼저 역사가들은 중세를 서로 명확하게 구분되는 두 개의 역사적 기간으로 정의한다. 하나는 서로마 제국의 몰락에서 11세기까지로 위기와 몰락, 폭력이 동반된 민족들의 새로운 정착과 문화적 충돌로 점철된 시기이다. 다른 하나는 11세기에서 인문주의 시대로 이어지는 기간으로 이탈리아를 제외한 유럽 국가들의 역사가들은 당시를 이미 최고의 번영을 구가한 시기로 정의한다. 뿐만 아니라 이들은 더 나아가 세 번의 부흥기를 지적하고 있는데, 카롤링거 르네상스, 11세기와 12세기의 르네상스, 그리고 진정한 의미의 르네상스가 그것이다.

그럼 중세를 일종의 추상적인 모델로 간주할 때, 앞서 언급한 두 기간 중에서 어느 기간의 중세가 우리의 현대와 일치하는 것일까? 어찌 보면 용어와 용어의 대응성은 지나치게 순수한 발상처럼 보인다. 우리는 모든 과정이 엄청난 속도로 변화하는 시대에 살고 있으며 이러한 의미에서 우리 시대의 5년 동안에 일어나는 일은 과거 5백 년 동안에 발생한 것들에 해당한다. 더구나 세계의 중심은 지구의 전 지역으로 확대되었으며 오늘날의 일상에는 문명과 문화가 공존하고 그 발전의 차이도 다양하다. 용어의 일상적인 의미를 고려할 때, 벵골 지역의 주민들은 중세적 현실에서 살아가고 있다고 말하지만 전성기의 바빌로니아를 연상시키는 뉴욕이나 베이징은 새로운 부흥을 맞이하는 문명의 모델로 간주한다. 그러므로 우리가 살고 있는 이 시대 문명의 여러 시기와 상황을 기원후 5세기에서 13세기에 이르는 이른바 속어 시대의 역사 발전 단계와 비교해 볼 필요가 있다. 물론 현대사의 구체적인 순간을 거의 천 년 전의 어느 한 시기와 비교하는 일은 실속 없는 게임일 수도 있다. 그러나 우리는 지금 〈가설로서의 중세〉를 만들어 내려고 하며 이를 통해 중세를 건설하고 효율적이고 그럴듯해 보이는 하나의 중세를 생산하는 데 어떤 요소들이 필요한가를 생각해 보려고 한다.

이러한 가설 혹은 모델은 실험적으로 창조된 것들의 특징을 가지고 있을 터인데, 이는 하나의 선택 또는 여과에 의한 결과일 것이다. 선택은 구체적인 목적이 무엇인가에 따라 달라질 수 있다. 우리의 경우, 목적은 역사 이미지를 제안하고 이를 기초로 우리 시대의 경향과 상황들을 측정하는 것이다. 이를 실험적 게임이라 할 것이다. 그러나 어느 누구도 이 게임이 불필요하다고는 말하지 않는다. 왜냐하면 훗날 자신이 직접 나서야 한다는 가정 아래 이 게임에 임하기 때문이다.

좋은 중세를 위해서는 무엇이 필요할까? 무엇보다 점차 그 힘을 잃어 가는 위대한 평화의 제국이 전제되어야 하고 그 외에도 언어, 풍속, 이념, 종교, 예술 그리고 기술과 같이 세계를 하나로 통일한 후에 어느 시점에 이르러 통치가 불가능한 혼란에 빠져들어 결국에는 붕괴하는 세계적인 권력이 필요하다. 이렇듯 위대한 제국의 붕괴 이면에는 국경 지역을 끝없이 침략하던 야만족들이 있다. 이들은 침략의 와중에서 항상 비문명적인 성향을 드러내기만 하는 것이 아니라, 때때로 풍속과 세계에 대한 새로운 비전을 제시하기도 한다. 야만족들은 폭력적인 무기를 수단으로 제국의 심장부를 공격하여 그동안 자신들과 유리되었던 부를 차지하려 하거나 또는 새로운 신앙과 삶의 새로운 전망을 확산시키면서 지배 권력의 사회 문화적 틀 속에 정주하려는 성향을 드러내기도 한다. 로마 제국은 몰락 초기에 기독교 윤리에 의해 결정적인 충격을 받았다기보다는 동방의 미트라교 또는 아스타르테 숭배와 알렉산드리아 문화를 무절제하게 수용하여 마술, 새로운 성 윤리, 구원에 대한 다양한 희망과 이미지에 빠져들면서 스스로 쇠락의 길로 접어들었다고 할 수 있다. 또한 로마 제국은 영내에 새로운 종족들을 받아들였고 계급 간의 엄격한 구분을 철폐했으며 시민과 노예들, 귀족과 평민의 차이를 줄였다. 나아가 부의 구분은 유지하면서도 사회적 역할의 차이를 희석시켰는데, 실제로 그 외에 다른 마땅한 대안도 없었다. 이 기간에 로마 제국은 빠른 속도로 진행되는 자본 축적 현상을 추구했을 뿐만 아니라 두 세기 전까지만 해도 열등한 자들이라 멸시하던 종족들을 정부의 통치에 참여시켰으며 수많은 신학 교리들을 도그마로부터 해방시켰다. 같은 기간에 로마 제국의 통치자들은 고대의 신을, 군인들은 미트라 신을, 그리고 노예들은 예수를 숭배했다. 따라서 로마의 권력자들은 본능적으로 기독교 신앙을 통치 체제에 대한 위협으로 간주하여 탄압하기도 했지만, 원칙적으로는 종교적 관용을 통해 모든 것을 수용했다.

위대한 평화의 몰락(군사, 시민, 사회, 문화 등 모든 분야에서의)이 경제적 위기와 권력 부재의 위기에 원인을 제공한 것은 사실이지만 그렇다고 해서 교회에 저항하기 위한 것이 아니라면 굳이 중세를 〈칠흑 같은 어둠의 시대〉로 볼 까닭은 없을 듯싶다. 실제로 중세 전반기(그리고 11세기 이후의 시기)는 지적인 활력이 넘치고 로마의 유산인 야만족 문명과 동방 기독교의 온갖 요인들 간의 열정적인 교류가 확대되고 있던 시대였다. 뿐만 아니라 이념들을 확산시키고 독서를 장려하며 온갖 미신의 정체를 타파하면서 유럽을 종횡무진 누비던 아일랜드의 수도사들로 상징되는 여행과 만남의 시대이기도 했다. 요약하면 이 시대에 근대 서유럽인의 성숙이 시작되었으며 이러한 의미에서 중세의 모델은 우리 시대에 무슨 일이 벌어지고 있는지를 이해하는 데 많은 도움을 준다. 위대한 평화가 번영의 저편으로 사라지면서, 위기와 불안이 도래하고 서로 다른 문명들이 충돌하며 새로운 인간의 이미지가 서서히 그 모습을 드러내고 있었다. 새로운 인간상의 이미지는 많은 세월이 흐른 후에 비로소 그 모습을 명확히 드러내겠지만, 근본적인 요인들은 이미 뜨거운 용광로에서 힘차게 끓어오르고 있었다. 피타고라스를 유럽에 소개하고 아리스토텔레스를 새로운 각도에서 바라본 보에티우스는 과거에 대한 가르침을 더 이상 기억에만 의존하지 않고 문화를 형성하는 새로운 방식을 고안했다. 또한 그는 사실상 최후의 로마인을 자처하면서 야만 왕국의 궁정에 최초로 공식적인 학문 연구의 장을 마련했다.

팍스 아메리카나의 위기

오늘날 우리가 목격하는 미국식 평화의 위기는 현재의 역사에서는 이미 흔한 것이 되어 버렸다. 〈신(新)야만족〉을 구체적인 이미지로 고정시키는 것은 어쩐지 유치해 보인다. 더구나 〈야만족〉이라는 용어는 우리에게 항상 부정적이며 당혹감으로 다가온다. 오늘날 이들이 중국인인지 제3세계의 사람들인지 아니면 기성세대를 비판하는 신세대인지, 그것도 아니면 토리노에 정착해 살면서 과거에는 결코 존재하지 않았던 새로운 피에몬테[1]를 만들어 가고 있는 남부의 이민자들인지는 단정하기가 매우 힘들다. 게다가 이들이 이미 국경을 압박하고 있는지(정확히 어딘지는 모르지만), 아니면 이미 사회 조직의 내부에서 노동하고 있는 자들인지 결코 단정하기가 쉽지 않다. 이도 저도 아니라면 제국이 몰락하던 시대의 야만족들, 흉노족, 고트족 또는 무역과 종교로 제국의 중심부를 요동치게 만들었던 아시아와 아프리카의 종족들이 야만족이란 말인가? 이 점에 있어 분명한 한 가지 사실은 로마인의 상징성이 사라지고 있다는 것이다. 이것은 오늘날 과거 『로빈슨 크루소』에서 최초로 원시적인 시로 표현되었고, 막스 베버에 의해 베르길리우스로 묘사되었던 영어권의 기업가 자유민이 사라진 것과 마찬가지다.

교외 별장들에서 목격할 수 있는, 머리를 단정하게 빗은 평균적인 직장인들은 고대 로마인을 연상시킨다. 반면 그들의 자식들은 인디언의 긴 머리에 멕시코인의 판초를 걸치고 인도인의 시타르를 연주하며 불경이나 레닌주의 입문서를 읽으면서 때로는 헤르만 헤세, 황도 12궁 부적, 연금술, 마오쩌둥의 사상, 마리화나 그리고 도시 게릴라 전술에 심취한다. 이들을 이해하려면 제리 루빈[2]의 『하라 *Do it*』를 읽거나 2년

---

1 Piemonte. 〈알프스 산기슭〉이라는 뜻으로, 이탈리아의 최고급 포도주를 생산하는 지역.

2 Jerry Rubin. 1960년대 미국의 신좌파 운동가이자 히피 운동의 창시자.

전 뉴욕에서 마르크스, 쿠바 경제 그리고 천문학 강의를 개설했던 대안 대학을 떠올리는 것으로 충분하다. 게다가 로마의 후손임을 자처하는 사람들은 따분할 때면 스와핑 등을 일삼으며 청교도 전통의 가족 제도를 위기에 빠뜨린다.

머리를 단정하게 빗어 넘긴 현대의 로마인은, 로마 제국이 그러했듯이 거대한 조합(또는 점차 해체되고 있는 거대한 체제)에 편입된 채, 중앙 권력이 하나의 기능 또는 더욱더 추상적으로 변질되어 가는 원칙들의 체제로 축소되어 나타나는 위기와 완전한 해체의 시대를 살아간다. 푸리오 콜롬보Furio Colombo는 자신의 논문인 「신봉건 사회의 권력과 그룹 그리고 분쟁」에서 현대를 전형적인 신봉건 사회의 현실로 직시했는데, 이러한 그의 주장은 독자들에게 신선한 충격이었다. 이미 우리는 사회학적 관점을 빌리지 않더라도, 정부가 내리는 결정들이 거대한 경제 공동체들의 부차적인 결정들에 비해 얼마나 형식적인 것에 불과한지를 잘 알고 있다. 이들 경제 공동체들이 전화망을 구축하는 것은 결코 우연이 아니다. 오히려 공공 전화망을 이용하거나 또는 국가의 교육 정책이 붕괴된 상황에서 매우 특수하고 효율적인 결과를 기대하며 자신들이 직접 설립하여 재정을 지원하는 대학들을 십분 활용하려고 노력한다. 미국 국무부나 연방 수사국의 정책이 백악관의 정책과는 완전히 독립된 차원에서 수립되고 집행된다는 것은 일상적인 뉴스를 통해 익히 알 수 있다.

콜롬보는 위에서 언급된 자신의 저서에서 〈기술 권력의 쿠데타는 제도를 마비시킨 지 오래이며 사회 구조의 중심을 방치했다〉고 지적하면서, 〈권력은 중심부를 비껴 나고 사회 중간 계층을 초월하여 공개적으로 조직되며, 전반적인 임무와 책임감에서 자유로운 지역으로 옮겨 가면서 노골적이고 급작스럽게 제도들의 장식과 같은 특성을 드러낸다〉고 말했다.

사람들은 더 이상 관료 제도나 코드화된 기능들에 호소하기보다는 특권과 실질적인 압력 수단들에 의지한다. 이와 관련하여 콜롬보는 1970년 10월 뉴욕의 한 교도소에서 발생한 폭동을 그 사례로 지적했다. 당시 이 도시의 제도적 권위, 즉 시장인 린지Lindsay는 진정할 것만 호소했을 뿐 별다른 역할을 하지 못했으며, 정작 중재를 위한 노력은 처음에는 죄수들과 간수들 간에, 그리고 나중에는 신문 기자들과 교도소 당국 간에 텔레비전 중계를 통해 이루어졌다.

영토의 베트남화

망루를 갖추고 방어를 위해 서로 의지하는 마을에서 사립 경찰과 용병들의 보호를 받으며 타협과 상호 균형을 스스로 만들고 유지하는 이른바 사적인 이해관계의 게임은 콜롬보가 지적했듯이 베트남처럼 새로운 용병 단체들에 의해 격파되어 급진적인 영토의 파편화를 겪는다. TWA 항공을 이용해 뉴욕에 가보라. 팬아메리칸 터미널과는 전혀 별개의 완전히 사적인 세계, 즉 자치 성당에 들어가는 듯한 느낌을 경험한다. TWA 항공의 매우 특별한 압력에 굴복하여 중앙 권력은 다른 항공사들과는 비교가 되지 않을 정도로 빠른 여권 수속과 세관 통과 서비스를 제공한다. TWA 항공을 타면 5분 이내에 미국에 입국한다. 그러나 다른 항공사들을 이용하면 한 시간은 족히 걸린다. 이 모든 것은 어떤 항공 영주에게 우리를 의탁하는가에 따라 그 결과를 달리한다. 이들 중앙 정부에서 파견된 감찰관들(이들은 처벌의 권한과 확고한 이념을 가지고 있다)은 누구에게는 파문을 철회하고 또 어떤 사람에게는 상상하는 것 이상으로 철저하게 교리적이다.

밀라노나 토리노에 있는 한 은행의 중앙 응접실 외관이 어떻게 달라졌는가를 확인하기 위해 굳이 미국까지 갈 필요는 없다. 그리고 이것은 로마의 마치니 거리에 위치한 이탈리아 국영 방송인 RAI 본부의 복잡한 통제 시스템이 이곳의 경비원들에 의해 어떻게 관리되고 있는가를 알아보기 위해서도 마찬가지다. 사실 미국은 세계 그 어느 나라보다 가장 요새화된 성에 비유된다. 그럼에도 거대한 공장들의 요새화와 군대화 현상은 이곳 이탈리아에서도 일상적으로 경험할 수 있다. 이 시점에서 경찰은 시민들에게 필요할 수도, 필요하지 않을 수도 있다. 경찰은 권력의 상징적 존재로서 효과적인 세속 수단으로 작용하는 것은 사실이나 종종 내부의 용병들로도 이를 충분히 대체하는 경우가 있다. 물론 이단적인 형태의 요새화가 지나치게 과장되어 나타나면 중앙 권력은 국가 이미지에 대한 권위를 다시 세우기 위해 개입한다. 그러나 요새와 같은 건축의 아성을 구축한 밀라노에서 정부의 중앙 권력은 여러 계층, 산업, 신문, 기독교 민주당의 봉건 영주들이 적대 관계의 요새를 파괴하려고 할 때 비로소 개입했다. 중앙 권력은 이러한 상황에 이르러서야 사태의 심각성을 감지하거나 상황이 수년 전부터 불법이었다고 믿는 듯한 태도를 견지하고 관련 책임자를 문책했다. 대봉건 영주들의 거센 압력에 저항할 수 있는 한, 가련한 교회 기사단들과 타락한 수도승들은 자체의 내규와 금식을 지키고 방탕함을 금지하여 자신들의 보잘것없는 영지나 수도원을 자치적으로 운영한다.[3]

---

[3] 학생들은 강의실이 많은 수강자들로 북적이고 강의가 지나치게 권위적이라고 불평했다. 교수들은 제자들과 더불어 세미나를 열려고 했으나 그 순간 경찰이 개입했다. 경찰과의 충돌에서 다섯 명의 학생이 사망했다(1200). 그 결과 개혁이 추진되어 교수와 학생들은 자치권을 획득했다. 추기경은 여섯 명의 교수가 추천한 후보에게 강의를 제한할 수 없었다(1215). 노트르담

이탈리아의 지리학자 주세페 사코Giuseppe Sacco는 불과 1년 전에 도시의 중세화라는 주제를 연구했다. 통합을 거부하는 일련의 작은 무리들은 일종의 당파를 조직했으며 모든 당파는 자신들만의 독자적인 구역을 형성하여 출입을 엄격하게 제한했다. 이것이 바로 중세의 〈콘트라다〉이다(사코는 시에나 국립 대학에서 강의한다). 당파의 정신에 따라 유산자 계급은 자연의 신화를 추구하면서 도시 변방으로 이주하여 정원과 자치적인 시장을 운영하고, 다른 유형의 미시 사회에도 활력을 공급한다.

사코 역시 합의가 깨져 발생하는 영토의 베트남화, 지속적

사원의 추기경은 아리스토텔레스의 저서들을 금서로 규정했다. 학생들은 책값이 지나치게 비싸다고 항의하면서 서점을 급습하여 집기들을 닥치는 대로 훼손했다. 이에 경찰은 궁사들을 동원하여 행인들에게 부상을 입혔다. 그러자 학생들은 인접한 거리에서 돌을 던지며 공권력을 공격했다. 경찰은 반격을 했고 이 과정에서 학생 세 명이 사망했다. 이에 대학은 총파업을 선언하고 모든 건물들에 바리케이드를 설치했으며 정부에 대표단을 파견했다. 학생과 교수들은 대학가 주변 지역으로 철수했다. 오랜 협상 끝에 왕은 학생들을 위한 숙소를 저렴한 가격에 제공하고 대학 기숙사와 학생 식당을 설치하는 것을 내용으로 법령을 선포했다(1229). 탁발 수도회가 열두 개의 강좌들 중에 세 개를 차지했다. 이번에는 세속 신분의 선생들이 들고일어나 탁발 수도회의 마피아적인 행위를 규탄했다(1252). 1년이 지나 학생과 경찰 사이에 격렬한 폭력 사태가 발생했다. 세속 신분의 선생들은 자신들의 연대감을 표시하는 의미에서 학생들의 행동에 동참했다. 반면 교단 소속의 교수들은 자신들의 강좌를 계속했다(1253). 대학은 교황과 분쟁 관계에 돌입했다. 결국 교황 알렉산데르 4세는 학부 위원회의 과반수가 찬성하는 경우, 파업의 권리를 행사하는 것이 정당하다고 인정했다. 몇몇 선생들이 이에 반대하다가 파면을 당했고 기욤 드 생타무르, 외드 드 두아이, 크레티앙 드 보베, 그리고 니콜라 드 바르쉬로브는 재판에 회부되었다. 파면된 교수들은 『최근 시대의 위험』이라는 백서를 출판했으나, 이 책은 1256년에 선포된 인장 교서에 의해 〈유해하고 범죄적이며 극악무도한〉 것으로 비난받았다〔질레트 지글러 Gilette Ziegler, 『소르본의 도전 Le défi de la Sorbonne』(Paris: Julliard, 1969) 참조〕 — 원주.

인 긴장의 무대에 대해 언급한 바 있다. 즉 그는 권력이 나타내는 대응책들 중에서 거대한 규모의 대학들을 대중의 집중에 따른 위험을 피할 목적으로 분산시키려는 경향(이른바 대학이라는 나무에서 무성한 나뭇잎과 같은 학생들을 떨어뜨리는 것)에 주목했다. 이와 같이 항시적인 내전 상황에서 반대 소수파의 충돌이 빈번하게 발생하는 가운데, 도시들은 아무런 중심도 없이 라틴 아메리카의 여러 지역들에서 이미 목격되고 있는 게릴라 전투에 빠져들게 될 것이다. 알다시피 이러한 라틴 아메리카의 지역들은 아파트 경비원이 습관적으로 자동 화기를 소지하고 있다는 사실을 통해 사회 조직의 파편화 현상을 여실히 드러내고 있다. 또한 이러한 도시들의 공공건물은 종종 요새를 방불케 하는데, 마치 대통령 궁과 같이 바주카포 공격에 대비하여 주변을 둘러싸고 땅에 일종의 폐쇄 장벽을 설치하고 있다.

물론 우리의 중세 사회는 과거의 중세와 균형적으로 대칭되는 이미지들에 겁을 집어먹을 정도에 이르지는 않았다. 왜냐하면 과거의 중세는 인구 감소, 도시의 황폐화, 그리고 농촌 지역의 기근, 로마 시대의 도로와 통신 시설의 상실, 중앙 통제의 약화와 밀접한 관계를 가지고 있기 때문이다. 반면 오늘날의 중세는(중앙 권력들의 위기와 관련하여, 그리고 이러한 현상들이 증가하면서) 이와는 전혀 상충되는 현상을 드러낸다. 즉 과도한 통신과 운송을 자극하는 인구 과잉이 도시들을 파괴와 방치가 아닌 지나친 활동으로 더 이상 살 수 없는 곳으로 만들고 있다. 점차 낡은 모습으로 변해 가는 거대한 건축물을 뒤덮고 있는 담쟁이덩굴은 지금은 대기 오염과 거대한 최신식 빌딩들을 오염시키고 숨조차 쉴 수 없게 만드는 쓰레기 더미들로 대체되고 있다. 도시는 새로운 이민자들로 넘쳐 나지만, 토박이들은 일을 위해서만 이곳에 머물 뿐 주변의 마을들(벨에어의 비극[4]이 발생한 이후 더욱 요새화되고 있다)로 옮겨 가고 있다. 맨해튼은 오직 흑인들만 거주하는 곳으로 변해 가고 있어 마치 남부인들만이 거부하는 북부의 도시 토리노에 비유된다. 반면 주변의 언덕과 평야 지대에는 선량한 이웃들의 예의, 상호 불신 그리고 만남의 화려한 예식들로 결속된 귀족들의 성들이 자리 잡고 있다.

환경 파괴

게다가 오늘날 거대 도시들은 비록 호전적인 야만족들의 침략과 화재로 인한 파괴는 없지만 물 부족, 전기 에너지의 위기, 교통마비로 고통을 받고 있다. 바카는 기술적 공존을 근본적으로 저해하는 것으로서 가능한 모든 가전제품을 동시에 사용함으로써 모든 전기선을 파괴할 것과 냉장고 문을 열어 두어 집을 시원하게 유지할 것을 독려하는 지하 조직의 존재를 지적한다. 바카는 과학자의 입장에서 냉장고 문을 열어 둘 경우 집 안의 온도가 내려가기는커녕 오히려 올라간다고 말한다. 그러나 이교도 철학자들은 초기 기독교인들의 성 이론과 경제 이론들에 매우 심각한 반론을 제기했다. 사실 문제는 이러한 이론들이 효율적인가에 대한 의문이 아니라, 일정한 한계를 넘어서까지 비타협주의와 협력 거부의 성향을 잠재우는 데 있다. 카스텔누오보의 교수들은 위원회에 참석하지 않은 사람의 명단을 기록하지 않았다는 이유로 처벌을 받았는데, 당시 이러한 행동은 신들에 대한 숭배 의식에

---

4 로스앤젤레스의 고급 주택가인 벨에어에서 로만 폴란스키 감독의 아내인 새런 테이트와 그녀의 손님들이 광신도인 찰스 맨슨의 추종자들에게 무참히 살육된 사건을 말한다.

동참하지 않은 것과 다를 바 없었다. 권력은 제도들에 대한 공식적인 존경이 부족하거나 예식을 해체하려는 것을 전통 질서에 대한 사보타주와 새로운 풍속을 도입하려는 시도로 간주하면서 불편한 심기를 드러낸다.

중세 전기는 심각한 기술적 퇴보와 농촌 빈곤화의 시대이기도 했다. 철이 절대적으로 부족했고 농민들도 (전설에서 알 수 있듯이) 자기 낫이 우물 속으로 떨어지는 것을 그저 바라보면서 이를 다시 꺼내 줄 성인을 기다리기만 하는 심각한 무기력증에 빠져 있었다. 그렇지 않다면 그의 삶은 끝장난 것이나 다름없었다. 인구가 급격히 감소하던 추세는 11세기가 지나서야 완두콩, 제비콩, 잠두콩 등 영양분이 매우 풍부한 농작물의 경작이 도입되면서 겨우 회복세로 돌아섰다. 이로써 유럽은 제도적인 취약함으로 인해 죽을 운명을 겨우 모면할 수 있었다(완두콩과 문화적 부흥의 관계는 결정적이다). 오늘날 이러한 관계는 완전히 뒤집혔다. 즉 거대한 기술 발전은 기능 장애와 소화 불량을 일으키고 있으며, 팽창하고 있는 식품 산업은 독성에 오염된 음식과 발암 제품을 생산하는 산업으로 전락했다.

한편 소비 수준이 최고조에 도달한 사회는 완벽한 물품을 생산하지 않고 쉽게 고장이 날 수 있는 기계들을 생산한다(만약 품질 좋은 칼을 구입하려고 한다면 아프리카에서 구입하는 것이 최선이며 미국에서 구입한 것은 몇 번만 사용하면 못 쓰게 될 것이다). 또한 기술 문명은 한 번 사용하면 더 이상 쓸 수 없는 물품들의 사회를 향해 줄달음치고 있는 반면, 농촌에서는 벌목, 방치된 경작지, 수질 및 환경 오염 그리고 식물 오염, 동물들의 암수 불균형 등의 현상이 진행되고 있다. 이 때문에 콩은 아니더라도 적어도 순수한 종(種)의 도입이 그 어느 때보다 절실하다.

신유목 사회

오늘날 달에 가는 것과 인공위성으로 경기를 중계하는 것이 모두 가능하고 새로운 합성 물질이 발명된다는 사실은 천 년의 기간을 사이에 두고 거의 알려지지 않은 중세의 모습들과 매우 부합한다. 사람들은 중세를 최초의 중요한 산업 혁명이 일어난 시기로 정의한다. 즉 3세기가 흐르는 동안 등자와 멍에가 등장했는데, 특히 후자는 말의 물리적인 힘을 최대한 활용할 수 있게 해주었다. 또한 풍차와 더불어 선박의 후미 키가 등장했는데, 후자는 선박이 돛의 위치를 바꾸어 역풍을 극복하고 자유롭게 항해하는 데 결정적인 역할을 했다. 믿을지 모르지만 사람들은 살아가면서 인근에 위치한 도시인 파비아에는 거의 가보지 못해도, 산티아고 데 콤포스텔라나 예루살렘에는 가볼 기회가 많았다. 중세 유럽에는 순례자들을 위한 수많은 길이 존재하고 있었다(당시의 휴대용 여행 안내서에는 오늘날 호텔이나 힐튼 호텔 지점들이 표시된 것처럼 수도원이나 교회가 표시되어 있었다). 이는 오늘날의 하늘이 수많은 항공 노선들로 가득하여 로마에서 뉴욕에 가는 것이 스폴레토에서 로마에 가는 것보다 더 쉬운 것과 거의 다를 바 없다.

누군가는 중세의 반(半)유목 사회가 안전하지 못한 여행의 사회였다는 사실에 반론을 제기할 것이다. 떠난다는 것은 유언을 남기는 것을 의미한다(클로델의 희곡 「마리아의 고지(告知)」에 등장하는 늙은 안 베르코Anne Vercos가 여행을 떠나는 것을 생각해 보라). 또한 여행은 도적, 거리의 부랑자들 그리고 사나운 짐승들을 만난다는 것을 의미했다. 편안함과 안전을 최선으로 간주하던 여행에 대한 현대적 관념은 이미 오래전에 깨어졌다. 여러 전자 통제 장치들과 납치에 대비한 몸수색을 거친 후에 제트기에 탑승하는 현대인들은 과거와 거의 다를 바 없는 불안감에 휩싸여 있다. 그리고 이러한 불안감은 갈수록 증대될 것이다.

불안

〈불안〉이 키워드이다. 이 단어에서 드러나는 감정은 천년지복설 또는 천년 왕국설적인 고뇌의 틀을 표현한다. 세상은 종말을 향해 치닫고 있으며 최후의 재앙은 천 년의 세월에 종지부를 찍을 것이다. 그 유명한 천 년의 공포는 이미 입증되었듯이 전설 속에 남아 있다. 그러나 10세기 내내 종말에 대한 공포는 지속되었다. 이 역시 이미 입증되었다(다만 천년이 끝나 갈 무렵에 공포심은 이미 지나갔다). 오늘날 원자 폭탄에 의한 재앙과 환경 재앙의 주제는 묵시론적인 경향을 드러내기에 충분하다. 당시에는 유토피아적인 발상이기는 하지만, 〈제국의 혁신〉이라는 이념이 존재하고 있었다. 오늘날에는 혁명이라는 개념이 과거의 이념을 계승한다. 이 두 가지 개념은 매우 현실적인 토대를 가지고는 있지만 본래의 계획에 비하면 궁극적인 모순을 가진다. 그러나 불안은 단지 역사적 요인뿐만 아니라 심리적 요인을 내포하고 있으며 인간과 주변 환경 그리고 인간과 사회의 관계를 통해 전체를 구성한다. 야밤에 숲 속을 배회해 본 사람이라면 악한 정령들이 득실대고 있다는 것을 믿지 않을 수 없었다. 그리고 무장을 하지 않고서는 감히 집 밖으로 나서지도 못했다. 이러한 상황은 뉴욕의 시민들도 마찬가지다. 이 도시에서는 오후 5시가 넘은 시간에 센트럴 파크에 가는 것은 엄두도 내지 못하며 또한 전철을 타고 갈 땐 실수로 할렘에서 내리지 않도록 주의해야 한다. 뿐만 아니라 혼자서는 자정이 넘은 시간에 전철을 타서도 안 되며 그 이전이라도 여성 혼자서는 더더욱 안 된다. 한편에서는 공권력이 장소에 상관없이, 그리고 그 의도의 선악에 관계없이 저질러지는 도둑질에 무차별적인 탄압을 가하는 동안, 다른 한편에서는 가히 혁명적이라고 할 수 있는 도둑질이나 대사 납치와 같은 일들이 벌어진다. 이는 마치 로빈 후드를 자처하는 인물이 추기경과 그 수행원들을 납치하여 교수형될 처지에 놓인 자신의 동료들과 교환하려고 협상하는 것과 다를 바가 없다. 집단적 불안의 또 다른 사례를 지적한다면 그 당시와 근대 자유주의 국가의 관행과는 달리, 전쟁이 더 이상 선전 포고되지 않으며(인도와 파키스탄의 분쟁에서 보듯이 전쟁이 끝나 갈 무렵에 선포된다) 또한 언제 전쟁 상태에 있었는지조차 잘 알 수 없다. 리보르노, 베로나 또는 몰타에 가보면 제국의 군대가 주둔군으로 국가 영토의 이곳저곳에 머물고 있는 것을 알 수 있다. 이것은 독자적인 결정으로 전쟁을 수행하기 위해 동원하려는 사령관 휘하의 연합군이라 해도 과언이 아니다.

부랑자들

이와 같이 안전이 전혀 확보되지 않은 방대한 영토에서는 소외된 자, 신비주의자 혹은 모험가의 무리들이 정처 없이 떠돈다. 대학의 총체적인 위기와 장학금이 제도화되지 못한 상황에선 새로운 부랑자들이 무리를 형성한다. 또한 이들은 정당한 교육자들을 거부하면서 언제나 비공식적인 대가들에게만 자신들의 입장을 호소한다. 이 사회의 한편에는 진정한 의미의 탁발 수도승인 히피들의 무리가 불가사의한 행복(이들에게 마약이나 신의 은총이 거의 차이를 드러내지 않는 것은 비기독교권의 많은 종교들이 화학적 행복의 역정에 앞장서기 때문이기도 하다)을 추구하면서 대중의 동정으로 살아간다. 작은 도시나 마을의 주민들은 이러한 역정을 거부하며 멀리한다. 그러나 마약 중독자는 젊은이들의 숙소에서 추방되었을 때에도 이곳에는 오직 즐거움이 넘친다는 낙관에 가득 찬 편지를 형제에게 쓸 것이 분명하다. 중세에서와 마찬가지로 종종 신비주의자와 손 큰 도둑의 한계는 미미하다. 맨슨은 자신의 전임자들처럼 사탄의 의식에 깊이 빠진 수도승에 불과하다(게다가 한 권력자가 합법적인 정부에 이롭지 못한 영향을 줄 경우, 필리프 왕이 성당 기사 단원들에게 그러했듯이 정부의 수반은 그의 목에 풍기 문란의 올가미를 씌운다). 신비주의적 흥분과 악마 의식은 매우 유사하다. 수많은 아이들을 잡아먹었다는 죄목으로 산 채로 화형을 당한 질 드 레Gilles de Rais는 체 게바라처럼 카리스마의 전사로서 전쟁에서는 잔 다르크와 어깨를 나란히 한 인물이었다. 반면 정치에 몸담고 있는 인물들은 탁발 수도회의 규정과 매우 흡사한 형태의 사항들을 요구한다. 마르크스·레닌주의 형제단의 도덕주의는 수도원의 경우와 마찬가지로 청빈, 엄격한 풍속 그리고 민중 봉사에 그 기원을 두고 있다.

만약 이러한 비교가 명확하게 이해되지 않는다면 종교의 투명한 덮개 밑으로 보이는 크나큰 차이, 즉 수도원에 안주하여 명상에 의존하고 게으름만 피우는 수도승, 수도원에 안주하기를 고집하는 수도승, 활동적이고 민중주의적인 프란체스코회 수도승, 이론적이고 비타협적인 도미니크회 수도승 사이의 거대한 차이를 생각해 보자. 그럼에도 이들 모두는 정신병적 광기와 신경증의 근원이며 타락했다는 비난과 멸시를 받고 악마의 소굴로 간주되는 현 사회 구조로부터 자발적인 고립을 선택했다. 이러한 혁신자들의 사회 공동체는 모든 것을 상실한 자들에게 봉사하는 적극적인 활동과 격렬한 신학적 논쟁으로 양분되어 연속된 파문과 서로에 대한 이단 고발로 얼룩졌다. 각 집단은 내부의 반대자들과 이단자들을 양산했으며 프란체스코회 교단과 도미니크회 교단 사이의 치열한 공방은 트로츠키주의자들과 레닌주의자들 사이에서 벌어지는 그것과 별반 다르지 않다. 그러나 이것이 목표를 상실한 상황에서 발생한 무질서의 표본은 결코 아니다. 오히려 새로운 세력이 새로운 집단적 삶의 이미지들을 모색할 뿐만 아니라, 이론과 실제 모두에서 의식적으로 매우 엄격하게 상대방에게 배타적인 입장을 취하면서 기존 질서 체제에 대항하여 투쟁하는 것만이 이러한 새로운 집단적 삶의 이미지를 실현할 수 있다는 것을 깨닫게 해주는 증거이기도 하다.

권위

중세 문명에는 과도한 논쟁으로 인해 우리가 이 시대의 세속적이고 계몽주의적이며 자유주의적인 관점을 변형시키고 잘못 판단하게 된 측면이 없지 않은데, 이는 중세가 지나치게 권위에 의존한 결과이다. 중세의 학자들은 아무것도 발명하지 않았던 것처럼 행동했으며 계속해서 이전 시대의 권위를 인용했다. 이들은 다름 아닌 동방 교회의 교부들이나 아우구스투스일 수 있으며 아리스토텔레스나 성서 혹은 백 년이 채 지나지 않은 시대의 늙은 학자들일 수도 있다. 무언가 새로운 것을 주장하려면 우리보다 앞선 그 누군가가 이미 그것을 언급했었다는 사실을 전제하는 것이 필요하다. 생각해 보건대, 데카르트 이후 오늘날까지 이와는 정반대의 흐름이 지배했다. 이 기간에 무언가 가치 있는 업적을 남긴 철학자나 과학자는 무언가 새로운 것에 공헌한 사람들이다(이와 같은 사례는 낭만주의와 매너리즘 이후의 예술가들에게서도 찾아볼 수 있다). 그러나 중세는 아니다. 오히려 이와는 정반대이다. 중세의 문화에 대한 대화는 겉으로 보기에는 아무런 차이도 없는 거대한 독백이다. 왜냐하면 모든 사람들이 동일한 언어, 동일한 인용, 동일한 주제, 동일한 어휘를 사용하려고 애쓰기 때문이다. 이것은 좌파 학생들의 집회에 참가한 외부의 청취자가 항상 동일한 내용을 듣고 있다고 느끼는 상황이나 의회 밖의 이해 집단들이 발행한 인쇄물이나 문화 혁명의 논고를 읽을 때의 상황과 별반 다르지 않다.

오늘날 정치가들이 발언과 발언의 차이 및 편차를 별로 힘들이지 않고 구분하고 대화 상대자를 이러저러한 분파로 분류하는 것처럼, 실제로 중세를 연구하는 학자들은 근본적인 차이들을 인식한다. 중세 학자들은 권위를 이용해 원하는 무엇이든 할 수 있다는 사실을 잘 알고 있다. 즉 12세기에 알랭 드 릴Alain de Lille은 〈권위는 원하는 그 어떤 형태로든 변형시킬 수 있는 밀랍의 코를 가지고 있다〉고 말했다. 그러나 이미 베르나르 드 샤르트르Bernard de Chartres는 〈우리는 거인의 어깨 위에 앉은 난쟁이와 같다〉고 말한 바 있다. 거인들은 의문의 여지가 없는 거인이며 우리보다 더 빛나고 선견지명이 있지만, 우리는 현재의 모습 그대로 비록 작지만 거인의 어깨 위에 오를 수만 있다면 더 멀리까지 볼 수 있다. 한편에서는 개혁하고 추진하려는 의식이 존재하고 있던 반면, 다른 한편에서의 개혁은 확실한 설득과 공동의 언어에 의존해야만 했다. 이것은 교조주의였을 뿐만 아니라(그럼에도 쉽게 여기에 빠져들었다), 중세가 후기 로마의 무질서와 문화적 쇠락, 모든 사람이 자신이 가지고 있는 지식의 범위 내에서 인식하고 있던 헬레니즘 문화의 이념과 종교, 담론과 언어의 도가니에 반응하는 방식이기도 했다. 우선적으로 해야 할 것이 누구나 인정하는 주제, 수사학, 공동의 언어를 재구성하는 것이었다. 그렇지 않고서는 더 이상의 의사소통이 가능하지 않았으며 특히 지식 계층과 민중 사이의 가교를 건설할 수 없었다. 이렇게 해서 중세의 지식인들은 그리스와 로마의 지식인들과는 달리 온정주의적이고 독자적인 방식에 기초하여 가교를 완성했다.

오늘날 젊은 소장파 정치인들의 태도는 중세 지식인들의 태도와 거의 다르지 않다. 이들의 태도를 보면 낭만적이고 관념적인 이념의 상실과 자유주의적인 입장을 취하는 다원주의에 대해 어떻게 생각하고 있는지 잘 드러난다. 이들은 다원주의를 견해와 방법의 다양성이라는 미명 아래 경제적 지배의 전일성을 숨기고 있는 이데올로기적 포장지라고 비판한다. 마르크스나 마오쩌둥, 체 게바라 또는 로자 룩셈부르크의 대표적인 저술들에 대한 연구는 그 무엇보다 이러한 기능, 즉 공통된 대화에 기초하여 여러 차이들과 분노 표출의 게임을 재건하는 데 필요한 토대로서의 권위를 재설정하는 기능을 가지고 있다. 이 모든 것은 중세적이고, 그래서 근대적이고 자본주의적이며 르네상스적인 정신과 정확하게 대치되는 경건함을 통해 이루어진다. 이제 제안자의 인간성은 더 이상 중요하지 않다. 따라서 제안은 개인적인 발견이 아니라 집단적인 결정의 결실인 것이다. 이와 같이 위원회 모임과 마찬가지로 주요 의제 역시 겉으로는 단조롭고 비잔틴적인 게임이라는 인상을 준다. 반면 이러한 의제의 영역에서는 인간의 운명과 같은 거대한 문제들뿐만 아니라, 소유와 부의 분배에 관련된 문제, 군주와의 관계 혹은 움직이는 대지와 고정된 천상의 성격까지도 토의되고 있다.

사고의 형태들

그럼 화제를 바꾸어 보자. 물론 중세와의 비교라는 관점은 계속해서 유효하다. 오늘날 대학의 강의실에서는 촘스키 교수가 논술된 문장들을 문법에 따라 이항식으로 나뉘는 원자 구조로 분해한다. 또 야콥슨은 발화된 음성을 선의 흔적으로 바꾼다. 그리고 레비스트로스는 신화의 구조와 친족 관계를 이율배반의 게임으로 설정한다. 롤랑 바르트는 중세인이 베르길리우스를 읽으면서 상반되고 대칭되는 환영들을 추구했듯이 발자크와 사드 그리고 이그나티우스 로욜라의 작품을 강독한다. 구조주의적 논리만큼 중세인의 게임에 근접한 것이 없었듯이, 현대의 물리학과 수학 그리고 논리학의 형식주의는 구조주의적 논리에 가장 가까이 있다. 시대만 중세일 뿐 동일한 영토에서 정치인들의 변증법적 논쟁이나 수학 공식으로 과학을 기술하는 것과의 비교 대상을 찾아볼 수 있다는 사실은 그리 놀라운 일이 아니다. 오늘날의 현실을 과거의 농축된 모델에 비유해 보면 그 이유를 쉽게 짐작할 수 있다. 그러나 현실에 대처하는 두 방식 모두 근대 부르주아 문화에서 그리 만족할 만한 비교 대상을 발견하지 못할 뿐만 아니라, 공식적인 이미지가 상실되거나 거부된 세계에 포위된 상황에서는 재구성을 위한 계획에 의존한다.

정치인은 권위에 의존하고 이론들에 기초하여 무언가를 실현하기 위한 관행을 목적으로 얄팍한 주장을 제기한다. 과학자는 분류와 구분의 과정을 통해, 과도한 독창성은 물론, 동양과 서양, 마술, 종교 그리고 법과 시, 의학과 물리학 같은 지극히 다양한 요인들의 유입으로 (그리스-로마 문화처럼) 폭발해 버린 거대한 문화 세계에 다시금 형태를 부여하려고 애쓴다. 이는 사고의 횡단 축들이 존재하며 이들이 동일한 논리학의 이름으로 현대와 고대의 사고들을 회복할 수 있도록 해준다는 것을 보여 주는 증거이다. 극단의 형식주의와 반역사주의적 성향의 구조주의는 스콜라 철학의 논쟁이라는 차원에서 동일한 것이다. 이처럼 혁명가들의 실용주의적이고 수정주의적인 경향은, 비록 당시에는 개혁가 또는 이단자들로 불리기는 했으나, 과거와 마찬가지로 격렬한 이론 논쟁에 의존해야만 하는데, 이때 모든 미묘한 이론적 뉘앙스는 또 다른 관행을 낳는다. 심지어 이미지 없이 정결하고 엄격한 예술을 지지하는 성 베르나르와 웅장하고 상징적이며 회화적 의사소통을 위한 성당을 고집하던 쉬제Suger 간의 논쟁은, 여러 차원과 여러 단락에서, 소비에트 구조주의와 사회주의적 사실주의의 반목, 개념적 의사소통을 주장하는 엄격한 이론가들과 가시적 의사소통으로 세계가 한 마을이 된다는 매클루언 지지자들의 반복을 대변한다.

브리콜라주로서의 예술

그러나 중세와 현대를 문화와 예술 차원에서 비교해 본다면 상황은 훨씬 복잡한 양상을 띤다. 한편으로 우리는, 비록 방식은 달리하지만 교육에 대한 동일한 유토피아와 의식 속의 가부장제에 대한 동일한 이념적 가면으로 가시적인 의사소통을 통해 엘리트 문화와 대중문화의 간극을 좁히려는 노력을 경주하는 두 시대 간의 완벽한 교류를 추구한다. 이러한 두 문화는 선별된 엘리트가 알파벳에 기초한 사고방식으로 기록 문헌들을 추론하지만 나중에는 지배자의 이념을 동반한 사회 구조들과 필수 지식을 이미지로 전환시키는 시대들에 비유된다. 중세는 전망의 문명으로서 이 시대에 성당은 거대한 돌로 만든 서적일 뿐만 아니라, 사실상 광고, 텔레비전, 모든 것을 이야기하고 설명하는 미스터리 만화, 지상의 종족들, 기술과 직업, 한 해의 날들, 씨 뿌리고 수확하는 계절, 신앙의 신비, 성사(聖史)와 속사(俗史)의 일화, 그리고 성인들의 생애이다(모범적 삶의 모델들로서, 오늘날 여배우, 가수 그리고 엘리트들은 비록 정치권력은 없지만, 프란체스코 알베로니Francesco Alberoni의 말처럼 상당한 카리스마적 권력을 행사한다).

이러한 거대한 민중 문화의 조류 외에도, 구성과 콜라주의 작업이 엄연히 존재하는데, 이들을 통해 엘리트 문화는 과거 문화의 잔재들에 영향력을 행사한다. 코넬Cornell이나 아르망의 마술 상자, 에른스트Ernst의 콜라주, 브루노 무나리Bruno Munari와 탱글리Tinguely의 쓸모없는 기계가 그 대표적인 사례이다. 라파엘로나 카노바와는 전혀 무관하지만, 중세의 미적인 취향과는 관계가 깊다. 시 분야에서는 형상시와 수수께끼 시, 아일랜드식의 대칭법, 이합체 시, 파운드Pound와 상구이네티Sanguineti로 대표되는 다인용(多引用) 어휘 구조가 이러한 취향을 보여 준다. 또한 이 경우 제임스 조이스에게서도 쉽게 찾아볼 수 있는 비고르Bigorre의 베르길리우스와 세비야Sevilla의 이시도루스의 무모한 어원학적 유희, 시를 쓰기 위한 작문 연습, 특히 수집과 목록화에 대한 취향도 무관하지 않다. 이러한 것들은, 중세와 비교한다면, 군주나 성당들의 성구실(聖具室)에 어지럽게 보관되어 있던 예수의 가시 면류관, 알 속의 또 다른 알, 일각수의 뿔, 성 요셉의 약혼반지, 성 요한의 열두 살 때 두개골에 해당한다(이럴 수가!)⁵ 심미적 대상과 기계 조각 사이에는 아무런 구분도 존재하지 않는다(아바스 왕조의 5대 칼리프였던 하룬 알라시드는 프랑크 제국의 황제 샤를마뉴에게 예술적으로 정교하게 조각된 움직이는 보석, 즉 수탉 모양의 인형을 선물했다). 또한 창조된 것과 호기심을 자극하는 대상 사이에는 물론, 개수가 많은 물품과 유일한 물품의 차이 그리고 특히 호기심 나는 트루바유trouvaille(고래 이빨과 자유의 등불)와 예술품 간에도 수공업적인 측면과 예술적인 측면에서 차이가 없어 보인다. 이 모든 것은 빛나는 색감과 즐거움의 물리적 요소인 빛이 지배한다. 이러한 상황에서 표면에 황옥들이 부착되어 교회의 스테인드글라스 창문에 의해 굴절된 태양의 빛줄기를 반사하는 황금 항아리는 필요치 않아 보인다. 하지만 이것은, 현대에는 온갖 섬광의 현란한 폴라로이드 빛들을 투사하는 일렉트릭 서커스의 멀티미디어 향연인 것이다.

하위징아는 중세의 미적인 취향을 이해하기 위해서는 한

---

5 보헤미아의 카를로스 4세의 보물 목록은 다음과 같다. 성 아달베르토의 두개골, 성 스테파노의 검, 예수의 가시 면류관, 십자가, 최후의 만찬에서 사용되었던 식탁보, 성녀 마르게리타의 치아 한 개, 성 비탈레의 뼈 조각, 성 소피아의 갈비뼈, 성 에오바노의 턱뼈, 고래 갈비뼈, 코끼리의 어금니, 모세의 지팡이, 성처녀의 옷. 또한 베리 공작의 보물은 다음과 같다. 박제된 코끼리, 바실리스크 뱀, 사막에서 발견된 만나, 유니콘의 뿔, 코코넛 열매, 성 요셉의 약혼반지. 〈팝 아트와 신사실주의〉 전시회의 목록은 다음과 같다. 갈라진 배 밖으로 다른 인형들의 머리가 나와 있는 인형, 눈이 그려져 있는 안경, 코카콜라 병이 안에 들어 있고 중앙에 전구가 장착된 십자가, 메릴린 먼로의 초상화. 확대해 놓은 딕 트레이시의 만화, 전기의자, 석고로 만든 공과 탁구대, 압축되어 찌그러진 자동차의 일부, 유화로 그림이 그려진 오토바이용 헬멧, 좌대 위에 놓인 구리 전구, 병마개로 가득한 상자, 접시와 칼이 놓여 있는 수직 테이블, 〈팝 아트와 신사실주의〉의 작은 상자와 유화 풍경화에 매달린 샤워 꼭지 — 원주.

부르주아가 자신의 호기심을 극도로 자극하는 귀중품 앞에서 어떤 반응을 보이는가를 생각해 볼 필요가 있다고 했다. 하위징아는 낭만주의 시대 이후의 미적 감수성을 염두에 두고 있었다. 이러한 반응은 오늘날 한 소년이 공룡이나 오토바이에 대한 포스터 또는 기술적 모델과 공상 과학적 요소들이 모두 동원된 것은 물론 야만족들의 금은 세공 기술도 일부 반영된 결과로 내부에서 빛줄기들이 회전하도록 제작된 트랜지스터 마술 상자를 보고 느끼는 것에 해당한다.

체계적인 것이 아니라 첨가되고 조립된 우리 시대의 예술은 중세의 그것과 마찬가지다. 중세처럼 오늘날에도 세련된 엘리트 실험주의는 상호 간의 지속적인 관계를 통해서 거대한 민중 문화와 공존한다(세밀화와 성당의 관계는 현대 미술 박물관과 할리우드의 관계와 다르지 않다). 수집과 목록과 아상블라주에 대한 광적인 집착은 외견상 비잔틴주의로 보인다. 그리고 서로 다른 것들을 한곳에 끌어모으는 것은, 아마도 그때는 조화로웠을지 모르지만, 이제는 더 이상 존재하지 않는 이전 세계, 즉 상구이네티의 말을 빌리자면 경험한 후에 망각해 버린 팔루스 푸트레디니스와 같은 과거의 파편들을 해체하고 재평가해야 할 필요성에 기인한다. 반면 페데리코 펠리니와 안토니오니는 자신들의 지옥을 시도하고 파솔리니는 자신의 데카메론을 시험한다(그리고 론코니의 오를란도는 결코 르네상스적 축제가 아니라 소수의 시민을 위해 광장에서 펼쳐지는 중세의 신비극에 불과하다). 그러나 누군가는 스스로를 지적인 대리인으로 생각하면서 고대의 문화를 구하기 위해 필사의 노력을 경주한다. 어쨌든 이들은 백과사전, 전집, 전자 매체 정보의 창고들을 집적하는데, 바카는 재앙 속에 빠져 버릴 위험에 직면한 이 모든 지식의 보물들이 후손들에게 상속되기를 기대한다.

수도원

미국의 대학 캠퍼스만큼(들판의 후미진 곳에 위치하여 사방의 벽들과 주변을 떠도는 호전적인 부랑자들에게 포위된 채, 세상을 등지고 사적인 연구에만 몰두하는 수도승들이 거처하는) 수도원과 비슷한 곳도 드물다. 종종 군주는 이들 수도승들 중 한 사람을 불러 자신의 자문 위원으로 삼아 중국에 사신으로 보내기도 한다. 이 수도승은 초연한 마음으로 수도원의 골방에서 세상으로 나와 권력자로서 그리스 문헌들을 수집하던 순진무구의 마음으로 세상을 통치하려고 노력한다. 이러한 인물의 전형은 제르베르 도리야크, 맥나마라, 클레르보의 성 베르나르두스, 키신저일 수도 있다. 그는 평화의 인물일 수도, 전쟁의 인물일 수도 있다(아이젠하워는 여러 전투에서 승리했으나 후에는 한 대학의 학장으로 수도원의 은둔 생활을 선택했다. 다만 나중에 세월이 지나 제국을 위해 세상에 돌아왔을 때, 사람들은 그를 카리스마가 있는 영웅이라고 칭송했다).

그러나 이러한 수도원들이 (바카가 이미 암시했듯이) 오랜 과거의 모든 비밀들을 드러내지 않고 재구성을 촉진하면서 짐진적으로 복원시켜 주는 복잡한 전자 장치들을 통해서, 과거 문화의 심연을 기록하고 보존하며 전승하는 임무를 수행하는지는 분명하지 않다. 과거 서유럽의 중세는 궁극적으로 고고학에는 즐거움을 선사했지만, 실제로는 체계적인 보존에 노력하기는커녕 우발적인 파괴와 무질서한 보존에만 관심을 두었다. 그 결과, 과거 중세는 중요한 필사본들을 상실했으며 별로 가치 없는 다른 것들만을 유산으로 남겼을 뿐이다. 게다가 하찮은 수수께끼 같은 것들과 기도문을 위해 위대한 시를 지면(紙面)에서 강제로 지워 버리고 그 위에 자신의 글을 적어 넣었으며 심지어는 일부 구절들을 조작하여 교회의 문헌들을 위조했다. 중세는 그리스 폴리스에 대한 정확한 정보들을 알지도 못한 채 자치 도시의 사회를 형성했으며, 발이 하나이고 배에 입이 달린 사람들을 발견할 것이라는 황당한 믿음을 가지고 중국에 도달했다. 어쩌면 프톨레마이오스의 천문학과 에라토스테네스의 지리학을 이용하여 콜럼버스에 앞서 미국 대륙에 도착했을지도 모른다.

항구적 변천

사람들은 우리 시대의 새로운 중세가 항구적 변천의 시대일 것이라고 말한다. 그리고 도래할 새로운 시대를 맞기 위해서는 새로운 적응 수단들이 필요하다고 한다. 즉 문제는 과학적으로 과거를 보존하는 데 있는 것이 아니라, 분쟁의 논리학에 몰입하여 무질서의 활용에 관한 가설을 모색하는 일이 될 것이다. 지속적으로 재적응해 나가는 문화는 이미 성립되고 있듯이, 유토피아에 힘입어 앞으로도 계속될 것이다. 이와 같이 중세인이 어느 한쪽에도 기울지 않는 공명정대함으로 대학을 발명했다면, 오늘날의 떠돌이 성직자들은 동일한 기준, 즉 중세인들이 가졌던 바로 그 공명정대함으로 대학을 파괴하거나 적으로 변질시키고 있다. 중세는 자신만의 고유한 방식으로 과거의 유산을 보존했다. 그러나 이는 모든 활동을 중단하는 동면에 의한 것이 아니라, 지속적인 재번역과 재활용에 따른 결실이었다. 다시 말하면 이것은 향수와 희망과 절망 사이에서 균형을 잃지 않으면서 브리콜라주에 엄청난 노력을 기울인 결과였다.

중세는 활력이 없고 교리적으로 보이는 외형에도 불구하

고, 역설적으로는 〈문화 혁명〉의 순간이었다. 모든 과정은 자연스럽게 흑사병, 학살, 불관용 그리고 죽음으로 일관했다. 그 누구도 새로운 중세가 온통 행복한 전망뿐이라고는 말하지 않는다. 중국인들은 누군가에게 악담을 퍼부을 때 〈이토록 재미있는 세상에서 잘 살아 보게나〉라고 한다.

『레스프레소』(1972)

3
지하 세계의 신들

『플라네트』의 신비

영원한 평행선의 관계에 있는 세계들은 존재하는가? 다시 말해, 한편에서 내가 이 평론을 쓰고 있는 동안, 또 다른 내가 인접된 차원의 세계에서 전혀 다른 글을 쓰거나 다른 언어로 쓰는 것이 가능할까? 『플라네트*Planète*』의 편집자들이라면 이것이 가능하다고 생각할 것이다. 나 자신은 — 종종 나는 프레더릭 브라운의 이야기를 읽으면서 이러한 생각에 잠기곤 했다 — 이를 믿으려고 애쓰는 편이다. 정확히 말하자면 적어도 내가 『플라네트』(루이 포웰Louis Pauwels의 이탈리아어판 잡지로, 나는 다른 사람들과 함께 편집에 관여한다)의 첫 호에 실린 프레더릭 브라운의 글을 읽은 이후로 말이다. 지금 나는 내가 살고 있는 차원의 세계(즉 이 글이 등장하는 세상)에서 『플라네트』 편집인들의 책임감으로부터 나의 그것을 분리시켜야 할 필요성을 느낀다. 이것은 결코 개인적으로는 중요한 명령이 아니다. 사적인 것은 때로는 이행 단계에서 많은 노력을 필요로 하는 문화적 정확성을 위한 좋은 기회가 되기도 한다. 그 이유는 무엇보다 『플라네트』가 흥미를 유발하는 현상(프랑스에서는 10만 부가 팔리는데, 이토록 사치스러운 잡지로서는 처음이었으며 이후 대중화되었다)을 대표하며 또한 지성인들에 의해 편집되고 만들어지기 때문이다. 이러한 지성이 초래할 위험을 지적하는 것은 이 잡지가 우리에게 살도록 권하는 이 〈유성〉이 우리의 지구이기도 해야만 하는지 그리고 그 정도는 어디까지로 할 것인지를 설정하기 위해서이다.

그럼 『플라네트』에는 어떤 내용의 기사들이 실리는가? 이것저것 모두이다. 공식적인 과학의 세계와 일반 잡지들이 소홀하게 취급한 모든 것이 이 잡지의 관심 대상이다. 뿐만 아니라 학문들과 우리가 살고 있으며 미래에도 의식적으로 살아야 할지 모르는 새로운 여건에 통로를 제공하는 거짓 학문들의 다양한 모습들을 다룬다. 『플라네트』는 정기적인 발간을 통해 동양학 이론들, 일반적인 과학적 지식들로는 설명할 수 없는 정신, 육체적 현상들에 대한 모든 연구, 놀라운 생화학적 발견, 신비주의적인 글들에 대한 재평가, 우리의 사고에서 멀어진 일상생활의 여러 현상들에 대한 독창적인 발상, 관심의 영역에서 제외된 문학 작품들, 수준 높은 공상 과학의 표본, 역사에 잘 드러나지 않았던 순간들에 대한 관찰, 기술 극복에 대한 예견과 같은 다양한 주제들을 발표한다. 하지만 이러한 일련의 주제 목록에도 불구하고, 엄격한 기준을 가지고 있는 독자는 회의와 의심에 쉽게 빠지지 않는다. 글들은 항상 최상의 수준을 자랑하는데, 이것은 해당 분야의 저명한 학자들이 집필하기 때문이다. 또한 기술적인 사실들에 대한 정보는 결코 비현실적이지 않은데 이것은 평범하지 않은 시각에서 바라본 결과일 뿐이다. 이토록 방대하고 다방면적인 선별 노력은 결코 우연하다거나 단순히 다양성의 필요에서 주어진 결과가 아니다. 오히려 이에 대해서 우리가 기사의 종류와 관련하여 선택할 수 있는 정확한 문화적 중심을 모색하는 것이 더욱 중요하다. 미래는 이미 시작되었다. 이처럼 지구에서는 학문과 전통적인 정책들에 의해 형성된 장벽을 이미 극복한 상황이 전개되고 있다. 때문에 미래의 세계는 오늘날의 학문이 제기하는 제안과 노력을 통해 형성되기 시작하면서 우리가 생각하는 것보다 더 방대하고 예측 불허이며 풍부하고 시적인 상태로 나아갈 것이다. 전혀 예상치 않던 영토가 인간에 의해 정복될 것이며, 위대한 왕국들은 마술이나 또는 카발라, 점성술 그리고 예견 문학에 의해 직관될 것이다. 그리고 종국에는 과학에 의해 발견된 영토와 병합될 것이다. 우리 스스로 준비하여 새로운 시대에 적응해야 하며 현재의 수많은 파편들 속에서 지금과 다른 미래의 가장 완벽한 디자인을 읽어 내는 법을 배워야 할 것이다. 특히 그 어떤 의심이나 가설도 거부하지 말아야 한다. 상상하는 오늘의 임무는 모든 환상에 대한 용기 있는 관용을 만들어 가는 것이다.

『플라네트』의 가설은 권리 차원에서 수용 가능하다. 즉 아직도 우리의 모든 것을 수단화하려는 계획을 추진하는 기술에 대한 거부와 지식의 모든 가능성에 대한 신뢰의 행위 사이에서 우리는 후자의 길을 선택할 것이다. 그리고 우리의 근시안적인 태도가 미친 짓임을 증명해 낼 수 있는 끔찍한 가설들을 거부하는 것과 한계를 모르고 끝없이 가능성을 추구하는 좋지 못한 취향 사이에서 우리는 매우 인간적인 두 번째 길을 선택할 것이다.

내가 이미 경험한 바와 같이, 이 잡지를 위해 뒤에서 충고를 아끼지 않는 자크 베르지에Jacques Bergier가 어떤 사람인가를 안다면 여러분은 이상에서 언급한 사실들에 충분히 동의할지도 모른다. 그는 아담한 키에 그럴듯한 외모를 한 아주 매력적인 인물로서 제2차 세계 대전 당시 반독 지하 운동 조직인 마키단의 일원으로 활약하다가 체포되어 집단 수용소 생활을 한 후에 정보국에 페네뮌데 기지의 위치를 제보하는 공을 세웠다. 지금은 거의 밝혀내기 힘든 가설들을 연구하고, 2 더하기 2의 합산이 불가능한 논리 세계를 꿈꾸며, 향기를 위한 정보 코드를 연구하고, 전자두뇌를 심리적으로 분석하며, 그리고 지구 전체의 모든 문학에 대한 심오한 지식을 뽐내면서 살고 있다. 한번은 베르지에와 대화를 나누던 중에 다른 사람들이 두려워할 만큼 지적이고 호기심 많은 인물이 되어야 할 절대적인 필요성에 대해 확신한 적이 있었다. 그러면서 나는 진정한 과학은, 믿을 수 없는 세계의 경계에 걸쳐 있는 판타지에 대한 조사를 통해 탄생한다는 것과 조사하는 과정에서 이러한 과학이 배양된다는 사실을 의심하기 시작했다. 『플라네트』와 같은 잡지가 정기적으로 우리의 상상력을 배양하고 호기심을 불러일으키는 소재들을 확보하는 데 노심초사할지도 모른다는 사실은 정당해 보인다. 베르지에가 사용하는 가장 경계해야 할 무기(그의 균형 감각의 조건)가 풍자라는 것은 예외이다. 여러분은 지금 하는 말들을 믿을 수 있는지에 대해 한번쯤은 의심을 해보기 바란다. 모두가 사실이라는 것에 대한 의심은 모두가 거짓이라는 것에 대한 의심을 시속적으로 동반한다. 그다음에야 비로소 연구와 증명이 뒤따른다.

여러분은 베르지에와 포웰이 쓴 『마법사들의 아침 Le Matin des magiciens』을 읽어 보기 바란다. 1962년에 몬다도리 출판사에서 출판된 이 책의 가장 큰 결점은 풍자로 인해 내용 전체가 모호해졌다는 사실이다. 『마법사들의 아침』(정기 간행물인 『플라네트』의 계획된 광고나 다름없는)은 사람들이 거주하는 이중의 세계가 존재할 가능성, 우리 과학이 외계인들에게서 유래한다는 주장, 정신과 육체의 신비 현상들에 대한 연구로 나아가는 거대한 변화의 물결, 모든 것이 충분히 믿을 만하고 또 믿기는 공상 과학적 가설들의 실현 등에 관한 소재를 다룬다. 우리는 이미 베르지에가 누구인지를 알기 때문에 단지 하나의 가설만 남아 있을 뿐인데, 베르지에와 포웰의 공저에서 베르지에의 명제인 〈모든 것이 가능할지도 모른다〉는 〈모든 것이 가능하다〉로 바뀌었다.

차이는 별로 보이지 않는다. 모든 것이 가능할지도 모른다고 의심하는 것은 그 어떤 조사의 흔적도 거부하지 않는다는 것을 의미한다. 반면, 이 경우에 만약 이러한 흔적이 좋게 나타난다면 다른 가능성들이 유익하지 못한 것처럼 비칠 수도 있을 것이라는 가능성도 인정해야 한다. 그러나 모든 것이 가능하다고 말하는 것은 모두가 진실 혹은 진짜이며 또한 핵물리학과 요가도, 인공두뇌 사회와 정신력의 고양도, 사유 재산의 철폐와 신비주의 고행조차도 진짜라는 것을 의미한다. 이러한 태도는 더 이상 지적인 호기심이 아니라 혼합주의로 불린다. 이것은 전환의 시대에 등장하는 현상이다. 『플라네트』에 의하면, 우리는 일시적이고 과도기적인 시대에 살고 있지 않다. 오히려 베르길리우스의 제4의 전원시는 아닐지라도 이에 대한 모든 긍정적인 특징들을 가지고 있는 〈제4의 시대〉에 이미 살고 있다. 『플라네트』가 이러한 주장을 실천하는 것은 매우 흥미롭다.

우리는 『플라네트』가 우리 주변에서 일어나고 있는 모든 것을 소홀하게 취급하지 말 것은 물론이고, 인류학, 물리학, 천문학, 사회학 또는 정보 이론의 모든 연구 성과에 주목할 것을 요구할 때마다 매우 유익한 것들에 대해 언급하고 있다는 점을 주목해야 한다. 그러나 주목하라고 해서 모든 것을 하나도 빠짐없이 선의의 이름으로 취하라는 뜻이 아니다. 그렇지 않을 경우, 이는 마치 모든 일이 거기서 끝나 버리는 것과 다를 바 없다. 오히려 이것은 그 시점에서 다시 시작하는 것을 의미하며, 새로운 문화적 현실에서 지식 전체를 비평적인 형태로 재구성하는 것이 가능한지를 살펴보는 것을 의미한다. 차이는 하나의 대수학적 합과 이질적인 요인들의 단순한 합산 간의 차이에 해당한다. 즉, 대수 $(a+b)(a-b)=(a^2-b^2)$이다. 이것은 전자의 자료를 전환하여 비평적으로 새롭게 구성한 형태이다. 그러나 세 마리의 말과 여덟 개의 개념과 한 대의 타자기와 한 알의 피임약을 더한다 해도 우리는 항상 세 마리의 말, 여덟 개의 개념, 한 대의 타자기 그리고 한 알의 피임약을 가지고 있을 뿐이다. 새로운 일은 전혀 발생하지 않는다. 이제는 현실의 메커니즘을 이해한다고 믿게 되었을 뿐이다. 하지만 나는 아무것도 이해하지 못했는데, 그 이유는 내가 있는 그대로의 것들을 하나의 덩어리로 간주하여 현실에 우호적인 개념으로 가설화했을 뿐, 이를 자세하게 관찰하기 위한 그 어떤 노력도 하지 않았기 때문이다.

효율적으로 개입하기 직전에 머문다는 것, 이것이야말로 『플라네트』의 좋지 못한 습관인 것 같다. 이탈리아어판의 출간을 소개하는 자리에서 안젤로 말리아노는 우리가 살고 있는 역사적인 순간이 긍정적이며, 기술이 인간성과 정의를 개선할 수 있을 것이라는 사실에 대한 확신을 가지려고 노력했다. 나는 그의 생각이 올바르다고 여긴다. 모든 것이 변하고 있으며 이를 위한 행동을 개시할 필요가 있다. 이 점에 우리는 모두 동참해야 할 것이다. 더구나 두려워할 필요는 전혀 없다. 왜냐하면 죽음의 수단인 것처럼 보이는 원자 폭탄도 반드시 부정적이지만은 않은 자신의 모습을 기적적으로 드러내면서 평화를 위한 동기로 등장했기 때문이다. 그럼 이제 반론을 제기해 보자. 원자 폭탄이 공포의 균형을 넘어 공존의 전망을 꽃피운 것은 우주의 주기가 발전의 낙관적인 춤을 추었기 때문이 아니라, 다음과 같은 이유들 때문이다. 1) 2천 명이 우리의 꿈자리를 뒤숭숭하게 만들기 위해 죽었다, 2) 아인슈타인, 오펜하이머 그리고 이딜리가 증언했다, 3) 버트런드 러셀은 수천 명의 영국 젊은이들을 땅에 앉도록 했다, 4) 전 세계의 사람들은 무장 해제를 위한 위원회를 구성했다, 5) 케네디와 흐루쇼프는 구체적인 정책에 합의하여 사건들에 대한 적극적인 개입을 가능하게 했다.

이 모든 것이 전부 옳다거나 가능하다거나, 모두가 사실이라는 것은 옳지 않다. 왜냐하면 사물의 가치와 감각을 구성하는 것은 인간의 행위들이기 때문이다. 또한 어떤 구체적인 역사적 환경에서는 충분히 감성적일 뿐만 아니라, 모든 것이 좋아질 것이고 모든 것이 가능할지도 모르며 모든 것이 진실하게 보인다는 것을 감지한 사람은 선택 행위를 할 수 있다. 그리고 이러한 선택이, 단지 몇 가지에 대해서만 좋고 가능하며 그리고 진실하도록 만들 수 있다.

이것이 추상적인 주장이라고 반론을 제기하는 사람도 있을 것이다. 즉 말리아노는 『플라네트』의 이탈리아어판인 『피아네타』가 철학을 하려는 것이 아니라 단지 우리의 상상을 자극하기 위한 소재들을 제공하려고 한다는 사실을 명확하게 지적했다. 그러나 포웰은, 같은 호에서 이러한 사실을 부정했다. 즉 『플라네트』의 사명은 평행한 대학, 사회인 학교, 새로운 백과사전의 철학적인 임무가 되어야 한다고 했다. 만약 이러한 환상적인 것들의 사전이 자신의 전문 분야에서 벗어나 의심의 지평을 확대하기 위한 기회를 모색하려는 엘리트 학자들을 위한 노동과 오락의 도구에 지나지 않는다면 별로 해롭지는 않다고 할 것이다. 그리고 나는 개인적으로 항상 흥미롭게 『플라네트』를 구독하고 있으며 여기에 실린 많은 글들이 가치가 있다고 생각한다. 하지만, 『플라네트』는 프랑스에서 대중적인 인기를 얻었으며(이탈리아 사람들이 어떤 반응을 보일지는 아직 미지수다) 더 이상 세련된 사람들만의 전유물로 남아 있지 않다. 이 잡지는 수많은 자료들이 정리되기를 기다리는 사람들을 위한 메시지이다. 게으름이나 불신으로 인해 다른 종류의 유익한 제안들이 속임수나 게으름에 지나지 않는다고 이미 의심하기 시작한 사람들이 가능성에 대해 수동적으로나마 명상을 할 수 있도록 해준다. 이러한 의미에서 『플라네트』는 혼자서 신비를 연구하는 사람들에게는 도피를 위한 편리한 방편이며 형이상학적인 일반 대중주의의 총체적인 위험인 셈이다.

나치즘은 왜 발생했을까? 『플라네트』는 히틀러가 만년 빙하 이론과 지구의 요철설에 대한 이론을 믿고 있었다고 한다. 즉 여러분은 이러한 사실을 결코 생각해 보지 않았겠지만, 그럼에도 이 잡지는 이 모든 것에 대해 자세하게 기술하고 있다. 가능할지도 모른다. 하지만 나치즘이 지난 역사에서 지배계급의 야망을 정확하게 실현했으며 이 때문에 지구의 요철설에 대한 환상들이 잘 추진될 수 있었고, 그 결과 이 모든 것이 진행되었을지도 모른다는 『플라네트』의 언급에 대해 여러분은 한 번도 생각해 보지 않았는가? 모든 것이 가능할지도 모른다는 명제에 계속해서 집착한다면 가능했던 것들과 증명된 것들이 은폐될 위험이 있다.

『파에세 세라』(1963)

신성

1938년 메트로폴리스 시에 활기찬 스몰빌 출신의 클라크 켄트라는 한 남자가 도착했다. 그는 이미 우리 모두에게 슈퍼맨으로 더 잘 알려진 인물이었다. 그러나 당시는 신과학기술 자본주의와는 거리가 멀었다. 시카고에서 과학 통합 백과사전을 위한 준비가 한창이었고 형이상학 철학자들의 명제들이 별다른 반응을 불러일으키지 못한 때였지만, 슈퍼맨은 더 이상 신비의 베일에 싸여 있는 인물이 아니었다. 그 소년이 비행기처럼 하늘을 날아다니거나 대양을 횡단하는 여객선을 들어 올릴 수도 있다는 사실은 과학적으로 설명이 가능하다. 그는 이미 알려진 바와 같이, 지구와는 중력이 다른 크립톤이란 행성에서 왔다. 때문에 그가 초능력을 가진 인물이었을 것은 당연하다. 또한 그의 기억 능력은 중력의 문제로 인해 대학에서 강의되고 있는 속독법 능력을 다른 사람보다 더 신속하게 습득했다는 사실로 미루어 짐작할 수 있다.

역사의 슈퍼맨에게는 이러한 신비를 전혀 발견할 수 없다.

1980년대 말 영화의 슈퍼맨은 전혀 다른 모습이었다. 더구나 슈퍼맨이 영화에서 줄거리의 거의 절반을 차지하여 큰 장애가 되는 말론 브랜도와 같은 별로 달갑지 않은 인물을 부친으로 두고 있다는 것은 결코 우연이 아니다. 영화 속에서 그의 부친은 지구로 떠나는 어린 아들에게 우리로서는 전혀 알 수 없는 지식을 최고의 상징성을 가진 물건인 석순 모양의 다이아몬드에 차곡차곡 넣어 준다. 그리고 계속해서 어린 슈퍼맨의 부친은 아들에게 삼위일체의 성사를 행한 다음 요람같이 생긴 우주선에 태워 동방 박사들의 혜성처럼 우주로의 여행을 떠나보낸다. 어른으로 성장한 슈퍼맨은 앞치마를 두른 촌부 시절의 잔 다르크처럼 심상치 않은 목소리를 듣고 예수의 감람산과 타보르 산의 환상과 같은 문제들에 직면한다. 그는 인간의 아들인 셈이다.

클라크 켄트는 톨킨의 『실마릴리온』을 즐기며, 일루바타르의 아들들과 콴디 가족과 아타니 가족 그리고 꽃들이 만발한 발리노르 초원과 멜키오르의 상처를 기억해야만 비로소 배울 수 있는 신의 기원과 계보에 대한 이야기를 해독하려는 세대의 희망을 충족시키기 위해 지구에 왔을지도 모른다. 만약 이 모든 것을 학교에서 배워야만 했다면 그의 세대는 이 같은 근본 원리주의적인 작태에 대한 항의로 대학이나 고등학교를 점거했을지도 모른다.

당시로서는 슈퍼맨의 환생이 매우 심오하고 복잡하여 종교적 사유로의 회귀와 같은 경향을 강조하는 것으로 보이는 일련의 현상들에 대한 대중적 해석으로 보였을 것이다. 모든 이슬람 세계는 사회생활과 정치에 대한 신정 정치적인 해석으로 돌아가고 있다. 미국의 수많은 나그네쥐들이 내세의 행복이라는 명분에 따라 자살을 향해 질주한다. 그리고 신천년주의 운동과 오순절 운동가들은 이탈리아에 침투하고, 가톨릭 행동당이 등장하고 교황의 권좌도 자신의 특권을 개혁하고 있다. 이와 같이 〈긍정적인〉 종교성이 시위하는 가운데, 한편에서는 과거의 무신론자들, 전통의 고전들을 내팽개친

절망의 혁명주의자들, 점성술사들, 신비주의자들, 장수 이론가들, 환상을 추구하는 시인들, 신환상주의자들(더 이상 사회학적 공상 과학이 아니라 새로운 버전의 아서 왕 이야기를 추구한다)의 새로운 종교성이 고개를 들고 있다. 게다가 이제는 마르크스와 레닌의 책을 외면한 채, 위대한 비현실주의자들, 즉 아마도 절망에 빠진 채 의도적으로 자살을 선택한 중부 유럽권 예술가들의 작품에 매달린다. 이들은 생전에 한 권의 책도 출간하지 않았지만, 단지 한 권의 필사본을 그것도 미완의 상태로 남겼을 뿐이며 소수 언어로 기록했기에 오랜 세월 동안 읽히지 않았다. 이들은 한결같이 죽음이나 악과 백병전을 치르면서, 인간의 모든 노력과 근대 세계를 철저하게 멸시했다.

하지만 이러한 요인들과 부정할 수 없는 경향에도 불구하고, 대중 매체의 수단들은 포이어바흐가 종교의 탄생을 설명하기 위해 도입했던 구도를 반복하는 시나리오를 구성한다. 인간은 어떤 방식으로든 끝이 없다는 것, 즉 무제한적인 방식으로 모든 것을 갈구하는 경향을 가지고 있다. 그러나 자신이 원하는 것을 실현할 능력이 없다는 사실을 알게 되고, 그래서 자신이 원하는 것을 최상의 수준에서 소유하고 있는 타자를 예시한 후에 그에게 원하는 것과 할 수 있는 것 사이의 간극을 메우는 임무를 부여한다.

다시 말해 대중 매체의 수단들은 한편으로는 낙관적인 진보 이념들의 위기 징후들, 예를 들면 과학의 도움으로 좀 더 개선된 세상을 만들기 원하는 기술 실증주의적 위기나 혁명을 통해 완전한 사회를 만들려는 역사 물질주의적인 위기를 드러낸다. 그리고 다른 한편으로는 이러한 두 가지 위기(는 많은 측면에서 동일한 것이나 다름없다)가, 마치 질서로의 귀환 또는 보수주의적 제동(오케스트라 지휘자에 대한 페데

리코 펠리니의 우화적 비유를 참고)과 마찬가지로, 사회, 정치, 경제적인 용어들로 전환되었다는 사실을 신화적 형태로 전환시키려 한다. 대중 매체의 수단들은 다른 알레고리들을 통해 동일한 문제를 제시하며 종교성으로의 귀환에 따른 현상들을 강조한다. 이러한 의미에서 대중 매체의 수단들은 온도 변화를 나타내는 온도계처럼 요동치듯 보이지만, 오히려 실제로는 난로에 열을 공급하는 연료의 일부와 같은 역할을 한다.

실제로 종교 제도의 형태들이 다시 부활한다고 말하는 것은 다소 유치한 일이다. 이러한 형태들은 결코 사라진 적이 없었으며 여러 청소년 가톨릭 단체들을 생각해 보면 금방 이해할 수 있다. 즉 완전히 마르크스주의로 무장했다고 여론이 보도하는 상황에서 마르크스주의와는 무관한 자들이 스스로의 존재를 드러낼 능력을 갖춘 조직체로 성장하는 것은 극히 어렵다. 이와 마찬가지로, 새로운 교황의 부성적 이미지가 성공한 것은 새로운 종교 현상으로서가 아니라, 제도가 위기에 빠진 순간에 권위의 이미지를 강조하려는 자발적인 노력처럼 보일 수 있다. 결과적으로 과거에 믿던 사람은 현재에도 믿으며, 믿지 않는 사람은 적응하기 마련이고 기독교 민주당이 시청의 공직 한 자리를 약속하면 기독교 민주당의 당원이 될 것이다. 하지만 이탈리아 공산당이 도청의 한 요직을 제공하겠다고 한다면 역사적 타협 운운하며 금방이라도 태도를 바꿀 것이 뻔하다.

그러나 이러한 현상들과 관련하여, 제도적 종교성과 신성의 의미는 구분해야 할 필요가 있다. 최근 리구오리 출판사에서 출판된 자신의 저서 『위기의 시대에 출현한 신성의 형태들 *Forme del sacro in un'epoca di crisi*』에서 프랑코 페라로티는 이러한 구분의 필요성을 강력하게 제기했다. 사람들이 미사와 같은 성사에 더 이상 참여하지 않으려고 한다는 위기감이 신성의 의미가 위기라는 것을 의미한 적은 한 번도 없었다. 개인적인 종교성의 형태들은 바티칸 공의회 이후의 운동들을 통해 구체화되었으며 신문들이 우리로 하여금 사회의 전체적인 세속화를 믿도록 만든 지난 10여 년의 기간 동안 계속되었다. 신천년 왕국 운동은 아메리카 대륙에서 지속적으로 성장했으며 종속 프롤레타리아 소외자들과 선진 산업 사회의 사이에서 빚어지는 분쟁에 기인한 이유들 때문에 오늘날에는 이탈리아에서도 확산되고 있다. 이와 같이 무신론적인 신천년 왕국 운동도 신성을 둘러싼 문제의 일부를 구성한다. 이 같은 의미에서 신화적 시나리오, 고통스러운 증언의 필요성, 순교, 정화를 위한 피의 바다를 폭력적인 형태로 반복하는 테러리즘도 예외가 아니다. 한마디로 이러한 모든 현상들은 실제적인 것이지만, 유행하는 〈역류의〉 시나리오의 일부를 구성하지는 않는다. 다만 이들은 회화적으로 분명하게 드러났을 때 정치 차원에서 보수주의로의 방향 전환에 관련된 진실하고 새로운 사실들을 은폐할 뿐이다.

반면에 좌익에의 실망에 대한 전통 종교 사상의 답변으로서가 아니라 위기에 처한 세속적 사고에 의해 독자적으로 만들어진 것으로 보이는 무신론적 신성과 관련한 신성은 매우 흥미로운 주제이다. 하지만 이러한 현상도 최근의 변화는 아니며 그 근원은 좀 더 과거로 거슬러 올라간다. 재미있는 것은 이러한 현상이 종교적 사고들에 기인하는 다양한 양태의 무신론적 형태들로 흘러 들어가고 있다는 사실이다.

문제는 인류의 역사를 확대시켰던 신에 대한 이념이 크게 두 가지 부류로 나뉜다는 점이다. 한 부류는 존재의 충만함(나는 그가 존재하는 것처럼 존재한다), 즉 그러므로 자신 속에 인간이 가지고 있지 않은 모든 덕목을 포함하고 있으며 전지전능함과 승리의 신을 나타내는 개인적인 신이다. 그러나 이러한 개인적인 신은 이와 반대되는 방식으로는 자신을 드러내지 않는다. 즉 존재하지 않는 자처럼 말이다. 이것은 무엇이라 불릴 수 없거나 또는 존재하는 사물을 디자인하기 위해 사용하는 그 어떤 범주들로도 묘사할 수 없기 때문이 아니다. 이 신은 존재하지 않으며 기독교의 역사 그 자체를 관통한다. 즉, 그는 숨어 있어 말로 표현할 수 없으며 오로지 부정 신학의 힘을 빌려서 파악될 수 있다. 또한 그는 자신에 대해 아무것도 표현할 수 없는 것의 총체이다. 결국 우리는 그에 대해 말하면서 우리의 무지를 자랑스럽게 드러낼 뿐이며 그는 기껏해야 회오리바람, 심연, 사막, 고독, 침묵, 부재로 언급될 뿐이다.

지금으로부터 50여 년 전에 루돌프 오토Rudolf Otto는 자신의 저서 『성스러움Das Heilige』에서 이러한 신의 제도화된 교회들을 무시하는 신성의 의미를 강조했다. 우리는 신성을 〈신의 의지numen〉 또는 〈경외심tremendum〉으로 바라보는데, 이것은 인간이 만들지 않은 그 무언가가 존재하며 이에 대해 피조물은 매혹과 동시에 적대감을 느낀다는 직감이라 할 수 있다. 신성은 공포감, 저항할 수 없는 매력, 열등감과 속죄의 욕구 그리고 고통을 만들어 낸다. 과거사의 종교들에서 이러한 혼란스러운 감정은 점차 두려운 신성의 형태로 발전했다. 그러나 세속의 세계에서 신성은 적어도 백 년 전부터 다른 형태들을 보여 왔다. 두렵고 매혹적이라는 감정으로 인해 인간은 완벽한 존재의 유인원으로 보이기를 거부하고 무의 형태들을 취했다. 그리고 이 무의 존재에 대한 우리의 제안들은 모두 실패로 돌아갔다.

무의식(프로이트 심리학)과 회오리바람(에즈라 파운드), 중심의 부재(포스트모더니즘), 차이(소쉬르의 언어학이나 자크 데리다), 절대 타자(사르트르), 분열의 종교성은 순환적 경제 위기와 발전에 대한 19세기 이데올로기의 불확실성과 같은 현대적 사고를 경험했다. 이와 같이 세속화되고 끝없이 부재하는 신은 여러 가지 이름으로 현대의 사상들을 동반했으며 정신 분석학의 재흥, 니체와 하이데거의 재발견, 부재와 차이에 대한 새로운 반형이상학 이론들로 분출했다. 정치적 낙관주의가 팽배하던 시대에 신성 혹은 불가지 그리고 정치적 전지전능함의 이데올로기들을 사고하는 방식들 간의 분명한 격차가 생겨났다. 즉, 마르크스주의적 낙관주의의 위기나 자유주의적 낙관주의의 위기와 더불어 우리가 관심을 가지고 있는 공허의 종교성은 소위 좌익이라고 하는 사상 자체에까지 침투했다.

그러나 만약 이것이 사실이라면 신성으로의 회귀는 중국인이 천하무적이 아니며 모두 좋은 사람들만도 아니라는 사실을 발견하고 실망감에 빠져 결국에는 편집증을 나타내는 자들의 고아 신드롬보다 훨씬 앞선 것이다. 중국인들의 〈배신〉은 오래전부터 과학에 의해 제안된 합리적인 진실의 세계(자본주의적 진실과 프롤레타리아적 진실)에 균열과 블랙홀이 내재되어 있다는 생각으로 살아온 사람에게는 (상당히 외형적인) 최후의 일격이나 다름없었다. 이들은 회의적이고 명확하며 유머 감각을 드러내는 대신 권위를 존중하지 않는 비판을 이끌어 낼 힘을 가지고 있지 않다.

이러한 새로운 부정 신학과 이 같은 신학에서 유래하는 예식들 그리고 이러한 신학이 혁명적인 사고와 일치한다는 것에 대해서는 다음 기회에 충분히 살펴볼 것이다. 그 한 가지 예로 이러한 신학이 포이어바흐의 비평에 얼마나 민감하게 남아 있을지는 실로 궁금하지 않을 수 없다. 또한 이러한 문화적 현상들을 통해 시민 사회에 적극적으로 참여하는 것보다는 차라리 수도원 생활에 안주하기를 선호하는 세속 신비주의자들의 새로운 중세가 도래할지에 관한 문제도 매우 흥미롭다. 뿐만 아니라 우리는 중세의 논리학, 변증법, 수사학과 같은 이성의 낡은 기술이 해독제 또는 역용 용법으로서의 효능을 얼마나 발휘할지 좀 더 들여다보아야 할 것이다. 이러한 이성의 낡은 기술들을 계속해서 고집한다면 거의 불경죄로 고발을 면치 못할 것이 분명하다.

『레스프레소』(1979)

인민 사원의 자살

인민 사원의 집단 자살과 관련한 이야기에서 가장 이상한 것은 미국과 유럽의 미디어가 보여 준 반응이다. 반응은 이러했다. 〈이해할 수 없는 사건, 도저히 상상할 수 없는 일.〉 어떻게 그토록 오랫동안 선량했던 짐 존스Jim Jones와 같은 인물(지난 세월 동안 그를 알고 지내면서 자선 활동을 지원했거나 선거에서 표를 얻기 위해 도움을 청했던 사람들은 한결같이 그가 아무런 사심이 없는 설교자로서 매혹적인 인간성을 가진 확고한 흑백 인종 차별 철폐 운동가이며 이탈리아 같으면 소위 반파시스트주의자라고 할 수 있는 모범적인 민주주의자였다고 말한다)이 갑자기 미치기라도 했는지 신도들의 모든 재산을 빼앗고, 마약을 남용하고, 동성애와 이성애를 가리지 않고 섹스 행각을 벌였으며 자신에게서 도망가려는 자들을 학살한 보카사와 같은 피의 독재자로 돌변했는지 정말 이해할 수 없는 일이다. 많은 선량한 사람들이 맹목적으로 그를 추종했으며, 심지어는 자살까지도 따라 한 행위는 전대미문의 충격이다. 온건한 신비주의적 공산주의를 추종하던 한 신기독교 단체가, 이탈자들이 살해 위협에서 벗어나기 위해 급기야 경찰에 신변 보호를 요청하게 만든 살인자

집단으로 전락해 버린 것도 전례가 없던 사건이다. 은퇴 후 연금 생활을 하는 사람들과 학생들, 인종 차별을 없애기 위해 노력하는 흑인들이 아름답고 활기차며 크고 작은 정원들에 봄의 산들바람까지 불어오는 캘리포니아를 버리고 식인 어종인 피라니아와 독사들이 우글대는 적도의 밀림 속으로 들어갔다는 것이 도저히 믿기지 않는다. 이곳에 들어온 어린 자식들의 가족들이 정부의 강력한 개입을 이끌어 내지 못한 것과 사태가 마무리되어 갈 무렵이 되어서야 청문회를 시작했지만 목숨을 잃고 만 불쌍한 하원 의원 라이언의 경우도 이해가 안 되기는 마찬가지다. 이 모든 것은 정말 믿기지 않는 미친 행위이며 과거에는 한 번도 들어 본 적이 없는 일들로서 정말 우리는 어떤 세상에 살고 있으며 어떤 종말을 향해 치닫고 있는 것인지 모르겠다.

짐 존스보다는 그와 행동을 같이했던 선량한 의식의 정상적인 사람들에 대해 더 큰 놀라움을 금할 수 없는 것이 사실이다. 정상적인 사람은 적어도 2천 년 전부터 이어져 오는 현실을 어떻게 해서든 제거하려고 노력한다. 왜냐하면 인민 사원의 역사는 흐르고 또 흘러 결국에는 다시 돌아오는 낡은 이야기이기 때문이다. 이러한 것들을 기억하고 싶지 않다는 것은 발생한 테러의 배후에 CIA와 체코슬로바키아인들의 개입이 있다고 생각하는 것과 다르지 않다. 악은 항상 국경을 초월한다는 말이 사실처럼 느껴진다. 그러나 불행은 악이 수평적 차원(또는 차이)이 아니라 수직적 차원(또는 차이)에서 유래한다는 사실이다. 다시 말해 때에 따라서는 비밀경찰보다는 프로이트와 라캉에게서 해답을 구해야 한다는 말이다.

미국의 정치가들이나 신문 기자들이 천년 왕국설을 믿는 단체들의 역사에 관한 문헌들이나 정신 분석학의 고전들을 읽어 보려고 하지 않았다는 것도 흥미롭다. 추리 소설을 읽어 보았어도 충분했을 것이다. 이 점에서 인민 사원의 역사는 해럴드 로빈스와 같은 유능한 재주꾼을 통해 최근에 책으로 출간되었다(해럴드 로빈스를 유능한 재주꾼이라고 묘사한 것은 그가 현실의 한 조각을 가지고 소설을 한 번은 헤프너의 이야기로, 한 번은 포르피리오 루비로사의 이야기로, 또 한 번은 아랍인 갑부의 이야기로 각색할 줄 알고 있다는 사실에 근거한다). 문제의 책은 금년 들어 〈꿈들이 먼저 죽어 간다 I sogni muoiono prima〉라는 제목으로 손초뇨 출판사에서 출판되었다. 줄거리를 보면 샘이라는 이름의 목사(주인공 샘의 이미지는 통일교 교주 문선명의 그것과 매우 유사하다)가 교회를 마련하고 젊은 추종자들에게 모든 재산을 정리하여 들어오도록 한 후 이를 가지고 투명하지 못한 금융 거래에 투자했다. 샘은 평화와 조화를 설교하고 추종자 모두를 성적 혼교의 상태로 몰고 가면서 정글에 아무도 모르는 은신처와 엄격한 규율을 마련하여 마약과 고문 그리고 도망치는 자들에 대한 박해를 시작했다. 그리고 결국에는 숭배와 범죄 행각 그리고 맨슨 가족 방식의 온갖 의식의 경계를 허물어 버렸다. 이것은 로빈스의 소설이다. 하지만, 로빈스는 아무것도 의도적으로 만들어 내지 않았으며 실제의 에피소드들을 소설화하는 기술적인 차원에서도 아무것도 조작하지 않았다.

그에 앞서 이미 수십 년 전에 대실 해밋 Dashiell Hammett은 『폭력의 키스』라는 소설에서 성배[1] 숭배를 묘사한 적이 있다. 물론 소설의 배경은 캘리포니아이다. 〈모든 작가가 그

---

[1] 영화 「인디애나 존스」를 통해 우리가 기억하는 성배에 대한 고전적인 주장은 아리마태아의 요셉이 십자가에 처형된 예수의 옆구리에서 흘러내리는 피를 받기 위해 사용한 〈최후의 만찬의 잔〉을 말한다.

렇게 하듯이〉, 부유한 신자들을 끌어모은 다음 이들로 하여금 전 재산을 헌납하게 만든다. 비록 시작 단계에서 마약과 환상적 효과가 동원되기는 하지만, 숭배는 전혀 폭력적이지 않다(게다가 숭배 의식을 연출하는 것은 엘레우시스Eleusis의 의식을 연상시키기까지 한다). 예언자는 〈깊은 인상을 주는 사람이며 그가 쳐다보면 모두들 혼란스러운 상태에 빠진다〉. 하지만 그는 결국 돌아 버렸고, 결국에 〈(그는) 무엇이든 할 수 있고 얻을 수 있다고 믿게 되었으며 세상 전체를 자신의 신성으로 설득할 수 있다는 꿈을 꾸었다. 그는 자기 권력의 한계를 보지 못한 광인이었다〉.

짐 존스에 관한 이야기는 며칠 전 「뉴욕타임스」에 실린 인터뷰 기사에서 읽은 듯하다. 그는 매우 친절하고 부드러운 인물로 사람들을 주변으로 모이게 하는 마치 자석과 같은 인간성을 가지고 있었으며 우리를 공동체의 일원으로 느끼게 해준 인물이었다. 변호사 마크 레인은 무슨 이유로 존스가 〈절대 권력에 목말라하는〉 편집증을 가지게 되었는지를 설명하려고 노력했다. 그럼 에드 샌더스가 쓴 소설 『찰스 맨슨 패밀리』(이탈리아어판은 펠트리넬리 출판사에서 출간되었다)를 다시 읽어 보기로 하자. 이 소설은 캘리포니아에서 벌어지고 있는 모든 숭배 의식과 이에 따른 치명적인 타락을 자세하게 설명하고 있다. 따라서 이 소설은 모든 정치인들로 하여금 문선명의 교인들, 과학 논리주의자들 그리고 심지어는 하레 크리슈나Hare Krishna의 추종자들까지 어떤 종말을 맞이할 것인지를 알 수 있도록 해줄 것이다.

그렇다면 왜 이러한 일들은 일어나며 그것도 하필이면 캘리포니아에서란 말인가? 두 번째는 순진하기 짝이 없는 질문이다. 캘리포니아가 그토록 숭배의 온상이 된 데에는 그만한 이유가 있겠지만, 그 배경은 매우 오래전으로 거슬러 올라간다. 간단히 말해 존스와 인민 사원의 숭배는 기독교의 원년부터 오늘에 이르기까지 서양사를 관통하는 천년 왕국 운동의 모든 특징을 드러낸다(유대교의 천년 왕국설, 동방의 유사한 숭배 의식, 고전 시대의 다양했던 코리반티주의,[2] 이와 유사한데다 오늘날 브라질에 거의 원형 그대로 남아 있는 아프리카 대륙의 의식들까지 언급한다면 많은 시간과 지면이 불가피하다).

이러한 종말론적 경향은 3세기 도나투스를 추종하던 일부 극단주의자들인 치르콘첼리오니[3]들에서 기인한다. 이들은 몽둥이를 들고 길거리를 돌아다니면서 제국의 군대를 공격하고 로마 교회를 따르는 적들을 살해했으며, 식초 섞은 석회를 적대적인 신학자들의 눈에 집어넣어 장님으로 만들기도 했다. 그 외에도 이들은 순교자가 되고 싶은 지나친 열정에 이끌려 여행자들에게 자신을 죽여 순교자가 되게 해줄 것을 위협하기도 했으며 사치스러운 죽음의 만찬을 벌이고 난 후에 절벽 아래로 뛰어내려 자살하기도 했다. 천년 왕국의 도래를 기다리는 의미에서 묵시록에 대한 다양한 해석을 바탕으로 중세에는 프라티첼리[4] 자유 정신의 형제들인 프라 돌치노[5]의 봉기를 유발시킨 제라르도 세가렐리[6]의 청빈 운동,

[2] 고대 그리스에서는 아시아의 위대한 모성 키벨레를 숭배하는 무리들을 코리반티라고 했다. 이 신성의 사제들과 남녀 치료사들은 특별한 예식의 마법으로 환자들을 치료했다.

[3] Circoncellioni. 이들은 종교적 광신에 빠진 야만족 출신의 농민 집단으로 4세기의 도나투스 운동과 연결되어 있었으며 특히 누미디아에서 그 세력을 확대했다.

[4] Fraticelli. 안젤로 클라레노 다 칭골리Angelo da Clareno(or da Cingoli)를 중심으로 마르케와 움브리아에서 활동하던 이단이었다. 1317년 교황에 의해 파문되자 1318년 프란체스코 수도회와 같은 종교 조직을 갖추고 교황 요한 22세의 정당성에 의문을 제기했다.

[5] Fra Dolcino(1250~1307). 노바라 교구에 살던 한 사제의 사생아로 태

사탄의 추종 세력으로 의심받은 튀를뤼팽 *turlupins*, 금식(그리고 〈엔두라 endura〉)으로 자살을 시도한 카타리 집단들과 같은 여러 운동이 전개되었다. 12세기에 매우 인상적인 카리스마를 갖춘 탄켈모는 자신을 추종하는 사람에게 재산을 헌납하게 만든 다음 네덜란드를 침입했고, 외드 드 레투알 Eudes de L'Étoile은 자신의 추종자들을 브르타뉴의 숲으로 끌어들인 뒤 불에 태워 죽였으며, 타푸르의 일당은 십자군 전쟁이 한창이던 당시 털이 많고 더러운 몰골로 온갖 약탈과 야만적인 행동을 서슴지 않았으며 유대인 학살에 앞장서면서 전투에서는 미친 자들처럼 날뛰어 사라센인들에게 공포의 대상이었다. 또한 나중에는 라인 강 북부의 혁명주의자들이 성직자들을 학살하는 만행을 저질렀다. 13세기에는 고행주의자들이 이 마을에서 저 마을로 옮겨 다니면서 유혈 투쟁을 전개했다. 프로테스탄트 개혁의 시대에는 뮌스터에서 신비적 공산주의가 확산되었으며 토마스 뮌처의 추종자들은 얀 보켈슨의 지휘 아래 폭력과 박해로 통치되는 신정 정치의 국가를 세웠다. 그의 신자들은 지상의 모든 재산을 포기하고 성적 혼교를 강요받은 반면, 우두머리는 신적이고 제국적인 모습으로 자신의 권위를 강화했다. 그의 교리를 받아들이지 않는 자들은 교회에 며칠을 갇혀 있다가, 결국에는 탈진한 상

어났다. 그는 재능을 타고났으며 교육도 받았으나 도둑질이 들통 나자 트렌토의 도시로 도주했다. 그는 제라르도의 주장보다 이단적인 방식으로 설교하면서 자신이 하느님의 유일한 제자이며 모든 것은 사랑 속에서 공유되어야 한다고 주장했다.

6 Gerardo Segarelli. 1240년경 타로 근처의 세가랄라에서 출생했으며 파르마의 프라티 미노리 수도원에 받아 줄 것을 요청했다가 거절당하자 프란체스코 교단의 청빈과 같은 독자적인 수도의 길을 선택하고 가진 자의 재산을 빼앗아 가난한 자들에게 나누어 주었다. 그는 수염을 길게 기르고 길게 늘어뜨린 흰색 망토를 입고 샌들을 신었으며 1300년에 화형당했다.

태에서 예언자의 의지에 따를 수밖에 없었다. 그리고 마지막에 가서는 정화의 명분으로 끔찍한 살육 행위를 통해 모두 목숨을 잃고 말았다.

그럼에도 이 모든 운동들에서 자살이 강요된 것은 아니다. 하지만 폭력적인 죽음, 피바다, 화형은 모든 운동의 공통적인 현상이었다. 그리고 자살의 동기(치르콘첼리오니들에게서도 찾아볼 수 있는)가 오늘날에 와서야 비로소 제기된 이유는 어렵지 않게 이해할 수 있다. 자살의 동기는 과거의 운동들에서 순교적 죽음에 대한 욕망이었으며 정화 예식은 권력에 의해 충족되었다. 중세 문학의 대표적 작품인 『프라 미켈레 미노리타의 이야기』를 읽어 보면 화형은 순교자가 되기 위한 가장 고무적이고 확실한 열정이었을 뿐만 아니라, 자신이 그토록 열정적으로 갈망하는 죽음을 다른 사람들에게도 전달할 수 있는 방편이었다. 물론 오늘날의 캘리포니아에서는 맨슨과 같은 학살자까지도 조용히 감옥 생활을 하면서 가석방을 요청하기도 하는데, 주 정부가 사형을 금지하고 있는 만큼 이곳에서 순교에 대한 열망은 더욱 적극적인, 다시 말해 스스로 자살하는 형태로 발전할 수밖에 없다.

이러한 에피소드에 대해 좀 더 언급하자면, 18세기의 카미사르,[7] 17세기 세벤의 예언자들, 성 메다르두스의 콩뷜시오

---

[7] Camisards. 카미사르 집단은 프랑스 개신교 그룹으로 개신교도들에게 우상 숭배를 금지한 낭트 칙령을 취소하는 것에 반대했다. 이들은 세벤 Cévennes 인근의 산에 은신하여 모임을 가지고, 서로 간에 관계를 지속하면서 다른 언어들로 교통했다. 농민들과 어린아이들은 성령의 교통을 위해 프랑스어를 정확하게 구사했다. 그러나 이들에 대한 박해는 계속되었고 카미사르디 도피자들은 1706년 영국으로 피신하여 런던에 공동체를 설립했다. 이후 이들의 세력은 폴란드, 체코슬로바키아의 슐레지엔과 영국의 다른 지역으로 확산되었다.

네르,[8] 그리고 오늘날에는 이탈리아에까지 침투해 들어와 가톨릭 신앙의 많은 지역들에서 교세를 넓혀 가고 있는 트레몰란티, 펜테코스탈리, 글로솔랄리치[9] 등이 있다. 그러나 몇 가지 분명한 요인들을 발견하기 위해서는 짐 존스가 만든 교파의 특징들을 여러 가지 천년 왕국설에 대한 종합적인 모델과 비교하는 것으로 충분하다(다양한 차이점에 대해서는 일단 넘어가자). 숭배 의식은 (정신적, 사회적, 경제적) 위기의 순간에 형성되어 한편으로는 가난한 자들을 끌어들이고, 다른 한편으로는 자책감을 가진 부자들을 끌어모은다. 그런 다음 이들에게 세상의 종말과 적그리스도의 출현을 선포한다(존스는 파시스트 정권의 쿠데타와 핵무기에 의한 홀로코스트를 기대하고 있었다). 그리고 재산의 공유를 주장하며 추종자들에게 자신들이 선민이라는 의식을 고취시킨다. 상황이 이 정도로 발전하면 이들은 자신의 육체에 대한 신뢰를 가지게 되고 일정 기간의 엄격함이 지나고 나면, 극도의 성적인 방종으로 발전한다. 우두머리는 자신의 카리스마를 배경으로 모든 추종자들을 자신의 심리적 지배에 굴복하게 만들고 공동의 선을 위한다는 명목으로 그동안 축적한 재산과 신자들을 이용하여 자신의 신비적 권력을 한층 강화한다. 그리고

---

8 *convulsionnaires*. 18세기 초반 장세니슴 운동은 당시 프랑스 사회에 매우 강한 충격을 주었는데 그 주된 이유는 예수회의 전형적인 종교 도덕적 방임주의에 반대하여 강직한 도덕성과 종교적 엄격함을 주장했기 때문이다.

9 Glossolalici. 관찰자들이 볼 때에는 별다른 의미가 없어 보이는 말들을 하는 것을 말한다. 토론토 대학에서 인류학과 언어학을 가르치는 윌리엄 사마린 박사에 의하면, 글로솔랄리아는 아무런 의미도 없는 어휘들로서 그 소리는 이를 말하는 사람에게는 매우 친숙하다. 따라서 글로솔랄리아는 어떤 의미에서는 무의식적으로 자신이 의도를 전달하는 진정한 의미의 언어라는 주장도 있다.

마약과 자기 암시의 관행을 이용하여 집단의 심리적 응집력을 키우려고 노력한다. 우두머리는 자신의 신성을 한층 강화하기 위한 단계로 나아간다. 이러한 집단은 자기 고행으로부터 점차 비신자들에 대한 폭력적인 행동으로 옮겨 간다. 한편으로는 박해가 최고조에 이르고, 다른 한편으로는 여러 집단들의 차이로 인해 일각에서는 진정한 의미의 박해를 저지르게 되고, 그 와중에서 이 같은 짓을 하지 않은 다른 집단에까지 동일한 범죄가 전가된다.

존스의 경우, 미국 사회의 자유주의적인 태도는 그에게 음모(국회의원이 자신들을 죽이러 오고 있다는 것)와 자기 파괴의 기회를 제공했다. 알다시피 숲으로 도망친 것도 이와 같은 맥락이다. 다시 말해 인민 사원의 교회는 최후의 순간(사회적 위기가 팽배하고 빈곤과 불의가 만연하며 권력에 대한 저항이 극에 달하고 시대의 도덕적 타락이 세상을 지배하는)에는 선택받은 사람들이 신비주의적 기원의 시험을 통과하고, 천사들의 지배와 우주의 지배자들로부터 해방되기 위해서는 모든 형태의 타락과 악의 늪을 건너야 한다고 말하는 천년 왕국설이 되살아난 수많은 사례들 중의 하나에 불과하다.

그렇다면 왜 하필 오늘날인가? 왜 미국에서 그토록 만연하는 것인가? 왜 캘리포니아란 말인가? 만약 천년 왕국 운동이 사회적 불안에 의해 조장되고 역사적 위기의 순간에 폭발한다면 다른 국가들의 경우 천년 왕국설은 사회의 긍정적인 형태들로 나타나거나(혁명, 위대한 정복, 독재자에 대한 투쟁, 초기 기독교인들에게서 볼 수 있던 비폭력적 순교 행위, 그리고 이 모든 경우에 천년 왕국 운동은 자신의 희생에 대한 사회적 정당화를 허용하던 매우 견고한 이론에 의해 지지되고 있었다) 또는 역사적으로는 긍정적이지만 사회적으로 정당화될 수 없는 형태들(예를 들면 이탈리아의 붉은 여단과 같은 형태)로 나타나기도 한다. 베트남 전쟁 당시처럼 평가해야 할 대상이 더 이상 존재하지 않고 실업자들도 수당을 받을 수 있지만 고독과 삶의 기계화로 인해 사람들이 약물에 의지하거나 혼자서 길모퉁이의 한구석에서 대화 상대도 없이 혼자 중얼거리는 미국과 같은 사회에서, 대체적인 의미의 숭배 의식에 대한 연구는 거의 광적이다. 캘리포니아는 세상 밖으로 잘려 나간 천국으로, 이곳에서는 모든 것이 허용되고 모두가 강요된 행복 모델에 고취되어 있다(이곳에는 뉴욕이나 디트로이트의 더러움이 보이지 않는다. 말 그대로 행복해야만 하는 운명의 벌을 받은 것이나 다름없다). 그래서 공동체적인 삶과 재생의 〈새로운 약속〉에 대한 그 어떤 약속도 모두 좋은 것이다. 조깅을 하듯이 사탄 숭배나 새로운 기독교에 빠져들 수 있다. 어느 날 대륙으로부터 캘리포니아를 분리해 표류하게 만들지도 모르는 균열의 위협은 인위적인 것에 불안감을 느끼는 이곳 사람들의 의식에 신화적인 압박을 가한다. 왜 존스와 그가 제시한 아름다운 죽음은 사람들에게 먹혀들지 않았을까?

이 같은 의미에서 본다면, 도시를 황폐화하고 죽음에 열광하는 혁명가들의 신비주의적 공화국을 세운 크메르 루주의 파괴적 광기와 예언자에게 수십만 달러를 바친 자들의 파괴적 광기 사이에는 별다른 차이가 보이지 않는 것이 사실이다. 미국은 중국인들의 엄격함과 쿠바인들의 항구적인 전시 동원 체제, 그리고 캄보디아인들의 좌익적 광기를 부정적으로 판단한다. 그러나 미국은 천년 왕국 운동의 재생과 동일한 욕망에 직면한 현실과 이것이 집단 자살이라는 비사회적인 형태로 변질된 것을 알고 있는 상황에서도, 어느 날인가 토성에 착륙할 것이라는 약속이 충분하지 않다는 것을 알지 못한다. 그러고는 도저히 이해할 수 없는 일이 발생했다는 말을 할지도 모른다.

『레스프레소』(1978)

오릭샤는 누구의 편인가?

오늘 저녁, 나는 상파울루 시에서 친구들과 함께 차를 타고 국제공항 방면의 변두리를 향해 약 30여 분을 달려간 끝에 아프리카 브라질 예식이 거행될 마을에 도착했다. 우리가 도착한 곳은 큰 건물인데, 조금 높은 위치에 있어 그 아래의 가난하지만 그렇다고 극빈자들은 아닌 듯 보이는 사람들이 모여 사는 집들을 한눈에 내려다볼 수 있었다. 오히려 극빈자들이 모여 사는 곳은 더 아래 지역으로, 내가 서 있는 곳에서는 그곳의 빛들이 꽃봉오리들처럼 보인다. 오늘 밤 흥미로운 예식이 거행될 건물은 매우 잘 지어진 외관이 마치 회당처럼 보인다. 사실 이 건물은 테레이로 또는 주택 또는 칸돔블레[1]의 천막이라고 부른다. 관광객이라면 심지어 이곳을 한 번도 방문한 적이 없는 브라질 사람조차(그리고 사실 이곳은 많은 관광객이 찾는 명소로서 그 대부분은 중산층 이상의 부르주아들로 보인다) 마쿰바macumba 이야기에 흥분된 마음을 감추지 못할 것이다.

우리는 나이 든 흑인 노인과 인사를 나누었다. 그는 방향

---

[1] 아프리카계 브라질인들이 행하는 종교 의식과 음악.

로(芳香爐)를 가지고 우리에게 간단한 정화 의식을 거행했다. 나는 내부로 들어가면서 이곳이 이전에 이미 방문한 경험이 있는 움반다의 천막, 즉 제교 융합주의적인 관용 정신이 담겨 있는 종교적 (대중문화의 예술적 작품에 대한 의도적이고 좋지 못한 취향이나) 대상의 성전과 같은 곳으로서 예수와 성모 마리아의 성상들이 넘쳐 나고, 인도의 신성들과 린지 켐프Lindsay Kemp의 볼거리에서나 접할 수 있는 붉은 악마들의 모습도 함께 볼 수 있으려니 생각했다. 반면, 내부의 넓은 홀은 별다른 장식이 없어 마치 엄격한 개신교도의 집 같은 분위기였다. 홀의 끝 부분에는 아직 입문하지 않은 신자들을 위한 자리가 마련되어 있었고 그 옆에는 북과 오가*ogà*를 위한 소파가 놓여 있었다. 오가는 사회적 지위가 있는 사람들로서 대부분은 지성인들이지만, 그렇다고 반드시 신자들은 아니었다. 하지만 이들 모두 숭배 의식을 진정으로 존중하고 있으며 이 때문에 자문 위원과 보증인의 명예직을 담당했다. 이들은 지고한 신성의 지시에 따라 선출되었다. 위대한 소설가 호르헤 아마도는 나이지리아의 전쟁과 바람의 여신 얀사에 의해 선출되어 바이아 지역에서 자신의 직분을 충실하게 수행한 바 있다. 또한 이러한 숭배 의식을 연구한 프랑스 인류학자 로제 바스티드는 사냥꾼들의 수호자이자 요루바족의 신성인 옥소시의 법에 따라 이 직분에 선출된 적이 있다. 북들이 놓여 있는 곳의 반대편에는 손님들을 위한 자리가 마련되어 있었다. 파이데산투Pai-de-santo 또는 바발로릭샤 또는 쉽게 이해하자면 이 교회의 주임 신부가 손님들을 안내하여 이곳에 앉도록 해주었다. 외모는 영락없는 혼혈인의 모습이었으나 백발의 근엄한 자태로 자신의 권위를 은은하게 풍기는 인물이었다. 그는 자신의 손님들이 어떤 사람들인가를 훤히 알고 있다는 듯이 이들의 합리주의적 지성이 혹시나 불경한 잘못을 저지를지도 모를 위험에 대해 조심스럽게 언급했다.

하지만 이 교회는 아프리카의 신성들과 기독교의 판테온을 매우 너그럽게 수용하고 있는 만큼, 관용이 규정되어 있는 제교 혼합주의 그 자체나 다름없었다. 실제로 나는 반대편의 벽에 그려진 그림들을 보고 매우 놀라지 않을 수가 없었다. 하나는 벌거벗은 채 깃털로 만든 왕관을 머리에 쓴 인디오의 다채색 모습이었고 다른 하나는 흑인 노예가 흰옷을 입고 파이프 담배를 피우며 앉아 있는 그림이었다. 나는 이들을 잘 알고 있다. 이들은 카보클루caboclo와 프레투 벨류로서 둘 모두 죽은 자들의 정령으로 움반다 의식에서 매우 중요한 역할을 한다. 하지만 이들은 오직 상위의 신성들인 아프리카 신화의 오릭샤와 관계를 맺고 있는 칸돔블레 의식에서는 아무런 역할을 하지 않는다. 이들은 거대한 십자가의 좌우에서 무엇을 하고 있는 것일까? 파이데산투는 이것이 존경의 표시라고 설명했다. 즉 칸돔블레는 이들을 활용하지는 않지만, 이들의 존재와 권력을 부정하지도 않는다.

똑같은 일이 엑수Exù의 경우에도 반복된다. 움반다 의식에서 엑수는 종종 악마로 등장한다(이곳에서는 긴 꼬리와 뿔 그리고 삼지창으로 무장한 금속 부조들, 또는 〈밤의 세계〉에 등장하는 나이트클럽의 음탕한 악마와 같은 형태로 거대한 크기의 나무나 테라 코타에 여러 색을 입힌 다양한 부조들을 구입할 수 있다). 반면에 칸돔블레는 엑수를 악마로 간주하지 않고 중간 정도의 영혼, 즉 선의 세계에서든 악의 세계에서든 상위 영혼들의 메신저 역할을 수행하는 타락한 헤르메스로 생각한다. 그는 숭배 대상이 아니므로 그에 의한 지배는 기대하지 않지만, 예식이 시작되면 파이데산투가 거대한 담배를 들고 주변을 서둘러 정화하면서 엑수에게 일정 거리를 두고 저만치 물러나 예식의 여러 순서들을 방해하지 말 것을 정중하게 당부한다. 이는 마치 예수와 악마가 우리의 것이 아니지만, 이웃으로서 좋은 관계를 유지하는 것은 좋은 일이라고 말하는 것 같다.

칸돔블레는 무엇을 숭배하는가? 숭배 대상은 오릭샤이다. 이들은 아프리카의 종교들인 수단의 나고 요루바 nagò-yorubas 또는 앙골라와 콩고 반투족에게서 가장 상위에 있는 신성들이다. 이들은 브라질에 끌려온 최초의 흑인 노예들을 따라 들어간 이후 현재까지 계속해서 숭배되고 있다. 위대한 올로군은 모든 신들의 아버지이지만 결코 소개되지 않는다. 그리고 옥살라는 대중적인 제교 혼합주의에 의해 예수 그리스도, 특히 세뇨르 두 본핌과 동일시되고 있으며 바이아에서 숭배되고 있다. 그 외의 다른 신들에 대해서는 차후 기술할 것이다.

확실한 문화 의식을 가진 파이데산투와 대화를 나누면서 나는 내가 가지고 있는 호기심이 신학적이고 철학적인 배경에 의한 것인지를 정확히 알기 위해서 상대에게 당혹스러울지도 모르는 몇 가지 사실에 대해 질문했다. 오릭샤는 사람인가 힘인가? 사제는 그들이 자연의 힘으로 우주의 떨림, 물, 바람, 나뭇잎, 무지개와 같은 것이라고 답했다. 무슨 이유로 주변 어디에서나 부조들이 보이며 또한 왜 성 조르조 또는 성 세바스티아노와 동일시되고 있는 것인가? 파이데산투는 빙그레 웃으면서 매우 오래된 종교들과 유대 종교에서 이러한 숭배 의식의 심오한 뿌리가 무엇인가에 대해 설명해 주었다. 설명의 요지는 칸돔블레가 모자이크와 같은 다양한 내용의 법을 수용했다는 것이다. 그는 내가 검은 마술의 의식들과 칸돔블레의 악의적인 변종이며, 움반다 의식의 엑수와 그의 동반자인 음탕한 폼바 지라 Pomba-Gira가 돌변하여 인간의 육신을 절단하는 사악한 킴반다Quimbanda나 마쿰바를 강조했을 때 다시금 미소를 머금었다. 오늘날 축구 경기가 시작되기 전에 닭들을 죽이는 의식이 거행되기도 하는데, 이는 상대 팀의 선수들을 죽이거나 위해하기 위한 것이다. 나의 말을 듣고 있던 파이데산투는 성 젠나로의 기적이나 눈물 흘리는 성모 마리아들에 대한 견해를 요청받은 그레고리안 대학의 신학자처럼 미소를 지었다. 그는 민중 신앙에 반하는 그 어떤 말도 하지 않을 것이지만, 이를 찬성하는 말도 하지 않을 것이다. 그는 슬며시 웃을 뿐인데, 이는 마치 민중이 어떤 사람들인지 잘 알고 있다는 눈치였다. 그러면 움반다는 무엇인가? 움반다는 그리 오래되지 않은 숭배 의식으로 지난 1930년대에 성립되었으며 아프리카의 종교들, 가톨릭, 신비주의, 프랑스 실증 신학의 산물인 알랭 카르덱의 심령주의가 혼합되었다. 부활을 믿는 사람들 가운데 쇠를 절단하는 기계에 묶인 초심자들은 망자들의 혼에 사로잡힌 상태에서 예언을 하여 신자들에게 충고를 한다. 아프리카계 브라질인들의 의식인 움반다는 보수주의적이고 심령주의적인 해석으로 절대적 헌신을 통해 질서를 존중한다는 사실을 명확하게 밝히고 있다. 반면, 칸돔블레(이에 대해 파이데산투는 말하지 않았지만, 나는 이미 알고 있었다)는 흑인 노예들의 문화적 정체성에 대한 연구 차원에서 성립한 것으로 봉기 혹은 종교문화적 거만함에 대한 의도적인 제스처이다. 또한 칸돔블레는 오랫동안 박해를 받았는데, 페르남부쿠Pernambuco에서는 지난 1930년대에 한 경찰서장이 체포된 물신 숭배주자들의 잘린 손과 귀를 수집했다고 한다.

여러 숭배 의식들의 역사는 매우 혼란스럽다(이 주제에 대한 수백 권의 책이 소장된 도서관이 있다). 따라서 나는 브라질 인종학에 대한 불분명한 이야기를 정리할 생각은 없다. 다만 몇 가지 의심스러운 사항들에 대해서만 살펴보자. 1888년의 루이 바르보사법(황금법이라고도 한다)은 노예 제도를 철폐했으나 노예들에게 사회적 신분을 부여하지는 않았다. 오히려 1890년에 치욕으로서의 노예 제도를 폐지한다는 빈약한 명분에 따라 노예 시장의 모든 기록들을 불살라 버렸다. 하지만 이런 조치는 위선에 불과하다. 왜냐하면 이런 방식으로 노예들은 자신들의 역사, 자신들의 기원을 영원히 재구성할 수 없으며 형식적으로는 자유인의 신분이지만 그들에게는 더 이상 과거의 뿌리가 남아 있지 않았기 때문이다. 따라서 이들이 무슨 이유로 지난 세기말 숭배 의식이 공식화된 이후 이를 더욱 발전시켜 겉으로 드러내었으며, 그리고 가족의 뿌리가 없는 상황에서 왜 흑인들이 종교적인 길을 통해 자신들의 문화적 정체성을 재구성하려고 노력했는지를 이해할 수 있다. 그럼에도 바로 이러한 실증주의 시대에 유럽의 심령주의 이론들에 자극된 유럽의 지성인들이 흑인들의 숭배 의식에 영향을 주어 이들이 19세기 심령주의의 원리들을 점진적으로 흡수하도록 만든 것은 매우 흥미로운 일이다. 이러한 현상들은 유럽의 역사에서도 증명되었다. 즉 혁명적 천년 왕국설의 여러 형태가 등장할 때마다, 교회의 공식적인 행동은 이들을 폭력이 아니라 희망에 기초한 좀 더 온건한 천년 왕국설의 현상들로 바꾸려는 것이었다. 그렇다면 칸돔블레의 의식이 더 세련된 움반다 의식들에 둘러싸인 채 완고한 천년 왕국설의 핵심으로 남아 있다는 생각이 든다. 하지만, 이에 대해 나는 파이데산투와 대화를 나눌 수 없다. 그로부터는 모호한 대답만 듣게 될 것이 거의 확실하기 때문에 나는 신성들의 안식처를 방문하기 위해 정원을 빠져나왔다.

바이아 의식의 의상으로 갈아입은 한 무리의 흑인 소녀들이 마지막 준비를 위해 분주한 동안, 옥살라의 달을 상징하는 (모자에서 구두까지 온통) 백색의 의복을 입은 한 신사가 우리를 반갑게 맞으면서 이탈리아어로 설명을 곁들여 이곳 저곳을 구경시켜 주었다. 그의 이탈리아어는 능숙하지 못했다. 전쟁 후에 이탈리아에서 이곳으로 건너왔다고 한다(나는 전쟁 직후에 이곳에 온 사람들을 의심하게 된다. 실제로 그는 동아프리카에서의 상황과 그라치아니 장군에 대해 말했다). 그는 온갖 우여곡절을 겪었고 모든 종교에 심취해 보았지만 지금은 평화를 찾았다면서 다음과 같이 말했다. 〈설사 세상이 이 순간에 끝난다고 해도 (손가락으로 자신의 앞을 가리키며) 나는 이곳에서 결코 움직이지 않을 것입니다.〉

오릭샤의 집들은 거대한 정원의 이곳저곳에 위치하고 있어서 마치 이탈리아 사크로몬테의 성당들처럼 보인다. 이곳의 외벽에는 오릭샤와 제교 혼합주의적인 관계에 있는 가톨릭 성인의 모습이 있었다. 그리고 각 집의 내부는 꽃, 동상, 신들에게 바치기 위해 조금 전에 요리한 듯한 다양한 색상의 음식들이 가득하여 원초적이고 격렬한 원색들의 분위기로 넘쳐 났다. 흰색의 음식은 옥살라를 위한 것이고 푸른색 음식과 장밋빛 음식은 예만자Yemanja를, 붉은색 음식과 흰색 음식은 샹고Xangò를, 노란색 음식과 황금색의 음식은 오군을 위한 것이었다. 의식이 시작되지 않으면 입장할 수 없다. 일단 들어가면 한 손을 이마에 대고 오른쪽 귀를 잡은 채 문지방에 입을 맞춘다. 그러나 궁금한 것은 물과 수태의 여신인 예만자가 사실상 수임의 성모 마리아와 다를 것이 없다는 점이다. 그리고 샹고는 성 제롬Jérôme과 다를 것이 없지 않은가? 무슨 이유로 나는 오군을 제교 통합주의의 입장에서 바이아의 성 안토니오와 리우의 성 조르조에 해당한다고 생각하는 것일까? 그리고 성 조르조는 왜 이곳 옥소시Oxossi

의 집에서 푸른색과 녹색이 섞인 망토를 입고 창으로 용을 찌를 듯한 자세를 취하고 있는 것일까? 몇 해 전 바이아에 있는 한 가톨릭 성당의 성당지기가 한 말을 상기해 보면, 그 답을 알 것만 같다. 가난한 사람들이 얼마나 순진무구한지는 다 아는 바이다. 즉, 이들을 성 조르조에게 기도하게 만들기 위해서는 이 성인이 옥소시와 다르지 않음을 말해 주어야 한다는 것이다. 그러나 나의 안내자는 이와는 반대로 말한다. 즉 민중이란 것이 어떤 존재인가는 이미 다 잘 아는 바이다, 이들에게 현실과 옥소시의 힘을 인정하게 만들기 위해서는 그가 성 조르조라고 믿게 만들어야 한다는 것이다. 이미 알다시피 칸돔블레가 오래되고 현명한 종교라는 사실에는 의심의 여지가 없다.

이제 막 의식이 시작하려고 한다. 파이데산투는 내부를 정화하는 의미에서 방향로의 연기를 피웠다. 그리고 이와 때를 같이하여 북소리는 긴장감을 고조시키기 시작했다. 반면 초심자들은 의식의 노래인 폰토스가 시작되자, 합창으로 따라 부르기 시작했다. 초심자들은 대부분 여성들이다. 〈필랴데산투filha-de-santo〉들은 이미 사전에 결정된 영매로 춤을 추는 동안 오릭샤를 영접하게 될 것이다. 얼마 전부터는 남성 입문자들도 있었으나 영매로서의 재능은 여성들의 특권인 것처럼 보인다. 나는 몇 주 후에 바이아에 있는 4백 년 역사의 테레이로를 방문하려고 한다. 마에데산투mae-de-santo 또는 이알로릭사가 나를 맞이할 것이다. 마에데산투는 수녀원의 원장처럼 존경스럽고 근엄한 여성으로 바이아의 수도인 사우바도르의 사회와 문화에 절대적인 영향력을 행사해 왔다. 호르헤 아마도와 같은 작가들은 이러한 여성들에 대해 많은 애정과 남다른 존경심을 표했다. 이러한 여성들 중에는 종종 백인도 있었다. 하지만 사람들이 금발의 백인이라고 가르쳐

준 여성은 독일 심리학자였다. 허공에 고정된 채 맥이 풀린 눈빛으로 리듬을 타기 시작한 춤의 동작들은 황홀경의 상태로 빠져들어 점차 격렬해지고 결국에는 온몸이 땀으로 뒤범벅이 될 것이다. 하지만 이 여성은 끝내 성공하지 못했다. 아직 신들을 영접할 만큼 성숙하지 않았던 것으로 보인다. 반면 다른 〈필랴데산투〉들은 이미 무아지경에 빠져들고 있었다. 그녀는 아직도 저 끝에서 허우적거리고 울부짖으면서, 오릭샤들을 불러낼 수 있는 힘을 가진 신성한 북 아타바키 atabaque의 음악에 맞추어 스스로에 대한 통제력을 무너뜨리려고 무진 애를 쓰고 있었다. 그사이에 시간이 흐르면서 많은 초심자들이 하나씩 신비롭게 보이는 물리적 도약을 시작했다. 이들의 몸은 경직되고 눈동자는 흐려졌으며 동작은 더 이상 의도되지 않은 자동적인 것이었다. 이들은 자신들을 찾아온 오릭샤의 본성과 다양한 권력을 춤 동작으로 찬미한다. 예언자에 신들린 이들은 손을 부드럽게 움직이면서 마치 수영하듯이 손바닥을 아래로 향한 채, 두 팔을 들어 올리는 동작을 연출한다. 그리고 옥살라에 신들린 이들은 느린 움직임으로 몸을 구부리는 동작을 반복한다(움반다에서 엑수이 신이 들린 사람은 신경질적이고 악의에 찬 듯한 모습을 드러낸다). 옥살라를 몸으로 맞이한 자들은 특별한 베일을 쓰는데, 왜냐하면 이들의 행운이 매우 크고 특별하기 때문이다.

나와 함께 이곳을 방문한 일행 중에 부모를 따라온 15세의 소녀가 끼여 있었다. 사람들은 그녀가 원한다면 함께 갈 수 있지만 조심할 것과 호기심을 가지고 주변을 관찰할 것, 그리고 존경심을 표해야 하지만 이곳 분위기에 너무 빠져들지 말고 다른 사람들과 대화를 나눌 때에는 일정 거리를 유지해야 한다는 충고를 했다. 왜냐하면 만약 피타고라스의 말이 옳다면 음악은 자신이 원하는 것을 얼마든지 할 수 있기 때문이다. 나는 지난번에 신자는 아니지만 특별한 감성을 가지고 있었는지 마치 불에 구운 배처럼 무아지경에 빠져 드는 방문객들을 목격한 경험이 있다. 지금 바로 그 소녀가 구역질을 느꼈는지 밖으로 나가려고 했다. 이때 흰옷을 입은 이탈리아 사람이 오더니 그녀의 부모에게 아이를 이 집에 몇 주간 머물게 하자고 말했다. 소녀는 분명 영매로서의 특별한 재능을 가지고 있어서 오군에 긍정적으로 반응을 보인 것이기 때문에 한번 이 능력을 키워 보자는 것이 그 남자의 제안이었다. 소녀가 이곳에서 나가자고 조르는 상황에서 부모는 그 남자의 말에 경악을 금치 못했다. 어린 소녀는 육체와 자연의 힘 그리고 유혹의 기술들 사이에 존재하는 이상한 관계의 신비를 조금은 이해한 듯이 보였다. 소녀는 매우 부끄러운 표정을 지으며 자신이 속임수에 넘어갔다고 생각하는 듯했다. 그녀는 학교에 돌아갈 것이고, 디오니소스의 의식들에 대해 말하는 것을 들을 것이다. 하지만 그녀는 자신이 비록 한순간이나마 메나드, 즉 주신 디오니소스의 시중을 드는 무녀였다는 사실을 결코 이해하지 못할 것이다.

의식이 끝나자 우리 일행은 파이데산투와 작별 인사를 했다. 나는 그에게 내가 어떤 오릭샤의 아들인지를 물어보았다. 그는 나의 눈을 바라보더니 손바닥을 유심히 들여다본 후에 〈옥살라〉라고 대답했다. 하지만 나는 친구들 중 한 명에게 내가 상고의 아들이라고 농담을 했다.

이틀 후, 리우데자네이루에서 나는 다른 친구들과 함께 칸돔블레의 또 다른 집으로 찾아갔다. 이곳은 매우 가난한 지역이었지만 신앙은 매우 대중적인 분위기였다. 상파울루의 집이 프로테스탄트 교회처럼 보였다면 이곳은 지중해의 성소와 같았다. 풍속은 매우 아프리카적이었고 옥살라의 신이 들었던 사람은 의식이 끝난 후에 휘황찬란한 가면을 받았는데, 나는 이 가면이 치노와 프랑코의 명부에나 존재할 것이라 믿고 있었다. 가면은 볏짚으로 만들었는데 온몸을 덮을 정도였다. 이들은 식물 정령의 행렬처럼 보이는 복장으로 마치 장님들처럼 축하객들의 인도를 받으며 신의 지시에 따라 간장병 환자들처럼 앞을 더듬으며 나아간다.

오릭샤에게 바치는 의식용 음식 〈코미다 도스 산토스〉는 바이아의 최고 음식들로 커다란 나뭇잎에 얹어 제공된다. 의식이 끝나면 우리도 이 음식을 먹어야 한다. 파이데산투는 호기심을 자극하는 인물로 마치 「칼리오스트로」에서의 오손 웰스처럼 옷을 입었다. 그는 조금 부드러운 인상의 젊은 얼굴로 자신의 손에 키스하는 신자들에게 호인다운 미소를 보낸다. 몇 가지 동작만으로도 마치 존 트라볼타처럼 춤의 여러 단계를 이끌었다. 시간이 한참 흐르자 이번에는 청바지 차림으로 다시 나타나 북의 리듬을 빠르게 가져갈 것과 거의 무아지경에 빠져들고 있는 입문자들에게 동작에 더 집중할 것을 충고했다. 그는 이 의식의 시작 부분과 마지막 부분만을 구경하도록 했는데, 초심자들이 좀 더 원색적인 동작들을 동반하는 무아지경의 상태에 빠져들었을 때, 그 자리에 우리가 함께하는 것을 원하지 않는 눈치였다. 그는 우리를 자신의 집으로 초대하여 〈페조아다 feijoada〉라는 음식을 대접했다.

벽들에는 색채감이 다양하고 기이하여 인도와 중국의 중간쯤 해당하는 듯한 그림들이 걸려 있는데, 이들은 초현실주의에 근접한 것으로 미국에서는 동양주의에 빠져 있는 비공식 그룹들의 잡지에서나 볼 수 있다. 모두 그가 직접 그린 그림들이었다. 우리는 윤리학과 신학에 대해 이야기했다. 그는 이틀 전에 만났던 파이데산투보다는 신학적 경건함을 보이지 않았지만, 종교성은 관용과 실용성에 치중되어 있었다.

그는 선과 악의 존재를 부정하며, 선이 전부라고 했다. 나는 그에게 〈만약 한 친구가 나를 죽이려는 의도를 가지고 당신에게 자문을 구하러 온다면 당신은 죽이는 것은 악이라고 말해야 하지 않겠습니까?〉라고 물었다. 그는 약간은 애매한 듯한 미소를 지으며 〈잘은 모르지만 아마도 그에게는 좋은 일이 아니겠지요. 잘은 모르지만, 당신을 죽이지 않는 것이 더 선한 일이라는 사실만을 설명할 것입니다. 하지만 걱정하지 마세요. 만약 그가 나에게 온다면 당신을 절대 살해하지 않을 겁니다〉라고 답했다. 우리는 계속 선과 악에 대한 주제로 대화를 나누었다. 그는 무언가를 보장하는 듯한 표정으로 〈걱정하지 마세요. 제가 다 알아서 할 겁니다. 당신을 죽이지 않을 겁니다〉라는 말을 되풀이했다. 그는 자신의 카리스마에 대한 강한 자부심을 드러냈다. 그는 자신의 사람들에게 느끼는 사랑의 감정, 오릭샤들과의 접촉을 통해서 느끼는 평온함에 대해 말했다. 그는 그들의 우주적 성격이나 성인들과 맺고 있는 관계에 대해서는 언급하지 않았다. 아무런 차이를 느낄 수 없었다. 다만 중요한 것은 평온함뿐이었다. 칸돔블레의 신학은 테레이로에 따라 그 모습이 달랐다. 나는 그에게 나의 오릭샤가 무엇인가를 물어보았다. 이번에도 그는 다시금 조금 수줍어하면서 상황에 따라 달라질 수 있는 만큼 말하기가 매우 어렵고 자기 자신은 이러한 판단 능력을 믿지 않는다고 했다. 하지만 내가 다시 한 번 부탁하자 나의 얼굴을 선량한 눈빛으로 찬찬히 바라보면서 내가 옥살라의 아들일 것이라고 했다. 나는 이틀 전 이미 이와 동일한 대답을 들었다는 말을 하지 않았다. 나는 아직도 그가 틀리기를 바라고 있었을지 모른다.

조금 전 대화에서 나를 죽이려는 사람으로 묘사되었던 친구는 브라질 정치 활동에 참여하고 있다. 그는 이 나라의 모순과 사회적 불의에 대해 말하면서, 종교가 사람들을 봉기하도록 부추길 수 있는지에 대해 물어보았다. 바발로릭샤는 이러한 질문에 대답하기를 원하지 않는다고 전제하면서 다시금 지나치게 과장된 부드러운 미소를 입가에 지으며 무언가를 중얼거렸는데, 내가 듣기에는 〈꼭 필요하다면야 그럴 수도……〉였다.

뭘 의미하는 것이었을까? 지금으로서는 필요하지 않다는 말인가? 칸돔블레는 억압받는 자들의 종교이면서 이들로 하여금 봉기에 가담하도록 만들 수 있다는 말이었을까? 그가 우리를 믿지 않는 것일까? 새벽 4시쯤 되자, 성인의 아들딸들의 육신에서 무아지경의 상태가 점차 꺼져 가고 있었다. 새벽이 오고 있었다. 그는 자신이 만든 예술 작품들을 선물했다. 그는 마치 도시 외곽의 댄스홀 지배인처럼 보였다. 그는 우리에게 아무것도 요구하지 않고 오직 선물과 저녁 식사만을 대접했다.

하지만 아직 한 가지 질문이 남아 있다. 이 의문은 상파울루의 동료에게도 물어보지 못한 것이다. 이 두 가지 경우를 통해 나는 칸돔블레(그리고 움반다)가 점차 더 많은 백인들의 관심을 집중시키고 있다는 것을 알게 되었다. 나는 이곳에서 의사, 변호사 그리고 많은 프롤레타리아들과 최하층 프롤레타리아들을 만났다. 이러한 의식들은 인종 자치에 대한 오랜 요구와 유럽의 종교가 침투해 들어갈 수 없는 흑인들의 영역으로부터 희망과 위안 그리고 공동의 삶을 제공하는 일반화된 것으로 발전해 나아가고 있다. 또한 이러한 의식들은 비록 고대 전통에 충실하고 덜 소비주의적이며 매우 심오한 인격, 즉 더욱 현명하고 진실하며 기본적인 충동은 물론 육체와 자연의 신비에 더 깊이 예속된 신자들의 인간성을 확신시키는 데는 유효하지만, 위험천만하게도 카니발과 축구의 관행을 닮아 가고 있다. 하지만 이러한 의식들 역시 과거를 상속받지 못한 대중이 인디언 보호 구역과 같은 장소에 머물도록 만드는 수많은 방법들 중 하나에 불과하다. 이들이 일정한 구역에 갇혀 있는 동안 장군들은 이들의 희생을 바탕으로 자신의 국가를 산업화하면서 이들을 외국 자본의 착취에 노출시킨다. 나는 두 명의 파이데산투에게 〈오릭샤는 누구의 편인가?〉를 물어보지 않았다.

하지만 옥살라의 아들인 나에게 이런 것쯤은 물어볼 권리가 있지 않을까?

『레스프레소』(1979)

국가의 심장부를 강타하기

알도 모로 총리의 운명이 걸린 〈붉은 여단〉의 새로운 공식 통보를 초조하게 기다리면서 어떻게 대처할 것인가를 놓고 격렬한 논쟁이 벌어진 가운데, 이탈리아 언론은 크게 양분된 모습을 드러냈다. 붉은 여단의 공식 통보를 언론에 보도하지 않은 사람들도 있었지만, 이들도 결국에는 대문짝만 한 타이틀로 소식을 기사화하려는 욕심을 억누르지 못했다. 반면 어떤 사람들은 붉은 여단의 공식 통보문을 신문에 보도했지만, 코딱지만 한 크기로 보도함으로써 본의 아니게 10밀리미터 크기의 기사를 읽을 수 있을 정도로 눈이 좋은 독자들에게만 내용을 파악할 수 있는 특권을 부여했다(이 역시 명백한 차별 행위이다). 공식 통보문의 내용에 대해서도 반응은 황당함 그 자체였다. 왜냐하면 모든 사람이 무의식적으로, 〈아! 그렇구나〉 또는 연속적인 다섯 개의 자음으로 구성되어 독일 테러리스트나 체코슬로바키아 비밀 요원의 필적임을 한눈에 알아챌 수 있는 단어를 기대하고 있었기 때문이다. 하지만 발견한 것은 정치적 주제를 다룬 장문의 글이었다.

붉은 여단의 공식 통보문이 정치적 주제의 글이라는 사실은 의심의 여지가 없었다. 하지만 날카로운 감각을 가진 사람들은 이 통보문이 적들에게 보낸 것이 아니며, 붉은 여단이 파괴나 일삼는 희망 없는 무리가 아니라 국제적인 차원에 근거하여 정당화될 수 있는 운동의 전위대라는 점을 보여 주기 위해 권력을 가진 동료들에게 발송된 글이라는 사실을 간파했다.

보통 이러한 상황이라면 공식 통보문이 정신 착란증의 헛소리이며 의미가 불분명한 미친 소리라는 판단은 하지 않는 법이다. 오히려 붉은 여단의 통보는 침착하고 조심스럽게 분석되어야 하며, 이렇게 해야만 명백한 전제에서 출발한 공식 통보문에 담긴 붉은 여단의 이론적이고 실제적인 차원의 치명적인 약점이 어디에 있는가를 밝혀내는 일이 가능했을 것이다.

우리는 이러한 정신 착란적인 메시지가 충분히 수용 가능하며, 또한 비록 상대편 사람들을 이간질하려는 의도가 있기는 하지만 1968년의 학생들로부터 『먼슬리 리뷰*Monthly Review*』의 이론가들 그리고 심지어는 좌익 정당들에 이르기까지 유럽과 미국의 모든 문화가 이미 오래전부터 반복되고 있다는 주장을 전달하고 있음을 말하는 데 용기를 가져야 한다. 그리고 만약 과대망상증이 잠재되어 있다면 이는 이러한 전제에 언급된 것이 아니라, 이후 살펴보면 알겠지만, 이러한 전제들로부터 유래된 실질적인 결론들에 포함되어 있다.

소위 SIM으로 불리는 다국적 체제의 제국주의적 국가의 주장을 단지 허튼소리로만 치부해 버리는 것은 적절치 못하다. 그 누구도, 비록 자신들의 주장을 드러내는 이들의 방식이 촌스럽기는 하지만, 국제 정치가 더 이상 소수의 국가들에 의해 좌우된다기보다는, 지역 정치와 전쟁과 정전 협상을 결정하고 자본주의 국가들, 중국, 러시아 그리고 제3세계 간의 관계를 설정하는 일련의 생산적 이해관계의 틀에 의해 결정된다는 것을 부정하지 않는다.

그렇지만 붉은 여단이 월트 디즈니 방식의 신화를 포기했고, 이 때문에 한편에는 스크루지 아저씨(찰스 디킨스의 「크리스마스 캐럴」을 모델로 월트 디즈니가 악독한 구두쇠의 상징으로 만들어 낸)가, 다른 한편에는 천박하고 사기꾼 기질이 농후하지만 동정이라는 기상천외한 얼굴로 프롤레타리아 징수(또는 몰수)의 음악을 연주하여 탐욕스럽고 이기적인 자본가를 강탈하는 음악 그룹 반다 바소티가 있다는 것은 매우 흥미로운 사실처럼 보인다.

우루과이의 도시 게릴라 조직 투파마로스들은 바소티 그룹의 것과 동일한 게임을 했다. 그리고 브라질과 아르헨티나의 파페로네들이 모두 자멸할 것이며 우루과이를 제2의 베트남으로 전락시키고 바소티를 따르는 시민들을 베트콩으로 만들 것이라고 확신했다. 그러나 게임은 성공하지 못했다. 왜냐하면 브라질은 전혀 동요하지 않았기 때문이다. 그리고 다국적 기업들은 코노 수르Cono Sur에서 사고팔 것이 있었기 때문에 페론이 아르헨티나로 복귀하도록 내버려 두었다가 혁명(또는 게릴라) 세력을 양분하여 페론과 그의 후계자들을 최악의 상황에 빠뜨렸다. 이 시점에서 좀 더 약삭빠른 게릴라 조직 본토네로스들은 스페인으로 도주했으나, 이상주의를 신봉하던 자들은 죽음에 직면하고 말았다.

체 게바라의 혁명적 이념이 실현 불가능했던 이유는 다국적 기업의 권력이 있었기 때문이다(칠레의 경우를 상기해 보자). 러시아에서 혁명이 진행되는 동안 유럽의 모든 국가들은 세계 대전에 휘말리고 있었으며, 중국에서 대약진 운동이 조직되고 있을 때 세계의 국가들은 다른 일에 몰두하고 있었다. 그러나 생산적 이해관계의 틀이 모든 국가들이 환영하던 평화를 부과하기 위한 핵 균형에 의존하고, 서로를 감시하기 위해 하늘로 인공위성을 쏘아 올리는 세계에 살고 있는 이 시점에서 국가의 혁명은 모든 것이 다른 곳에서 결정되는 현실로 인해 더 이상 가능하지 않다.

한편의 역사적 타협과 다른 한편의 테러리즘은 이러한 상황에서 안티테제 관계에 있는 두 가지의 답변을 제공한다. 테러리즘을 자극하는 혼란스러운 이념은 체제 이론의 매우 현대적이고 자본주의적인 원칙(이것에 비하면 고전적 마르크스주의는 완벽하지 못하다)이다. 거대한 시스템은 머리를 가지고 있지 않기 때문에 주인공이 존재하지 않으며, 개인적 이기주의로 유지되지도 않는다. 그러므로 시스템이 죽는다 해도 왕은 살아남는다. 하지만 자신의 논리에 내재하는 장애 요인들을 자극하여 불안정하게 만들 수 있다. 만약 모든 공정이 자동화된 공장이 있다면 이 공장은 주인이 죽는다 해도 지장을 받지는 않지만, 여기저기에 일련의 잘못된 정보들을 삽입하는 경우에 전 작업을 통제하는 컴퓨터의 기능이 마비되어 크게 잘못될 수 있다.

현대의 테러리즘은 마르크스를 숙지했다고 믿거나 그런 척한다. 하지만 결과적으로 볼 때, 간접적이기는 하지만, 한편으로는 노르베르트 비너Norbert Wiener를, 다른 한편으로는 공상 과학의 문학을 반영했다. 문제는 충분히 고려하지도 않았을 뿐만 아니라, 인공 지능학에 대해서도 많은 공부가 선행되지 않았다는 데 있다. 이에 대한 증거는 붉은 여단이 과거에 했던 모든 선전 활동을 통해 〈국가의 심장부를 강타하기〉를 아직도 언급하면서, 한편으로는 국가에 대한 19세기적 개념을, 그리고 다른 한편으로는 과거의 전투에서처럼 적들이 심장 또는 머리를 가지고 있기 때문에 말을 타고 군대의 선두에 서 있는 왕을 공격한다면 적군의 사기를 꺾어 모두 파괴할 수 있다고 생각하는 것에서 찾아볼 수 있다.

최근의 선전물에서 붉은 여단은 심장, 국가, 사악한 자본주의, 백정 장관에 대한 주장을 포기했다. 이제 적은 다국적 체제로서, 그 속에서 모로 총리는 한 명의 사원이거나 정보 창고에 지나지 않다.

그렇다면 이 시점에서, 특히 자본의 다국적화에 반대하여 테러리즘의 다국적화를 호소하던 당시의 붉은 여단이 범한 이성적 과오(이론과 실제적 차원의)는 무엇인가?

첫째로는 지극히 평범한 발상을 지적할 수 있다. 일단 거대 체제의 이념을 수용하면, 이것은 거대 체제가 알도 모로 총리도 알고 있을지 모르는 비밀 계획들을 가지고 있을 것이라는 주장을 통해 다시금 신화로 둔갑한다. 실제로 거대 체제는 아무런 비밀을 가지고 있지 않으며 사람들은 이것이 어떻게 기능하는지를 매우 잘 알고 있다. 설사 다국적 체제의 균형이 이탈리아 좌익 정부의 형성을 반대했다고 해서 노동자 계급을 패배시키기 위한 방책을 알도 모로 총리에게 알려 주었다고 생각하는 것은 유치하기 짝이 없는 일이다. 다시 말하면 오히려 남아프리카에서 소요를 일으키거나 암스테르담의 다이아몬드 시장을 혼란에 빠뜨리거나 달러의 환율에 영향을 주어 리라를 위기에 빠뜨리는 것이 더 효과적이다.

두 번째도 평범한 발상이다. 테러리즘은 거대 체제의 적이 아니라, 오히려 수용될 수 있고 예상 가능한 천생연분의 관계에 있다.

다국적 기업 체제는 세계 대전의 경제 상황(그리고 핵전쟁)에서는 생존이 불가능하지만, 생물학적 공격에 대한 자연스러운 충동이나 민중 또는 집단들의 분노가 표출되는 것을 막을 수 없다는 사실을 잘 알고 있다. 이러한 이유로 다국적 기업 체제는 때때로 다국적 기업들의 신중한 개입으로 제어되고 축소되기도 하는 소규모의 국지전을 수용한다. 게다가 다른 한편으로는 테러리즘을 받아들이기도 한다. 이곳저곳에서 공장들은 사보타주로 인해 어려움을 겪기도 하지만, 체제는 중단 없이 계속해서 앞으로 나아간다. 종종 비행기 납치가 자행되어 일주일 정도 정상적인 운행이 지장을 받기도 하지만, 그 대가로 신문과 방송이 많은 돈을 벌어들인다. 그 외에도 테러리즘은 경찰과 군대의 정당성 획득에 기여하는데, 만약 이들을 아무 일도 하지 않게 내버려 둔다면 이들은 좀 더 규모가 큰 분쟁을 통해 자신들의 존재 이유를 확보하려고 한다. 결국 테러리즘은 과도한 민주 정치로 인해 통치가 불가능한 상황이 연출되는 곳에서 통제를 위한 개입의 명분을 제공하기도 한다.

파페론 데 파페로니식의 국가 자본주의는 생산 수단을 빼앗아 가는 봉기와 도둑질 그리고 혁명을 두려워한다. 여러 국가들에 이식된 현대 자본주의는 개별 목표들에 대한 테러리즘 공격을 막아 낼 수 있을 정도의 매우 방대한 행동반경을 확보하고 있다.

머리와 심장이 없는 관계로 (거대) 체제는 상처를 치유하고 다시 균형을 회복할 수 있는 놀라운 능력을 가진다. 어디를 공격받든, 그것은 항상 주변부에 지나지 않는다. 만약 독일 산업가 협회의 의장이 사망한다면 이는 고속도로 사고로 인한 사망률과 같이 통계적으로 이해될 수 있는 사고에 불과하다. 그 나머지의 경우(이미 오래전에 언급한 바와 같이)에는 요새화된 성, 개인 경호원과 전자 감시 카메라를 갖춘 대단위 주거 지역과 같은 영토의 중세화가 진행될 뿐이다.

심각하다고 볼 수 있는 유일한 것은 전 세계의 모든 지역에 확산되어 있는 테러리즘 운동, 즉 대대적인 테러리즘이 일시에 발생하는 것이다. 하지만 다국적 기업 체제는 이러한 가설이 기우에 불과하다는 사실을 〈알고〉 있다(어떤 체제든지 이러한 사실을 쉽게 알 수 있다). 다국적 기업 체제는 아이들까지 광산으로 보내지는 않는다. 즉, 테러리스트는 자신을 옭아매는 사슬 외에는 더 이상 잃어버릴 것이 없는 자이다. 그러나 (거대) 체제는 불가피하게 소외된 자들을 제외한 다른 모든 사람들이 보편화된 테러리즘의 상황에서 무언가 잃어버릴 것을 소유했을 때의 방식으로 자신들의 할 일을 운영한다. 또한 이 체제는 테러리즘이 몇 가지 가시적으로 드러나는 회화적인 차원을 넘어설 경우, 대중의 일상적인 삶이 과도한 불안감에 휩싸이게 되고 그 결과 일반 대중이 테러리즘에 대항하여 장벽을 쌓을 것이라는 사실을 알고 있다.

반면, 지난 과거에 그러했듯이, 다국적 기업 체제가 좋지 않은 눈으로 바라보는 대상은 무엇인가? 예를 들면 스페인, 이탈리아 그리고 프랑스에서 배후에 노동 조직을 거느린 정당들이 권력을 잡는 것에 대해 못마땅해한다. 이러한 정당들이 얼마나 부패했는지에 관계없이 일단 대중 조직들이 자본의 국제적 경영에 대해 간섭하기 시작하면 이런저런 장애들이 곧바로 발생할 것이다. 다국적 기업들은, 마르셰가 지스카르의 자리를 대신할 경우, 압사하지는 않겠지만 모든 상황이 더욱 어려워질 것이다.

공산주의자들이 권력을 장악하면 북대서양 조약 기구의 기밀들(풀치넬라의 비밀)을 알게 될 것이라는 말은 과장된 기우에 불과하다. 즉 다국적 기업 체제가 안고 있는 진짜 걱정은 (나는 오늘날의 일반적인 견해와 마찬가지로 역사적 타협에 동의하지 않기 때문에 냉철하게 말할 수 있다) 민중 정당들의 통제가, 이를 확인하는 데 필요한 시간적인 여유를 전혀 허용하지 않는 능력을 작동시키는 데 장애가 된다는 사실이다.

반면 테러리즘에 대해서는 별로 걱정하지 않는다. 왜냐하면 이는 다국적 기업의 생물학적인 결과이기 때문이다. 이것은 하루의 열병이 효과적인 백신을 만들기 위한 당연한 대가인 것과 마찬가지다.

만약 붉은 여단이 다국적 기업들이 세계를 지배한다는 자신들의 분석에 확신을 가진다면, 이들이 예상한 자연스러운 파트너가 자신이라는 사실을 알아야 한다. 또한 붉은 여단은 자신이 설정한 적들에 의해 이미 기록된 사본의 내용을 연출하고 있다는 사실도 인정해야 한다. 반면, 비록 조잡하기는 하지만 체제의 논리적인 원칙을 발견한다면 이후 붉은 여단은 몽테크리스토 백작처럼 매우 훌륭하고 효율적인 복수와 정의로 무장한 19세기적 소설로 대응해야 한다. 만약 이러한 소설이 피로 기록되지 않았다면 이는 분명 웃기는 일이었을 것이다.

투쟁은 거대한 권력들 간에 존재할 뿐이지 악마와 영웅들 사이에는 존재하지 않는다. 자신들 사이에 영웅들, 특히 종교적인 용어로 사고하고 피를 보아서라도 아무도 살지 않는 낙원을 건설하겠다는 의지로 민중을 고통과 불행 속에 몰아넣는 영웅이 있다면 민중은 불행해질 뿐이다.

「라 레푸블리카」(1978)

그들은 왜 감방에서 웃고 있을까?

몇 년 전인 1979년 2월 25일에 나는 일간지「라 레푸블리카」에 사설 한 편을 보낸 적이 있다. 그러나 말이 사설이지 실제로는 하나의 이야기로, 기술적으로는 〈우크로니에 *Ucronie*〉, 즉 공상 과학 또는 과거로의 회귀를 주장하는 유토피아에 불과했다. 이러한 유형의 글쓰기는, 예를 들면, 〈만약 카이사르가 살해되지 않았다면 어떤 일들이 일어났을까?〉와 같은 것이다. 이는 하나의 허구로서 정치적 고찰이 아니기 때문에 문화 면의 글로 처리되었다. 모든 저자는 자신이 쓰는 글에 애정을 느끼며 때로는 그 어떤 글보다 이러한 사설들을 좋아하는 사람도 있다. 나는 이러한 이야기를 쓰는 것에 매우 큰 자부심을 느낀다. 하지만 나는 흥미를 끌 만한 별다른 반응을 얻어 내지 못했다. 반면, 많은 이들이 별로 중요하지 않은 일로 내가 쓴 글들에 대해 의견을 보내 주었다. 이러한 사람들을 제외한다면 (유토피아와 같은) 우크로니에가 현실을 고찰하는 매우 진지한 방법이라는 사실을 지적하는 사람은 거의 없었다.

「라 레푸블리카」에 실린 글에서 나는 제2차 세계 대전 이후 이탈리아와 세계에서의 상황이 지금과는 다르게 진행되었을 것이며 이러한 가정 아래, 최근 몇십 년 동안 이탈리아는 터키 파시즘 제국과 전쟁을 벌였을지도 모른다고 생각해 보았다. 그리고 그 결과로 발생했을지도 모르는 다양한 정치적 동맹 관계를 상상으로 그려 보았다. 특히, 나는 붉은 여단의 창시자인 쿠르초와 갈리나리가 공격 부대의 지휘관들로 가슴에 금빛 훈장을 차고 있고, 붉은 여단의 영웅들은 터키 침략군에 맞서 싸우며 의회에서 조르조 아멘돌라로부터 대대적인 칭송을 받았을 것이라고 가정했다. 반면 교황 바오로 6세는 침통한 표정으로 1945년 이후 30년간 평화가 유지되었다면 이탈리아가 얼마나 평안함 속에서 성장할 수 있었을까 하는 생각에 골몰했을 것이다.

그렇다면 이러한 이야기는 무엇을 의미하는 것일까? 민주 정치 문화는 생물의 모든 종에는 어떤 방식으로든 표출되어야 하는 일정한 정도의 폭력성이 존재한다는 행동 이론들을 너무나 쉽게 반동적인 이론으로 낙인찍었다. 미래주의자들이 〈세상의 유일한 위생〉으로 칭송한 전쟁은 비록 사악한 환상에 사로잡힌 자들의 주장이지만, 반드시 잘못이라고만은 말할 수 없으며 이러한 폭력성을 해소하고 순화하기 위한 안전밸브 역할을 한다. 만약 전쟁(나는 개인적으로 전쟁이 적을수록 좋다고 생각한다)이 일어나지 않는다면 사회는 어떤 방식으로든 자신이 내포하고 있는 폭력의 정도를 드러낼 것이라고 생각한다.

하지만 이러한 이야기에는 다른 도덕적 개념이 담겨 있다. 즉 이러한 폭력이 해소될 수만 있다면 그 형태가 은행 강도, 명예 살인, 이단 학살 원정, 사탄주의 의식, 가이아나의 경우와 같은 집단 자살, 민족주의 또는 프롤레타리아 봉기를 위한 혁명적 유토피아의 광란일지라도 별 상관이 없다. 궁극적인 도덕은, 쿠르초나 갈리나리에게 적어도 유대인 학살과 같은 민족주의적 또는 식민주의적인 화려한 신화가 주어졌더라면, 이들이 부르주아 국가의 심장을 강타하려는 꿈을 꾸지는 않았을 것이란 사실에 있다.

이러한 고찰은 최근 설득력을 얻고 있는데, 그도 그럴 것이 한편에서는 알도 모로 총리의 암살 사건에 대한 재판이 벌어지고 있고 다른 한편에서는 영국과 아르헨티나 간의 유치한 분쟁이 벌어지고 있기 때문이다.

포클랜드 전쟁이 사람들을 경악시키는 이유는 무엇인가? 갈티에리 장군은 국내의 긴장 상태를 완화시키기 위한 방책으로 외부의 적을 모색하여 국민의 관심을 그곳으로 집중시켰다. 이것은 독재를 유지하기 위한 전형적인 테크닉이다. 각자는 그것이 더러운 것인지에 관계없이 각자의 임무를 수행해야 한다. 한편 영국은 포스트모던적인 방식보다는 살가리적인 방책으로 대응했는데, 이는 사실상 노블레스 오블리주로 각자는 자신의 역사와 국가적 신화의 포로라는 사실을 말해 준다.

피르메니히의 몬토네로스와 페론을 추종하는 혁명주의자들, 즉 유럽 민주 국가들의 모든 언론이 독재 장군들의 감옥에서 탄압을 받고 있을 때 한결같은 지지를 보냈으며 작은 규모의 테러를 감행했을 때에도 이를 합법적인 것으로 묵인해 주었던 이 모든 혁명주의자들이 오늘날에는 자본주의와 다국적 기업들의 적으로 돌변하여 정부를 위해 들고일어나 조국의 신성한 국경을 위해 목숨을 바치자고 외치면서 민족주의를 부르짖는 것을 보면 아연실색하지 않을 수 없다. 만약 아르헨티나의 장군들이 10년 전쯤에 이러한 전쟁을 계획했다면 이 모든 영웅들은 테러 행위를 저지르는 일도 없이, 입에 칼을 물고 수류탄을 손에 든 채 백인 추장 제임스 브룩의 영국 식민주의에 대항하여 〈몸프라쳄〉을 외치면서 죽음을 감행했을 것이다. 그것도 팜파의 새로운 호랑이들처럼 말이다. 하지만 칠레는 다르다. 피노체트는 용의주도한 인물로 미국의 원조를 필요로 한다. 하지만 쿠바는 이에 즉시 동의할 것이다. 카스트로 역시 마르크스보다는 살가리를 더 높이 평가하기 때문이다.

알도 모로 살해 사건에 대한 재판이 진행되는 동안 유유자적하던 붉은 여단의 단원들과 갈티에리 만세를 외치는 몬토네로스들 사이에는 많은 유사점이 있다. 그리고 이와 같이 폭력을 불러일으키기 위해서는 사탄 숭배와 같은 다른 명분들을 필요로 하는 미국처럼 이념에 대해서는 항상 알레르기 반응을 보이는 국가에서도 많은 유사점들이 존재한다.

나는 어제 「라 레푸블리카」에 실린 내 글에서 왜 붉은 여단의 단원들이 그토록 즐거운 표정으로 일관했는지를 이해하지 못하겠다는 심정을 토로한 잠파올로 판사Giampaolo Pansa의 낙담한 심정과 혐오감을 이해한다. 그러나 섀런 테이트의 집단 타살 이후 찰스 맨슨과 그의 추종자들에 대한 고발과 재판 일지를 다시 한 번 읽어 보자. 그렇다면 위의 두 사건에서 여러분은 사건 연출이 반복적이고, 겉으로 드러난 심리가 동일하며, 양심의 가책이 전혀 없다는 공통분모 그리고 지나치게 지루하고 평화로운 삶에 무언가 의미를 부여했다는 것에 대한 동일한 감정 상태를 알게 될 것이다.

이러한 알레고리는 그리 오래전은 아니지만 얼마든지 수용 가능한 이유로 자기 자신의 희생을 결심한 교주의 신비한 자살을 따르기 위해 스스로 독약을 마시고 이를 자신의 자식들에게도 강요한 수천 명의 불쌍한 자들에게서도 찾아볼 수 있다.

변절자들에 대해서도 동일한 논리의 적용이 가능하다. 체포된 후에 변절하는 것이 어떻게 가능할까? 그리고 자기 동료들의 이름을 밝히면서 그토록 철저하게 변절하는 것이 가능하단 말인가? 그렇다면 무방비 상태인 사람의 목덜미에 두 방의 총알을 쏘는 순간에는 왜 변절을 생각하지 않았단 말인가? 그렇다면 그 순간에는 살인 충동이 일었고, 일단 죽임으로써 모든 것이 끝나고 난 다음에는 왜 변절하지 않았을까? 여기에 이념이란 존재하지 않는다. 그것은 변명과 명분에 불과하다.

나는 이러한 이야기에 반동적인 반응, 즉 이념은커녕 이상도 없고 다만 사람들을 피 흘리게 만드는 잔인한 생물학적 충동만 있을 뿐이며, 기독교 순교자와 가리발디식의 순교자와 붉은 여단의 순교자 그리고 파르티잔들 간에는 아무런 차이도 없다는, 반발을 불러올 법한 사실을 잘 알고 있다.

그럼에도 문제는 결론에 도달하지 않는다는 사실이다. 다시 말해 문제는 모든 희생과 그로 인해 흘린 피가 게임의 대가가 아니라는 사실을 알고 이해하는 데 있다. 하지만 이러한 노력은 합리적인 식별을 요구하는 매우 힘든 작업이다. 가장 먼저 희생과 피의 신비에 대해, 항상 그리고 어디에서든지 의심해 보고 구분하는 자세가 필요하다. 나는 비록 교과서들이 그렇다고 믿게 만드는 것에는 훨씬 못 미치지만 사회가 영웅으로 인정하는 자들과 사회가 피에 굶주린 미치광이로 판단하는 자들 사이에 차이가 존재하지 않을지도 모른다는 가능성을 암시하려는 것이 아니다. 또한 나는 모든 이념과 이상들이 우리 인간의 마음속 깊이 숨어 있는 폭력 충동을 위한 일시적인 변명에 불과하다는 사실을 암시하려는 것이 아니다. 어쩌면 차이는 존재하며 그것도 매우 단순할지 모른다.

진정한 영웅은 집단의 행복을 위해 자신을 희생하고 당시에는 무책임하고 도둑이라는 비난을 한 몸에 받지만 오랜 시간이 지난 후에는 사회가 그렇지 않다고 인정하는 자이다.

이들은 항상 마지못해 행동한다. 또한 죽지만, 죽지 않기를 바라고, 살인을 저지르지만 죽이지 않기를 원하며, 그 후에도 필요한 상황에서 어쩔 수 없이 살인을 했다고 변명하지 않는 자들이 영웅인 것이다.

진정한 영웅은 항상 주변 환경과 무관하며 결코 선택을 하지 않는다. 왜냐하면 기회만 생기면 그는 영웅이 아닌 쪽을 선택할 것이기 때문이다. 나는 살보 다쿠이스토 또는 산으로 도주했다가 체포되어 모진 고문을 받았지만 앞으로 겪을 피의 고통을 줄이기 위해서가 아니라 고귀한 피에 용기를 불어넣기 위해서 자백하지 않은 수많은 파르티잔들을 이러한 맥락의 대표적인 사례들로 지적하고 싶다.

진정한 영웅은 항상 순간의 실수로 영웅이 된다. 그의 꿈은 다른 모든 사람들처럼 정직한 겁쟁이가 되는 것인지 모른다. 만약 그가 할 수만 있었다면 상황을 전혀 다르게, 그것도 잔혹하지 않은 방법을 동원하여 바꾸었을 것이다. 그는 자신의 죽음도 다른 사람의 죽음도 이용하지 않는다. 그렇다고 변절하지도 않는다. 그는 고통을 참아 내며 침묵으로 일관한다. 오히려 다른 사람들이 그를 신화로 부추기면서 이용해 먹으려고 한다. 반면, 그는 명예를 아는 사람으로 자신보다 더 엄청난 일들에 용기와 권위를 가지고 저항했던 불쌍한 사람이었을 뿐이다.

하지만 우리는 피를 통해 그것도 자신들과 대부분 다른 사람들의 피를 통해 정화를 이루어야 한다는 이상에 사로잡혀 총질을 해대는 사람들에 대해 불신감을 드러내는 데 결코 주저하지 말아야 한다. 그들은 이미 인종학자들에 의해 연구된 동물적 표본을 따르고 있을 뿐이다. 우리는 이들의 행동에 놀라거나 지나친 반응을 보이지 말아야 한다. 그렇다고 이러한 현상들의 존재를 결코 무시해서도 안 된다.

만약 이러한 행동들의 심각성(이들을 통제하고, 예측하는 기술들을 연구하고 그들이 덜 잔혹하게 행동할 수 있는 출구를 제공하면서)을 굳은 마음으로 수용하지 않는다면, 우리가 피의 광란이라고 비난하는 그들과 같은 이상주의자들과 도덕주의자들에 불과하다는 비난을 면하기 힘들다. 폭력을 생물학적인 힘으로 인정하는 것, 이것(역사적인지 아니면 변증법적인지는 별로 중요하지 않은)이 진정한 유물론이며, 좌익이 생물학과 인종학을 충분히 연구하지 않은 것은 결코 잘한 일이 아니다.

「라 레푸블리카」(1982)

이성의 위기

나는 우연히 어느 이름난 소설가의 주간지 인터뷰 기사를 읽었다(소설가의 이름은 언급하지 않겠다. 왜냐하면 이 글이 그에 대한 이야기이지만, 기억을 되살려 재구성한 것이기 때문이다. 따라서 나는 말하지 않을 수도 있는 그 무언가에 빚지고 싶지 않다. 하지만 그가 말하지 않았다면 다른 누군가가 그 말을 할 것이다). 그 소설가는 이제 이성은 우리가 살고 있고 다른 도구들의 도움을 받아야 하는 이 세상을 설명하는 데 결코 충분하지 않다고 주장했다.

불행히도 그는 다른 도구들이 무엇인지는 구체적으로 언급하지 않은 가운데, 혹시 그것들이 감정, 정신 착란, 시, 신비감을 주는 침묵, 꽁치 통조림을 여는 따개, 높이뛰기, 성은 아닐까 하는 생각을 독자의 몫으로 미루었다. 무엇보다 안타까운 것은 이러한 도구들 각자가 이성과 대립할 수 있는지 그리고 이러한 대립이 이성에 대한 다른 정의를 의미하는 것이 아닌지에 대해서는 구체적인 언급을 하지 않았다는 점이다.

예를 들어, 이러한 토론에 빌미를 제공한 책[1]은, 알도 가르

---

[1] 『이성의 위기 Crisi della ragione』, 가르가니 Gargani 감수(Turin: Einaudi, 1979) — 원주.

가니Aldo Gargani가 서론에서 매우 명확하게 말하고 있는 것처럼, 이성의 〈고전적〉 모델이 위기에 빠졌다는 점을 말하고 있는 것 같다. 그러나 가르가니가 제안한 다른 대안들은 그 자신도 인정하고 있다시피, 다른 철학적 배경에서는 이성 또는 이성적이거나 적어도 합리적인 활동에 해당한다. 이 책에 대한 다른 평론들을 몇 가지만 살펴볼 때, 카를로 진즈부르그Carlo Ginzburg는 연역적 이성을 가정된 추리(또는 사고)와 대립적인 것으로 보았으며 그 실마리로는 히포크라테스, 아리스토텔레스 그리고 퍼스에 의해 가치가 있는 것으로 판단되었다는 사실을 제시했다. 베카는 이성적인 것을 기준으로 마련하는 데 필요한 일련의 설득력 있는 규정들을 제시했다. 비아노는 합리성이란 특별한 믿음을 모든 사람들이 이해할 수 있는 방식으로 믿게 만드는 데 필요한 합리화를 추구하는 〈목소리〉 연습이라고 조심스럽게 정의했다.

고전적이지 않은 이성적 태도에 대한 괜찮은 정의들도 있는데, 이런 정의들은 이성의 임무들을 망상이나 무신론에 위탁하지 않고도 우리를 현실에 머물게 해준다. 문제는 이성을 죽이자는 것이 아니라, 좋지 못한 이성들이 해를 끼치지 않도록 만들고 이성의 개념을 진실의 개념으로부터 분리해 보고자 하는 것이다. 그러나 이러한 명예로운 작업은 〈위기를 불러 대는 노래〉라고 불리지 않는다. 이마누엘 칸트 이후로는 이것을 〈비판〉이라고 한다. 다시 말해 수많은 제한적인 요인들을 개별적으로 살펴보자는 것이다.

이성의 위기와 같은 언어적 경련에 직면한 느낌은 처음에 이성이 그렇듯이 위기의 개념도 정의될 수 없을 것 같다는 것이다. 위기의 개념을 무차별적으로 사용하는 것은 출판의 경련이라는 경우이다. 위기는 판매 부수를 올리는 데 매우 좋은 기회이기 때문이다. 최근 수십 년 동안 우리는 〈가판대

매점, 서점, 정기 구독, 가가호호 방문에서) 종교, 마르크스주의, 재현, 기호, 철학, 윤리학, 봉건주의, 현재, 주체 이 모든 것의 위기가 수없이 팔려 나가는 것을 보아 왔다(비록 아쉽기는 하지만 리라, 주거지, 가정, 제도, 석유와 같은 전문 분야의 위기에 대해서는 다루지 않는다). 이러한 것들로부터 다음과 같은 유명한 논쟁이 유래했다. 〈신은 죽었고, 마르크스주의는 위기에 빠졌으며, 그리고 나도 그렇게 썩 좋지는 않다.〉

그럼 표상의 위기와 같은 흥밋거리에 대해 말해 보자. 표상의 위기를 말하는 사람은 어쩌면 이에 대한 나름대로의 정의를 가지고 있을지도 모른다. 설령 이 사실을 인정한다고 해도(많은 경우에서 사실은 그렇지 않다), 나는 그들이 말하려는 것, 즉 우리가 그것이 무엇이든지 간에 이 세상과 동일한 형태의 적용을 보장하는 세상 이미지들을 만들어 교환하지 못한다는 것을 잘 알고 있다. 이러한 위기의 정의는 파르메니데스[2]로부터 시작된 이후 고르기아스에 의해 유지되다가 데카르트에게 적지 않은 고통을 주었으며 버클리와 흄에 이르러 모든 사람을 당혹스럽게 만들었고, 결국에는 현상학에 도달했다. 라캉이 흥미롭다면 이는 파르메니데스를 다시 인용했기 때문이다.

오늘날 표상의 위기를 발견하는 사람은 이러한 주제를 계속하는 것에 대해 매우 정확하지 못한 생각을 가지고 있는 것처럼 보인다(이 순간, 다른 이야기가 생각나는데, 카이사르의 죽음에 대해 질문을 받은 학생에 대한 것이다. 〈왜죠?

---

[2] Parmenides. 기원전 5세기 그리스의 철학자. 일명 존재의 철학자로 이성만이 진리이며 이에 반해 다수, 생성, 소멸, 변화를 믿게 하는 감각은 모두가 오류의 근원이라고 주장했다. 존재론과 인식론에 영향을 주었다.

카이사르가 왜 죽었죠? 전 사실 그가 병들었는지조차 모르고 있었거든요〉).

그러나 비록 위기가 얼마나 오래되었는지를 인정한다 할지라도, 어떤 의미로 그 말을 했는지는 아직도 잘 모르겠다. 내가 신호등이 빨간불일 때 횡단보도를 건너면 교통경찰은 호루라기를 불어 나에게 신호할 것이고, 결국에는 (다른 사람이 아닌) 나에게 벌금을 물릴 것이다. 주체, 기호 그리고 상호 간의 표상에 대한 이념이 위기라면 이 모든 것이 어떻게 될 것인가? 나는 이것이 문제의 핵심은 아니라고 생각한다. 그렇다면 무엇이 위기란 말인가? 그럼 명확히 살펴본다는 의미에서, 위기의 개념이 위기란 말인가? 그것도 아니라면, 나를 일련의 테러 행위들에 빠뜨리려는 것인가? 나는 반대한다.

그럼 이성의 문제로 돌아가 보자. 나는 무엇 무엇에 대한 정의에 대해 이야기해 보고 싶다. 다양한 수천 개의 철학적 정의라는 밀림에서 벗어나기 위해서는 다섯 개의 기본적인 의미를 나열해 볼 수 있다.

1) 이성은 인간만의 전형으로서 자연적 인식과 같은 것일 수 있다. 이는 한편으로는 대화를 통하지 않은 인식(신앙, 신비적 환영, 언어로 전달될 수 없는 주관적 경험 등)에, 그리고 다른 한편으로는 본능적 반응에 반대된다. 이러한 경우, 사람들은 인간이 추상적 사변을 양산하고 추상적 사변을 위한 대화 능력을 가지고 있다고 말하기 위해 이성을 언급한다. 이러한 개념은 위기처럼 보이지 않는다. 즉 인간이 그렇게 만들어진 것에는 이론의 여지가 없으며, 설사 그렇다 해도 추상적 사변을 위한 이러한 절차가 다른 사고방식들에 비해 좋은 것인지가 결정되어야 한다. 왜냐하면 신비의 계시를 받는 사람도 생각을 하기 때문이다. 그러나 이성의 위기에

대해 말하는 것은 우리의 이성적 능력을 사용하여, 우리의 이러한 능력을 활용하는 것의 유형이 선한지를 의심하기 위해 추상적 사변을 공식화하는 것을 의미한다.

2) 이성은 직접적인 계시로 절대자를 인식하는 특별한 능력이며, 이상주의자인 자신에 대한 자의식이다. 또한 이성은 우주와 인간의 정신, 그리고 심지어는 신의 정신에도 순종하는 최초의 원칙들에 대한 직감이기도 하다. 이러한 개념이 위기라는 것은 평화적인 것이다. 사실 이러한 개념은 그동안 우리를 많이 괴롭혔다. 절대자에 대한 직접적인 계시를 보았다고 말하면서 우리에게 이를 강요하는 사람은 엉덩이를 걷어차야 한다. 하지만 우리는 이성의 위기에 대해 말하지 않는다. 이것은 오히려 이를 말하는 사람의 위기인 것이다.

3) 이성은 인간의 추상적 사변 그 자체의 능력에 우선하는 범우주적인 원칙들의 시스템이다. 비록 쉽지는 않을 것이고 그리고 오랫동안 성찰이 필요하겠지만, 인간은 어쨌든 이를 최대한 인정해야 한다. 좋든 싫든 이것은 플라톤주의인 것이다. 이러한 성향은 칸트 이후(또는 그 이전부터) 심각한 위기에 처했다. 고전적 이성은 평판이 좋지 않다. 이러한 고전적 이성의 위기는 분명해 보이지만, 평화적인 것은 아니다. 이는 심지어 수학 또는 현대 논리학에도 재등장한다. 삼각형의 내각의 총합이 항상 그리고 어쨌든 간에 180도인 것이 필요한 진리라고 말하는 것은 어떤 의미인가? 이는 최대, 명백한 우주적 진리와 공리적인 우주적 진리 사이에 존재하는 차이에 대한 토론을 나타낸다. 만약 내가 유클리드 기하학에 기준한다면, 내각의 합이 180도라는 것은 필요한 진리이다. 보통, 특별한 상황에서는 공리들을 바꾸려는 자유를 갈망한다. 나에게 이러한 자유를 제공하는 사람에게 나는 필요한 진리의 개념을 사용하도록 할 것이다. 이 같은 종류의 결정들에

대해서는, 다섯 번째 논의에서 언급하겠지만, 많은 논란이 예상된다.

4) 이성은 정확히 판단하고 구별하는 능력(좋든 나쁘든, 사실이든 거짓이든)이다. 이것은 데카르트가 남긴 좋은 의미이다. 만약 이러한 능력의 자연성을 고집한다면 세 번째 정의와 유사한 것으로 되돌아간다. 오늘날 이러한 개념은 분명 위기지만, 그 방식이 모호하다. 따라서 나는 위기라는 말이 지나치다고 말하고 싶다. 이러한 순수한 자연성은 이성에 의해 욕망, 필요, 본능과 같은 다른 〈능력들〉로 옮아갔다. 오히려 이러한 개념의 위기를 계속해서 고집하기(물론 충분히 위험하고 이념적이다)보다는, 자기 대체품들의 안전을 위기에 몰아넣는 것이 더 유익하다고 생각한다. 이러한 의미에서 비이성적인 것에 대한 새로운 데카르트주의는, 말하자면 매우 불안하기 짝이 없다.

이상의 네 가지 이성의 의미가 위기라고 말하는 것은 갈릴레오와 코페르니쿠스 이후 지구가 태양의 주변을 돈다고 말하는 것과 같다. 태양이 무언가 다른 것의 주변을 돌지도 모른다는 것, 즉 태양이 오직 지구와의 관계에서만 정지해 있다는 것을 추가할 필요가 있을지도 모른다. 그러나 첫 번째 주장에 대해서는 증거가 없으며 태양이 지구의 주변을 돈다는 생각은 분명 위기인 것이다(이러한 이야기는 더 이상 반복하기도 싫다).

5) 그럼 다섯 번째 정의에 대해 언급해 보자. 이 정의 역시 위기이다. 하지만 앞의 것들과는 방식이 다르다. 이 정의는 위기라기보다는 비판적인데, 왜냐하면 어떤 의미에서는 지속적으로 위기로 몰아가는 이성적이거나 합리적인 방법과 이성 그리고 고전적인 이성주의를, 그리고 합리적인 것의 인류학적 개념들을 인정하게 만드는 유일한 정의이기 때문이다.

다섯 번째 정의는 매우 현대적이지만, 동시에 매우 오래된 것이기도 하다. 아리스토텔레스의 글을 잘 읽으면 그로부터도 이 다섯 번째 정의를 매우 조심스럽게 이끌어 낼 수 있다. 칸트의 글을 꼼꼼하게 읽어 보면(그리고 다시 읽는다는 것은 우리의 문제들과 관련해서 본래의 상황을 비평적인 관점에서 조심스럽게 읽는 것을 의미한다), 상황이 훨씬 나은 편이다. 프랑스 친구들이 마르크스와 헤겔 그리고 프로이트의 몇 가지 불치병에 대한 소식을 전한 이후, 이번에는 칸트의 재탄생을 알려 왔다. 나는 이 소식을 듣고 친구인 비토 라테르차에게 출판을 위한 좋은 기회라고 말해 주었다. 그럼 준비해 보자. 다행히도 우리는 칸트를 고등학교에서 배우며 대학에서 모두 소화해 버린다. 반면, 프랑스인들은 빅토르 쿠쟁 Victor Cousin을 읽는다. 말하자면, 우리는 그의 이름을 부르는 것만으로도 베트남을 지지한다는 비난을 받던 때에도 쾨니히스베르크의 산책자인 칸트에게 은밀한 애정을 품고 있었다. 우리는 얼마나 힘겨운 10여 년의 세월을 살았던가!

다섯 번째 정의의 의미에서는 세상에 대한 명제들이 표현되어야 한다는 사실 때문에 합리성이 동원된다. 그리고 이러한 명제들의 진실성을 확신하기 이전에 다른 사람들이 이것에 대해 이해하고 있는지를 확인할 필요가 있다. 그러므로 모두가 다 같이 말하기 위해서는 규정들과, 그리고 표현된 대화의 규정들로도 간주되는 정신적 대화의 규정들을 만들어 낼 필요가 있다. 이것은 우리가 말할 때 항상, 그리고 오직 아무런 모호함이나 복합적인 의미 없이 한 가지 사실에 대해서만 이야기해야 한다고 주장하는 것을 의미하지 않는다. 오히려 한순간에 여러 가지를 말하고 서로 상반되는 것들을 이야기하는 대화들(꿈에서, 시에서, 욕망과 열정들에 대한 표현에서)도 존재함을 인정하는 것이 이성적이고 합리적이다.

다행히도 우리는 개방되고 복합적인 방식으로도 말을 한다. 그런 까닭에 때때로, 모든 사람이 단어를 사용하고 그것을 토론 명제에서 서로 연결하여 사용하기 위한 동일한 기준을 선택하기로 합의한 상황에서는, 공유 가능한 대화 규칙을 만들어 낼 필요가 있다. 〈나는 인간들이 음식을 사랑한다고 합리적으로 주장할 수 있을까?〉 하는 질문에 대한 나의 대답은, 비록 소화 불량 환자, 금욕주의자 그리고 식욕 부진의 신경 쇠약에 걸린 환자들이 있기는 하지만, 〈그렇다〉이다. 이러한 문제들에서 통계 자료가 합리적인 것으로서의 가치를 가진다는 말에 동의하면 그만이기 때문이다.

이러한 통계 자료는 무엇이 『일리아스』의 〈올바른〉 의미인지 또는 라우라 안토넬리가 엘레오노라 조르지보다 더 탐스러운 여인인지를 설정하는 데 유용할까? 그렇지 않다. 여기서 규정은 바뀐다. 누가 이러한 기준들에 동의하지 않겠는가? 나는 이것이 비합리적이라고는 생각하지 않지만, 의심의 눈으로 바라보는 것은 괜찮다고 생각한다. 가능하다면 이를 피하고 싶은 심정이다.

만약 이러한 의심이 개입할 경우, 내가 무엇을 해야 하는지에 대해 나에게 묻지 않기를 바란다. 이러한 경우가 발생할 때, 어떤 방식으로든 결정을 내리는 것이 합리적일 것이다. 이러한 합리적 사고에는 논리학 법칙과 (주제 설정의 기술이라는 의미에서) 수사학 법칙이 속한다. 이것은 서로서로가 좋아하는 분야들을 설정하는 것을 말한다.

나에게 한 논리적인 친구가 〈나는 가정 방식을 제외한 다른 모든 확실한 것들을 거부한다〉고 말한 적이 있다. 이러한 태도는 이성적인 것이라고 할 수 있을까? 이러한 분야의 이야기들에 별로 익숙하지 않은 분들을 위해 간단히 설명하자면 다음과 같다. 가정 방식은 사고의 규칙이다(그러므로 이해 가능하고 모두가 동의하는 대화 규정인 셈이다). 따라서 만약 p가 q이면, 나는 p가 q일 수밖에 없다고 인정한다. 다시 말해 만약 내가 유럽인들이 모두 프랑스 시민이라고 정의하고(그리고 우리는 이러한 의미의 공리에 동의한다) 장 뒤퐁이 프랑스 시민이라고 한다면, 모든 사람들은 그가 유럽인이라는 것을 인정해야만 한다.

추론 방식은 시, 꿈, 소위 말하는 무의식 언어에서는 아무런 가치가 없다. 어떤 경우에 가치가 있는지, 즉 우리가 추론 방식을 수용할지를 결정하면서 대화의 시작을 설정하면 그만이다. 전제에 대해서는 동의하는 것이 보통이다. 왜냐하면 누군가는 프랑스에서 두 프랑스인 부모 사이에서 백인으로 태어난 사람만을 프랑스 시민으로 정의하기를 원하기 때문이다.

때로는 전제들에 대한 정의, 우리가 수용하기를 원하는 의미의 공리에 대해 끝없는 투쟁들을 설정하는 것이 가능하다. 가정 방식에 따라, 서론에 대해 어느 시점까지 모두가 동의하지 않는가를 추론하지 않는 것이 합리적일 것이다. 그러나 그다음으로 상호 간의 이해가 전혀 불가능하다고 의심되는 경우들에는 추론 방식을 따르지 않는 것이 이성적인 듯하다 (증오와 사랑의 개념을 다시 정의하지 않고서는, 추론 방식으로 〈증오하며 사랑한다〉는 카툴루스의 시구를 분석하는 것이 불가능하다. 그러나 합리적인 방식으로 이 시구를 다시 정의하기 위해서는 추론 방식에 따라 생각하는 것이 필요할지 모른다).

어쨌든 만약 누군가 추론 방식이 영원한 이성적 법이라는 사실을 나에게 보여 줄 목적으로 추론 방식을 사용한다면, 나는 그가 자신의 주장을 비이성적이라고 규정하는 것이 합리적이라고 판단할 것이다. 하지만 많은 경우에, 예를 들면 카드놀이를 할 때에는 추론 방식에 따라 사고하는 것이 합리적인 것으로 생각된다. 즉, 만약 내가 에이스 포커가 텐 포커에 이긴다고 설정한 경우, 당신이 에이스 포커를, 그리고 내가 텐 포커의 패를 가지고 있다면 나는 당신이 이긴 것으로 인정해야만 한다. 핵심은 게임을 바꿀 가능성이 설정되어야만 한다는 것이다. 사전 합의가 필요한 것이다.

내가 계속해서 비합리적이라고 주장하는 것은 누군가가 욕망이 항상 그리고 어떤 경우에도 가정 방식을 이긴다고 주장하는 것이다(이 역시 가능할지도 모른다). 하지만 그는 욕망에 대한 자신의 개념을 나에게 강요하고, 나의 반론을 반박하기 위해 가정 방식을 사용하면서 나를 적대적인 관계로 보려고 한다. 이럴 때면 그의 머리를 까부수고 싶은 욕망이 생긴다.

나는 이렇듯 합리적이지 못한 행동들이 확산되는 이유를 이성의 위기에 대한 형이상학적 태도로 즐기는 많은 광고업자들에게서 찾는다(그리고 물론 이러한 이야기와 저서 『이성의 위기』는 전혀 관계가 없다. 왜냐하면 이 책은 합리적인 방식으로 주제를 다루고 있기 때문이다). 그러나 분명히 문제는 과학적 논쟁의 차원에만 국한된 것이 아니라, 일상적인 행동들뿐 아니라 정치 생활과도 밀접한 관계에 있다. 바로 이러한 이유 때문에 나는 〈친구들이여, 추론 방식을 많이 많이 사용하게나!〉라고 말하고 싶다. 물론 경우에 따라서 말이다.

『알파베타』(1980)

교수형에 관한 대화

에코 렌초 타르말리노 씨, 당신은 약간 혼란스러워 보입니다. 법과 질서의 평화로운 그늘에서 그토록 조용하던 당신을 억누르는 것이 무엇입니까? 루치아 때문인가요? 그녀가 소위 말하는 여권 운동이라는 새로운 욕망에 사로잡혀, 임신을 거부할 자신의 권리를 앞세워 잠자리의 즐거움을 거부하나요? 아니면, 아녜세가 댁의 아이들 뺨에 강제로 키스를 퍼부어 대면서 아이들의 무의식 속에 남아 있던 연약한 마마보이의 성향을 겉으로 드러나게라도 한답니까? 그것도 아니라면 아제카가르불리가 영원히 합치될 수 없는 차이들에 대해 말하면서, 공적인 일에 개입하는 당신의 능력을 무디게라도 만들었다는 말인가요? 이도 저도 아니면 그럼 돈 로드리고가 소득 저축을 강요하면서 베르가모의 은행으로 돈을 옮겨 가는 무명씨의 세금보다 더 많은 세금을 당신에게 강요라도 하나요?

렌초 사실은 그리소 때문에 제가 좀 혼란스럽습니다. 그는 최근 자신과 처지가 비슷한 사람들을 조직하고 정직하지 못한 사람들의 비호를 받으며 행패를 부리고 있답니다. 그는 아직도 어린 소녀들을 납치하여 막대한 몸값을 요구하고, 돈을 받은 후에는 가차 없이 죽여 버리는 천인공노할 만행을 저지르고 있답니다. 그는 머리에 스타킹을 쓰고 몰래 들어와 정직한 자들이 피땀 흘려 모은 재산을 강탈하고 납치를 일삼아 인질들을 잡아가고 있어요. 이 때문에 도시 전체가 공포의 도가니로 빠져들고 있습니다. 이제 이 도시는 범죄의 온상이 되어 버렸답니다. 시민들은 그를 두려워하여 벌벌 떨기만 하고, 비겁하고 무기력한 인간들은 범죄가 확산되는 것을 막지 못하고 있어요. 또한 선량하고 정직한 사람들은 미래가 어떻게 될지 몰라 불안에 떨고 있답니다.

그리고 전 아직은 온화함과 활력을 잃지 않고 있지만, 이 시대의 위대한 인물로, 국가가 사형 제도를 법적으로 인정하면서 살인하지 말 것을 가르칠 수는 없다고 주장한 베카리아를 지지해 온 입장에서 매우 혼란스러운 것이 사실입니다. 이러한 증오스러운 범죄에 맞서 무방비 상태의 시민들을 보호하고 악한들에게 경고하는 의미에서 사형 제도를 도입해야 하는가를 묻고 싶습니다.

에코 렌초 씨, 당신의 마음을 충분히 이해합니다. 사랑하는 부모로부터 딸들을 강탈해 가는 그 같은 극악무도한 잔인함 앞에서 복수와 과잉 방어에 대한 생각이 떠오르는 것은 인간적인 것입니다. 저 역시 아버지로서, 만약 제 자식이 누군지 알 수 없는 납치범에게 죽임을 당한 경우, 겁쟁이 경찰들에 앞서 먼저 제 손으로 납치범을 잡았다면 어찌해야 할지에 대해 자문하곤 합니다.

렌초 어쩌실 겁니까?

에코 아마 곧바로 죽여 버리려고 할 겁니다. 하지만 우선은 그 순간의 죽이고 싶은 충동을 억제하고 오랜 고통으로 산산이 찢겨 버린 제 마음을 억지로라도 진정시키려고 노력할 겁니다. 그리고 그놈을 안전한 곳으로 끌고 간 후에 그놈의 고환을 박살내 버릴 겁니다. 그런 다음 잔인한 동양의 종족들이 그렇게 하듯이 얇은 대나무 조각을 손톱 사이에 밀어 넣어 손톱을 벗겨 버릴 겁니다. 그리고 계속해서 귀를 잘라 버리고 머리에 피복을 벗긴 전기선을 감아 전기가 흐르게 할 겁니다. 이렇게 공포와 피로 목욕을 시킨 다음에야 비로소 그동안 제가 겪었던 고통은 완전하진 않더라도 그래도 어느 정도는 진정될 겁니다. 하지만 이후 제 정신 상태는 제 의지와는 상관없이 운명처럼 흐를 것이고 더 이상 과거와 같은 평화와 균형감을 회복하지 못할 겁니다.

렌초 원래 사람의 마음이라는 것이…….

에코 맞아요. 하지만, 전 경찰이 절 처벌하더라도 자수할 겁니다. 왜냐하면 어쨌든 한 남자의 삶을 앗아 간, 결코 해서는 안 되는 죄를 범했기 때문입니다. 자식을 강탈당한 아버지의 고통과 광기 사이에는 별다른 차이가 없다는 사실을 지적하면서 얼마간의 정상 참작을 요청할 수는 있겠지요. 하지만 저의 입장을 국가에 강요할 생각은 없습니다. 왜냐하면 국가는 누군가를 만족시키겠다는 열정 같은 건 갖고 있지 않으며, 또한 생명을 끊어 버리는 것이 어떠한 경우라도 죄악이라는 사실을 주장할 것이기 때문입니다. 그러므로 국가는 사람을 죽이는 것이 잘못임을 가르치기 위해 사람을 죽일 수는 없을 겁니다.

렌초 저도 그 사실을 잘 알고 있습니다. 의도가 분명하지 않은 사람들은 폭력이 지배하는 시대를 재건하는 데 필요한 공포로 질서를 요구할 것이고 이런 의미에서 사형 제도의 부활을 주장합니다. 하지만 얼마 전에 어떤 저명한 잡지에 엄격하기로 소문난 철학자가 기고한 글을 본 적이 있습니다. 그의 글은 매우 설득력이 있었는데, 그는 자신의 글에서 이러한 문제를 철저하게 숙고한 후에, 그토록 심각한 범죄의 경우 시민들의 정서를 안정시키고 보호한다는 명분으로 국가의 권위를 동원하여 최고 형벌을 집행할 권리를 회복시키는 것이 과연 정당한가에 대해 약간은 역설적으로 자문했습니다. 실제로 사형은 다른 범죄자들에게 제한적인 효과를 거두거나 적어도 두려움을 느끼게 만들 수는 있을지 모르지만 오늘날의 감옥은 재교육과는 거리가 멀고 탈옥도 용이하며, 더 이상 그 어떤 살인자도 붙잡아 두지 못하는 형편입니다.

에코 저도 그러한 이야기를 들은 적이 있습니다. 매우 일리 있는 말씀입니다. 하지만 그와는 다른 사실을 말하는 철학자도 있습니다. 그는 우리에게 많은 것을 가르쳐 주었으며 교수형의 부활을 주장하는 철학자들에게도 많은 영향을 주었습니다. 그가 바로 칸트인데, 사람들은 수단이 아니라 목적으로 사용되어야 한다고 했습니다.

렌초 숭고한 말이군요.

에코 그렇다면, 만약 내가 티치오에게 경고를 보내는 의미에서 카이오를 죽인다고 가정한다면, 나는 이 경우 티치오의 가능한 모든 욕망으로부터 다른 사람들을 보호하기 위해 그를 경고용 수단으로 사용한 것이 아니겠습니까? 티치오에게 전할 메시지로 카이오를 사용하는 것이 정당하다면, 왜 아돌프에게 필요한 비누를 생산하기 위해 사무엘을 이용하는 것은 정당하지 않을까요?

렌초 거기에는 상당한 차이가 있어요. 카이오는 범죄를 저질렀기 때문에 그는 복수를 위해서가 아니라, 정의를 위해서 자신의 행위에 대한 벌을 받는 것이 정당합니다. 그러나 사무엘은 죄가 없어요, 카이오와는 다릅니다.

에코 그렇다면 당신은 카이오가 티치오를 공포에 떨게 만들기 위해 살해되어야 한다는 것에 대해서는 생각하지 않고 단순히 카이오가 (상대에게) 고통을 준 만큼 고통을 받아야 한다는 것만을 고집하는군요.

렌초 두 가지 다입니다. 저는 카이오를 수단으로 사용할 수 있다고 봅니다. 왜냐하면 그의 죽음은 다른 사람들의 죽음을 예방하는 데 사용되기 때문입니다. 사람들은 당신이 상대에게 고통을 주는 것으로 인해 당신 자신이 고통을 받는다는 사실을 알고 있습니다. 국가는 법의 엄격한 잣대를 가지고 시민들의 안전을 보장합니다. 그리고 안전을 보장하는 데 추상적이고 엄격하고 숭고한 〈동해형법(同害刑法)〉[1]이 유익하다면 이를 충분히 적용할 수 있다고 봅니다. 왜냐하면 고대의 지혜를 포함하고 있기 때문입니다. 국가의 동해형법은 복수가 아니라 기하학입니다.

에코 고대의 지혜를 무시할 생각은 없습니다. 그렇다면 렌초 씨에게 한 가지 묻고 싶습니다. 제가 보기에 당신은 법에 대해 매우 엄격하고 초인적인 생각을 갖고 있는데, 그렇다면 당신은 국가가 내린 죽음은 살인이 아니라 동형의 분배이며, 그리고 만약 국가가 추첨이나 순번제로 당신을 뽑아 살인자에게 죽음을 내리는 일을 맡긴다면 그 일을 하실 겁니까?

렌초 거부하지는 않을 겁니다. 그리고 죄책감에 시달리지도 않을 겁니다. 사형 제도를 주장하는 사람은, 우리의 공동체가 명령하는 경우 이를 거부하지 말아야 한다고 생각해요.

에코 그렇다면 살인만큼이나 증오스럽고 끔찍한 범죄는 또 없을까요? 댁의 아이를 죽이는 대신 비인간적인 폭력과 남색 행위를 저질러, 그로 인해 댁의 아들이 평생 동안 고통 속에서 살아간다면 당신은 뭐라고 말하시겠습니까?

렌초 그 경우 죄과는 살인보다는 심각하지 않다고 해도 결

---

[1] 가해자가 피해자에게 입힌 손해만큼 가해자에게도 해를 입히는 것.

코 덜하지도 않겠지요.

에코 국가가 동해형법을 채택할 경우, 법의 영역 내에서 그 범죄자에게 동일한 형벌, 즉 남색 행위를 가해야 하지 않을까요?

렌초 좀 더 생각해 보아야 하겠지만, 그렇게 해야 하지 않겠습니까?

에코 만약 국가가 제비뽑기나 순번제로 당신을 선택하여 그 범죄자에게 남색 행위를 가하라고 한다면 당신은 그 일을 하시겠습니까?

렌초 아뇨! 그런 추악한 성도착증적인 행위는 하고 싶지 않습니다.

에코 당신이 살인마적인 기질을 가진 사람이기 때문입니까?

렌초 저를 혼란스럽게 만들지 마십시오. 당신이 가정한 두 번째 경우는 정말 구역질 나는군요.

에코 그럼 첫 번째 사례는 당신에게 사디스트적인 쾌락과 즐거움을 주나요?

렌초 제가 하지도 않은 말을 한 것처럼 유도하지 마세요. 살인을 한다고 해서 저 자신에게 해가 되지는 않겠지만, 반면 제가 싫은 것을 해야 한다면 정말 고통스러울 겁니다. 국가는 야만적인 행위를 처벌하기 위해 저를 고통스럽게 만들 권리가 없습니다.

에코 그것이 바로 제가 말했듯이, 당신은 수단이기를 원하지 않는다는 것입니다.

렌초 아닙니다. 그렇지 않아요.

에코 어쨌든 당신은 살아 있는 사람을 죽이는 겁니다. 그것도 다른 사람들을 공포에 떨게 만들기 위한 수단으로 말입니다.

렌초 맞아요. 하지만 그 범죄자는 죄를 저질렀어요. 때문에 그는 인간 이하의 저질에 불과합니다. 그렇지 않나요?

에코 아니죠. 그 범죄자를 인간 이하라고 생각하는 사람들은 오히려 임신 중절의 관행에 반대하는데 저로서는 불쾌합니다. 그 사람들은 착상된 태아까지도 예외 없이 인간이라고 주장합니다. 그들의 생각이 모순적이지 않나요?

렌초 저를 혼란스럽게 만들고 계시는군요. 그럼 정당방위는 어떤 경우인가요?

에코 그건 말이죠. 예를 들어 두 사람이 있는데, 그중 한 사람은 상대방을 자신의 수단으로 만들려 하고, 다른 사람은 이를 피하려 합니다. 가능하다면 상대방을 죽이지 않는 것이 좋겠지만, 그렇지 않은 경우에는 상대방이 해로운 행동을 하지 못하게 만드는 것이 불가피합니다. 이런 경우, 무죄인 사람의 권리와 죄인의 권리 중에서는 전자가 우선합니다.

그러나 죄인을 처벌하는 국가는 그러한 행위를 하지 못하도록 하지 않고 단순히 ― 다시 말하지만 ― 그를 수단으로 사용합니다. 인간보다 못한 인간들이 있다는 사실을 전제로 한 인간을 수단으로 사용하게 되면 국가를 지탱하는 계약 그 자체가 무너집니다. 이처럼 임신 중절의 문제는 사람을 죽이는 것이 정당한가에 대한 질문과는 무관합니다. 오히려 배아가 인간인가, 그리고 자궁 깊숙한 곳에서 착상된 무정형의 배(胚)에 불과한 상태를 사회 계약의 법에 따라 인간으로 인정해야 하는가 아니면 모친의 일부인가에 대한 문제들과 밀접한 관계를 가집니다.

그러나 살인자는 이미 사회 계약에 포함된 만큼, 모든 효력을 가지는 인간입니다. 만약 그 살인자를 다른 사람에 비해 인간 이하라고 생각한다면 당신은 미래에 사형 제도를 열성적으로 옹호하는 사람들을 인간 이하의 존재로 간주하게 될 것이며 다른 사람들이 이같이 건전하지 못한 생각을 하지 않도록 그들을 죽이자는 제안을 하게 될 것입니다.

렌초 그렇다면 도대체 뭘 어떻게 하자는 말인가요?

에코 자신의 거대한 저택에서 베르가모의 은행으로 스페인 금화를 밀수하고, 그리소로 하여금 죽이지 않는 대신 몸값을 받아 내도록 부추기면서 마피아들을 통제하지 않는 것에 대해 돈 로드리고에게 물어보기 바랍니다.

렌초 좋습니다. 제가 돈 로드리고에게 물어본다면 뭐가 달라지나요?

에코 당신은 그리소를 단두대로 보낸다고 해서 당신 아이들의 생명을 보장받지 못할 것이라는 사실을 이해하게 될 것입니다. 왜냐하면 돈 로드리고는 그리소가 죽더라도 눈 하나 깜짝하지 않을 것이기 때문입니다.

렌초 그럼 무엇으로 돈 로드리고를 공포에 떨게 만들 수 있나요?

에코 독재자를 살해하면 됩니다. 하지만, 이건 또 다른 이야기의 시작일 뿐입니다.

(1975)

> # 4
> 지구촌 연대기

기호학의 게릴라[1]

불과 얼마 전까지만 해도 국가 권력을 장악하기 위해서는 군대와 경찰을 통제하는 것으로 충분했다. 오늘날 파시스트 장성들이 쿠데타를 일으킬 목적으로 탱크를 동원하는 것은 오직 후진국에서나 볼 수 있는 광경이다. 고도의 산업화에 성공한 국가의 경우, 상황은 완전히 달라진다. 그 한 가지 사례로, 흐루쇼프가 실각한 지 불과 하루 만에 「프라우다」와 「이즈베스티야」, 그리고 일련의 라디오와 텔레비전 방송국의 편집장들이 교체되었으며 군대는 그 어떤 움직임도 보이지 않았다. 오늘날에는 커뮤니케이션을 장악하는 자가 국가를 통제한다.

만약 역사의 가르침으로도 충분하지 않다면, 아리스토텔레스가 말했듯이, 거의 현실이나 다름없는 허구에 도움을 기대할 수 있다. 얼마 전에 극장가에서 개봉되었던 세 편의 미국 영화 「5월의 7일간」, 「닥터 스트레인지러브」 그리고 「페일 세이프」를 떠올려 보자. 이들은 한결같이 미국 정부에 대한 쿠데타 가능성을 주제로 다루고 있다. 군인들은 폭력적인

---

[1] *International Center for Communication, Art and Sciences*, Vision 67, New York, 1967년 10월.

무력을 앞세우기보다는 오히려 전신, 전화, 라디오 그리고 텔레비전을 통제하는 방식으로 국가를 장악하려고 한다.

완전히 낯선 것들에 대해서 말하려는 것이 아니다. 커뮤니케이션 학자들은 물론, 대중도 커뮤니케이션의 시대에 살고 있음을 인정한다. 마셜 매클루언 교수의 말처럼, 정보는 더 이상 경제적 재화를 생산하기 위한 하나의 도구가 아니다. 커뮤니케이션 자체가 재화의 핵심이다. 커뮤니케이션은 중공업의 형태를 갖추고 있다. 경제력이 생산 수단을 소유한 자들로부터 생산 수단을 제한할 수 있는 정보 수단을 장악한 자들의 손으로 넘어갔다. 이러한 상황에서 소외의 문제도 새로운 양상을 맞이하고 있다. 전 우주를 뒤덮고 있는 통신망의 이면에서 세계의 모든 시민들은 새로운 프롤레타리아의 일원으로 전락하고 있다. 그럼에도 이러한 프롤레타리아를 향해 그 어떤 혁명적 시위도 〈전 세계 프롤레타리아 계급이여, 단결하라〉고 호소할 수 없다. 왜냐하면 생산 수단으로서의 통신 수단들이 소유주의 교체에도 불구하고 종속의 현실에서 벗어나지 못하기 때문이다. 따라서 통신 수단들이 공동체에 소속된 상황에서도 여전히 소외를 위한 도구로 남을 것인가를 생각해 보는 것이 차라리 나을 것이다.

신문을 두려움의 대상으로 만드는 것은 이를 경영하는 경제, 정치 세력이 아니다. 신문은 발간 초기부터 이미 여론 형성의 수단으로 등장했다. 누군가 지면이 허용하는 범위 내에서 취향, 사회적 신분, 그리고 교육 수준이 천차만별인 국민 모두가 읽을 수 있는 기사들을 매일같이 작성해야 한다면 집필자의 자유는 이미 끝난 것이나 다름없다. 전달하려는 내용이 저자가 아니라 미디어의 기술적이고 사회학적인 요인들에 의해 제한을 받기 때문이다.

이 모든 것에 대해 대중문화의 혹독한 비판이 시작된 것은 이미 오래전부터이다. 비판의 골자는 〈대중 매체의 수단들은 이념을 동반하지 않는다. 이들이 이념 그 자체다〉라는 것이다. 과거에 본인이 한 저서에서 〈묵시론적〉이라고 정의했던 것은 지금의 이와 같은 상황을 암시하고 있다. 즉, 대중 매체의 다양한 통로들을 통해 무엇을 전달하는가는 중요하지 않다. 뿐만 아니라 독자가 다양한 채널을 통해 그것도 동시에 정형화된 형태의 수많은 기사를 접하는 순간, 이러한 정보의 성격은 별로 중요하지 않다. 오히려 중요한 것은 단계적이고 획일적인 정보의 홍수이며, 이때 기사의 다양한 내용은 평준화되고 서로의 차이를 상실한다.

매클루언 교수는 자신의 『미디어의 이해』에서 이러한 사실을 이미 지적한 바 있다. 예외적으로 묵시론자들은 이러한 확신을 비극적인 결말로 유도했다. 다시 말해 대중 매체 메시지의 수신자들이 커뮤니케이션의 내용에서 벗어나 포괄적인 이념 교육만을 수용하고 수동적인 성향으로 빠져든다는 것이다. 대중 매체가 승리하는 순간, 인간은 죽은 것이나 다름없다.

한편, 매클루언 교수는 동일한 전제에서 출발하여, 대중 매체가 승리하는 순간에 구텐베르크 스타일의 인간이 사라지고 지금과는 다른 방식으로 세상을 〈인식〉하는 새로운 유형의 인간이 등장한다는 결론에 도달했다. 이러한 인간이 최선인지 최악인지는 알 수 없지만, 새로운 유형의 인간인 것만은 분명하다. 묵시론자들이 역사의 종말로 간주한 곳에서 매클루언 교수는 새로운 역사의 시작을 목격했다. 그러나 이것은 엄격한 채식주의자와 LSD 소비자의 논쟁에서 전자는 마약을 이성의 종말로 보는 반면, 후자는 마약을 새로운 감수성의 시작으로 간주하는 것과 마찬가지다. 물론 양측 모두 환각제의 화학적 구성에 대해서는 동감한다.

반면 커뮤니케이션 전문가들이 제기하는 문제는 모든 커뮤니케이션 행위들에 있어 화학적 구성이 동일한가이다.

계몽주의적인 유형의 극히 단순한 낙관주의를 주장하는 교육자들이 없는 것은 아니다. 이들은 메시지의 내용이 발휘하는 힘에 대해 확고한 신념을 가지고 있다. 또한 이들은 텔레비전 프로그램, 공익 광고의 신뢰성, 주요 신문 기사의 정확성을 바꿈으로써 의식의 전환을 가져올 수 있다고 믿는다.

나는 〈미디어는 메시지다〉라고 주장하는 수없이 많은 사람들에게 여러 단편 만화와 연재만화에서 발견할 수 있는 이미지를 떠올려 보도록 권하고 싶다. 이 이미지는 조금은 낡고 인종주의적 냄새를 풍기지만, 이러한 상황에서는 상당히 효과적이다. 즉 자명종을 목걸이로 걸고 있는 식인종 추장의 이미지와 같다고 할 것이다.

이러한 방식으로 치장한 식인종 추장이 아직도 존재한다고는 믿지 않는다. 하지만 우리들 각자는 일상생활의 다양한 경험들에 모델을 제시할 수 있다. 커뮤니케이션 세계는 시간 측정의 도구를 〈op〉 보석으로 바꾸는 식인종들로 가득하다.

만약 이것이 실현된다면 〈미디어는 메시지다〉는 사실이 아니다. 우리는 시간을 획일적인 부분들로 나눈 공간의 형태로 생각하는 데 익숙하기 때문에, 시계의 발명이 몇몇 사람들의 경우에는 (시간을) 감지하는 방식을 바꾸었을지 모른다. 하지만 〈메시지-시계〉가 무언가 다른 것을 의미한다고 생각하는 사람도 있기 마련이다.

또한 이것이 사실이라면 메시지의 형태와 내용들에 대한 행위가 이를 수용하는 사람의 의식을 변화시킬 수 있다는 것도 사실이 아니다. 누군가는 메시지를 수신한 순간부터 이를 다른 방식으로 읽을 여분의 자유를 가진다.

나는 〈다르다〉고 했지 〈실수했다〉고는 말하지 않았다. 이 주제에 대해 좀 더 정확하게 말하려면 커뮤니케이션의 메커니즘 자체에 대한 간단한 조사가 필요하다.

통신망은 방송국이 통신 채널을 통해 신호를 송출하는 발신기를 매개로 한다. 발신 채널의 마지막 지점에서 신호는 수신기를 통해 수신자에게 메시지로 전환된다. 이러한 정상적인 통신망은 발신 채널을 따라 소음이 발생될 수 있기 때문에 정보가 명확하게 전달될 때까지 메시지를 충분히 전달해야 한다. 그러나 이러한 망의 또 다른 근본적인 요인은 코드인데, 이는 수신자에게나 발신자에게 공통이다. 코드는 이미 정해진 개연적 체계이며 오직 이를 기초로만 메시지의 요소들이 잡음에 의한 결과인지 아니면 송신자가 의도한 것인지를 파악할 수 있다. 통신망의 여러 지점들을 분명하게 유지하는 것은 매우 중요하다. 그 이유는 이를 소홀히 할 경우 현상에 대한 주의 깊은 관찰을 방해하는 요인들이 발생할 수 있기 때문이다. 예를 들어 미디어의 성격에 대한 마셜 매클루언의 연구 대부분은 그가 때로는 발신 채널로, 때로는 코드로, 때로는 메시지의 형태로 환원될 수 있는 현상들을 미디어로 정의한 것에서 기인한다. 알파벳은 경제적 기준에 따라 발성 장치들의 가능성을 감소시키고, 이렇게 함으로써 경험을 전송하기 위한 코드를 제공한다. 그리고 그 통로는 모든 커뮤니케이션을 자유롭게 하는 긴 채널을 제공한다. 흔히 알파벳과 채널을 미디어라고 말하는 것은 코드와 채널을 같다고 보는 것이다. 또한 유클리드 기하학과 의복이 미디어라고 말하는 것은 코드(유클리드 기하학의 여러 요인들은 경험을 공식화하고 이를 전달 가능하게 만드는 방식이다)와 메시지(내가 입은 옷은 의복이라는 코드, 즉 사회적으로 수용된 관습을 통해 주변 사람들에게 나의 성향을 전달한다)를 같다고 착각하는 것이다. 빛이 미디어라고 말하는 것은 전자가 적어도 세 가지의 개념을 가지고 있다는 사실을 무시하는 것이다. 첫째, 빛은 정보 신호일 수 있으며(모스 부호에 기초하여 특별한 메시지를 의미하는 자극을 전달하기 위해 전기를 이용한다), 둘째, 빛은 메시지일 수 있으며(만약 애인이 창문에 빛을 내보이면 남편이 떠났다는 것을 의미한다), 셋째, 빛은 통로일 수 있다(방에 불을 켜면 메시지인 책을 읽을 수 있다). 이상 세 가지 경우에 있어서 빛이 사회에 미치는 효과는 통신망에서의 역할에 따라 다양하게 나타난다.

그러나 위의 사례들과 관련하여 세 가지 경우 각각에서 메시지의 의미는 해석 대상인 코드에 따라 변한다. 빛의 신호를 전달하기 위해 모스 부호를 사용할 때, 빛이 신호라는 사실은 수신자가 모스 부호를 알고 있는가보다 더욱 중요하다. 만약 위의 세 가지 사례 중에 두 번째 경우에서 나의 애인이 〈남편이 집에 있다〉는 메시지를 모스 부호로 전달하기 위해 빛을 신호로 사용하지만, 나는 이미 약속된 부호를 계속해서 고집하며 이 때문에 켜진 빛이 남편이 부재한 것으로 이해하는데, 이때 나의 행동을 결정하는 것은 메시지의 형태나 송신자가 의도하는 내용이 아니라, 내가 사용하는 코드이다. 코드의 사용은 구체적인 내용을 빛 신호에 부여하는 것이다. 구텐베르크 은하계에서 범커뮤니케이션의 새로운 마을로 이동한다고 해서 배신과 질투의 영원한 드라마가 나와 애인 그리고 남편 사이에서 폭발하는 것을 막을 수는 없을 것이다.

이와 같은 의미에서 앞서 언급한 통신망은 다음과 같이 바뀔 것이다. 수신기는 신호를 메시지로 전환하지만, 아직 메시지는 수신자가 적용 코드에 따라 다양한 의미를 부여할 수 있는 속이 빈 형태에 불과하다.

만약 내가 〈*no more*〉라는 문장을 쓴다면 사람들은 이를 영어 코드의 빛으로 해석하여 좀 더 명확한 의미로 이해할 것이다. 그렇지만 이탈리아 사람이 이 문장을 읽는다면 〈검은 딸기가 아니다〉 또는 〈아니요, 나는 검은 딸기를 좋아합니다〉로 이해할 것이다. 더 나아가 이탈리아 청취자가 식물학 체계가 아닌 법적 체계에 근거한다면 그는 이를 〈집행 유예 중지〉로 이해할 것이다. 그리고 만약 에로틱한 차원에 의지한다면 위의 〈*no more*〉는 〈신사는 금발을 좋아하나요?〉의 질문에 대한 〈아니요, 갈색 머리를 좋아합니다〉라는 답변으로 들릴지도 모른다.

물론 일상적인 인간 대 인간의 정상적인 커뮤니케이션에 있어서 오해의 소지는 거의 없다. 코드가 이미 설정되어 있기 때문이다. 그러나 극단적인 경우도 없는 것은 아니다. 가장 먼저 미학적 커뮤니케이션이 그것인데, 이 경우에 메시지는 서로 다른 장소와 시간에 예술품과 이를 감상하는 사람들이 서로 다른 코드를 사용하는 것을 자극하기 위해 의도적으로 모호하다.

만약 일상의 커뮤니케이션에서 모호함이 배제된다면, 미학적 커뮤니케이션에서는 이것을 의도적으로 포함한다. 매스 커뮤니케이션의 경우 모호함은 무시되지만 그럼에도 엄연히 존재한다. 매스 커뮤니케이션은 중앙 송출 장치가 산업으로의 조직을 갖추는 방식에 따라 유일하고 집중된 구조로 성장할 때 출현한다. 채널은 신호의 형태 그 자체에 영향을 미치는 기술의 재발견이다. 수신자들은 전 세계 여러 지역에 흩어져 있는 모든 인간들의 전체(또는 대다수)이다. 미국 학자들은 도시 주변의 중산층 부인들을 대상으로 제작된 총천연색의 애정 영화가 제3세계의 한 마을에서 상영될 때, 이것이 무엇을 의미하는지 잘 알고 있다. 그러나 텔레비전의 메시지가 상업 방송국으로부터 송출되어 북부의 산업 도시들과 남부의 외진 농촌 마을, 즉 수 세기의 역사를 통해 사회적 환경이 완전히 달라진 두 지역에 동시 방영되는 이탈리아에서는 이러한 현상이 일상적으로 벌어진다.

그러나 이러한 사실은 조금은 역설적인 고찰로도 충분히 이해가 가능하다. 언젠가 미국의 잡지 『에로스』에서 백인 여성과 흑인 남성이 벌거벗은 상태로 키스하는 사진을 실은 적이 있었다. 이와 동일한 이미지가 수많은 시청자를 보유한 어느 텔레비전 채널을 통해 방송되었다고 생각해 보자. 앨라배마 주지사의 반응은 앨런 긴즈버그의 그것과 사뭇 달랐을 것이 분명하다. 캘리포니아의 히피족과 마을의 토박이들은 이러한 이미지를 새로운 공동체에 대한 약속으로 받아들였을 터이지만, KKK단은 강간이라는 심각한 폭력으로 이해했을 것이 확실하다.

매스 커뮤니케이션의 세계는 이러한 불일치의 해석으로 가득하다. 해석의 다양성은 매스 커뮤니케이션의 불변의 법칙으로도 이해될 수 있다. 메시지는 방송국에서 출발하여 사회적으로 서로 다른 환경에 도달한다. 그리고 이곳에서 다양한 코드로 작동한다. 밀라노 은행의 한 직원에게는 텔레비전의 냉장고 광고가 구매를 자극할 수도 있겠지만, 칼라브리아 주의 실직한 농민에게는 자신과는 무관한 복지의 세계이며 정복해야 할 대상이라는 인상을 줄 수 있다. 바로 이러한 사실 때문에 후진국들에서 텔레비전 광고는 거의 혁명적인 메시지에 해당한다.

매스 커뮤니케이션의 문제는 지금까지 이러한 해석의 다양성이 우연한 것이었다는 사실에 있다. 그 누구도 수신자의 메시지 사용 방식을 통제하지 않는다. 비록 〈미디어는 메시지가 아니다〉, 〈메시지는 코드에 의존한다〉고 할지라도, 커뮤니케이션 시대의 문제는 여전히 풀리지 않는다. 묵시론자들은 〈미디어는 이념을 전달하지 않으며 그 자체가 이념이다. 텔레비전은 선진 산업 사회의 이념을 수용하는 커뮤니케이션의 형태이다〉라고 말한다. 이에 대해 우리는 〈미디어는 수신자가 자신이 살고 있는 사회의 현실, 교육의 정도 그리고 그 순간의 심리적 상태에서 형성하는 코드의 형태로 전환된 이념들을 전달한다〉고 주장한다. 이러한 경우에 매스 커뮤니케이션 현상은 거의 변하지 않는다. 즉, 우리가 결코 통제할 수 없는 매우 강력한 수단이 존재하며, 생산 수단과는 달리 개인이나 집단의 의지로 통제되지 않는 커뮤니케이션 수단들이 존재한다. 이러한 위대한 수단들 앞에서 우리는 CBS 사장에서 미국의 대통령에 이르기까지, 마르틴 하이데거에서 나일 강 삼각주의 미천한 농부에 이르기까지, 모두가 프롤레타리아이다.

어쨌거나 나는 각각의 다양한 관점에 결점이 있다면 그것은 우리 모두가 커뮤니케이션의 기술 세계에서 벌이고 있는 전투를 승리로 이끌기 위한 전략에 전적으로 의존하고 있다는 점이라고 생각한다.

보통, 정치인과 교육가 그리고 커뮤니케이션 학자들은 미디어 권력을 통제하기 위해서는 커뮤니케이션 작용의 핵심인 방송국과 채널을 통제해야 한다고 주장한다. 이렇게 해야만 메시지에 대한 통제가 가능하다고 믿는다. 하지만 정작 통제되는 것은 속이 빈 형태의 메시지에 불과하며 청취자는 이 메시지에 자신의 문화 모델과 인류학적 현실을 반영하는 의미들을 부여한다. 이와 관련하여 전략적 해결책은 〈이탈리아 국영 방송국 RAI의 사장실을 점령해야 한다〉, 또는 〈이탈리아 정보부 장관의 집무실을 점령할 필요가 있다〉, 또는 (이탈리아의 일간 신문인) 「코리에레 델라 세라」의 사장실을 점령해야 한다〉는 것으로 생각해 볼 수 있다. 나는 이러한 전략적 계획이 정치적 또는 경제적 성공을 준비하는 사람에게는 매우 만족스러운 결과를 가져다줄 것이라는 사실을 부인하지 않는다. 하지만 이러한 노력이 커뮤니케이션의 전반적인 현상에 직면한 모든 인간들에게 어느 정도의 자유를 되돌려줄 것이라고 기대하는 사람에게는 유감스럽게도 미미한 성과만 있을 뿐이다.

그러므로 앞으로는 게릴라 전술이 필요하다고 본다. 세계의 모든 지역에서 텔레비전의 맨 앞자리(물론 영화, 트랜지스터라디오, 모든 신문의 1면을 차지하는 모든 그룹 지도자들의 자리)를 점거해야 한다. 〈만약 여러분이 조금 덜 역설적인 공식을 원한다면, 나는 커뮤니케이션 시대의 책임 있는 한 인간의 자격으로 수행하는 인간 생존의 전투를 커뮤니케이션이 시작되는 지점에서는 이길 수 없지만, 도달하는 곳에서는 충분히 이길 수 있다고 말할 것이다.〉 내가 게릴라 전투를 언급한 것은 어렵고 역설적인 운명이 우리, 즉 커뮤니케이션 학자들과 기술자들을 기다리고 있기 때문이다. 즉 커뮤니케이션의 다양한 시스템은 하나의 산업화된 방송국과 전 세계에 흩어져 있는 청취자들에게 도달하는 하나의 메시지를 제공한다. 이때 우리는 전 세계 모든 청취자가 수신된 메시지를 수신 코드에 비추어 토론하고 이를 다시 송출 코드와 비교하도록 해주는 커뮤니케이션 시스템 전반을 인식하는 능력을 가지고 있어야 한다.

텔레비전을 시청하는 모든 그룹들로 하여금 수신한 메시지에 대해 토론하도록 유도하는 정당은 방송국이 이 메시지에 부여한 의미를 변화시킬 수 있다. 또한 수신자들이 청취하는 메시지에 대해 토론을 하도록 유도하는 교육 조직이 있다면 이는 메시지의 의미를 완전히 바꾸어 버릴 수 있다. 뿐만 아니라 이 메시지가 전혀 다른 방식들로 해석될 수도 있음을 보여 줄 수 있다.

그러나 주의할 점이 있다. 나는 결코 여론을 통제하기 위한 새롭고 무시무시한 방법을 제안하는 것이 아니다. 오히려 나는 청취자들로 하여금 메시지와 해석의 수많은 가능성을 통제하는 행동을 권고하고 있다.

미래의 학자들과 교육가들에게 암스테르담의 반부르주아 저항 운동가들의 운동과 같은 철저한 게릴라 전투를 위해 신문 편집과 텔레비전에 대한 연구를 포기하도록 종용한다면 이들에게 공포심을 줄 뿐 아니라 지나치게 순수한 유토피아적 발상으로 보일 수 있다. 그러나 만약 커뮤니케이션의 시대가 오늘날 가장 그럴듯해 보이는 방향으로 전개된다면 이는 자유인들을 위한 유일한 구원이 될 것이다. 어떤 것이 이러한 문화 게릴라 전투의 방식들일 수 있는가는 아직도 연구 대상이다. 아마도 여러 매스 커뮤니케이션의 상호 관계에서는 다른 미디어에 대한 일련의 판단을 전달하기 위한 미디어를 채택할 수 있을 것이다. 어떤 제한적인 상황에서 본다면 신문이 그 대표적인 사례인데, 왜냐하면 텔레비전의 프로그램을 비평하는 기능을 수행하기 때문이다. 그러나 사람들이 우리가 원하는 방식으로 신문 기사를 읽는다고 어느 누가 장담할 수 있겠는가? 그렇다면 확고한 의식을 가지고 신문 읽는 법을 가르치기 위해 다른 미디어를 선택해야만 한다는 말인가?

히피나 비트족, 뉴보헤미안이나 학생 운동 등과 같이 대중에서 이탈된 자들의 현상은 우리에게 산업 사회에 대한 부정적인 대답으로 비친다. 즉 이들은 기술 커뮤니케이션 사회를 거부하며 사회생활의 대안적인 형태를 추구한다. 물론 이들이 추구하는 형태는 텔레비전, 언론, 음반 회사 등으로 대변되는 기술 사회의 수단들을 활용하여 실현할 수 있다. 따라서 이들은 일정 범위에서 이탈하지 않은 채, 마지못해 그 내부에 안주한다. 혁명은 종종 가장 회화적인 통합의 형태로 해결되기도 한다.

그러나 커뮤니케이션의 산업화되지 못한 형태들은 히피족들의 러브인*love-in*에서 대학 캠퍼스 잔디밭의 학생 모임에 이르는, 미래의 커뮤니케이션 게릴라 전투의 형태로 발전할 충분한 개연성을 가지고 있다. 예를 들어 기술 커뮤니케이션의 여러 가시적 현상들에 대한 보완적 징후들, 전망에 대한 지속적 수정, 코드 확인, 대중의 메시지들에 대한 새로운 해석이 이러한 개연성을 뒷받침하는 증거라고 할 것이다. 이러한 상황에서 커뮤니케이션의 게릴라들은 기술 커뮤니케이션 세계에 침투하여, 수동적 개념들에 비판의 여지를 재도입할지도 모른다. 이제 위협으로 인해 〈미디어는 메시지이다〉라고 말하는 것은 미디어와 메시지의 문제에 직면한 상태에서 개인의 책임감에 대한 문제로 회귀할지도 모른다. 그렇다면 기술 커뮤니케이션이라는 익명의 신성 앞에서 우리는 〈너의 의지가 아닌 우리의 뜻이 이루어질지어다〉라고 대답할지도 모른다.

(1967)

미디어의 증가

한 달 전 어느 날, 우리는 아직까지도 놀라움과 애정 그리고 존경심으로 기억하고 있는 스탠리 큐브릭의 「2001년 스페이스 오디세이」를 텔레비전에서 다시 볼 수 있었다. 이 영화를 본 후에 나는 많은 친구들에게 어떤 느낌이었는지를 물어본 결과, 한결같이 실망했다는 것이었다.

사실 이 영화는 그리 오래지 않은 과거에 새로운 기술과 영상의 차원은 물론, 형이상학적 차원에서 우리의 감탄을 자아낸 바 있었다. 그러나 지금 다시 보니 이미 지겹게 보았던 것들을 피곤할 정도로 반복하는 것처럼 보인다. 편집증적인 특성이 다분한 이 컴퓨터 드라마는 다시 보는 상황에서도 여전히 긴장감을 주기는 하지만, 더 이상 탄성을 자아내지는 못했다. 원숭이들이 등장하는 시작 부분은 여전히 멋진 영화의 일부를 구성했다. 그러나 이어 등장하는 비(非)공기 역학적인 우주선의 모습은 어느덧 세월이 지나 성인이 되어 버린 우리 자식들이 어린 시절에 가지고 놀던 플라스틱 장난감 통 속에서나 발견될 뿐이다. 마지막 장면은 키치이고(사이비 철학의 모호함이며 이를 배경으로 사람들은 자신들이 원하는 알레고리를 남발한다), 그 나머지는 레코드, 음악 그리고 재킷에 지나지 않다.

그럼에도 제작 당시의 큐브릭은 천재적인 혁신가였다. 그러나 문제는 여기에 있다. 즉 매스 미디어는 계보학적일 뿐 기억을 가지고 있지 않다. 이 두 가지 특성이 양립할 수 없는 관계를 형성하고 있기 때문이다. 매스 미디어가 계보학적인 또 다른 이유는 그 속에서 새로운 발명이 연속적인 모방을 반복하면서, 일종의 공통된 언어를 양산하기 때문이다. 그리고 매스 미디어가 기억력을 가지고 있지 못한 것은, 연속적인 모방을 생산해 내었듯이 아무도 누가 시작했는지를 기억할 수 없으며, 시조와 마지막 후손을 쉽게 혼동하기 때문이다. 그 외에도 미디어는 계속해서 배우기 때문에 별들의 전쟁에 등장하는 큐브릭의 우주선들로부터 아무런 부끄러움도 없이 그대로 모방된 우주선들은 그 시조에 비해 좀 더 복잡하고 그럴듯하게 보이며, 이 때문에 시조가 오히려 그것들을 모방하여 제작된 것처럼 보인다.

무엇 때문에 전통 예술의 분야에서는 이러한 현상이 발생하지 않는지, 왜 카라바조가 자신을 모방한 아류들보다 더 훌륭한지 그리고 어째서 작가인 리슈부르Richebourg 부인이 발자크와 혼동될 수 없는지를 생각해 보는 것은 매우 흥미롭다. 매스 미디어에서는 모방이 아니라 기술적 실현이 더 우세하며, 기술적 모방은 모방 가능하고 완벽해질 수 있는 것이라고 할 수 있다. 그러나 이것이 전부는 아니다. 예를 들어 빔 벤더스Wim Wenders의 영화「해밋」은 기술적으로 휴스턴 감독의「몰타의 매」보다 더 정교하며 후자가 오직 흥미로울 뿐이라면 전자는 종교성을 가진다. 그러므로 우리 대중의 기다림의 지평 또는 시스템이 작용하는 셈이다. 벤더스가 휴스턴만큼 나이 든 후에도 우리는 그에게서 이전과 같은 동일한 감동을 느낄 수 있을까? 하지만 이 자리에서 이렇듯 수많은 문제들을 생각해 보고 싶지는 않다. 그러나 나는 우리가 영화 「몰타의 매」에서 벤더스에게는 상실된 천재성을 항상 즐기고 있다고 믿는다. 벤더스의 영화는 「몰타의 매」와는 달리, 매스 미디어들의 관계뿐만 아니라 매스 미디어와 소위 말하는 〈고급〉예술의 관계까지도 바꾸어 버린 세계에서 이미 활동하고 있다. 「몰타의 매」는 영상 예술이나 문학과의 직접적이고 의도적인 관계 없이 만들어진 까닭에 천재적이라고 할 것이다. 반면 벤더스의 영화는 이러한 관계들이 불가피하게 섞여 버렸기에 비틀스가 서양의 거대한 음악 전통에서 벗어났는지, 만화들이 팝 아트를 통해 박물관에 전시되었는지를 말하기가 매우 어려운 세계에 이미 발을 들여놓았다. 그러나 박물관 예술은 구이도 크레팍스, 우고 프라트, 뫼비우스 또는 필리프 드루예 Philippe Drouillet로 대표되는 평범한 문화를 통해 만화에 포함되었다. 청소년들은 이틀 밤 동안 계속해서 체육관을 가득 메운 채로 첫째 날에는 비지스의 공연을, 둘째 날에는 존 케이지 또는 사티의 공연을, 그리고 셋째 날 저녁에는 몬테베르디, 오펜바흐의 곡과 함께 공연한 (이제는 더 이상 들을 수 없는) 캐시 버베리언의 콘서트를 관람했다. 이 공연에서 버베리언은 비틀스의 노래들을 퍼셀식으로 변주하여 불렀지만, 이전에 이미 인용되었던 부분들과 비의도적으로 수정된 부분만을 제외한다면 아무것도 각색하지 않았다.

우리와 대량 생산품들의 관계는 물론 고급 예술품들과의 관계도 바뀌었다. 차이는 줄어들거나 없어졌다. 그러나 차이가 존재하는 경우에도 일시적인 관계, 여러 계보들, 초기의 기술들과 이후의 기술들도 변형되어 버렸다. 문헌학자들은 이러한 사실을 잘 인식하고 있지만, 일반적인 사용자들은 그렇지 않다. 우리는 지난 1960년대의 계몽주의적 문화가 요구하는 것을 획득했으며, 그 결과 일반인들을 위한 대량 생산품들과 수준 높은 대중을 위한 난해한 상품들이 소비층을 달리하여 공존하는 상황이 더 이상 허용되지 않았다. 차이는 좁혀졌고 비평은 더욱 난처해졌다. 이러한 황당함은 최근 (이탈리아의 주간지인) 『레스프레소』가 마티아 바자르의 신곡들을 비평한 것에서 알 수 있다. 전통적인 비평은 최근의 조사 기술들이 만초니와 미키Mickey를 구분하지도 않은 채 획일적으로 분석하려 한다는 사실을 개탄하면서, 아울러 현대 예술의 변천 자체가 이러한 구분을 대수롭지 않게 생각한다는 사실도 지적했다. 좀 더 설명하는 의미에서 별로 유식하지 못한 사람이 만초니의 소설을 읽을 수 있다고 가정해 보자(하지만 그가 이해하는가의 문제는 별개이다). 그러나 그는 SF 만화 잡지 『메탈 위를랑』(최근 몇십 년간 소수의 행복을 위한 좋지 못한 의도의 실험들이 그렇듯이 때로는 난해하고, 때로는 변명을 늘어놓으며 지겹기까지 하다)을 읽지는 못할 것이다. 이것은 위의 사례에서와 같은 수평적 변화가 나타날 때에도 사태가 호전되는 것인지 악화되는 것인지에 대해 확신할 수 없음을 의미한다. 즉, 단순하게 변화된 것일 뿐이며 가치 판단에 있어서도 여러 변수들을 먼저 고려해야 할 것이다.

재미있는 사실은, 박사 학위를 가지고 교육에 종사하는 70대의 사람들(본인은 호적상의 나이가 아니라 건강상의 나이를 말하고 있다)보다 중학생들이 이러한 사실을 더 잘 알고 있다는 것이다. 중학교(와 고등학교) 선생들은 학생들이 〈디아볼릭〉을 읽기 때문에 공부하지 않으며, (디아볼릭, 뫼비우스와 함께 — 그리고 이들 간에는 산안토니오와 로브그리예 간의 차이와 동일한 차이가 존재한다) 헤르만 헤세의 『싯다르타』를 마치 로버트 퍼식의 『오토바이 관리의 선과 예술』에 대한 주석인 양 읽기 때문에 공부하지 않는다고 확신한다. 이 시점에서 학교도 (그동안 한 번도 시도하지 않았다면) 읽을 줄 아는 것과 관련하여 교과서를 재검토해야 한다. 그리고 무엇이 시이고 시가 아닌가에 대해서도 동일한 조치가 필요하다.

그러나 학교와 사회(물론 젊은이들에게만 국한된 것은 아니다)는 매스 미디어에 어떻게 반응할 것인가에 대한 교육을 제공해야 한다. 지난 1960년대와 1970년대에 언급되었던 모든 것은 이미 재검토되어야 한다. 그렇다면 당시의 우리 모두는 권력관계들의 모델에 기초한 매스 미디어 모델의 희생물(아마도 정당한)이었던 것이다. 이 모델은 중앙 송출 장치로서의 권력(경제와 정치 분야의)에 통제된 상황에서 정치적으로나 교육적으로 정확한 계획을 가지고, 누구나 인정하는 기술적 통로들(방송, 채널, 지국, 영화나 텔레비전의 자막, 라디오, 오프셋 인쇄의 한 페이지)을 통해 메시지를 송출한다. 그리고 이러한 상황에서 수신자들은 이념적 이론화의 희생자인 것이다. 그러므로 수신자들에게는 메시지를 접하여 이를 비판하도록 교육시키는 것으로 충분했다. 아마도 지적 자유와 비평적 인식 등의 시대가 도래한 것처럼 보인다. 이는 1968년의 변화를 주도한 세대의 꿈이기도 했다.

우리는 라디오와 텔레비전이 무엇인지를 잘 알고 있다. 이들은 다름 아닌 통제 불가능한 메시지로서, 우리 각자는 리모컨을 가지고 원하는 방식으로 이들을 구성한다. 사용자의 자유는 결코 증가하지 않을 것이다. 그러나 자유로워지고 통제될 수 있도록 이들을 교육시키기 위한 방식에는 변화가 있을 것이다. 그 외에도 두 가지 현상이 서서히 그 모습을 드러내는데, 이들은 미디어의 수적 증가와 미디어의 제곱이다.

오늘날 미디어의 수단은 무엇인가? 텔레비전 프로그램 방송인가? 물론 그러하다. 그러나 가상의 상황을 상상해 보자. 한 회사가 할미새가 새겨진 셔츠를 생산하여 판매를 위해 광고를 한다고 하자(전통적인 현상). 어느 한 세대는 이 셔츠를 입고 다니기 시작한다. 이 셔츠를 입는 각각의 소비자는 가슴 부분에 새겨진 할미새를 통해 광고를 하는 셈이다. 이것은 피아트 자동차 회사의 판다를 소유한 사람 각자가 광고자의 역할을 수행하는 것과 같다. 광고 대금을 지불하는 사람도, 이를 수입으로 얻는 사람도 존재하지 않는다. 한 텔레비전 프로그램 방송은 현실에 충실할 목적으로 할미새가 새겨진 셔츠를 입은 젊은이들을 보여 준다. 젊은이들(그리고 노인들)은 텔레비전 프로그램을 시청하고 할미새가 그려진 셔츠를 구입한다. 왜냐하면 이 셔츠를 입으면 젊어 보일 것 같기 때문이다.

그럼 매스 미디어의 수단은 어디에 존재하는가? 신문 광고인가, 프로그램 방송인가? 아니면 위에서 사례로 지적한 셔츠인가? 정답은 한 가지가 아니라 두 가지, 세 가지, 아마도 매스 미디어의 수많은 수단들이 존재하며 이들은 모두 각기 다른 채널에 작용한다. 매스 미디어의 수는 증가했다. 그러나 이들 중 몇몇은 미디어의 미디어로, 즉 미디어의 제곱으로 작용한다. 그럼 누가 메시지를 송출하는가? 누가 셔츠를 제작하고 누가 이를 알리고, 누가 텔레비전 채널에서 이에 대해 설명하는가? 누가 이념을 만들어 내는가? 이념에 대해 언급하기 위해서는 현상이 암시하는 것들, 즉 누가 셔츠를 생산하고 입고 다니며, 누가 이에 대해 말하는지가 의미하는 것에 대한 분석으로 충분하다. 그러나 어떤 의미에서는 원하는 채널에 따라 메시지의 의미와 어쩌면 이념적 무게까지도 바뀔 것이다. 권력은 더 이상 그 자체로는 존재하지 않는다(이는 우리에게 얼마나 위안이 되는가!). 우리는 권력을, 셔츠를 새롭게 디자인하려는 디자이너나 많은 수입을 올리고 직원들을 해고하지 않기 위해 제품을 여러 지역에서 가능한 한 많이 판매하려는 제품업자와 동일한 것으로 간주하기를 원하고 있는 것인가? 또는 이 셔츠를 입고 다니면서 젊음과 자유분방함 또는 행복의 이미지를 광고할 것인가? 또는 한 텔레비전 연출자가 어느 특정 세대를 대변하기 위해 자신의 프로그램에 등장하는 인물에게 이 셔츠를 입힐까? 아니면 가수가 (음반의) 비용을 충당하기 위해 이 셔츠의 스폰서 역할을 수락하려고 할까? 모든 것이 안팎에 존재한다. 따라서 권력은 더 이상 이해할 수 없으며 계획이 어디에서 유래하는지도 알 수 없다. 왜냐하면 계획은 물론 존재하지만 더 이상 의도적인 것이 아니며 따라서 전통적 비평으로는 의도에 대한 더 이상의 비판이 불가능하다. (나를 포함하여) 20년 전의 논문들에 기초하여 커뮤니케이션 이론들을 강의하는 학자들은 이제 휴직계를 제출해야 할 판이다.

그럼 매스 미디어의 수단들은 어디에 존재하는가? 축제에도, 행렬에도 그리고 문화 위원회가 이마누엘 칸트에 대한 주제로 계획한 강연회에도 존재한다. 이러한 강연회에는 〈왜 너희 무지렁이들이 이토록 사방에서 나에게 모여드는가, 나는 나를 이해하는 사람들을 위해 글을 쓴 것이지 너희 같은 무지렁이들을 위해 이토록 노력한 것이 아니다〉라고 자신의 청중에게 쏘아붙였던 헤라클레이토스의 경고를 인용한 바 있는 깐깐한 철학자의 강연을 듣기 위해 강의실 바닥까지 가득 메운 천여 명의 학생들이 모여든다. 매스 미디어들은 어디에 있는가? 전화 통화보다 더 사적인 것이 어디 있겠는가? 하지만 누군가가 사적인 통화와 통화 기록을 사법부에 넘겨준다면 어떤 일이 발생할까? 사법관에게 전달하기 위해서였을까, 그리고 사법부의 한 부패한 관리가 이 기록들을 신문사에 제공하도록 하기 위한 것이었을까? 신문들이 이 소식을 기사로 내보냄으로써 (그동안의) 수사를 헛되게 만들려고 한 것이었을까? 누가 메시지(와 이에 관련된 이데올로기)를 생산했을까? 수다를 떨면서도 전화(와 도청당할 수 있다는 것)에 주의하지 못한 바보였을까? 관련 기록을 제공한 사람일까, 사법관일까, 신문일까 아니면 이러한 게임을 전혀 이해하지 못한 채 입에서 입을 통해 메시지가 모두에게 알려져 크나큰 파장을 일으키는 데 일조하는 독자일까?

과거 한때, 매스 미디어들이 존재하고 있었다. 알다시피 이것들은 좋지 못한 것이었으며 이를 책임질 사람이 있었다. 그리고 범죄를 고발하는 용기 있는 목소리도 있었다. 예술은 — 다행스럽게도 — 매스 미디어의 포로가 되지 않으려는 사람을 위해 그 대안들을 마련해 주기도 했다.

어쨌든 모든 것이 종식되었다. 이제 어떤 일이 발생할 것인가를 자문하기 위해 다시 처음부터 시작해야만 한다.

『레스프레소』(1983)

투명성의 상실

신개념 텔레비전

과거 한때, 로마나 밀라노에는 구개념 텔레비전이 있었다. 모든 시청자들을 위해 각 부 장관들의 축사를 인용하고 거짓말까지 하면서 청중이 단지 순수한 것만을 이해하도록 통제했다. 우리는 지금 민영화와 새로운 전자 장치들의 출현, 그리고 채널 수의 증가로 인해 새로운 텔레비전의 시대에 살고 있다. 구개념 텔레비전에 대해서는 주인공들의 이름과 방송 프로그램의 타이틀로 구성된 작은 사전을 만들 수 있을 정도이다. 그러나 이 모든 것이 신개념 텔레비전이 등장하면서 불가능해졌다. 왜냐하면 주인공들과 방송 프로그램들이 수없이 많아졌고 그 누구도 더 이상 이들을 기억하거나 인정하지 않을 뿐만 아니라, 출연 방송이 공영인가 민영인가에 따라 다른 역할을 하지 않기 때문이다. 신개념 텔레비전의 특성에 대해서는 이미 여러 연구가 있었다(예를 들어 최근 볼로냐 대학의 한 연구진은 의회 감시 위원회의 의뢰로 텔레비전 프로그램을 연구한 바 있다). 나는 이 연구의 결과를 요약하거나 그 중요성을 장황하게 강조하고 싶지 않다. 오히려 지금은 이러한 작업을 통해 드러나는 새로운 전망에 대해서 잠시 언급하려고 한다.

신개념 텔레비전의 주요 특징은 외부 세계에 대한 언급이 점차 줄어들고 있다는 사실이다(반면, 구개념 텔레비전은 이에 대해 장황하게 언급하고 또 그렇게 보이려고 노력한다). 이와 같이 신개념 텔레비전은 대중과의 관계와 자기 자신에 대한 언급에 치중한다. 당신이 무엇을 말하고 무엇을 떠들어 대는지에 대해서는 관심이 없다(대중이 리모컨을 이용해 언제 말하게 내버려 둘지 그리고 언제 다른 채널로 바꾸어 버릴지를 결정하기 때문이다). 이러한 변화의 권력으로부터 살아남기 위해 다음과 같이 호소하면서 청취자를 확보하려고 애를 쓴다. 〈나는 여기에 있습니다. 나는 나입니다. 그리고 나는 당신입니다.〉 신개념 텔레비전은 미사일이나 옷장을 넘어뜨린 코미디언 스탠 로럴Laurel에 대해서도 언급하지만, 무엇보다 가장 큰 소식은 〈당신이 나를 바라보고 있다는 놀라운 사실을 당신에게 알려 드립니다. 만약 믿지 못하시겠다면 이 번호에 채널을 맞추고 나를 불러 보세요. 그러면 제가 당신에게 대답할 것입니다〉이다.

여러 차례 의심을 거듭한 후에 결국에는 한 가지 확실한 사실에 도달한다. 신개념 텔레비전은 존재한다. 왜냐하면 이것이 텔레비전의 발명품이기 때문이다.

정보와 허구

실재에 대한 디자인과 같은 커뮤니케이션의 수많은 이론과 상식의 틀을 전통적으로 다시 짜는(그리고 이것이 모두 틀렸다고는 할 수 없다) 기본적인 이분법이 존재한다. 이러한 이분법 덕택에 텔레비전 프로그램들은 구분이 가능하며 또한 일반적으로 아래의 두 가지 커다란 카테고리로 나뉜다.

1) 정보 프로그램. 텔레비전은 정보 프로그램을 통해 자신과는 무관하게 발생한 사건들을 보도한다. 보도는 구술이나 생방송, 녹화나 다큐멘터리 재구성 또는 스튜디오에서 하기도 한다. 사건들은 정치, 사건, 스포츠 또는 문화 분야의 소식일 것이다. 이들 각자의 경우에 대중은 텔레비전이 (a) 진실을 말하면서, (b) 중요성과 정도의 기준에 따라 언급하면서, 그리고 (c) 정보와 해설을 구분하면서 자신의 의무를 다하기를 기대한다. 진실을 말하는 것에 있어 철학적 고찰은 생략하고, 다른 통제 방식들이나 대체 가능한 다른 출처로부터 유래한 보도 사실에 비추어 사실로 판명될 때(신문이 토리노에 눈이 온다는 기사를 내보냈을 경우, 이 기사는 항공우주국의 기상국에 의해 확인되어야만 사실이라고 할 것이다), 비로소 상식 차원에서 방송된 내용을 사실로 인정하는 것에 대해 이야기해 볼 생각이다. 텔레비전이 사실에 해당하는 것들에 대해 말하지 않는다면 항의해야 한다. 이러한 비평은 다른 사람들(장관이나 문학 비평가 또는 스포츠 해설자 같은)의 의견을 텔레비전이 요약이나 인터뷰로 언급하는 경우에도 마찬가지이다. 인터뷰에 응한 사람은 자신이 말한 것의 진실성에 대해서는 텔레비전을 판단하지 않는다. 하지만, 자신에게 부여된 이름과 기능에 부합하는지 그리고 진술한 내용이 잘못 요약되거나 자신(과 손으로 기록한 것)이 말하지 않은 것을 말한 것처럼 만드는 방식으로 편집되지 않았는지에 관해서는 텔레비전을 평가할 수 있다.

정도와 중요성에 대한 비판은 진실성에 대한 것보다 더 모호하다. 즉 다른 사람에게 피해를 주면서까지 어떤 소식들을 우선시하고 그 결과로 중요한 소식들을 소홀히 하거나 또는 다른 견해들을 배제한 상태에서 어떤 특정한 견해만을 채택하는 것에 대해서는 텔레비전이 비난받아 마땅하다.

정보와 해설의 차이는, 비록 정보를 선별하고 모니터링하는 구체적인 방식들은 겉으로 드러나지 않는다 할지라도, 직감적으로 알 수 있는 것이다. 어떤 경우에든 텔레비전이 〈정확하게〉 정보를 제공할 때 비로소 (여러 구체적인) 매개체들을 정할 수 있다.

2) 환상이나 허구의 프로그램. 이는 관습적으로 드라마, 희극, 풍자극, 영화, 텔레비전 드라마와 같은 볼거리로 불린다. 이들에서 관객은 불신의 상쇄로 불리는 것을 합의로 실천하고, 보통 환상적 구성의 결과를 진실된 것으로 진지하게 받아들이는 게임으로 수용한다. 허구를 현실로 받아들이는 사람의 행위는 정상에서 이탈된 것으로 판단한다(악한을 연기한 배우에게 모욕적인 글을 쓰는 것이 이에 해당한다). 그럼에도 허구의 프로그램들은 진실을 포물선 형태로 돌아가게 한다(그러면서 도덕적, 종교적, 정치적 원칙들을 확인하려는 의도를 드러낸다). 이러한 포물선 형태의 진실은 검열을 받지 않는데, 이 말은 적어도 정보의 진실에 대한 검열과는 다르게 검열을 받는다는 것을 의미한다. 그러므로 비판할 수 있는 최대치는 문서로 된 여러 객관적 근거를 제공하는 것과 아울러 텔레비전이 포물선 형태의 특별한 진실을 일방적으로 강조하는 허구의 프로그램을 제시하도록 지원한다는 사실이다(이혼에 대한 찬반 국민 투표가 임박한 상황에서 이혼의 부정적인 측면을 부각시키는 영화를 방영하는 것이 대표적인 사례이다).

어쨌든 정보 프로그램의 경우에는 뉴스와 사실들의 일치에 상호 주체적으로 수용 가능한 평가를 첨가하는 것이 가능하다. 반면에 허구 프로그램의 경우에는 이것이 가지고 있는 포물선 형태의 진실에 대해 주관적으로 토론하고, 분쟁에 휘말린 포물선 형태의 진실들이 비례적으로 공정하게 제시된 것에 대해 상호 주관적으로 수용 가능한 평가를 하는 데 최대한 노력해야 한다.

이러한 두 가지 유형의 프로그램 사이에 존재하는 차이는 의회의 통제 조직들, 출판, 정당들이 텔레비전에 대한 검열을 실시하는 방식들에 반영된다. 정보 프로그램에서 진실성 비판에 대한 위반은 의회의 수많은 질의와 신문의 1면 기사들을 양산한다. 허구 프로그램에서 공정성 비판을 위반하는 것은 신문의 3면 기사나 텔레비전 프로그램의 가장 후미진 구석에 등장할 뿐이다.

실제로, 정보 프로그램이 정치적으로 중요한 반면, 허구 프로그램은 문화적 중요성을 가진다는 것이 중론이다. 그리고 이들은 정치적인 권한에 예속된 것도 아니다. 사실 이탈리아 국립 출판 협회의 자료를 제공받은 의회 의원이 편파적이거나 불완전한 것으로 판명된 텔레비전 뉴스 보도를 비평하기 위해 개입하는 것은 정당하다. 반면에 의회 의원이 아도르노의 저서를 손에 들고, 텔레비전 쇼 프로가 부르주아 풍속을 두둔하기 위한 것임을 비판하기 위해 개입하는 것에는 문제가 있다.

이러한 차이는 의견을 달리하는 사람들이 아니라 공적인 행위에서의 거짓된 것들을 기소하는 민주 입법에 의해 반영된다.

여기에서는 이러한 구분을 비판하거나 새로운 비판을 자극하려는 것이 아니다(오히려 허구 프로그램에 숨어 있는 이념들에 영향력을 행사하는 정치적 통제의 한 형태를 경계한다). 즉 문화와 법과 풍속에 고착된 이분법을 강조해 보려는 것이다.

카메라로 지켜보기

그럼에도 텔레비전이 처음으로 등장한 이후 지금까지 이러한 이분법은 정보 프로그램과 허구 프로그램(특히 희극적인 성격의 프로그램, 예를 들면 시사 풍자극의 볼거리들)을 통해서 증명될 수 있었던 한 가지 현상에 의해 중화되었다.

그 현상은 카메라 앞에서 말하는 사람과 카메라에 비치지 않으면서 말하는 사람의 대비에 관한 것이다.

보통 텔레비전의 경우 카메라 앞에서 말하는 사람은 그 자신을 드러내지만(텔레비전의 아나운서, 독백을 연출하는 희극 배우, 다양한 방송 프로그램 및 텔레비전 퀴즈 프로그램의 사회자), 카메라에 비치지 않으면서 말하는 사람은 다른 사람을 대표한다(가공의 인물을 연기하는 배우). 이들의 대조는 별로 세련되지 못하다. 왜냐하면 드라마의 배우가 (연기의 일부로서) 카메라에 비치는 것과 정치 문화 토론회에 참가한 인사들이 카메라에 비치지 않으면서 말을 하는 것은 연출자의 결정일 수 있기 때문이다. 그럼에도 이러한 대조는 다음과 같은 논지에서 가치가 있다고 할 것이다. 카메라에 비치지 않는 사람은 텔레비전이 없다고 할지라도 무언가를 주장하는(또는 주장하는 척하는) 반면, 카메라에 비치는 사람은 텔레비전이 있다는 사실과 자신의 이야기가 텔레비전이 있기에 전개된다는 사실을 강조한다.

이러한 의미에서 볼 때, 텔레비전 카메라에 잡힌 사건의 실제 주인공들은 텔레비전을 시청하지 않는 반면 사건은 그 자체로 발생한다. 토론회 참석자들은 카메라에 비치지 않는다. 왜냐하면 텔레비전이 이들을 다른 어떤 장소에서도 벌어질 수 있는 토론의 구성원들로 보여 주기 때문이다. 그리고 배우도 카메라에 비치지 않는 경우가 있는데, 그 이유는 현실에 대한 환영을 만들어 내기를 원하기 때문이다. 이는 마치 텔레비전 외적인 현실 생활의 일부인 것처럼 보인다. 이러한 의미에서 정보와 볼거리의 차이는 감소한다. 논쟁이 볼거리의 일부로 제작될 뿐만 아니라, 사건의 자발성을 강조하려는 감독은 사건의 주인공들이 텔레비전 카메라의 존재를 의식하지 못하거나 의식하는 표정을 드러내지 않도록 하는 데 신경을 곤두세우고 있기 때문이다. 뿐만 아니라 감독은 때로는 배우들에게 카메라가 있는 방향으로 시선을 주지 않도록 당부한다. 이러한 상황에서 매우 흥미로운 한 가지 현상이 목격된다. 적어도 외관상 텔레비전은 보도된 행위의 주체로서 사라지기를 원한다. 그러나 이것으로 대중을 속이려는 것은 아니다. 대중은 텔레비전이 있다는 사실은 물론, 보고 있는 것(허구 또는 현실)이 자신과 먼 곳에서 벌어지는 일이며 또한 텔레비전 채널을 통해 시청될 수 있다는 사실을 잘 알고 있다. 그러나 텔레비전은 자신의 존재를 오직 채널을 통해서만 느끼도록 한다.

이러한 경우에 대중은 자신의 충동을 텔레비전에 나오는 사건 속에 투영하거나 그러한 사건의 주인공들을 모델로 삼음으로써 동일시를 경험한다. 이러한 사실은 텔레비전에 관해서는 일반적인 것으로 여겨진다(개별 시청자의 투사나 동일시의 강도가 얼마나 정상적인가에 대한 판단은 심리학자에게 위임할 일이다).

반면 카메라 앞에 서는 사람의 경우는 다르다. 그는 시청자의 정면에 위치한 자리에서 텔레비전을 통해 상대에게 말을 하고 있다. 그리고 자신이 정보를 제공하거나 허구적인 이야기를 늘어놓고 있다는 사실과는 무관하게 형성되고 있는 관계 속에 무언가 진실된 것이 있음을 (시청자에게) 암묵적으로 알려 준다. 그는 시청자에게 다음과 같이 말하고 있

는 것이다. 〈나는 환상 속의 인물이 아니다. 나는 정말 이곳에 있으면서 당신들에게 말을 하고 있다.〉

텔레비전의 존재를 이토록 명확하게 강조하는 이 같은 태도가 평범하거나 병자인 시청자에게 정반대의 결과를 가져다준다는 사실은 매우 흥미롭다. 시청자는 텔레비전의 중재적 의미와 더불어 먼 거리에서 무차별적인 대중을 겨냥하고 있는 텔레비전 방송의 기본적인 성격에 대한 의미까지도 상실한다. 시청자로부터 서신이나 전화로 〈어제저녁 정말 저를 쳐다보고 있었는지 알고 싶습니다. 그리고 내일 저녁 저에게 특별한 신호를 보내 나를 쳐다보고 있다는 사실을 깨닫게 해주세요〉라는 요청을 받는 것은 대담 프로의 진행자들뿐만 아니라, 정치부 기자들의 공통된 경험이다.

이러한 경우들에 있어서(그리고 일탈적 행위로 부각되지 않을 때에도), 보도된 진실, 그리고 다시 말해 보도된 내용과 실제의 사실이 일치하는 가는 더 이상 문제가 되지 않는다. 오히려 문제는 텔레비전 화면을 통해 언급된 것이 아니라 텔레비전 화면에 방영된 현실에 관련된 보도의 진실이다. 하지만 이미 살펴보았듯이, 우리는 거의 구분되지 않는 방식으로 정보의 방송과 허구의 방송을 관통하는 매우 이질적인 문세에 직면하고 있다.

지난 1950년대 중반부터 이 문제는 대담 프로그램과 텔레비전 퀴즈쇼와 같은 매우 전형적인 프로들이 등장함으로써 한층 복잡해졌다.

텔레비전 퀴즈쇼는 진실을 말하는가 아니면 허구를 연출하는가?

알다시피 텔레비전 퀴즈쇼는 사전에 준비된 연출을 통해서 몇 가지 사실들을 드러낸다. 그렇지만 명확한 협정에 따라 텔레비전 화면에 등장하는 사람들이 실제 인물들이라는 것(만약 경쟁자가 배우라는 사실을 알았다면 대중은 크게 항의할지도 모른다)과 그리고 경쟁자들의 대답이 〈예〉 또는 〈아니요〉(혹은 〈맞아요〉 또는 〈틀려요〉)로 평가된다는 것은 이미 알려진 사실이다. 이와 같은 의미에서 텔레비전 퀴즈 프로그램의 사회자는 객관적인 진실을 보장하는 역할을 수행(나폴레옹이 1821년 5월 5일에 사망한 것이 사실인가요 아니면 거짓인가요)하는 동시에(공증인의 준보장을 통해서) 자신이 내리는 판정의 신빙성에 통제되기도 한다. 텔레비전 뉴스 아나운서의 주장이 신빙성을 가지고 있는가에 대한 보장이 필요하지 않음에도 공증인이 필요한 이유는 무엇일까? 그 이유는 이것이 일종의 게임이고, 두둑한 상금이 걸려 있을 뿐만 아니라 프로그램 진행자가 항상 진실을 말해야 한다고는 하지 않았기 때문이다. 실제로 텔레비전 퀴즈 프로그램의 진행자가 이름을 호명하면서 유명한 가수를 소개했지만, 나중에 그가 모창 가수라는 사실이 밝혀지는 상황이 허용되지 않은 것은 아니다. 역시 사회자에게도 〈농담을 하는 것〉이 가능하다.

이렇게 해서 오래전부터 보도 사실의 신뢰성에 문제가 있는 프로그램이 등장했다. 반면에 보도 행위의 신뢰성은 절대적으로 확실하다. 즉 사회자는 텔레비전 카메라 앞에서 대중을 향해 허구의 인물이 아닌 자기 자신을 소개하면서 말을 한다.

사회자가 보도하고 적어도 암묵적으로 제공하는 (이러한) 진실의 힘은 누군가가 그를 보면서 그가 자신을 위해 자신에게 말하고 있다고 믿을 수 있는 것이다.

문제는 이미 시작 단계부터 존재하고 있었다. 정보 방송과 대담 방송에서 이 문제가 제거되긴 했지만 이것이 얼마나 의도적이었는지는 모르겠다. 정보 방송은 카메라에 비치는 사람의 존재를 가능한 한 축소하려는 경향을 보이고 있다. 프로그램들의 관계 기능과 더불어 아나운서가 없는 경우, 뉴스들은 비디오 자료나 자막으로 처리되거나 다만 목소리로만 언급되고 해설될 뿐이다. 반면에 비디오로는 비록 자신의 성격을 그대로 드러내는 목록상의 자료들이기는 하지만, 그럼에도 전송 사진, 영화들을 볼 수 있다. 정보는 허구 프로그램처럼 작용하려는 성향을 가진다. 유일한 예외는 루지에로 오를란도와 같이 카리스마가 넘치는 인물들로서 청중은 보도기자와 배우를 혼합해 놓은 것 같은 이들의 해설, 연극적인 제스처, 과장된 허세도 묵인한다.

좌담 프로그램(대표적인 사례가 「라스키아 오 라도피아」이다)은 정보 프로그램의 특성들을 최대한 유지하려는 경향을 보인다. 즉 (이탈리아의 유명 연예인이며 여러 쇼 프로그램의 사회자인) 마이크 본조르노는 모방적 발명이나 허구를 허용하지 않으며 관객과 스스로 발생하는 어떤 것의 중간자적인 역할을 담당한다.

그러나 상황은 항상 복잡하게 얽혀 가기만 한다. 이미 「스페키오 세그레토」와 같은 프로그램은 희생자들이 해왔던 것들이 진실된 것이었다는 확신을 통해 매력을 발산했지만(희생자들이 보지 못하는 스냅용 소형 카메라에 잡힌 진실), 그럼에도 모두가 즐거워했는데, 그 이유는 로이를 자극한 사람들이 마치 극장에 있었던 것처럼 어떤 사건이 구체적인 방식으로 꼬리를 물고 발생하도록 하기 위해 출연했다는 사실을 알고 있었기 때문이다. 〈테 라 도 이오 라메리카Te la dò io l'America〉와 같은 프로그램들에서는 아직도 모호한 성격이 강하게 남아 있다. 이 프로그램과 관련하여 베페 그릴로가 보여 주는 뉴욕은 진짜처럼 보이지만, 그럼에도 사람들은 마치 무대에서처럼 사건들을 구체적으로 전개하기 위해 그릴로가 개입한 것을 받아들인다.

끝으로 생각을 혼란스럽게 만들기 위한 프로그램 형식이 등장하는데, 이 형식에서 사회자는 적어도 몇 시간 동안 말하고, 음악을 들려주고, 장면들을 소개하면서 다큐멘터리 혹은 토론을 보여 주거나 심지어는 뉴스를 전하기도 한다. 이렇게 되면 매우 민감해진 청중은 접하는 뉴스들의 부류를 혼동하게 된다. 그리고 결국에는 베이루트에 대한 폭격을 마치 하나의 볼거리인 양 생각하게 되고 프로그램이 진행되는 스튜디오에서 베페 그릴로에게 박수를 보내는 젊은 관객들이 모두 인간이라는 사실을 의심하게 된다.

우리는 이제 정보와 허구가 해결 불가능한 방식으로 함께 얽혀 있는 프로그램들에 직면해 있지만, 대중이 실제 뉴스와 허구적인 뉴스를 구분할 수 있기에 별로 심각하지는 않다. 하지만 구분할 능력을 가지고 있다고 할지라도 이러한 구분은 이 같은 프로그램들이 보도 행위의 진실성을 지지할 목적으로 추진하는 전략들로 인해 그 가치를 상실한다.

이러한 목적에 따라, 보이는 모든 것을 화면에 담는 텔레비전 카메라들이 현장에 배치되었을 때처럼 프로그램은 보도의 환영들을 통해서 보도 행위 그 자체를 방영한다.

그러나 이러한 모든 전략들에 대한 분석은 정보 프로그램을 좌담 프로그램과 결합시키는 유사 관계를 제시한다. 〈TG 2〉는 정보가 보도의 전형들, 즉 보도 현실에 의해 양산된 기술들을 이미 자신의 것으로 만들어 버린 열린 스튜디오와 같다.

이러한 현상은 보도된 내용과 사실의 관계가 보도 행위의 진실과 시청자의 수용성에 대한 경험의 관계에 비해 점차 중요성을 상실해 가는 텔레비전의 현실을 말해 준다.

좌담 프로그램(그리고 이러한 프로그램이 순수 정보 프로그램에 기초하여 생산하고 생산할 현상들)에서는 텔레비전이 진실을 말하는지가 그리 중요하지 않다. 오히려 대중이 있는 가운데 대중에 말하는 것이 진실일지 모른다는 사실이 더 중요하다(대중의 참여도 환영으로 비친다).

나는 방송 중이며, 그리고 이것은 사실이다

정보 프로그램과 허구 프로그램 간의 이분법에 기초가 되는 진실의 사실 관계가 위기에 빠져들고 있으며, 이러한 위기 상황에서 텔레비전을 사실들의 운반 수단에서 사실들의 생산을 위한 기구로, 현실의 거울에서 현실의 생산자로 변화시키는 경향이 더욱 두드러지게 나타나고 있다.

이와 관련하여 방송 장치의 다양한 모습들, 즉 과거의 구 개념 텔레비전에서는 대중으로부터 감추어져 있어야만 했던 여러 모습들의 공적이고 분명한 역할을 관찰하는 것은 매우 흥미로운 일이다.

1) 방송용 장대 마이크. 과거 구개념 텔레비전의 시대에는 질책이나 해고 또는 그동안 축적한 명성을 한순간에 날려 버리게 될 상황을 암시하는 경고성 고함 소리가 있었는데, 이는 바로 〈방송 현장에 기린을 투입하라〉는 것이었다. 기린, 즉 장대용 마이크는 그 그늘조차 절대 보이지 말아야 했다(기린, 즉 장대용 마이크의 그림자가 카메라에 잡히는 것도 절대 있어서는 안 될 일이었다). 텔레비전은, 애처롭게도 현실처럼 보이려고 부단히 노력하기에 기술을 동원하여 술책을 부릴 필요가 있었다. 계속해서 기린은 텔레비전 퀴즈, 텔레비전 뉴스 그리고 급기야는 온갖 다양한 실험적 볼거리들로 확대 적용되었다. 텔레비전은 더 이상 속임수를 사용하지 않는다. 오히려 방송용 장대 마이크의 출현은 (사실이 아닌

속임수에 의한 순간에조차도) 생방송을 가능하게 했다. 그러므로 당시는 방송을 위한 장대 마이크의 전성시대였다. 그러나 지금 이러한 마이크의 존재는 속임수를 숨기는 데 이용되고 있다.

2) 텔레비전 카메라. (당시에는) 텔레비전 카메라도 보여서는 안 되었다. 지금은 방송용 텔레비전 카메라의 모습을 자연스럽게 볼 수 있으며 오히려 다음과 같이 말하면서 스스로의 모습을 드러내는 데 주저하지 않는다. 〈나는 여기 있다. 내가 여기 있다는 것은 여러분들 앞에 있다는 것이다. 여기에 현실, 즉 방송을 내보내는 카메라가 있다. 여러분이 카메라 앞에서 안녕, 안녕이라고 해보시면 그 모습을 집의 식구들이 볼 수 있다.〉 걱정되는 점은 텔레비전에 방송용 카메라가 보이는 경우에 이것이 방송 상태가 아니라는 사실이다(거울을 이용하여 화면에 반영된 복합적인 경우는 예외이다). 그러므로 매번 방송용 카메라가 보인다면 이는 거짓말을 하는 것이다.

3) 텔레비전 뉴스의 전화. 과거의 구개념 텔레비전은 전화로 말을 하고 있는 희극 배우들을 보여 주었다. 즉 진실된 사실이나 텔레비전 밖에서 벌어지고 있는 것에 대한 추정된 사실을 알려 주는 것이었다. 신개념 텔레비전은 다음과 같이 말하기 위해 전화를 이용한다. 〈나는 여기에 있으며 내부적으로는 나의 머리에, 그리고 외부적으로는 이 순간에 나를 쳐다보고 있는 여러분과 연결한 상태입니다.〉 텔레비전 뉴스의 신문 기자는 연출자와 말을 하기 위해 전화를 사용한다. 그렇다면 인터폰을 사용하면 그만이겠지만, 신비로운 상태로 남아 있는 연출자의 목소리가 들릴 수도 있다. 그러나 해설자가 듣는 것은 사실이며 구체적이다. 텔레비전은 은밀한 자기 자신과 대화를 한다. 그의 말은 다음과 같다. 〈잠깐만 기다리세요. 곧 영화가 방영될 것입니다.〉 이와 같이 오랫동

안의 기다림을 합리화한다. 왜냐하면 영화는 정확한 장소, 정확한 순간에 방송되어야 하기 때문이다.

4) 아날로그 전화. 아날로그 방송용 전화는 대중의 거대한 마음을 사로잡은 텔레비전을 사로잡는다. 이는 환호하는 생방송의 순간이며, 비록 유선의 기다란 줄이 늘어지기는 했지만, 그럼에도 그 효과는 가히 마술적이다. 여러분은 우리이며 여러분은 볼거리의 일부를 구성할 수 있다. 텔레비전이 당신들에게 말하는 세계는 여러분과 우리의 관계이다. 그 나머지는 모두 침묵에 불과하다.

5) 경매용 전화. 새로운 민영 텔레비전 방송들은 경매를 발명했다. 경매용 전화를 통해 대중은 볼거리 자체의 리듬을 결정하는 것처럼 보인다. 실제로 전화하는 것은 여과되는데, 이 때문에 화면에 보이지 않는 순간에 값을 매기기 위해 거짓된 전화를 사용하는 것에 대한 의심은 정당하다. 시청자 마리오가 경매용 전화로 〈10만(리라)〉이라고 말하면서 다른 시청자인 주세페에게 20만(리라)에 대한 확신을 제공한다. 만약 한 시청자만이 전화를 했다면 제품은 매우 낮은 가격으로 팔렸을 것이다. 시청자들을 더 지출하게 만드는 것은 경매인이 아니라 다른 시청자들에게 (돈을 더 많이 지출하도록) 유도하는 시청자 또는 전화이다. 경매인은 결백하다.

6) 박수갈채. 새로운 텔레비전에서 박수갈채는 진짜이거나 자발적인 것처럼 보인다. 스튜디오에 있는 대중은 빛으로 쓰인 문구가 나타날 때마다 박수를 친다. 그러나 텔레비전 화면 앞에 있는 대중은 이를 몰라야 한다. 대중은 분명 이러한 사실을 알고 있다. 그리고 새로운 텔레비전은 더 이상 척하지 않는다. 사회자가 〈그럼 이제 멋진 박수를 보냅시다〉라고 말하면 스튜디오에 있는 대중은 박수를 보내고 집에 있는 시청자는 박수가 가식적인 것이 아니라는 사실을 알고 있기

때문에 모두 만족스러워한다. 시청자는 이 박수가 자발적인 것인지 아니면 텔레비전용인지에 대해선 관심이 없다.

연출

그렇다면 정말 텔레비전은 더 이상 이벤트, 즉 텔레비전과는 무관하게 저절로 발생하고 그리고 텔레비전이 없더라도 발생했을 것임에 틀림없는 사실들을 보여 주지 않는 것인가?

이러한 경우(또는 가능성)는 계속해서 줄어들고 있다. 실제로 베르미치노에서 한 어린아이가 작은 구멍에 빠졌다. 아이는 그 속에서 나오지 못하고 사망했다. 그러나 사건 초기부터 사망에 이를 때까지의 모든 과정이 발생한 그대로 진행되었다. 왜냐하면 그곳에 텔레비전이 있었기 때문이다. 사건 발생 당시 텔레비전 화면에 포착된 이 사건은 실제로 방송되었다.

이 주제에 대한 최근의 결정적인 연구에 토를 달 필요는 느끼지 않는다. 뿐만 아니라 베테티니의 『의미의 양산과 방송』을 매우 높게 평가한다. 중산층의 지적인 시청자는 여배우가 언제 부엌이나 요트의 갑판 또는 초원에서 남자 배우에게 키스하는지, 그리고 어느 때가 배경의 초원이 실제인지(때로는 로마의 농원이거나 유고슬라비아의 해안일 수도 있다) 그리고 어느 때가 의도적으로 제작된 실내 세트인지, 즉 촬영을 위해 세트로 만들어진 것인지를 명확하게 알고 있다.

여기까지는 그래도 좋은 의도의 해석이 가능하다. 그러나 이러한 좋은 의미(그리고 비평적 관심)는 재방송 생중계로 불리는 것에 비하면 어색한 구석이 많아 보인다. 이러한 경우(적어도 믿지 않거나 생방송이 실제론 녹화된 것이라는 생각이 들지라도) 카메라는 무언가, 즉 텔레비전 카메라가 없다고 할지라도 발생했을 그 무엇이 전개되는 장소에 초점을 맞추고 있음을 볼 수 있다.

텔레비전이 처음으로 출현한 당시부터 생방송도 하나의 선택이며, 의도된 것일 수 있다는 사실이 언급된 바 있다. 이러한 내용은 내가 오래전에 저술한 『사건과 이야기 Il caso e l'intreccio』(최근에는 『열린 작품』, 봄피아니, 2000)에서 축구 경기를 중계하는 세 대 이상의 카메라가 어떻게 사건들을 선별하고 어떤 장면들을 집중적으로 조명하며, 또한 어떤 장면들을 무시하고, 운동장에서 한창 진행되고 있는 경기는 소홀히 한 채 관중을 집중적으로 카메라 화면에 담거나 또는 그 반대로 하는지, 어떤 구체적인 각도에서 운동장을 조명(또는 해석)하려고 하는지, 경기 그 자체가 아니라 연출자가 본 경기를 보여 주는지를 설명한 바 있다.

그러나 이러한 분석에도 불구하고, 사건이 촬영(또는 방송)과 무관하게 일어날 수 있다는 확실한 사실에는 의문의 여지가 없다. 방송은 독립적으로 발생하는 사건을 해석하고, (벌어진) 사건의 일부, 하나의 관점만을 보여 주지만, 따지고 보면 텔레비전 외적인 〈현실〉에 대한 하나의 관점만을 다루고 있을 뿐이다.

그럼에도 이러한 판단은 금방이라도 이해할 수 있는 일련의 현상들에 의해 깨지고 만다.

1) 사건이 방송될 것을 알고 있다는 것은 준비에 영향을 미친다. 축구를 예로 들면 과거의 가죽 공이 바둑판 모양의 텔레비전용 공으로 바뀌었다거나, 광고를 싫어하는 가정의 시청자들과 정부 기관을 속이기 위해 전략적인 입장에서 매우 중요한 광고를 어느 순간에 방송으로 내보내는가에 대해 방송 관계자들이 관심을 집중하고, 색채를 감지하는 데 필수

불가결한 복장의 변화를 생각할 수 있다.

2) 텔레비전 카메라의 등장은 사건 과정에 영향을 미친다. 베르미치노에서 한 어린아이가 작은 구멍에 빠져 결국 사망하는 사건이 발생했을 때, 출동한 구조대의 필사적인 노력은 18시간의 텔레비전 생중계가 없었다고 할지라도 마찬가지 결과에 도달했을 것이다. 하지만 이 경우 국민들의 관심은 실제보다 덜했을 것이며, 아울러 혼란스럽고 시끌벅적한 상황도 발생하지 않았을 것이 분명하다. 나는 당시 이탈리아 공화국의 대통령인 페르티니가 이곳에 오지 않았을 것이라는 말을 하려는 것이 아니다. 다만 텔레비전 중계가 없었다면 그가 그토록 오랫동안 머물지 않았을 거라는 사실을 지적하려고 한다. 즉 이러한 상황은 무대에 올린 축구 경기가 아니며 페르티니가 사건 현장을 방문한 것이 수백만의 이탈리아 국민을 의식한 대통령의 상징적 방문에 불과하다는 것이다. 물론 나는 이러한 상징적 방문이 좋은 것이며 또한 텔레비전 방송에 따른 결과라는 점을 인정한다. 만약 텔레비전이 이 사건을 중계하지 않았다면 과연 어떻게 되었을까? 이 질문에 대한 답변은 크게 두 가지로 생각해 볼 수 있다. 하나는 구조대가 그토록 인자하게 자신들의 의무를 수행하지 않았을 것이고(결과는 중요하지 않다. 우리는 구조 현장에서의 노력을 생각하고 있으며 텔레비전이 없다면 현장에 모여든 시청자들은 이 사건에 대해 아무것도 몰랐을 것이다), 다른 하나는 사람들이 그토록 많이 몰리지 않아 더 합리적이고 효율적인 구조 활동이 가능했을지 모른다는 것이다.

이상의 두 가지 가능성 모두에서 이미 방송 연출의 초안이 드러나고 있음을 알 수 있다. 즉 축구 경기의 경우는 시간을 급진적으로 바꿀 정도는 아니지만, 의도적이라고 할 것이며 베르미치노의 경우에는 본능적이고(적어도 의식 차원에서)

비의도적이지만, 사건을 근본적으로 바꿀 수 있는 것이다.

 하지만 최근 몇십 년간 생방송은 방송 연출의 차원에서 근본적인 변화를 거듭했다. 즉, 교황이 참석한 행사들에서 정치적이고 볼거리가 많은 사건들에 이르기까지 우리는 텔레비전 카메라가 없었다면 이들이 실제 있었던 사실 그대로의 모습으로 인식되지 않았을 것이라는 점을 알고 있다. 실제의 사건들이 텔레비전 중계의 목적에 계속적으로 맞추어지고 있다는 말이다. 이러한 가설을 더 근본적으로 증명하는 사례는 영국 왕위 계승자의 결혼이다. 이 사건은 실제와 다르게 전개되었을 뿐만 아니라, 아마도 텔레비전 방송을 의식하지 않았다면 그와 같이 거행되지도 않았을 것이다.

 소위 말하는 왕실 결혼의 새로움을 충분히 살펴보기 위해서는 이와 유사한 사건으로서 지금으로부터 대략 25년 전에 있었던 모나코의 왕 레니에 3세와 할리우드 여배우 그레이스 켈리의 결혼식을 살펴볼 필요가 있다. 물론 영국과 모나코, 두 왕국은 규모 면에서 적지 않은 차이가 나는 것이 사실이지만 사건은 동일한 관점, 즉 정치 외교적인 순간, 종교적 예식, 군대 예식, 사랑의 역사를 공통분모로 가진다. 그러나 모나코의 결혼은 텔레비전 시대의 초기에 있었으므로 텔레비전과는 독립적으로 진행되었다. 더구나 이 결혼식을 기획한 사람들은 재방송하고픈 마음을 가지고는 있었겠지만 이와 관련된 경험이 충분하지 못했다. 이와 같이 결혼식은 정말 그 자체로 진행되었다 해도 과언이 아니다. 텔레비전 연출자에게는 이 세기의 결혼식을 해설하는 것 외의 다른 선택의 여지가 없었다. 실제로도 텔레비전 연출자는 그렇게 했으며 낭만적이고 감성적인 가치들만을 끝없이 강조하는 대신 외교적이고 정치적인 가치는 뒷전으로 미루어 버렸으며, 공적인 가치를 위해 사적인 가치들에 대한 언급을 극도로 자제했다.

군대 퍼레이드가 진행되고, 해군 군악대가 연주하고 있는 동안(알다시피 모나코 왕국의 해병들은 항상 화제를 몰고 다닌다는 사실을 상기해 보자), 텔레비전 카메라들은 신부에게 미소를 지으며 몸을 숙인 채 발코니의 긴 난간에 서서 주름 잡힌 바지의 먼지를 털고 있는 왕의 모습에 집중했다. 물론 이것은 하나의 작은 작품이기보다는 분홍빛 소설을 위한 선택 또는 결정이었다. 하지만 세기의 결혼으로 알려진 모나코 왕의 결혼이라는 사실에도 불구하고, 이로 인해 계획에도 없던 순간들을 방송으로 내보내고 말았다. 이렇게 결혼식이 거행되는 동안, 연출자는 전날의 방송 때와 마찬가지의 논리를 반복하면서 해군 군악대의 연주를 카메라로 포착하지 않았으며 더불어 결혼 예식을 주관하는 성직자도 카메라에 담지 않았다. 뿐만 아니라, 텔레비전 카메라는 계속해서 배우 출신의 왕비 또는 여배우이자 미래의 왕비인 신부의 얼굴을 집중적으로 조명했다. 그레이스 켈리는 사랑의 장면을 마지막으로 연기했다. 연출자는 이 세기의 결혼식 장면 장면들에 해설을 첨가했으나, 자생적으로 발생한 것을 해설할 때의 콜라주 기법을 무차별적으로 적용하면서 기생적으로(그리고 바로 이러한 이유 때문에 창조적으로) 했을 뿐이다.

그러나 영국 왕실의 결혼식 상황은 완전히 달라졌다. 버킹엄 궁에서 세인트폴 대성당에 이르는 동안의 모든 움직임이 텔레비전으로 연구되었다. 예식은 수용이 불가능한 색들과 재봉사들을 배제했으며 유행 잡지들은 봄의 기운뿐만 아니라 봄철 텔레비전의 분위기까지도 색감적으로 호흡하는 모든 것을 암시했다.

신부의 결혼식 예복은 신랑을 적잖이 불편하게 만들었으며 신랑이 신부를 안을 수 없을 정도로 거추장스러웠다. 때문에 이날 결혼식에서는 카메라들이 앞이나 옆에서 그렇다고 뒤에서도 두 사람의 모습을 촬영하지 않고 위에서 찍은 모습을 방송하여 마치 성당의 건축학적인 공간이 두 사람의 모습으로 형성된 하나의 원 속에 담긴 것처럼 보이게 연출했다. 그리고 본당의 십자형 구조 상단에 자리한 그 원의 가운데 부분에는 신부 예복의 꼬리 부분이 길게 늘어져 있어 결혼식을 지켜보는 사람들의 시선을 한곳으로 집중시켰다. 반면, 합창단과 성직자들 그리고 남녀 하객들의 의상이 연출하는 색색의 점들은 야만 시대의 모자이크에서처럼 십자가 문장의 네 부분을 화려하게 수놓은 것처럼 보이게 했다. 어느 날 말라르메가 〈세상은 책에 이르기 위하여 만들어졌다〉라고 말했다면, 영국 왕실 결혼식 중계는 대영 제국이 감탄을 자아낼 만한 텔레비전 방송에 활력을 불어넣기 위해 있는 것이라고 말하고 있었다.

나는 개인적으로 다양한 영국식 예식을 참관할 기회가 있었다. 이 중에서 매년 열리는 국기 분열식에서는 말 때문에 좋지 않은 인상을 받았는데, 이 동물들은 모두 정당한 생리적 기능을 제외한 모든 측면에서 훈련이 되어 있었다. 여왕이 이 예식의 모든 순서를 말들의 배설물로 뒤덮인 곳에서 진행하는 것은 진정 감동적이며 동시에 자연의 일반적인 법칙을 따르는 일일 것이다. 왜냐하면 호위대의 말들은 통과하는 길목마다 배설하는 것 외에 달리 할 줄 아는 것이 없기 때문이다. 한편, 말을 다루는 것은 매우 귀족적인 활동이며 말의 배설물은 영국 귀족에게 매우 친근한 물질의 일부를 구성한다.

영국 왕실의 결혼식에서도 이러한 법칙은 여지없이 드러났다. 그러나 이 결혼식을 텔레비전으로 시청한 사람은 말의 배설물이 어둡지도, 번쩍이지도 그렇다고 각양각색이지도 않으며 항상 그리고 어디에서나 베이지색과 빛나는 노란색 중간의 파스텔 톤 또는 여성 의복의 어두운 색상으로 보이기 때문에 사람들의 관심을 별로 끌지 못한다는 사실을 알고 있다. 나중에 읽어서 알게 되었지만(결코 상상하고 싶지도 않다), 왕실의 말들은 세기의 결혼식을 앞둔 일주일 전부터 텔레비전에 적합한 색의 변을 배설하도록 약을 먹었다고 한다. 진정 우연하다고 믿을 수 있는 것이 없어 보인다. 모든 것이 텔레비전 방송을 위해 움직이고 있었던 것 같다.

이 경우에 연출자가 카메라의 초점을 결정하고 해설에 관한 자유로운 결정권을 행사한다는 것은 최소한 다음과 같은 사실을 우리에게 암시하는데, 이는 일어날 일이 일어나기로 결정된 순간과 시점에 방송할 필요가 있다는 사실이다. 모든 상징적 구성은 무더기로 존재하며 이전의 방송 연출에 내재한다. 발생한 사건 전체는 군주에서 말의 배설물에 이르기까지, 텔레비전의 해설이 가지는 위험을 최소로 줄이면서 카메라의 초점이 맞추어진 기초 대사처럼 활용된다. 어쨌든 이와 같이 텔레비전을 위한 해설, 조작, 준비는 텔레비전 카메라의 활동에 우선한다. 사건은 이미 기본적으로 방송을 위해 준비된 거짓으로 탄생한다. 런던 시 전체는 마치 스튜디오처럼 텔레비전을 위해 건설된 도시와 같다.

결론을 내기 위한 몇 가지 지적

결론적으로 말해 스스로 말을 하는 텔레비전과 접촉한 이상, 투명성의 권리 즉 외부 세계와 접촉할 권리를 박탈당한 채 시청자는 자기 자신으로 회귀한다. 그러나 이런 과정에서 자신이 텔레비전 시청자로 인식되고 익숙해지게 된다. 이것으로 그만이다. 이 순간 텔레비전에 대한 오래된 정의(定義)

가 생각난다. 〈닫힌 세계를 향해 열린 창문.〉

텔레비전 시청자는 어떤 세상을 발견하는가? 한편으로는 텔레비전이 등장하기 이전 시대에 품고 있던 원초적 성격을, 그리고 다른 한편으로는 전자 시대를 살아가는 고독한 자신의 운명을 재발견한다. 이것은 더욱 방대한 정보, 그리고 결국에는 이중적인 정보들을 제공하기 위해 시작했던 민간 방송의 등장이라는 탁월한 방식으로 가능했다.

구개념 텔레비전은 고립된 지역으로부터 거대한 세계를 보여 주는 창문이기를 원했다. 독립적인 신개념 텔레비전은 (국경 없는 게임의 공영 모델로 출발하면서) 지방들로 카메라를 돌리고 피아첸차의 대중에게 이 도시의 시계 상점에 대한 광고를 듣기 위해 모여든 주민들의 모습을 보여 주었다. 반면에 피아첸차를 소개하는 사회자는 압력 밥솥에 당첨된 사실을 피아첸차의 모든 사람들에게 보여 주기 위해 모든 요구를 기꺼이 받아들이는 어느 부인의 커다란 가슴에 대한 수다를 늘어놓는다. 이것은 망원경을 반대로 바라보는 것이나 다름없다.

경매인은 판매인인 동시에 배우이다. 그러나 판매인의 역할을 하는 배우는 별로 확신을 주지 못한다. 대중은 판매인들을 잘 알고 있으며 이들은 대중을 설득하여 중고 자동차, 천 조각, 시골 장터의 자판대에 올라 있는 마멋marmot의 기름 덩어리를 사도록 만든다. 경매인은 진짜 판매인들과 마찬가지로 멋진 외모를 가지고 있어야 하고, 자신의 시청자들처럼 악센트와 문법에 가능한 한 맞지 않는 방식으로 말을 해야 하며 그리고 〈정확하고〉 흥미로운 이야기들을 제공해야 한다. 또한 그는 〈18캐럿입니다. 이다 부인, 잘 설명했는지 모르겠습니다〉라고 말해야 한다. 실제는 이처럼 설명하려고 노력하지 말아야 한다. 이보다는 소비자가 상품 앞에서 감탄하는 것과 동일한 감정 상태를 표출해야 한다. 사적인 삶에서는 아마도 성실하고 정직해야 하겠지만, 카메라 앞에서는 조금은 당당하고 독하게 행동해야 한다. 그렇지 않으면 대중은 믿지 않는다. 판매인들은 그렇게 한다.

한때 학교나 직장 또는 가정에서 욕하는 것이 유행한 적이 있었다. 그 결과, 공식적으로 자신들의 습관을 조금은 통제해야만 했다. 구개념 텔레비전(이상적이고 온화하며 가톨릭 신앙을 가진 시청자에게 초점을 맞추어 검열을 받은)은 순화된 방식(마치 임무로 위임받은 것 같은)으로 방송을 내보냈다. 반면에 공영이 아닌 텔레비전 방송들은 대중이 시인하고 〈우리가 그랬습니다〉라고 말하기를 원한다. 그러므로 여성 출연자의 엉덩이를 바라보며 퀴즈를 내는 코미디언이나 좋지 못한 욕을 사용하는 사회자는 이중적인 의미를 표출한다. 이곳에 있는 성인들은 결국 화면이 인생과 같다는 것을 알게 된다. 소년들은 자신들이 항상 의심해 왔던 것처럼, 이것이 공개적인 자리에서 보여 주는 올바른 행동 방식이라고 생각한다. 이것은 신개념 텔레비전이 절대 진리를 말하는 소수의 경우들 중 하나이다.

신개념 텔레비전, 특히 비공영 텔레비전은 청취자의 마조히즘을 최대한 이용한다. 사회자는 온화한 성격의 가정주부들에게 쥐구멍이라도 찾아 들어가게 만들 정도로 부끄럽게 만드는 질문들을 던진다. 주부들은 이러한 게임의 한가운데 놓인 채, 거짓(혹은 진실)의 부끄러움 사이에서 창녀들처럼 행동한다. 이러한 형태의 텔레비전 사디즘은 조니 카슨이 자신의 인기 프로그램인 「투나잇 쇼」에서 제시한 새로운 게임을 통해 미국에서 절정에 달했다. 조니 카슨은 위선자, 비극적인 인물, 추악한 인물, 타락한 인물 들이 등장하는 드라마 「댈러스」의 가설적인 줄거리에 대해 이야기했다. 한편 그가 한 인물을 묘사하는 동안 텔레비전 카메라는 방청석의 한 인물을 비추고, 잠시 후 그 사람은 텔레비전 화면에서 자신의 얼굴을 보게 된다. 방청석의 관중은 행복하게 웃지만, 그의 모습은 성도착증 환자나 아동 착취범의 모습으로 그려지며 여성 출연자는 약물 중독자 또는 선천적 정신 박약아로 비친 자신의 모습을 즐기게 된다. 남자와 여자들(텔레비전 카메라가 이미 좋지 못한 의도나 구체적인 어떤 결점을 기준으로 선택한)은 수백만의 시청자 앞에서 자신들에 대한 중상모략을 들으며 행복하게 웃는다. 이 모든 것이 농담이라고 생각하면서 말이다. 그러나 이러한 중상모략은 정말 장난이 아니다.

40~50대의 사람들은 오래된 창고에서 뒤비비에의 오래전 영화 필름을 찾기 위해서는 많은 노력과 고생이 따른다는 사실을 알고 있다. 이제는 이러한 필름 창고의 마술이 통하지 않는다. 신개념 텔레비전은 같은 날 저녁에 오드리 토투가 주연한 영화, 존 포드 감독의 영화 그리고 아마도 멜리에스의 영화를 방송한다. 이들을 통해 우리는 문화 의식을 높여 간다. 그러나 존 포드 감독의 수준 높은 영화가 있는 반면, 그 주변에는 별로 가치 없는 저질 영화들도 무수히 많다. 영화에 조예가 있는 사람들은 이것들을 구분하는 능력을 가지고 있지만, 이로 인해 이미 본 영화들만을 텔레비전 채널에서 찾으려고 고집한다. 때문에 이러한 사람들의 문화는 더 이상 발전하지 못한다. 게다가 젊은이들은 오래된 영화들을 단지 보관용 필름으로 간주하기에 이들의 문화는 후퇴를 거듭한다. 다행히도 영화에 관한 중요한 정보를 제공하는 신문들이 있다. 하지만 텔레비전을 보아야 할 때마다 신문을 읽을 수는 없지 않은가?

미국의 텔레비전은 시간이 돈이라고 생각하여, 리듬 즉 재즈 리듬에 모든 프로그램을 배치한다. 이탈리아의 신개념 텔레비전은 미국의 것을 고풍의 리듬에 따라 움직이는 자국의 것(또는 브라질 텔레비전처럼 제3세계의 것)에 혼합한다. 이처럼 신개념 텔레비전의 시간은 잡아채거나 가속하거나 완화하는 작용을 동반한 탄력적인 시간이다.

다행히도 청취자는 리모컨을 이용해 (원하는 영화나 프로그램 등을) 신경질적으로 선택하면서 자신의 리듬을 만들어 나간다. 여러분은 이미 (이탈리아 국영 방송 RAI 1과 RAI 2의 뉴스 프로그램들인) TG 1과 TG 2의 채널을 선택하는 과정에서 딸꾹질과 더불어 동일한 뉴스를 두 번 시청하거나 기대하던 소식을 결코 시청하지 못한 경험을 가지고 있을 것이다. 그것도 아니라면 나이 많은 어머니가 죽는 순간에 얼굴에 케이크 세례를 받거나 또는 「스타스키와 허치」의 짐카나 gymkhana, 자동차 경주가 마르코 폴로와 스님의 찬찬한 대화로 인해 중단된 경험도 있을지 모르겠다. 이와 같이 우리 모두는 자신의 리듬을 만들어 내고, 귀에 손을 대고 음악을 들을 때처럼 텔레비전을 시청하며 베토벤의 교향곡 제5번을 들을지 「아름다운 지구진 Bella Gigugin」이란 노래를 들을지를 결정한다. 한밤의 텔레비전 시청은 더 이상 완전한 스토리를 완성하지 않은 채 모두 〈다음번〉을 기약한다. 역사적인 아방가르드의 꿈인 셈이다.

구개념 텔레비전의 시절에는 별로 볼 만한 것이 없었다. 자정 이전에 모두 잠자리에 들었기 때문이다. 그에 비하면 신개념 텔레비전은 수십 개의 채널을 가지고 있고 늦은 시간까지 방송을 한다. 식욕은 먹으면서 생기는 법이다. 비디오 기기는 그 외의 다른 많은 프로그램들, 예를 들면 구입하거나 빌린 영화 필름 그리고 우리가 집에 없을 때 방송된 영화들까지도 볼 수 있게 해준다. 이제는 텔레비전 앞에 앉아 하루에 48시간까지도 시청이 가능하며, 이렇게 함으로써 더 이상 외부 세계와 접촉할 필요도 없어진다. 이 얼마나 놀라운 일인가? 그 외에도 이제는 어느 한 장면을 되감거나 앞으로 돌리는 것은 물론 속도를 늦추거나 두 배로 빠르게 하는 것도 얼마든지 가능하다. 만화 영화 「마징가」의 리듬으로 안토니오니의 영화를 본다고 가정해 보라! 이제 비현실성이 우리 모두의 문 앞에 있다.

비디오 텔레비전은 새로운 가능성들 중 하나이지만, 이들은 이미 그전에도 있었고 앞으로도 무한할 것이 분명하다. 텔레비전에서는 기차 시간표, 주식 현황, 프로그램 목록, 백과사전의 수많은 단어들까지도 볼 수 있을 것이다. 그러나 이 모든 것을 행정 자문 위원들이 참여한 상황에서, 텔레비전 화면에서 보게 될 때, 누가 애써 기차 시간표와 프로그램 진행표 혹은 기상 정보들의 시간표를 보려고 하겠는가? 텔레비전은 어느 누구도 더 이상 가지 않을 외부 세계의 모든 정보를 제공할 것이다. 신개념의 거대한 신화인 밀라노-토리노 계획은 그 내용의 상당 부분이 텔레비전에 기초하고 있다. 이 시점에서 밀라노-토리노의 고속도로나 철도 노선을 확충할 명분은 더 이상 없어 보인다. 밀라노-토리노 왕복 노선을 이용할 필요가 더 이상 없기 때문이다. 육체는 불필요해진다. 눈만 있으면 모든 것이 가능하기 때문이다.

전자 게임기를 구입하여 텔레비전 화면에 연결하면 그만이다. 가족 모두가 다트 베이더의 우주 함대 게임을 즐길 수 있다. 그러나 이미 많은 것을 보아야 할 필요가 있기 때문에, 언제 이러한 것들을 이해할 것인가? 어쨌든 우주 전쟁 게임은 더 이상 바에서 카푸치노를 마시거나 전화를 걸면서 즐기기보다는 누군가 뒤에 와서 목을 졸라 고통을 느끼기 전까지 종일토록 계속되며 이에 따른 결과를 초래할 것이다. 더구나 장소가 집 안일 경우에 게임은 무한대로 이어진다. 아이들은 초음속 전투기를 조종할 수 있을 정도로 최상의 훈련을 받게 될 것이다. 그리고 우리는 성인과 아이들을 가리지 않고 우주선 열 척을 격추시키는 것이 그리 대단하지 않다는 생각에 익숙해질 것이며, 미사일 전쟁도 소꿉놀이처럼 보일 것이다. 하지만 우리가 진짜로 전쟁을 하게 된다면 우주 전쟁 게임과는 별로 상관없는 러시아에 의해 졸지에 격파될 것이다. 왜냐하면 여러분은 어떤지 모르겠지만, 본인은 늦은 밤 시간에 두 시간 동안 게임을 하고 난 후에 총탄과 광선의 궤적으로 한 줄기 강렬한 빛을 경험했다. 그 순간 눈의 망막과 두뇌가 엉망이 된 것이다. 마치 눈앞에서 강렬한 빛이 번쩍일 때와 마찬가지로 눈에 나타난 검은 점의 허상이 오랫동안 보일 것이다. 이것이야말로 종말의 시작이다.

(1983)

문화 유행의 방식들

무지한 여자들은 유행을 따른다. 잘난 체하는 여자들은 유행을 과시한다. 하지만 눈 높은 여자들은 유행과 기분 좋게 타협한다.

—샤틀레 후작 부인

이탈리아 사람들의 국민적 게임(또는 유희)은 3단계로 구성되며, 모두 흑과 백의 상대적인 입장에서 연출한다(이 유희의 활력을 이해하기 위해서는 에릭 번의 『사람들이 즐기는 유희들』을 참고하라). 내가 영감을 받은 출처를 이렇게 서둘러 밝히는 이유는 나중에 알게 될 것이다. 만약 지금 출처를 밝히지 않으면 저자 흑(박사)과 마찬가지로 독자인 백(박사)의 두 번째 단계로 인해 곤란을 겪게 될 것이 분명하다.

첫 번째 단계
흑 박사 「저런 인간은 죽여 버려야 해.」
백 박사 「또다시 이탈리아의 고질병인 지방색을 들추는구먼. 영국에서는 살인이 백해무익하다는 것으로 밝혀진 지가 10년이나 지났어. 네가 그것을 읽어 보았어야 하는데……」

두 번째 단계

흑 박사 「다시 생각해 보니 그렇군. 나도 사람을 죽일 필요는 없다고 생각해.」

백 박사 「별로 기발한 생각은 아니지. 그건 이미 간디가 말했어.」

세 번째 단계

흑 박사 「그래. 간디 말이 맞아.」

백 박사 「정말이지, 평화주의가 유행이긴 유행이야.」

이 서식의 다양성은 끝이 없다. 1) 어린아이들은 만화책을 절대로 읽어서는 안 돼. 그건 아니지, 적어도 미국의 사회학 연구에 따르면 말이야……. 2) 맞아. 그건 나도 읽어서 알고 있네. 별로 틀리지는 않더구먼. 하지만 그리 대단한 것 같지는 않아. 이미 40년 전에 길버트 셀데스가 『일곱 가지 살아 있는 예술 *The Seven Lively Arts*』에서 말했거든……. 3) 물론 나도 셀데스의 의견에 동의하네. 정말이지, 만화책이 유행이긴 유행이야!

또는 이와 같다. 1) 『약혼자』(만초니의 작품)에서는 서정적인 비약의 흔적이 시적이지 못한 구조 탓에 별로 눈에 띄지 않더군. 그게 아니지. 네가 서사 구조에 대한 미국인들의 연구를 좀 살펴보았다면 그런 말은 하지 않을 텐데 말이야……. 2) 다시 생각해 보니 그런 것 같군. 가만 보니 줄거리에도 시적인 가치가 있어. 이 얼마나 기가 막힌 일인가. 정말이지, 모두가 아리스토텔레스가 되려고 하니 말이야.

내가 제안한 게임은 결코 즉석에서 만들어 낸 것이 아니다. 이탈리아의 문화계가 외국인 연사에게 충격을 주는 것이 있다면 그것은 그가 말하고 있는 것이 이미 과거에 다른 누군가가 한 말이라는 반론이다. 보통 외국인은 왜 이러한 경우에 곤혹스러워해야 하는지를 이해하지 못한다. 그가 모르는 것은 그가 자리를 뜨자마자 그의 말에 동의했던 사람들이 기회주의자로 비난받을 것이라는 사실이다. 이러한 시도가 세 번 정도 반복되면 그의 이탈리아 팬들은 더 이상 그의 말을 인용하지 않는다.

이러한 게임에서 벗어날 방법은 전혀 없다. 왜냐하면 이 게임이 논리학적이고 인류학적인 세 가지 기본 원칙에 근거하고 있기 때문이다. 첫째, 한 장소에서 있었던 주장은 그 이전의 다른 장소에서 있었던 반대의 사실과 마주한다. 둘째, 한 시대에 있었던 주장은 이미 이러한 사실을 예견했던 소크라테스 이전 시대의 단편집들에서 찾아볼 수 있다. 셋째, 한 명제에 동의한다는 주장은, 여러 사람들에 의해 표출된 경우, 〈흡사한〉 또는 〈기회주의적인〉 의견으로 간주되기 십상이다.

지금까지 정의해 본 (이탈리아의) 국민적 유희는 일반적으로 〈문화적 유행〉이라 정의할 수 있는 위험에 이탈리아 사람들이 얼마나 민감한지를 잘 보여 준다. 이탈리아 사람들은 새로워지는 것에 언제나 안달이며 그렇지 못한 사람들에게는 무척이나 엄격하다. 또한 새로움을 유행이라 비난하고 다른 사람들이 새로워지려는 노력의 결과로 얻어 낸 모든 생각들을 기생적인 것이라고 주장하는 데 익숙하다. 이와 같이 새로워지려는 것에 대한 열망이 이탈리아 사람들을 유행의 위험에 노출시킨다. 뿐만 아니라 다른 사람들의 변화에 대한 엄격함은 마치 교정 수단처럼 보이며 새로운 변화는 빠르고 일시적인 것, 즉 다시 말해 〈유행〉이라고 치부해 버린다. 그 결과, 문화적 흐름이나 운동은 형성되기가 거의 불가능하다. 왜냐하면 한쪽의 의견을 가진 사람들은 다른 의견을 가진 사람들을 감시하고 다른 선택을 부추기는 것은 물론이고, 그들은 한때 그 반대 의견을 가지고 있던 사람들의 또 다른 선택에 대립되는 의견으로 입장을 바꾸어 버린다. 이렇게 해서 유행에 대한 불안감과 섞여 버린 새로움에 대한 갈망은 변화를 중화시키고 유행을 부추긴다.

이러한 상황은 만약 대중적인 수단들이 발전하여 유희를 위한 새로운 요소, 즉 축구에 열광하는 이탈리아 사람들의 모습을 만들어 내지 않았다면, 근본적으로 주견이 없음으로 인한 결과로 보였을 것이며, 비평적 지성의 지속적인 활동이라는 결코 무시할 수 없는 축복이라고도 할 수 없었을 것이다.

모든 일간지들과 오프셋 인쇄물의 홍수 속에서 축구에 열광하는 이탈리아 사람들은 상류 계층의 유희를 알게 된다. 하지만 이에 대해 불과 소수의 몇 가지만을 수용할 뿐 모든 논쟁거리에 귀 기울이지는 않는다. 그 결과, 이탈리아 사람들은 무식-정보-동의-유행-거부의 순환을 단지 절반 정도만 완성한다. 어떤 의미에서는 이탈리아 사람들이 세 번째 제스처, 즉 한 의견의 유희를 즐기는 사람은 다른 사람들이 표출한 지배적인 명제에 동의할 때 비로소 유희에 합류하여 자신의 발견만을 응시하지만, 동시에 같은 의견을 가진 사람이 다른 의견의 반론에 직면하여 자신의 명제를 포기하고 다른 유희를 즐긴다는 사실을 망각해 버린다. 결과적으로 하류 계층 사람들 속에서 유행(언어 습관, 정형화된 논지에 대한 집착, 상투적인 어투 등)은 더 오래 지속된다. 반면 헤게모니를 장악한 계층(여기에서 헤게모니를 장악한 계층과 프롤레타리아 계층을 구분하는 것은 경제 현실과 필연적으로 관련이 있다고는 할 수 없다)에서 이러한 현상은 전혀 찾아볼 수 없다.

이와 같은 이유로, 수십 년 동안 일련의 문화 유행이 나타나 지속되다가 결국에는 소멸하는 것을 추적해 보는 일은 매우 흥미롭다. 이러한 문화 유행들이 지속되는 것은 습관, 인용, 다양한 종류의 일상적인 일탈을 통해 드러난다. 그리고 이들의 목적은 유희를 즐기는 식자들의 변덕스러움은 물론, 암시와 이념, 연구 성향과 주제들, 문제들을 발아시키는 데 이탈리아 사람들이 얼마나 무능력한가를 그대로 보여 준다.

특별히 흥미로운 것은, 지금도 그러하지만 (지금까지도 유명한 아르바시노의 공식을 인용하자면) 과거 10년간 이탈리아 사람들이 즐겨 하던 (스위스에 인접한 이탈리아의 도시) 키아소로의 소풍을 추적해 보는 일이다. 이탈리아의 지방 문화는 지난 1920년대에 다른 지역에서 일어나는 일들을 알지 못하게 했던 독재 시대를 핑계 삼아 자신들의 소극적인 태도에 안주했으며(사실, 무슨 일이 벌어지고 있는지 알기 위해서 반드시 키아소까지 갈 필요는 없었으며 감옥에 있던 그람시도 밖의 소식을 지면을 통해 알고 있었다), 해방된 이후 10여 년간 자신들의 잘못된 어눌함을 계속해서 키워 가고 있었다. 그러나 1960년대에 접어들어 변화의 급류가 이들의 자식들을 집어삼켜 버렸으며, 문화 면의 각종 지면들 외에도 다수의 가판대에는 싸구려 책자들이 넘쳐 나고 있었다. 발견은 흥분을 야기하고, 흥분은 언어적 습관과 이의 불규칙한 반복을 거쳐 결국에는 비정상적인 과도함으로 이어졌다.

〈소외〉라는 말의 암울한 에피소드는 원하는 만큼 표현되기 마련이다. 즉 존중할 만한 용어이며 끔찍한 현실로서, 학자들이 별다른 충격 없이 자체적으로 다루어 왔던 문화 현실은 한순간에 중요한 것으로 급부상했다. 관습은 조직을 발달시키지만, 용어들의 의미를 약화시켰으며 소외라는 용어의 의미까지도 퇴색시켜 버렸다. 이러한 상황에서 누군가는 이러한 지나친 현상을 고발해야 마땅했다. 하지만 과도함에 대한 우려는 오히려 침착하면서도 명확한 의식을 가진 사람의 말문을 막아 버렸다. 나는 철학을 전공하는 한 학생을 알고 있는데, 그는 몇 년 전부터 마르크스의 소외 개념을 주제로 논문을 준비하고 있었으나 1961년에서 1963년 사이에 자신의 연구를 좀 더 진지하게 진행할 목적으로 제목을 바꿔야만 했다. 그러나 이후 그 학생은 제목뿐만 아니라 주제까지도 교체하는 심각한 결정을 내려야만 했다. 슬픈 일이 아닐 수 없다.

이러한 상황을 바로잡을 수 있을지는 잘 모르겠지만, 지금은 이 글을 재차 검토하는 과정에서 빚어졌던 한 가지 에피소드에 대해 이야기하려고 한다.

최근 오랫동안 보지 못했던 친구와 대화를 나누었다. 지금은 지방의 작은 대학에서 교수로 재직하며 고전 문헌학을 연구하지만, 그는 유행하는 문화의 흐름에도 많은 관심을 가지고 있다. 물론 일정한 거리감과 약간의 빈정거림은 어쩔 수 없지만, 지적인 긴장감만은 확실해 보인다. 내가 그에게 미국에서 야콥슨을 만난 적이 있음을 이야기했을 때 그는 웃으면서 〈이미 늦었네. 지금 사람들이 그의 주장에 대대적인 반론을 제기하고 있다네……〉라고 말했다. 내가 〈누가 그런단 말인가?〉라고 묻자, 그는 〈모두가 다 그래. 이미 한물갔지. 그렇지 않은가?〉라고 말했다.

원, 세상에. 야콥슨은 지난 세기의 인물이다. 그는 모스크바 협회에 참가하여 혁명을 겪은 다음 프라하에서 1930년대를 보냈다. 나치즘의 위협에서 살아남은 후에는 미국 생활을 시작했고 전후에는 새로운 구조주의 세대와 접촉하며 대가로서 이름을 날렸으며 새로운 세대 젊은이들의 도전을 극복하고 자신을 무시했던 문화 시장을 정복했다. 또한 그는 70대의 나이에 슬라브 기호학, 프랑스 기호학 그리고 미국 기호학 학파의 저항과 같은 온갖 시련을 극복하고 이제는 모두가 인정하는 국제 문화의 대가로 인정받고 있다. 그도 물론 오류를 범하지 않은 것은 아니지만, 이를 슬기롭게 극복했다. 이탈리아에서는 1964년에 소개되어 그 이듬해 사람들 사이에서 알려지기 시작했으며 1966년에 번역서가 나왔으나 이듬해인 1967년이 끝나갈 무렵에는 이탈리아 지성인들의 반격에 살아남지 못했다. 야만인들도 이런 일은 하지 않는다. 그는 이탈리아에서 3년의 유명세를 끝으로 사람들 사이에서 곧바로 잊힌 셈이다. 아직도 그의 연구가 가치 있다고 믿는 사람들은 매우 젊거나, 소박하거나, 유행에 뒤떨어지거나 또는 이방인들뿐이다. 에이브럼 놈 촘스키가 그의 업적이 번역되기도 전에 그토록 빨리 구닥다리가 되어 버린 것을 보면 놀라지 않을 수 없다(잘만 했다면 시간 내에 번역이라도 가능했을 텐데 말이다). 따지고 보면 이것도 정말이지 쉽지 않은 일이지만, 아무튼 사람들은 자신들이 한 것에 만족감을 느끼려고 한다.

   지식의 신봉자는 아니라 할지라도 하나의 문화 유행이 시작되어 확산되는 것이 오해와 혼란 그리고 비합법적인 활용을 가져온다는 사실을 인정한다. 우리는 문화의 유행을 한탄할 뿐이다. 후에 유행이 되어 버린 주제를 신중히 연구해 본 사람이라면 누구나 자신이 사용했을 모든 용어들이 그것을 포함하는 텍스트에 따라 해석되지 않고 상징, 에티켓, 방향 안내용 표시 정도로 이용되고 있다는 사실로 인한 곤혹감을 지적한다. 오늘날 구조를 연구하는 그 어떤 학자도 한창 잘 나가는 구조주의자를 통하지 않고는 그 어떤 구조에 대해서도 일언반구 말할 수 없다는 사실은 슬픈 일이기는 하지만 사실이다. 그러나 유행들에 대한 분노의 감정 속에는 유행에 못지않게 해롭고 교만하며 파렴치한 그 무엇이 도사리고 있다(앞서 지적한 유희의 세 단계 참고).

〈유행〉은 문화가 엄격하게 계급적이거나 매우 전문화된 경우에는 발생하지 않는다. 보통 계급적인 문화는 주제와 문제들이 많은 사람들, 즉 대중이 참여할 수 없는 수준에서 순환한다. 베리 공작의 취향은 유행과는 거리가 멀다. 왜냐하면 유일한 필사본으로만 남을 뿐 그 누구도 미니스커트를 착용할 여성들을 위해 풀라 천에 월(月)들의 이미지를 인쇄하려 하지는 않기 때문이다.

전문화된 문화는 침투를 허용하지 않음으로써 스스로를 방어한다. 〈상대성〉이라는 용어는 그 나름의 구체적인 유행을 만들 수 있지만, 맥스웰의 방정식은 그렇지 않다.

유행의 문제는 여러 가지 이유로 한 문화가 매우 보편적인 확산 기술, 즉 플래카드(또는 포스터 등)에서 주간 신문과 텔레비전에 이르는 여러 매체들을 통해 정상에서 저변으로 이어질 때 발생한다. 이러한 확산은 새로운 참여를 이끌어 냄으로써 궁극적으로는 문화의 전문화를 유도하지만, 낭비와 소비의 대가를 치른다. 확산된 용어와 개념들은 이들이 출발한 피라미드의 정상으로 되돌아오는 과정에서 너무 많은 단계를 거치며 결국에는 하나의 시간대처럼 모든 것을 통합한다.

동시에 (한 문화의) 과도한 전문화는 상호 협력의 노력들을 촉진한다. 이때 상호 협력은 전문화의 여러 분야에 종사하는 사람들 간의 접촉과 이해를 의미한다. 접촉은 두 가지 방식으로 이루어진다. 즉 무엇보다 한 분야의 기술자는 다른 분야의 기술자에게 자신이 하는 말의 의미와 대화의 영역을 명확하게 해야 하며, 그다음으로 양측은 자신들의 대화 영역에서 유용한 요소들을 다른 사람들의 대화 영역에서도 사용할 수 있는 용어들로 번역하는 데 노력해야 한다. 한 문화 전체가 동원되는 이러한 작업에서 수많은 일이 실패로 돌아간다. 번역을 위한 노력들은 성급한 비유와 오해 그리고 외견상의 수정을 위한 노력을 양산한다. 파라미드 정상에서 가장 밑바닥까지의 수직적인 확산과 마찬가지로 한 분야에서 동일한 차원의 다른 분야로 퍼져 가는 수평적인 확산의 경우도 인플레이션을 가져온다.

만약 이것이 사실이라고 한다면 문화 유행은 문화의 활성화에 따른 불가피한 결과이다. 문화가 활력적이고 커뮤니케이션 내부의 다양한 수준들 사이에 지속되는 상황에서, 한 문화는 자신을 겉으로 드러내는 여러 양상의 유행을 양산한다. 유행은 신빙성 있는 문화 과정의 찌꺼기, 폐기물, 장식처럼 형성되는 동시에 퇴비와 기름진 토양을 준비한다. 지식의 이전과 전파는 절대적인 순수함의 양태에 따라 이루어지지 않는다. 그렇기 때문에 다른 사람을 이해하거나 이해한 것을 자신의 용어로 번역하는 사람은 정확한 방식들로 이를 수용하기 이전에 이탈된 형태로 문제를 파악하면서, 종종 문화 유행의 토양을 경험한다. 이처럼 문화 유행이 한 문화의 과정에서 필수적이듯이, 문화는 오직 유행에 대한 유혹을 통해서 자신을 위한 미래의 리더들을 확보한다.

그러므로 세대를 거듭하는 유행들 앞에서, 한 문화는 이러한 유행들을 억제하려는 문제를 제기하기보다는 어떻게 통제할 것인가에 몰두해야 한다. 문화의 임무는 전문화된 지식과 자생적이고 확산된 지식을 생산하고 자생적인 지식이 과잉 상태에 있을 때에는 이를 비판하는 것이다. 그 외에 자생적인 지식을 억제하는 것뿐만 아니라, 이로부터 종종 오해가 행운으로 돌변할 수 있는 질서의 움직임을 통해 연결 고리와 기회 그리고 다른 전문화된 지식이 나타나도록 유도하는 것도 함께 문화의 임무를 구성한다. 어쨌든 한 가지 확실한 것은 유행을 동반하지 않는 문화는 역동적이지 못한 정적인 성격의 문화라는 사실이다. 호피족의 문화 또는 알로레스족 문화에는 유행이 없었고 지금도 존재하지 않는다. 왜냐하면 과정이 생략되었기 때문이다. 문화 유행은 문화 과정의 초기에 발생하는 시련과 같다. 지나치게 폭력적으로 억압된 경우에는 단순히 새로운 유행이 가속화되어 등장하는데, 이때 문화 유행은 지속적인 모델처럼 문화보다 더 가시적인 측면만을 드러낸다. 이것이 오늘날 우리가 안고 있는 문제이다. 그러니 이에 대해 우려할 필요는 없다. 왜냐하면 다양한 문화 유행이 존재하기 때문이다. 하지만 지나치게 서둘러 극복하려 한다면 이는 분명 문제의 부메랑으로 되돌아올 것이다.

이탈리아의 문화보다 더 성숙한 프랑스 문화는 이미 10년 전부터 지속되고 있는 구조주의의 유행을 잘 견디어 내고 있으며, 비록 이러한 유행이 지나치다고 생각할지라도 결코 이에 대해 부끄러워하지 않는다. 이탈리아 문화에서 진정으로 걱정스러운 부분은 아무런 관련이 없는 경우에조차 〈구조〉라는 단어로 입에 거품을 물고 있는 수많은 멍청이들이 아니라, 엄격한 기준을 가지고 멍청이들을 신속하게 일소해 버려야 한다는 의식이다. 생물학적인 의미에서 이러한 멍청이 박테리아들의 기능을 평가절하하는 것은 문화적으로 성숙하지 못했다는 것을 보여 준다.

만약 유행을 동반하지 못하는 문화가 정적인 문화라고 한다면, 유행을 억압하는 문화는 반동적인 문화라 할 것이다. 보수주의자의 첫 번째 움직임은 새로움을 유행이라 부르는 것이다. 보수주의자는 아리스토파네스가 소크라테스의 사상에, 키케로가 에우포리온Euphorion의 시에 분노를 표출한 것처럼 조반니 파피니와 도메니코 줄리오티의 모든 세련되지 않은 사상에도 분노를 표한다.
　유행이 너무 오래 지속될 경우, 자신을 지나치게 경직시키는 엄격함을 반환하고 다른 형태를 취한다. 그러므로 정작 위험한 것은 정작 유행이 짧을 때이다.

『알마나코』(봄피아니, 1967)

볼거리로서의 문화

 1979년과 1980년은 이미 성숙되어 있던 몇 가지의 새로운 것들이 이론화 단계로 접어들고 있는 단계로부터 다른 새로운 것들, 즉 좀 더 새로운 것들에 대한 초기의 난처한 의문들이 제기되던 시기였다. 성숙된 새로움이란 볼거리 개념에서의 뚜렷한 진보, 다시 말해 1970년대의 현상과 관련되어 있었다. 점차 대중과 젊은이들까지도 닫힌 실내의 극장을 멀리했다. 최근에 브레히트풍의 극장들이 길가 모퉁이를 중심으로 생기는 것을 시작으로 ─ 소위 말해 그 동생 격에 해당하는 ─ 길거리 극장, 즉흥 무대에 이어서 축제, 즉 축제와 같은 무대, 무대와 같은 축제들이 본격적으로 그 모습을 드러냈다. 사실상 모든 주제에 대해서 이미 방대한 문학 이론이 존재하는데, 이는 예상치 못했던 사실들을 제거하지는 못하지만 적어도 존경할 만한 것으로 만든다. 축제들이 자치 도시 행정의 주요 대상으로 등장하면서 덜 소외된 모든 계층(그리고 소외된 자들에게도 축제의 여지를 제공하는 자들)을 포함하는 도시 전체의 행사로 등장한 순간부터 우리는 축제가 멋을 상실했다고 빈정거릴 수는 없을 것이다. 그 순간, 축제는 오히려 탐정 소설, 고전적인 비극, 심포니 또는 공개적인 〈무대 댄스〉와 같은 장르로 정착한다. 그리고 축제의 미학적이고 사회학적이며 기호학적인 새로운 모습에 대해서는 더 이상 아무런 할 말도 남아 있지 않다.

반면에 약간은 방해 요소와 같은 새로움은 〈볼거리로서의 문화〉처럼 어느 정도 유해한 요소를 지닌 그 무언가의 등장으로 발생한다.

이러한 표현이 모호한 것은 사실이다. 이는 극장과 축제, 또는 광장의 공연이 마치 문화가 아닌 것처럼 보이기 때문이다. 그러나 문화 인류학이 이미 수십 년에 걸친 연구를 통해 화장실도 공동체의 물질 문화에 속한다는 사실을 지적한 상황에서 고급 문화의 사례들(고급 문학, 철학, 고전 음악, 화랑 예술과 무대 연극)만을 〈문화〉라고 지칭하는 경향이 잔존하고 있으며, 볼거리로서의 문화를 무언가 구체적인 것에 대해 언급하는 것으로 이해하는 경향이 있다. 이는 고유 명사 〈컬처〉로서의 문화가 가지는 하나의 이념에 비추어 말하는 것이다. 다른 말로 하자면, 볼거리가 약간은 비난받을 만한 오락이라는 전제에서 시작하는 반면, 강연이나 베토벤의 교향곡, 그리고 철학적인 토론은 지겨운(그러므로 결코 장난이 아닌) 경험이다. 학교에서 최악의 점수를 받은 아들에게 엄격한 부모는 구경거리를 보러 가는 것은 금지하지만, 문화 행사에 가는 것을 막지는 않는다(오히려 더욱 적극적으로 참가하도록 권할 것이다).

진지한 문화 행사의 또 다른 특성은 청중이 참여하지 않는다는 것이다. 이 경우 청중은 경청하거나 보러 가는 것에 불과하다. 이러한 의미에서는 볼거리(역시 한때는 좋지 않은 의미를 가지고 있었던)도 청중이 적극적으로 참여하지 않고 수동적으로 참여하는 경우에는 진지한 볼거리가 될 수 있다. 그러므로 그리스 희극의 청중이 과일의 씨를 입에서 뱉어 내고 배우들에게 야유를 퍼붓는 것은 가능했지만, 오늘날 고대의 모습을 그대로 모방한 원형 극장에서 상영되는 동일한 희극은 볼거리가 아니라 문화이며 사람들은 (매우 따분해하면서도) 침묵으로 일관한다.

최근에는 매우 당혹스러운 일들이 발생하고 있다. 바로 얼마 전부터 논쟁과 강연, 때로는 격렬한 토론회를 계획하는 문화의 주체적인 기관들이 제3의 상황에 직면하고 있는 것이다. 첫 번째 상황은 1968년 이후의 정상적인 상황이었다. 누군가가 말하면 많지도 적지도 않은 수의 청중은 경청하다가 마지막에 가서 예의 바른 질문을 하며, 모든 것이 종료되면 두 시간 이내에 모두 집으로 귀가한다. 두 번째 상황은 1968년부터였다. 누군가는 말을 하려고 노력하지만, 웅성거리는 청중은 그가 권위적으로 말을 하려고 하는 것에 항의하고, 이때 청중 속의 다른 사람이 그를 대신하여 발언을 하며(이 사람 역시 마찬가지로 권위적이지만, 우리는 이러한 사실에 대해 점차적으로 눈치를 챌 뿐이다), 마지막에는 어떤 결의문이든지 간에 투표로 결정하고 나서 집으로 돌아간다. 세 번째 상황은 이전의 두 가지 상황과는 달리 다음과 같이 기능한다. 누군가 말을 하면 청중은 엄청난 수로 모여들어 땅바닥이나 인접한 공간 아무 데나 또는 입구 계단에 앉아, 그 사람이 한 시간, 두 시간, 세 시간에 걸쳐 장황하게 늘어놓는 말을 경청한 다음, 다시 두어 시간 동안 토론을 계속하면서 집으로 돌아갈 생각을 하지 않는다.

제3의 상황은 신철학과 같은 전형적인 변증법으로 청산될 수 있다. 우리는 올바른 시대의 역류를 타고 있다. 요즘 정치에 진절머리를 느끼는 신세대(그리고 또한 구세대)는 진실한 말을 다시 경청하고 싶어 한다. 고급문화의 승리가 목전에 있는 것이다. 그러나 한편으로 불쾌한 느낌을 알리기 위해서는 신철학에 대해 약간은 보수주의적인 입장(과거의 마르크스주의, 자유 크로체주의 또는 매너리즘에 빠지기 이전의 프랑크푸르트학파)을 견지할 필요가 있다. 왜냐하면 이러한 신대중(비록 스포츠 대중이나 록 콘서트의 대중은 아닐지라도 이들 역시 대중이라고 믿는다)은 문화 행사에 참여하여 열심히 경청하고 함께한다. 또한 열성적이고 박식한 입장에서 참여하여 영혼의 소리로 외쳐 댄다. 하지만 이들은 마치 집단적인 축제에 참여하듯이 행동하면서 살구씨를 뱉어 내거나 옷을 모두 벗어 버리지만, 물론 집단적 이벤트 또는 (다른 사람들과) 함께 있기 위해 오기도 한다(다른 말을 빌리자면, 이러한 경험들로 인해 순환 사용하는 것이 올바른 것처럼 보인다).

내가 제시하는 모든 사례들(열린 장소의 교향곡 연주회에서 인식론에 대한 토론에 이르기까지 다양한 자리들에 나가 보지만 일상적인 얼굴들은 더 이상 보이지 않는)에서 가장 충격적인 것은 카톨리카 시립 도서관이 기획한 철학자들과의 만남(또는 일련의 토론)이었다. 이에 대해서는 많은 사람들이 언급했다. 다 합해도 인구가 수천 명을 넘지 않는 작은 도시에서, 그것도 사람들이 거의 모이지 않는 계절에 철학과의 만남(낡은 환상에 불과하며 중·고등학교에서조차 밀려나고 있는)을 위한 밤을 기획했다는 것 자체가 이미 놀라운 일이었다. 더욱 새삼스러운 것은 종종 이러한 행사에 수천 명에 가까운 사람들이 몰려들었다는 사실이다. 그러나 정작 충격적인 것은 행사가 진행된 네 시간 동안 이미 모든 것을 잘 알고 있는 사람들이 질문을 통해 연설자와 박식한 대화를 교환하는 것에서부터 철학자에게 마약, 사랑, 죽음, 행복에 대한 견해를 묻는 사람들의 비교적 세련되지 못한 질문에 이르기까지 가능한 모든 상황이 전개되었다는 점이다. 이러한 현실에서 몇몇 연설자들은 자신을 방어하기 위해 철학자는 권위 그 자체가 아니며 지나친 카리스마를 드러낼 필요도 없음을 상기시켜야만 했다(10년 전만 해도 누가 감히 이런 말을 했겠는가). 그러나 이러한 놀라움은 수량적이고 지리적인 계산을 해본다면 더욱 증가할 것이 확실해 보인다. 나는 지금 내 경험을 말하고 있다. 카톨리카 시립 도서관이 단독으로 이 많은 청중을 끌어모으기에는 분명 역부족이다. 실제로 로마냐, 마르케, 그리고 그 밖의 더 먼 지역에서 수많은 사람들이 참여했다. 또한 내가 일주일에 세 번 강의를 하는 볼로냐에서 많은 사람들이 이곳에 참여했다는 사실도 잘 알고 있다. 도대체 무슨 이유로 내가 말하는 데 40분도 걸리지 않을 이야기를 듣기 위해 사람들이 볼로냐에서 카톨리카의 시립 도서관에 모여들었을까? 그것도 연중 언제든지, 그리고 얼마든지 대학에 올 수 있으며 모든 참여가 허용되는 상황에서 말이다(볼로냐에서 카톨리카까지 여행하기 위해서는 기름값, 고속도로 통행료, 외식비 등 공연을 보는 것보다 더 많은 비용이 필요하다). 대답은 의외로 간단하다. 즉 그들은 나의 말을 듣기 위해 오는 것이 아니다. 이들은 이벤트와 함께 숨 쉬기 위해 오는 것이다. 그리고 다른 사람들을 느끼고 집단적인 행사에 참여하기 위해 이곳에 오는 것이다.

그럼 이것은 하나의 볼거리란 말인가? 아무런 주저함도, 수치심도, 거리낌도 없이 그렇다고 말하고 싶다. 과거에는 철학이나 법의 논쟁이 하나의 볼거리를 구성했던 역사적 시대가 많았다. 중세에 사람들은 철학자가 무슨 말을 하는지 듣기 위해, 그리고 이러한 경쟁이나 토론같이 경쟁 심리가 불타는 행사들에 참여하기 위해 파리로 몰려들었다. 아테네의 원형 극장이 막이 내릴 때까지 오직 조용히 앉아 있을 목적으로 풍자극보다는 비극 3부작을 관람하기를 원하는 사람들로 만원이었다고는 결코 말할 수 없다. 사람들은 이벤트와 함께하기 위해 모여든 것이었으며 이곳에 참여한 다른 사람들과 노점들, 그리고 음료들은 물론 이러한 문화 페스티벌의 전체 속에 녹아 있는 예식들도 의식하고 있었다. 뉴욕에서 상연된 「해변의 아인슈타인Einstein on the Beach」을 보기 위해 갔을 때, 그 공연의 순서는 다섯 시간이 넘게 계속되었다. 당시 청중은 음료를 마시기 위해 일어나서 나가거나 다른 사람들과 토론을 벌이거나 또는 다시 들어왔다가 나가기를 반복했다. 들어오거나 나가는 일이 반드시 필요한 것은 아니다. 교향곡을 처음부터 끝까지 들으면서 베토벤을 즐기기 위해 옥외 극장에 간다고 가정해 보자. 그럼에도 집단적인 의식은 필요하다. 이는 마치 고급문화가 만남과 공동의 경험들을 조성한다고 해서 다시 수용되어 새로운 활력을 부여받는 것이나 다름없다. 보수주의자라면 고급문화는 이렇게 흡수되더라도 필요한 집중력을 지니지 못하기 때문에 아무것도 제공하지 못한다고 말할 것이다. 하지만 이 경우에 (교양을 갖춘 사람이라면, 전혀 예측할 수 없는 상황도 가능하다) 토론이나 콘서트에 참가하여 내내 졸다가 마지막 박수 소리에 놀라 잠에서 깨는 평범한 관객이 얼마나 흡수할지는 아무도 모를 일이라고 대답할 것이다. 보수주의자는 플라톤의 저서를 바닷가에 가지고 가서 수없이 반복적으로 읽은 사람에 대해서는 아무런 말도 하지 못하거나 해수욕하는 이 박식한 사람의 선한 의지를 오히려 칭찬할지 모른다. 또한 보수주의자는 위의 독자가 디스코텍에 가지 않고 친구들과 플라톤에 대한 토론에 참여하는 것을 못마땅해할 것이다. 그러나 볼거리화가 반드시 긴장감 상실과 부주의, 〈의도의 가벼움〉을 의미하는 것이 아니라는 사실을 이해시키는 것은 매우 힘들지 모른다. 이것은 단지 문화 토론을 경험하는 다른 방식일 뿐이다.

당시 뉴욕에서는 일에 필요한 회의만을 개최하지는 않았다. 때로는 종교에서 문학 또는 거시 생물학과 같은 주제로 열리는 4일간의 문화 행사로 학회와 심포지엄을 함께 개최하고 이를 신문들에 홍보하면서 적지 않은 입장료를 요구했다. 주최 측은 초청 인사를 확보하는 데 필요한 비용을 지출했으며 이벤트는 마치 무대의 볼거리처럼 진행되었다. 우리에게 이것은 끔찍한 것이다. 하지만 때로는 이러한 끔찍한 일을 벌여야만 한다. 내가 기억하는 한 가지 사례는 1978년에 제리 루빈이 계획한 〈디 이벤트 *The Event*〉였다. 알다시피 그는 당시 1968년 항쟁 당시 영웅이었으며 히피들의 우상이었다.

당시 〈디 이벤트〉는 아침 9시에서 다음 날 새벽 1시까지 계속되었으며 〈색다른 자의식〉, 전시, 토론, 선(禪)에 대한 토론, 거시 생물학, 선험적 중용, 섹스 테크닉, 조깅, 우리 사이에 숨어 있는 천재의 발견, 예술, 정치, 여러 다양한 종교, 민중 철학을 주제로 제시했다. 이 행사의 스타들 중에는 흑인 코미디언 딕 그레고리, 성 의학자인 매스터와 존슨, 건축가 버크민스터 풀러 외에도 종교 설교자들과 연예인들이 포함되어 있었다. 비싼 입장료와 거대 일간지의 광고는 행복과 자아 계발을 위한 급진적 발견, 채식 뷔페, 동양 이론서, 성 관련 부위들의 보철을 보장했다. 만약 이러한 것들이 우리를 끔찍하게 만들었다면 그것은 이 행사를 말하는 청중을 위한 음악 홀로 인식했기 때문이다. 참여는 전혀 찾아볼 수 없었으며 참가자들은 서로를 전혀 알지 못했다. 문화 볼거리는 남자와 여자들이 혼자서 찾아온 바 *bar*처럼 인식되었다. 하기야 미국에서는 공연 중간 중간의 휴식 시간이 상대를 만나기 위한 이상적인 순간임을 알게 하는 일련의 진지한 콘서트 광고를 찾아보는 것이 그리 어렵지 않다.

만약 문화적인 볼거리가 이러한 수순을 따라간다면 이에 대한 만족은 존재하지 않을 것이다. 그러나 이것은 〈문화적인〉 볼거리이기 때문이 아니라, 최악의 의미에서의 볼거리이기 때문이다. 즉, 무대에서 제시된 거짓된 삶인 것이다. 왜냐하면 침묵하는 관중이 타인을 통해서 살아간다고 착각하기 때문이다.

이 모든 것은 〈볼거리적〉이라고 말했던 사회의 퇴보이다. 그럼에도 우리가 지금까지 언급해 온 볼거리로서의 문화가 볼거리적인 사회의 부산물이라고는 말하지 않았다. 오히려 볼거리적인 사회의 대안이며, 기획된 볼거리들을 멀리하고 다른 볼거리들을 만들기 위한 방법일 수 있다. 이러한 전망에 대해서는 좀 더 지켜보자. 그러면 어떤 상황이 전개될지 알게 될 것이다.

『라 소시에타』 제2호(1980)

스포츠에 대한 수다

세상에는 — 설사 불가피하다고 생각될지라도 — 학생 운동, 도시 봉기, 지구촌 시위와 같은 것들이 결코 할 수 없는 일이 있는데, 이는 다름 아니라 일요일에 경기장으로 몰려가 그곳을 인파로 가득 채우는 것이다.

이 같은 제안은 풍자이며 어리석은 것으로 보이기 십상이다. 일단 실행에 옮기면 모든 사람의 웃음거리가 될 것이 분명하며, 더 나아가 진지하게 추진한다면 도발자로 낙인찍힐 것이 확실하다. 이것은 학생들이 무리를 지어 경찰차에 화염병을 투척하는 분명한 이유는 아니며, 설사 학생들이(법과 국가 통일, 국가의 권위를 위해) 그렇게 한다고 할지라도 희생자는 40여 명을 넘지 않을 것이다. 반면에 스포츠 경기장을 공격한다면 이에 놀란 정직한 시민들이 폭동을 야기한 사람들을 무차별적이고 전면적으로 학살하는 비극이 발생할 것이다. 뿐만 아니라 시민들은 자신들의 숭고한 권리를 지켜 내는 것보다 더 시급한 것이 없다고 생각하기에 전면적인 실력 행사에 나설 것이다.

한 성당을 점령했다고 가정해 보자. 주교는 항의할 것이고, 일부 가톨릭 신자는 당혹해하고, 무신론자들은 쾌재를 부를 것이다. 또한 좌익은 알 듯 모를 듯한 행동으로 일관할 것이며 비종교권 사람들은 속으로는 무척 기뻐하며 박수를 칠 것이다. 또한 정당의 본부를 점령할 수도 있다. 그러면 관계가 있는지의 여부에 상관없이 다른 정당들은 자신들에게 결코 불리할 것이 없다는 반응을 보일 것이다. 그러나 만약 누군가가 운동장을 점령했다면 즉각적인 반응은 물론이고 책임감 없는 행동이라는 엄청난 비난을 퍼부어 댈 것이다. 교회, 좌익, 우익, 정부, 사법부, 중국인, 이혼 동맹과 무정부 조합주의자들이 모두 들고일어나 범죄라고 소리 높여 외칠 것이다. 따라서 그 누구도 신념이나, 선동적인 계산에 의해서도 결코 건드릴 수 없는 집단적 정서의 심연이 존재한다. 또한 이것이 해체되었을 경우, 모든 가능한 집단적인 원칙이 위기에 빠져 버리게 될지도 모르는 사회의 심오한 구조가 존재한다. 그리고 지상에서의 인간 존재는 적어도 수만 년 전의 모습 그대로이다. 스포츠는 인간이며, 스포츠는 사회인 것이다.

만약 우리 인간들의 관계에 대한 전반적인 재검토가 시작된다면 이는 분명 스포츠에까지 영향을 줄 것이다. 그리고 이러한 근본적인 변화를 통해 사회적 동물로서의 인간이 가지는 자기모순적인 특성이 드러나게 되는데, 이는 사회성의 관계 속에서 밝혀질 것으로, 분명 인간적인 것이 아니다. 다시 말하면 이 상황에서 인간에 대한 그리스식 사고에 기초한 고전 인문주의의 신비적 성격이 분명하게 드러날 것이다. 이때 그리스는 명상과 도시 개념 또는 행위의 우선보다는 계획된 낭비로서의 스포츠나 문제를 은폐하려는 것, 그리고 소음의 수준으로 발전한 수다에 기초한다. 간단히 말해, 차후에 더 설명하겠지만, 스포츠는 언어 구사의 담론으로부터 최대한 벗어나기 때문에 적어도 모든 대화에 대한 부정이며 인간의 비인간화 원칙 또는 출발 시점에서 신비주의적 인간에 대한 이념의 인문주의적 발명인 것이다.

스포츠 활동에는 낭비라는 생각이 지배적이다. 초기에 스포츠의 모든 제스처는 에너지 낭비였다. 만약 내가 돌을 던지는 기쁨을 위해 돌을 던진다면, 그것도 궁극적인 다른 목적이 있어서 그런 것이 아니라고 한다면, 이때 나는 노동을 통해 확보한 음식을 섭취하고 축적한 에너지를 낭비한 것이나 다름없다.

지금은 이러한 낭비가 — 분명히 말하건대 — 매우 건전한 것이다. 놀이를 위한 낭비일 뿐이다. 다른 모든 동물과 마찬가지로, 인간은 게임을 하기 위한 신체와 심리를 필요로 한다. 우리가 거절할 수 없는 유희적 소비이다. 이를 행하는 것은 자유롭다는 것을 의미하며 불가피한 노동의 독재로부터 스스로를 해방시키는 것이다. 만약 내가 던진 돌보다 더 멀리 던진 다른 사람이 있다면 게임은 경쟁의 형태로 접어드는데, 이때에도 경쟁은 물리적인 에너지와 게임에 규칙을 제공하는 지적인 에너지의 낭비인 것이다. 그러나 이러한 유희적 소비는 성취로 결판이 난다. 달리기는 인종을 개량시키고, 경쟁은 경쟁 심리를 자극하고 조절하며 원초적인 공격성을 누그러뜨리고 좋지 못한 완력을 지성으로 인도한다.

그러나 이미 이러한 정의 속에는 그 근원을 갉아 먹는 벌레가 도사리고 있다. 즉 경쟁은 관습의 힘을 훈련시키고 중성화한다. 그리고 과도한 행위를 완화시키기는 하지만 실제로는 행위를 중성화하기 위한 메커니즘에 지나지 않는다.

이러한 모호한 건전성(즉 이때의 건전성은 한계를 넘지 않을 때까지의 건강한 건전성이며, 웃음이라는 필수 불가결한 자유행동도 지나치면 죽음에 이르는 것과 마찬가지다. 또한 마르구테Margutte는 지나친 건강을 추구하다 몸을 완전히 망가뜨렸다)의 핵심으로부터 경쟁 초기의 타락 현상이 나타난다. 운동선수는 이미 오직 하나뿐인 몸을 지나치게 비대하게 만든 사람으로 자신의 육체를 지속적인 게임을 위한 독점적인 원천과 중심으로 삼는다. 운동선수는 괴물이며 〈웃는 인간〉으로, 자신의 온몸을 도구로 만들려다 그 발이 위축되고 발육이 억제되어 버린 게이샤나 다름없다.

그러나 운동선수는 마치 괴물이 그러하듯, 스포츠가 한창 진행 중인 순간, 즉 개인적으로 즐기는 게임으로서의 스포츠가 게임에 대한 일종의 담론 또는 다른 사람들을 위한 볼거리로 발전할 때(그러므로 다른 사람들이 벌이고 내가 바라보는 게임을 통해) 탄생한다.

만약 스포츠가 음식을 섭취하는 것처럼 건강이라면 관람하는 스포츠는 건강을 위한 행사이다. 내가 다른 사람들이 즐기는 것을 보고 있다면 나는 내 건강을 위해 아무것도 하지 않고 다만 다른 사람들의 건강함을 즐기는 것에 불과하다(섹스에 몰두하는 다른 사람들을 바라보는 사람처럼 천박한 관음증과 다를 것이 없어 보인다). 사실상 나는 건강을 위해 운동하는 사람들에게 발생할 사고로부터(그리고 이러한 건강을 해치는 질병으로부터) 최대의 즐거움을 이끌어 낸다(누 사람을 쳐다보는 것이 아니라, 사랑의 행위를 벌이는 두 마리의 벌을 바라보면서 수놈이 죽기를 기다리고 있는 사람과 다를 것이 없다).

다른 사람들의 운동 모습을 바라보는 사람은 관람하는 것으로도 흥분한다. 고함치고, 온갖 제스처를 드러내면서 몸과 정신을 단련하고 공격성을 누그러뜨리며 경쟁심을 담금질한다. 그러나 이와 같이 통제한다고 해도 운동하는 것과는 달리 활력을 증대시키고 통제력을 키우며 자신을 다듬어 가는 것으로 보상받지는 못한다. 오히려 선수들은 게임으로 경쟁을 하지만, 관음증 환자들은 심각하게 경쟁한다(이들은 서로를 때리거나 관람석에서 심장 마비로 사망하기도 한다).

경기를 하는 과정에서 드러나는 경쟁을 규정하는 요인은 두 가지 모습을 띠는데, 이들은 인간성의 증대와 상실로 나타난다. 그러나 관음증의 경우에는 오직 부정적인 결과만 드러난다. 스포츠는 과거의 세기들에서와 마찬가지로, 통치 도구이다. 예를 들면 그리스 로마 시대에 귀족 또는 황제 앞에서 벌이던 게임인 치르첸세스Circenses는 군중의 무절제한 에너지에 확실한 제동을 걸었다.

그러나 이러한 사각의 스포츠 게임(이와 관련하여 이미 투기와 거래, 주식과 소유권 이전, 판매와 강제적인 소비가 이미 성행하고 있다)은 브라운관 속의 스포츠를 양산하는데, 이는 일종의 관람된 스포츠에 대한 담론이다.

오늘날의 스포츠는 근본적으로 스포츠 신문에 대한 담론이나 다름없다. 렌즈 너머로, 어떤 의미에서는 존재하지 않을 수도 있는 스포츠가 있다. 만약 멕시코 정부와 미 상원 의원 브런디지Brundage가 악의적인 책략으로 전 세계의 텔레비전과 협력하여 열리지도 않은 올림픽을 일상적으로 그리고 실시간으로 관련 영상과 함께 중계한다고 할지라도 국제 스포츠계로서는 변할 게 아무것도 없어 보인다. 스포츠에 대해 떠들기 좋아하는 사람들조차 속았다고는 생각하지 않을 것이다. 그러므로 스포츠는 일종의 활동으로서는 더 이상 존재하지 않으며 그렇지 않다면 경제적인 이유들로만 그럴 뿐이다(달리는 연기를 하는 배우들로 영화를 만드는 것보다는 운동선수를 달리게 하는 것이 더 쉬워 보인다). 스포츠 신문의 수다에 대한 수다는 나름의 규정을 동반한 게임이다. 다시 말하면 일요일 아침의 라디오 중계를 듣는 것으로 충분하거나 또는 몇몇 사람이 이발소에 모여 스포츠에 대해 이야기하는 것으로 그만인 것이다. 그것도 아니라면 이러한 이야기들이 시작된 곳에 가서 들어 보는 것이 좋을 듯하다.

 이미 모든 사람들이 알고 있듯이, 평가, 검토, 주제, 논쟁, 명예 훼손과 승소는 매우 복잡한 구전 의식을 따르지만 그럼에도 단순하고 정확한 규정에 의해 진행된다. 이러한 제의의 영역에서 지적인 에너지는 활동하고 중화된다. 물리적인 에너지는 더 이상 필요하지 않고, 경쟁은 오직 정치적인 차원으로 이동한다. 이와 같이 스포츠와 관련된 수다에 대한 수다는 정치 담론의 모든 것을 반영한다. 여기에서는 정부 관계자들이 했어야만 했던 것, 실행에 옮긴 것, 그들이 했으면 하고 우리가 바란 것들, 실제로 일어난 일과 일어날 일들에 대한 이야기들이 오간다. 정치 담론의 대상은 오직 도시(그리고 정부 청사의 복도)이지만, 운동장의 경우에는 로커 룸이라는 것만 다를 뿐이다. 어쨌든 이 같은 수다는 겉으로 보기에는 정치 담론에 대한 패러디처럼 보이지만, 이러한 패러디에서는 시민이 정치 담론과 관련하여 가지고 있는 모든 힘이 소진되고 조절된다. 따라서 수다는 정치 담론의 대용품으로서 그 자체가 정치 담론과 동일시되어 버린다. 그리고 결국에는 아무런 여지도 남지 않는다. 스포츠에 대해 수다를 늘어놓는 사람은 스포츠를 즐기지는 않을지라도, 판단과 공격적인 발언의 가능성과 어떠한 방식으로든 관여하게 될 정치적 경쟁의 가능성을 가지고 있음을 드러내기 때문에, 이 사람은 스포츠에 대한 수다를 통해 이러한 에너지가 무언가의 목표에 맞추어 소비된다는 사실을 확신한다. 따라서 일단 의심만 가지지 않는다면 스포츠에 대한 거짓된 의식을 가지고 자신의 역할을 충실하게 수행한다.

 스포츠에 관한 수다는 스포츠에 관심을 가지고 있다는 환상을 제공하기 때문에, 스포츠를 즐긴다는 개념과 스포츠에 대해 말하는 것의 혼동을 더욱 부채질한다. 즉 수다쟁이는 자신이 스포츠를 즐기는 스타일이라고 생각하지만, 자신이 스포츠를 즐기지 않는다는 사실은 깨닫지 못한다. 스포츠를 즐길 수 없을지도 모른다는 사실을 인식하지 못하는 것은 수다를 떨고 있지 않을 때 힘든 노동으로 인해 피곤함이 쌓여 정작 스포츠를 즐길 만한 기력과 시간이 나지 않기 때문이다.

이러한 수다는 하이데거가 『존재와 시간』에서 그 기능을 기술한 것과 동일하다. 〈수다는 사전에 그 어떤 대상을 자신의 것으로 만들지 않고도 이해할 수 있는 가능성을 말한다. 수다는 이미 시작 단계에서 이 같은 소유 의도가 실패로 돌아가지 않도록 해준다. 모든 사람의 수다는 확실한 이해의 의무로부터 해제시켜 줄 뿐만 아니라, 모든 것을 확실하게 해주는 무차별적인 이해를 연단한다. 수다는 속임수의 의도를 전제하지 않는다. 수다는 무언가를 다른 무엇으로 믿게 만드는 의도적인 방식을 가지고 있지 않다. 그러므로 수다는 언급된 사실의 근거로 작용해야 한다는 필요성과 관련하여 무관심으로 일관하기 때문에 그 근원에서부터 항상 닫혀 있다.〉

물론 하이데거는 수다를 온통 부정적인 것으로 생각하고 있지는 않았다. 즉 이 철학자에게 수다는 이해하고 발견할 목적으로 사용하기보다는 기존 언어로 말하는 일상적인 방식이었다. 뿐만 아니라 수다는 정상적인 태도였다. 하지만 수다에서 〈정작 중요한 것은 이야기되고 있는 것〉이다. 우리는 여기에서 야콥슨이 교환 또는 접촉 기능이라고 지적한 언어의 기능을 만나게 된다. 우리는 전화로(〈네〉, 〈아니요〉, 〈물론이죠〉, 〈좋습니다〉라고 대답하면서), 길거리에서(안부에 별로 관심이 없는 누군가에게 〈안녕하세요〉라고 안부를 물으면 상대는 〈네, 안녕하세요〉, 〈감사합니다〉라는 대답으로 화답하면서) 대화자들 간의 지속적인 관계를 유지하는 데 필수적인 언어 교환적 담론을 이끈다. 그러나 언어 구사의 담론은 다른 것보다 근본적인 커뮤니케이션을 목적으로 의사소통의 가능성을 유지하는 데 필수적이다. 만약 이러한 기능이 감소한다면 우리는 메시지가 없어도 지속적인 관계를 유지해야 한다. 이는 마치 주파수가 정확하게 맞추어지지 않은 채 라디오가 켜져 있어 단지 소음과 일부 잡음만으로 우리가 무엇인가와 의사소통 관계에 있다는 사실을 알려 주지만, 우리는 이를 통해 결코 아무것도 알 수 없다는 것과 같다.

이렇게 해서 수다는 그 자체로 목적이 되어 버린 언어 구사의 담론이 된다. 하지만 스포츠에 대한 수다는 이와는 좀 더 다른, 다시 말해 도시와 그 도시의 목표들에 대한 담론처럼 보이는 지속적인 언어 구사의 담론이다.

스포츠에 대한 수다는 과거 스포츠 게임의 n제곱된 힘($힘^n$)으로 (그러므로 합리적인) 낭비의 제곱된 힘으로 성립했기에 낭비 그 자체이며 따라서 소비의 극단인 것이다. 스포츠에 대한 수다에 대해서, 그리고 그 속에서 소비 문명의 인간은 심지어 자신(그리고 강요되어 따를 수밖에 없는 강제적인 소비를 주제화하고 심판하는 모든 가능성)까지도 소비한다.

사람들은 철저한 무지로 제법 많은 극단적인 경우들에서 공허한 논쟁에 매달려 일상적으로 토론하는 것을 거부한다. 철저한 무지는 시민을 매우 철저하게 규정하기 때문에 극단적인 경우에 이들은 공허한 논쟁에 매달려 자신의 일상을 온통 소비해 버리는 것을 거부한다. 또한 어떤 정치적인 비난도 모든 정치적 가능성을 조작하는 관행을 바꾸는 데는 역부족이다. 이 때문에 그 어떤 혁명가도 스포츠에 대해 수다를 떨고 싶은 사람들을 혁명적으로 바꾸어 놓을 용기를 가지지 못할 것이다. 또한 사람들은 자신들의 항의성 담론에 대한 논쟁을 스포츠에 대한 수다의 논쟁으로 전환하거나 또는 이성이 매우 합리적인 대화 규칙의 이성적 활용에 침투하는 것을 극도의 불신감으로 거부한다.

   이 때문에 멕시코 학생들은 아무런 가치도 없이 목숨을 잃고 말았다. 이 때문에 한 이탈리아 운동선수는 고귀한 마음가짐으로 다음과 같이 말했다. 〈만약 계속해서 살인을 자행한다면 높이뛰기를 하지 않을 것이다.〉 그러나 그가 높이뛰기를 하지 못하게 하기 위해 얼마나 많은 사람을 죽여야 할지는 정해지지 않았다. 만약 그가 높이뛰기를 하지 않았다고 가정하는 것은 그가 높이뛰기를 했을 경우에 무슨 일이 일어날지에 대해 다른 사람들이 이런저런 말을 하도록 만드는 데는 충분하지 않았을까 한다.

『퀴디치』(1969)

월드컵과 허영[1]

 의심 많고 악의적인 기질이 다분한 독자들은 내가 이 순간에 축구라는 귀족적인 게임에 대해 초연함과 불쾌감, 그리고 (소위 말해서) 혐오감을 드러내려 하는 것이 아닌지 염려한다. 그러면서 내가 축구를 사랑하지 않으며, 그 이유가 축구가 나를 사랑하지 않기 때문이라는 저속한 의심의 눈빛을 거두지 않는다. 더구나 내가 어린 시절부터 줄곧 공을 찰 때마다 자살골이고, 제대로 찬 경우에도 공을 상대방에게 넘겨주거나 경기장 밖 담장과 울타리 밖으로 멀리 날려 버리거나 또는 후미진 곳의 창고 속에 치박고, 도랑이나 아이스크림 수레 이 통 속에 넣어 버렸을 것이 분명하다는 근거 없는 편견에 집착하면서 친구들이 나를 좋아하지 않았을 것이며 경기 때마다 나를 따돌렸을 것이 분명하다고 속단한다.

 좀 더 얘기해 보자. 보통 사람들과 다르지 않다고 느끼고 싶은 마음에(마치 불쌍한 동성애자가 소녀들을 좋아해야만 한다는 반복적인 말로 인해 거의 공포에 휩싸인 것처럼), 나

---

[1] 이 글은 1978년의 월드컵을 염두에 두고 쓴 것이다. 약간의 수정과 변화는 있지만, 1982년의 월드컵에도 마찬가지로 적용될 수 있다. 축구 경기의 가장 큰 매력은 결코 변하지 않는다는 사실이다 — 원주.

는 점잖지만 열렬한 축구 팬인 아버지에게 축구장에 데려가 달라고 여러 번 졸랐다. 어느 날 축구장에서 무덤덤한 마음으로 관람석에 앉아 경기장을 내려다보고 있다가 문득 한낮의 높은 태양이 그 강렬한 햇살로 사람들과 그 주변을 둘러싸고 있고, 내 눈앞에서 거대하지만 무의미한 무대가 펼쳐지고 있음을 느꼈다. 이는 나중에 오티에로 오티에리의 책을 읽다가 발견한 〈일상의 비현실성〉의 감정과 같은 것이었다. 그러나 당시 나는 열세 살의 꼬마였기에 나의 방식으로 해석할 뿐이었다. 이때 나는 처음으로 신의 존재를 의심했으며 세상은 아무런 목적도 없는 허구일 것이라고 확신했다.

놀라움에 사로잡힌 나는 경기장을 빠져나오자마자 신부에게 달려가 고해 성사를 했다. 신부님은 단테, 뉴턴, 만초니, 조베르티 그리고 이러저러한 신뢰할 수 있는 인물들은 유별나지 않게 신을 믿는데, 왜 나보고 그토록 이상한 생각을 하는지 모르겠다고 말했다. 많은 사람들의 생각에 혼란스러웠는지는 모르지만, 어쨌든 나의 종교적 신앙은 그 이후 10여 년간 별 탈 없이 지나갔다. 그렇지만 축구는 나에게 항상 아무런 목적도 없고 모두 헛된 것처럼 보였다. 그리고 신은 하나의 구멍에 지나지 않거나 구멍에 불과하다고 생각했다. 아마도 이 때문인지는 모르지만, 나는(아마도 지구 상에서 유일하게도) 항상 축구 게임을 부정적인 철학과 연관시켜 생각했다.

그렇다면 왜 다른 사람도 아닌 바로 내가 축구 리그에 대해 말하고 있는가를 자문해 보자. 곧바로 그 이유를 말하자면, 『레스프레소』의 편집자가 현기증이 날 정도의 엄청난 형이상학적 충동에 사로잡혀 축구 외적인 관점에서 살펴보자고 고집했기 때문이다. 그리고 그 임무를 나에게 위임한 것이다. 이보다 더 훌륭하고 선견지명적인 선택은 없었다.

하지만 분명히 말하건대, 나는 축구에 대한 열정에 아무런 반대도 하지 않는 사람이다. 오히려 축구에 대한 열정을 인정하고 이것이 섭리와도 같다고 확신한다. 관중석에서 경기를 구경하다 충격에 심장 마비로 쓰러지는 열성 팬들, 경기마다 자신에게 쏟아지는 심각한 모욕을 기꺼이 무릅쓰고 일요일의 축제를 몸소 실천하는 심판들, 돌팔매질로 박살 난 유리 조각들에 부상을 입은 채 피를 흘리며 버스에서 내리는 단체 관람객들, 친퀘첸토[2]의 창밖으로 승리의 깃발을 휘날리며 야간의 길거리를 배회하면서 충돌 사고의 위험을 무릅쓰는 젊은이들, 지나친 성적 금욕 때문에 정신적으로 황폐해지는 축구 선수들, 건전하지 못한 도박에 빠져 경제적으로 파탄에 직면하는 가정들, 폭죽 사고로 실명하는 열성 팬들, 이 모든 사람들은 나의 마음을 기쁘게 만든다. 나는 자동차 경주, 아찔한 속도를 즐기는 모터사이클, 고공 낙하, 고산 등정, 고무보트로 대양 횡단하기, 러시안룰렛 그리고 약물 사용에 대해서와 마찬가지로 축구에 대해서도 열정을 가지고 있다. 경주는 인종을 개량하고, 이 모든 게임은 다행히도 최고의 사람들을 죽음으로 이끌면서 인류로 하여금 평범하지만 평균적으로는 좀 더 진보한 주인공들과 더불어 자신의 삶을 별다른 파란 없이 살아가게 해준다. 나는 어떤 의미에서는 전쟁이 세계의 유일한 위생적 개념이라는 미래주의자들의 견해에 동의한다. 다만 한 가지 예외가 있다면 오직 자발적인 지원병들만이 전쟁을 할 수 있도록 허용되어야 한다는 사실이다. 불행히도 전쟁은 이를 원하지 않는 사람들까지도 휘말리게 만들기 때문에 도덕적으로는 스포츠 경기보다 열등하다.

이 자리에서 분명히 짚고 넘어가야 할 것은 있다. 그건 바

2 제2차 세계 대전 이후 이탈리아의 자동차 회사인 피아트가 처음으로 생산한 5백 시시급 자동차.

로 내가 말하는 것은 스포츠 경기이지, 한 사람이 별다른 목적도 없이 근육을 단련하고 혈액 순환을 촉진하며 폐의 작용을 원활하게 해주는 육체 운동을 하는 경우로서의 스포츠에 대해 언급하는 것이 아니라는 점이다. 나는 스포츠가 섹스, 철학적 성찰 그리고 도박만큼이나 멋진 것이라고 말해 왔던 사람이다.

그러나 축구 경기는 이 같은 의미의 스포츠와는 무관하다. 설치 작업에 종사하는 노동자들과 별반 다르지 않은(그러나 임금에서는 차이가 적지 않다) 긴장감에 살아가는 프로 축구 선수들, 섹스 행위를 직접 하거나 혹은 하는 척하는 한 쌍의 남녀를 정기적으로 (어쩌다 한 번의 구경을 위해서가 아니라 일요일마다 암스테르담에) 구경하러 가는 일단의 관음증 환자들처럼(또는 아이스크림을 먹는 것을 보여 주러 데려가겠다는 약속을 한번쯤 기억하는 우리 어린 시절의 가난한 아이들처럼) 행동하는 ― 대다수의 ― 관중들과도 역시 무관하다.

이러한 몇 가지 사실들은 내가 최근 몇 주 동안 무엇 때문에 그토록 느긋했는지를 말해 준다. 나는 다른 사람들과 마찬가지로, 최근의 비극적인 사건들로 인해 3개월 내내 수많은 신문과 텔레비전에 전적으로 매달리면서 붉은 여단의 새로운 메시지나 이들의 새로운 테러 위협을 기다리고 있었다. 이제는 신문들이나 텔레비전을 가급적 피하면서 기껏해야 토리노 재판과 록히드 사건 그리고 국민 투표에 대한 소식들이 실린 신문 8면이나 뒤적이고 있다. 그 외의 나머지 지면들은 알고 싶지 않은 기사들로 가득하며, 테러리스트들은 이제는 대중 매체에 대한 뛰어난 감각을 가지고 있어서 그런지 지방 소식들과 요리에 대한 기사들과 함께 취급될 것을 예상해서 그런지 더 이상 흥밋거리가 될 만한 일은 벌이지 않는다.

왜 월드컵이 대중의 관심을 독점하고 매스 미디어의 모든 수단들을 집중시키는지는 더 이상 물어볼 필요가 없다. 곰들이 볼거리로 등장하는 것으로 잘 알려진 테렌치오의 유명한 희극에서 서커스의 유용성에 대한 로마 황제들의 날카로운 지적, 그리고 심지어는 독재자들(아르헨티나를 포함한)이 항상 이용했던 대규모 경쟁에 이르기까지 대부분의 사람들이 축구나 사이클을 낙태보다 선호하며 톨리아티보다는 바르탈리를 좋아한다는 것을 분명하게 보여 준다. 이에 대해서는 더 이상 재고할 가치가 없다. 그러나 재고하는 것이 외부로부터의 재촉에 의한 것이니만큼, 지금 이 순간보다 특히 이탈리아에서 여론이 국제적인 챔피언 리그를 필요로 한 적은 없다고 말할 수 있다.

실제로 이전에 한 번 언급했듯이, 스포츠에 대한 토론(이 말은 스포츠 볼거리, 스포츠 볼거리에 대해 말하는 것, 스포츠 볼거리에 대해 언급하는 신문 기자들에 대해 말하는 것을 의미한다)은 정치 토론의 가장 손쉬운 대체물이다. 재무부 장관의 업무를 판단하기 이전에(이를 위해서는 경제와 다른 것에 대해 정통할 필요가 있다), 사람들은 코치가 한 일에 대해 토론하는 것을 좋아하며, 의회가 한 일에 대해 비평하기에 앞서 선수의 활약에 대해 비평하기를 바란다. 또한 사람들은 장관이 합당한 권한으로 내용이 명확하지 않은 협정서에 서명했는가를 묻기 이전에(매우 어렵고 내용이 모호한 질문이다), 결승전 또는 중요한 경기의 승패가 운에 의해 좌우될지, 아니면 선수들의 능력에 달려 있는지, 그것도 아니면 외교적인 채널을 통해 결정될지를 먼저 묻는다. 축구에 대한 대화는 명확한 관점의 안목을 요구하지만, 대체적으로는 구체적이고 전문적인 식견으로 핵심에 도달하는 능력을 더 중요시한다. 이렇게 해야만 일정한 입장을 취하고 의견을 피력하며 체포나 급진주의적 규제 법안 또는 아무런 의심을 받지 않고 나름의 해결책을 제시하는 것이 가능하다. 왜냐하면 말하는 사람의 권력을 벗어나 이루어진 그 무엇에 대해 말하는 것이기 때문이다. 결론적으로 축구에 대한 대화는 모든 고뇌, 의무, 정치 논쟁의 의문점들 없이도 공적인 것을 대상으로 게임을 할 수 있게 해준다. 이것은 어린 소녀들이 부인 흉내를 내는 것과 마찬가지로, 성년 남성들의 경우에 자신의 위치를 알도록 가르쳐 주는 교육적인 게임이다.

이와 같다. 순식간에 공적인 것에 대해 언급하는 것은 정말 충격적으로 보인다. 이 같은 선택에 직면하여 이탈리아 사람 모두는 아르헨티나 사람이 된다. 그리고 종종 누군가 사라지고 있다는 사실을 아직도 기억하고 있는 몇몇의 골칫덩어리 아르헨티나 사람(즉, 아르헨티나 사람이 되어 버린 이탈리아 사람들)은 다행히도 이러한 신성한 대리 역할의 기쁨을 방해하지 않는다. 우리는 이전에 이들의 말을 경청했고 그리고 매우 예의 바르게 행동했는데, 도대체 이들은 무엇을 요구하고 있는 것인가? 이번 월드컵은 마카로니에 뿌려진 치즈와 다를 것이 없다. 결국 무언가는 붉은 여단과 아무런 관련이 없는 것으로 밝혀졌다.

이와 관련하여 독자는, 완전히 관심을 포기한 경우가 아니라면, 두 가지 이론이 가능하다는 사실을 알고 있다(물론 나는 단지 극단적인 가설들만을 고려하고 있는데, 알다시피 현실은 항상 조금 더 복잡하게 얽혀 있다). 첫 번째 가설은, 붉은 여단이 적어도 외국 권력의 은밀한 지원을 받는 단체라는 것이다. 두 번째 가설은, 이들이 잘못된 단체로서 비록 그 방법이 끔찍하기는 하지만, 전체적으로 보면 귀족적인 동기(좀 더 개선된 세계)를 추구한다는 것이다. 첫 번째 가설이 사실이라면 붉은 여단과 월드컵 축구 조직 위원회는 권력의 동일한 차원에 위치해 있다고 할 것이다. 한쪽은 적절한 순간에 소요를 일으키고 다른 한쪽은 정확한 순간에 질서를 개편한다. 이때 대중은 이탈리아-아르헨티나의 결승전을 마치 쿠르초와 안드레오티의 시합인 것처럼 관람하고 이후의 테러(또는 암살) 기도에 대해서는 도박처럼 간주할 것이 자명하다. 반면에 두 번째 가설이 옳다면 붉은 여단은 정말 잘못된 노선을 추구하는 단체가 되는 셈인데, 그 이유는 이 테러 단체가 선량한 의지로 많은 정치인을 살해하고 시설물들을 폭파했지만 정작 권력은 이곳에 존재하지 않고, 오히려 긴장감이 조성된 직후 군중의 영혼에 더 접근된 다른 극점들로 재분배하는 사회의 능력 속에 자리 잡고 있기 때문이다. 월드컵 경기가 열리는 일요일에 무장 투쟁이 가능할까? 이 질문에 답하기 위해서는 정치 토론을 줄이고 서커스에 대한 사회학적 토론을 좀 더 활성화해야 할지 모른다. 더구나 이것은 처음 볼 때부터 확실하게 드러나지 않는 서커스가 있기 때문이기도 하다. 예를 들면 경찰과 한때 토요일, 그것도 오후 5시에서 7시 사이에만 출현하던 극단적인 시위 세력 간의 충돌이 그것이다. 비델라는 이탈리아 사회에 침투해 들어오는 자들에 대해 무엇을 할 수 있었을까?

『레스프레소』(1978)

위조

 지난 10월, 나는 예일 대학교의 도서관에서 캘리포니아 출신의 한 학생을 만났다. 그와 나는 (우연하게) 한 이탈리아 신문의 사본을 열람하게 되었다. 이 사건을 계기로 나는 그 학생이 이탈리아에 산 적이 있다는 사실을 알게 되었다. 함께 아래층으로 내려가 담배를 피우면서, 이것저것에 대해 말을 하다가 그는 자신이 감명 깊게 읽은 이탈리아 책을 인용했다. 그러나 책의 저자나 저서명은 기억하고 있지 못했다. 그는 〈잠깐만요〉 하고 말하면서 〈로마에 있는 여자 친구에게 물어보려고 하는데, 혹시 10센트짜리 동전 있으세요?〉라고 나에게 물었다. 동전을 공중전화에 넣고는 교환원과 잠시 대화를 나눈 후에 30초를 기다렸다가 바로 로마에 있는 자신의 여자 친구와 통화했다. 한 15분 정도 대화를 나눈 후에 그는 돌아와 웃으면서 10센트짜리 동전을 나에게 돌려주었다. 나는 그가 수신자 부담으로 전화를 했을 것이라고 생각했다. 그러나 그는 다국적 코드를 사용해 국제 통화를 했다고 말했다.
 미국의 통화 체계에서는(미국인들은 끊임없이 불평하면서도 다른 체제에 대해서는 인정하지 않는다) 특별한 개인 신용 카드의 숫자를 이용해 홍콩, 시드니 또는 말레이시아와 통화가 가능하다. 대기업의 사장들은 다용도 카드를 사용한다. 숫자는 극비에 부치고 있지만 수많은 학생들, 특히 이공계 학생들은 이를 알고 있다. 나는 다국적 기업이 요금 청구서를 보면 어떤 사람들이 이 숫자를 알고 있는지를 알게 되지 않겠느냐고 물었다. 물론 알게 될 것이다. 하지만 전화 요금이 1년 단위로 청구되기 때문에 세밀한 조사를 위해서는 너무 많은 시간이 걸린다. 그러니 권리도 없는 사람들의 통화 요금으로 수만 달러를 지출하고 있는 셈이다. 만약 통제를 한다면? 공중전화로 통화하면 그만이다. 만약 수신자의 번호를 추적한다면? 물론 이에 동의한다. 그는 어느 날 저녁 장거리 전화를 받았는데, 알고 보니 장난 전화였다고 한다(심지어 많은 사람들이 무작위로 선택한 번호로 재미 삼아 장난 전화를 한다). 그는 계속 설명하면서 이러한 전화들은 그저 단돈 몇 푼을 아끼려는 것이 아니라 모두 피노체트를 지지하는 파시스트들인 다국적 기업들을 골탕 먹이려는 것이라고 말했다.

이 같은 장난을 하는 수많은 학생들이 전자 기술에 동의하지 않는 유일한 사례는 아니다. 조지프 라 팔롬바라Joseph La Palombara는 나에게 캘리포니아의 한 시위 그룹이 2년 전에 전화 요금을 규칙적으로 납부하도록 촉구하면서 1센트를 더 내도록 강요했다는 말을 했다. 그들이 요금을 납부하고 그리고 추가로 조금 더 납부했다고 해서 그 누구도 이들이 법을 위반했다고 말할 수 없다. 그러나 만약 많은 사람들이 이러한 일을 한다면 전화 회사의 행정 체계는 마비될 것이 틀림없다. 그리고 이 기업의 컴퓨터들은 모든 비정상적인 요금 납부에 작동을 멈추고 차액을 계산하여 고객들에게 통지문과 함께 1센트를 돌려주어야 할 것이다. 이러한 혼란이 광범위한 차원에서 진행된다면 모든 업무가 중단될 것이다.

실제로 몇 개월 동안 전화 회사는 극심한 혼란에 빠져 사용자들에게 이러한 장난을 그만두어 줄 것을 호소하는 텔레비전 광고를 내보내야만 했다. 거대한 시스템은 매우 취약하며, 과대망상증에 빠지게 만들기 위해서는 작은 모래알 하나로 충분하다. 잘 생각해 보면 비행기 테러도 이와 동일한 원리에 기초한다는 것을 알 수 있다. 전차를 이탈시킬 수는 없어 보이지만, 제트기는 어린애와 같다. 회계사를 타락시키기 위해서는 시간, 돈 그리고 적어도 매우 빼어난 미모의 여자가 필요하다. 즉 전자두뇌를 엉망으로 만드는 것은 식은 죽 먹기와 같은데, 회로에 전화로 간단하게 〈미친〉 정보를 삽입하는 것으로 충분하다.

전자 정보의 시대에는 비폭력적인(또는 적어도 비유혈적인) 게릴라, 즉 위조의 게릴라를 위한 명령어가 널리 보편화된다.

최근에는 신문들이 컬러복사기로 기차표를 위조하거나 도시 전체의 신호등을 마비시키는 일이 얼마나 쉬운가를 보도한다. 누군가는 다른 편지의 서명을 복사한 같은 날짜의 편지 사본을 10여 개 만들 수 있다.

이러한 형태의 위조를 규정하는 이론적 사상은 권력에 대한 새로운 비판 사상에서 만들어진다. 권력은 결코 최고위층의 독단적인 결정에서 유래하는 것이 아니라 세밀하거나 분자적인 수많은 형태의 동의에 기초한다. 권력이 가족 제도의 윤리에 기초하기 위해서는 가족의 테두리에서 인정받는 수천의 아버지와 어머니 그리고 자식들이 필요하다. 아울러 권력이 서로 다른 사람들의 모임이라는 의식에 기초하여 유지되기 위해서는 수많은 사람들이 의사, 간호사, 경비원과 같은 역할을 해야 한다.

붉은 여단은 가톨릭 교황 노선에서 시작된 최후의 치유 불가한 낭만주의자들이다. 오직 이들만이 아직도 국가가 심장을 가지고 있으며 그곳이 매우 허약하다고 생각하고 있다. 이들의 기도는 실패할 것이 자명하다. 왜냐하면 한 명, 열 명, 아니 백 명의 알도 모로 총리를 납치한다고 해서 체제를 약화시킬 수는 없으며 오히려 공격받아 약화된 심장의 상징적 환영에 대한 동의를 다시 만들어 낼 것이기 때문이다.

반면, 게릴라의 새로운 형태들은 공존의 여러 규칙에 의존하는 동의의 그물망을 위기에 빠뜨림으로써 체제를 허약하게 하려는 경향을 가지고 있다. 만약 이 그물망이 훼손된다면 모든 것이 붕괴될 것이다. 이것이 이들의 전략적 가설이다.

10여 년 전에 위조에 관한 두 가지 에피소드가 큰 반응을 불러일으킨 적이 있다. 첫 번째는 누군가 〈아반티!〉 신문사에 파솔리니의 것으로 조작된 시 한 편을 보낸 사건이 발단이 되었다. 이후 얼마간의 시간이 지나 다른 누군가가 일간지인 「코리에레 델라 세라」에 카를로 카솔라의 것으로 조작된 문예 기사를 보냈다. 두 기사는 모두 게재되었고 그 결과 커다란 파문을 일으켰다. 하지만 두 사건은 매우 드문 것이었기에 얼마 지나지 않아 진정되었다. 어느 날인가 이러한 것이 관행으로 정착된다면 그 어떤 신문도 작가가 직접 편집장에게 전달하지 않는 기사는 결코 게재하지 않을 것이다. 이렇게 되면 전신 체계는 곧 붕괴될 것이 명백해 보인다.

그러나 이러한 일은 최근 2년 전에 이미 일어났는데, 예를 들면 A 그룹이 B 그룹의 서명으로 출간하여 벽에 붙인 정치 선언문, 베를링구에르Berlinguer의 것으로 위조된 후에 역시 에이나우디 출판사의 것으로 위조되어 출판된 서한, 사르트르의 것으로 조작된 글이 그것이다. 우리는 이러한 조작들을 어렵지 않게 밝혀낼 수 있는데, 그 이유는 조작 수준이 조잡하고, 전체적으로 세련되지 못하며 지나치게 역설적이기 때문이다. 그러나 조작이 비교적 정교하게 이루어지고 생산 리듬이 좀 더 신속해진다면 어떻게 될 것인가? 모든 것에 대한 조작된 소식들과 조작 사례들을 확산시키면서 다른 조작들에 조작으로 대항하는 방법밖에는 다른 방도가 없어 보인다. 지금 여러분이 읽고 있는 기사가 이러한 새로운 경향의 첫 번째 사례가 아닌지는 아무도 모른다. 그러나 이러한 의심은 조작 기술들에 포함된 강력한 자멸성을 드러낸다.

정상의 모든 권력은 세밀한 동의의 그물망에 기초한다. 그러나 여기서 거시적인 통제 형태들을 구축하는 것과 오히려 우리가 생물학적이라고 말하는 리듬에 만족하면서도 구축된 권력관계를 영원히 초월하는 동의의 형태들을 구분할 필요는 있다.

두 가지 사례를 지적해 보자. 현대 국가는 시민들에게 세금을 내도록 하는 데 성공했지만 이는 최고 권력의 강제적인 부과가 아니라 동의에 의한 것이다. 동의는 그룹의 구성원들이 집단적인 비용들을(예를 들어 누가 일요일의 소풍 비용을 지불하는가?)이 집단적으로 재분배된다는 사고를 수용하는 것으로부터 성립한다(대답. 비용은 한 사람당 얼마의 계산 방식으로 우리가 지불한다). 우리는 미시적인 동의의 관습이 잘못된 것을 인정한다. 즉 우리는 소풍에서 가장 큰 이득을 얻어 낼 사람이 비용을 충당해야 한다고 제안한다. 만약 미시적 동의의 기초가 파괴된다면 세금 제도의 기초로 작용하는 이념도 위기에 빠져들게 된다.

그럼 두 번째 사례로 넘어가자. 가능한 모든 관계로 함께 모인 사람들의 그룹이 있다고 해보자. 다른 그 어떤 그룹들처럼, 이들 사이에서는 소식을 전하는 사람이 진실한 소식을 전해야 한다는 협정이 필요하다. 만약 어떤 사람이 한 번이라도 거짓말을 한다면 이는(즉 다른 사람들을 속였다는 사실은) 곧 밝혀진다. 만약 습관적으로 속인다면 신뢰할 수 없는 사람으로 평가되어 그룹은 더 이상 그 사람을 믿으려 하지 않을 것이다. 적어도 이 그룹은 그에게 보복하고 거짓말을 할 것이다. 그러나 진실의 최소 조건을 존중하지 않는 관심이 확산되고, 각자가 다른 사람들을 속인다고 가정해 보자. 그렇다면 이 그룹은 해체되어 모든 사람의 모든 사람에 대한 전쟁을 시작할 것이다.

하지만 이러한 상황에서도 권력관계들은 파괴되지 않았다. 오히려 그룹의 생존 조건들이 파괴되었다. 따라서 만약 권력이 어떤 방식으로든 누군가, 즉 좀 더 효율적인 기술을 고안하기 위해 협력하거나 다른 사람들보다 더 거짓말을 잘하거나 서둘러 빠른 시간 내에 다른 사람들의 주인으로 등장하면서, 사람들이나 또는 그 누군가에게 유리하도록 재구성되지 않는다면, 우리 모두는 각자 순서에 따라 돌아가며 만족과 희생을 반복할 것이다. 조작하는 사람들의 세계에서 권력은 파괴되지 않으며, 설사 그렇게 된다고 해도 권력의 주체가 다른 사람으로 교체될 뿐이다.

다시 말해, 피아트의 서명으로 거짓된 언론 보도를 할 수 있는 정치 그룹은 피아트에 대해 유리한 고지를 선점하면서 그의 권력을 위기에 빠뜨린다. 그리고 이러한 상황은 피아트가 조작된 보도문을 확산시키고 이를 위조 전문가들에게 전가시키는 더 유능한 조작 전문가를 고용하지 않는 한, 변하지 않을 것이다. 이 투쟁에서 누가 이기든 간에 승리자는 새로운 지배자가 될 것이다.

그럼에도 진실은 그리 소설적이지 않다. 동의의 몇 가지 형태는 사회생활에 필수적인 만큼, 이들을 위기에 빠뜨리는 모든 시도에 대항하여 자신을 재정비한다. 이들은 가장 교리적인 방식으로 자신을 재구성하는데, 나는 그 정도가 가히 광적이라고 말하고 싶다. 체제를 붕괴시키는 조작 기술이 만연되어 있는 그룹에서는 매우 청교도적인 진리의 윤리가 재확립될 것이며, 대다수는 (동의의 생물학적인 기초를 방어하기 위해) 진리에 광적으로 집착하면서 수사학적인 인물이 되기 위해 속이려는 사람의 혀를 잘라 버리려고 할지 모른다. 전복을 위한 유토피아는 반동이라는 현실을 야기할 것이다.

끝으로, 일단 중앙 권력이 부재하고 권력이 매우 미약하게 확산된 거미줄을 따라 길게 분배되었다고 한다면, 미시 권력들의 얄팍한 그물망을 해체할 것을 제한하는 데 의미를 부여할 수 있을까(주의할 것은 추측으로 전제된 것들에 대한 비평을 통해 미시 권력의 그물망을 위기에 빠뜨릴 것이 아니라, 이를 계속적인 타격으로 약화시켜 해체시키는 것이다)? 만약 이러한 거미줄이 존재한다면 이는 자신의 국지적인 상처를 치유할 능력을 가지고 있는데, 그 이유는 심장이 없고 그리고 — 소위 말하자면 — 기관이 없는 신체이기 때문이다. 그럼 한 가지 사례를 들어 보자.

복사 기술의 승리는 출판 산업을 위기로 몰아붙이고 있다. 우리 각자는 싼값으로 복사본을 구입할 수 있으며 값이 비싼 책을 구입하지 않아도 된다. 그러나 관행은 제도화되기 마련이다. 따라서 2백 페이지짜리 책값은 대략 1만 리라이다. 복사집에서는 한 장을 복사하는 데 1리라이기 때문에 위의 책값은 2만 리라이며 따라서 복사본을 구입하는 것은 경제적이지 못하다. 만약 두 페이지를 한 장에 복사하는 복사기를 사용한다면 책값과 동일한 금액을 지불하게 된다. 그러나 만약 다른 사람들과 함께 1백 권의 복사본을 주문한다면 그 값은 절반으로 줄어든다. 그러면 작업은 그만큼 경제적이다. 또한 책이 과학 서적이라면 2백 페이지에 대략 2만 리라 한다. 그러면 복사본의 값은 4분의 1로 줄어든다. 요즘 대다수 학생들이 이러한 방식으로 비싼 책값의 4분의 1만을 지출한다. 거의 합법적인 형태의 재소유 또는 몰수 행위인 셈이다.

그러나 영어로 과학 서적들을 출판하는 네덜란드와 독일의 대규모 출판사들은 이미 이러한 상황에 적응하고 있다. 2백 페이지짜리 책값은 5만 리라이다. 이들은 이러한 책들이 도서관과 연구 그룹들에만 팔릴 것이며 나머지는 제록스, 즉 복사본으로 처리될 것이라는 사실을 잘 알고 있다. 따라서 오직 3천 부 정도가 팔리는 것이다. 그러나 5만 리라짜리 3천 부를 판매하는 것은 3천 리라짜리 5만 부를 판매하는 것과 마찬가지다(다만 생산 비용과 분배 비용은 줄어든다). 그 외에도 이러한 출판사들은 손해 방지를 위해 공공 기관들로 제한된 전문 서적들이라는 명분을 내세워 저작권료를 지불하지 않는다.

물론 이러한 사례는 필수적인 전문 서적들의 경우에만 해당되지만 거대한 체제의 상처 치유 능력이 매우 크다는 사실을 보여 준다. 게다가 거대한 체제와 전복을 꾀하는 그룹들은 종종 형제간이며 서로가 서로를 양산한다.

따라서 이러한 체제의 추정된 심장을 공격하는 것은 실패할 것이 확실하며, 중심도 주변도 가지고 있지 않은 시스템들의 주변에 대한 공격은 그 어떤 혁명도 야기하지 못한다. 기껏해야 이러한 게임에 관여된 사람들의 상호 생존을 최대로 보장한다. 거대 출판업체들은 복사본이 확산되는 것을 수용할 태세를 갖추고 있는데, 이는 마치 다국적 기업이 자신의 비용으로 전화 요금을 지불하거나 또는 재무 상태가 좋은 운송 기업이 — 조작하는 사람들이 즉각적인 결과에 만족하는 만큼 — 적정한 수의 조작된 표를 기꺼이 수용하는 것과 다르지 않다. 이는 기술적인 타협이며 아울러 매우 미묘한 형태의 역사적 타협이다. 이것은 혁명 유토피아가 항구적이면서도 반경이 짧은 방해 공작 계획으로 전환되는 단계에서 사회적 협정을 떠맡게 되는 새로운 형태이다.

『레스프레소』(1979)

5
사태 읽기

텔레비전 방송

신문은 얼마나 많은 소식을 전하며 또 어떻게 전달하는가? 이 많은 소식들을 어떤 차원에서, 그리고 어떤 방식으로 다루는가? 1월 26일 수요일부터 30일 일요일까지 나는 온종일 텔레비전 앞에 앉아 하루에 네 번 방송되는 텔레비전 뉴스를 녹화하면서 시청했다. 즉 아침 뉴스, 정오 뉴스, 저녁 뉴스. 다만 심야 뉴스에는 많은 신경을 쓰지 않았는데, 그 이유는 특별한 소식을 제외하고는 저녁 8시 30분 뉴스와 별반 다르지 않기 때문이다. 실제로 이와 같은 일은 볼로냐의 경우 공영 방송 그룹이 주관하는데, 여기에 소속된 분석가들은 체계적이고 철저한 방식으로 모니터링을 하면서 시간, 소식, 제스처를 기록하여 세밀한 통계 자료를 만든다. 그러나 그 결과를 일반 시청자들이 열람하는 데는 많은 어려움이 따른다. 어쨌든 내가 하는 작업은 철저하거나 꼼꼼하지 못한 검열의 차원이었다(프로그램의 단순 반복적 특성 때문에 신경이 날카로워지는 것도 사실이다). 그렇기 때문에 어떤 텔레비전 뉴스를 보든 산발적으로 시청하는 경우에 거의 느낄 수 없는 것들을 지적하는 것으로 만족한다. 좀 더 설명하면 이렇다. 다년간의 축적된 경험으로 비추어 보건대, 방송된 각 사례들과 비교할 때, 실제 사건이나 에피소드가 텔레비전 뉴스를 통해 어느 정도는 왜곡되어 보도된 것 같다는 부정적인 편견을 갖는다. 오직 한 번의 텔레비전 뉴스 방송을 통해서 끔찍할 정도의 오보 사례나 국회 소위원회가 반드시 짚고 넘어가겠다고 다짐하거나 또는 차라리 악마가 이보다는 낫겠다고 할 정도의 부당한 방송 불발 사고를 발견하기란 쉽지 않다. 그러나 적어도 20여 차례의 텔레비전 뉴스를 시청하면서 다음 날 조간신문과 대조해 본다면 (귀 기울일 가치가 있는 의견들을 수렴하기 위해서 본인은 「코리에레 델라 세라」, 「일 조르노」, 「일 마니페스토」를 구독한다), 열 가지 취급 규정과 더불어 모나리자 효과와 펠라가티 효과로 요약 가능한 기사 구성 및 분배의 매우 미미한 형태들을 알 수 있다.

오후 1시 30분의 낮 뉴스는 중·상류 계층의 시청자들에 초점을 맞춘 기사들을 내보낸다. 이 시간대의 뉴스에서 5일간의 관찰을 통해 문학 관련 보도 기사들을 접했는데, 하나는 베르가, 하나는 막스 에른스트, 하나는 드레이어 그리고 다른 하나는 디에고 파브리에 관한 기사였다. 정치 기사의 편집자들은 기사들에 대한 굴절된 아이러니나 명확한 기사 평론을 소개하는 데 주저하지 않는다. 지난 27일 오후 1시 30분 텔레비전 뉴스가 그 전형적인 사례이다. 이 방송은 FBI 요원에게 사살된 한 비행기 납치범의 전말을 다음과 같은 기사로 소개하고 있다. 〈무장한 비행기 납치범에 대해서는 살인이 용납되고 있다.〉 그렇다면 평론가가 자신의 비평에 대해 가지는 책임 의식은 다음의 두 가지 조건에서 매우 긍정적이다. 첫째는 모든 기사들에 적용되어야 한다는 것이며, 둘째는 마치 객관적인 사실로서 제시되지만 결코 겉으로는 드러나지 않는 음모를 동반하지 않아야 한다는 것이다. 계속해서 29일 오후 1시 30분 텔레비전 뉴스에서 구스타보 셀바는 마치 자신이 편집자인 것처럼 냉정하고 침착한 목소리로 닉슨의 계획에 대한 중국의 비평을 소개했다. 닉슨은 평화에 관한 자신의 계획을 제시했다. 그러나 이에 대해 중국은 회의적이고 부정적인 입장을 표명했다. 다른 국가들이 전쟁을 종식시키기 위한 유일한 합리적 방안이라는 논평을 내놓은 반면, 중국은 미국의 조건들을 비합리적이라고 일축했다. 중국의 주장은 〈남베트남을 하노이 공산주의 정권에 무조건 흡수시키는 것〉이었다. 이와 마찬가지로 프라하의 친소비에트 정권은 체코슬로바키아에 대한 명백한 소비에트화 기도로 판명되었다.

그렇다면 당시 무슨 이유로 뉴스 아나운서인 구스타보 셀바가 국가의 위기 상황에서는 편집자로서의 태도를 드러내지 않고 오히려 이해할 수 없는 냉담한 표정으로 일관했을까? 그 답은 기사 취급에 관한 규정 제1호, 즉 〈해설이 가능하거나 그래야만 하는 것에 대해서만 논평하라〉에서 찾을 수 있다. 그 이외의 다른 규정은? 27일 오후 1시 30분 텔레비전 뉴스는 저녁 뉴스에서 항상 〈여덟 가지 조항의 계획〉 혹은 〈닉슨 독트린〉으로 불러 왔던 미국의 계획에 대한 베트남의 여러 반응을 소개했다. 반면에 아침 뉴스는 이 소식을 다음과 같이 전했다. 〈베트남에는 전쟁과 평화의 상황이 존재한다. 닉슨은 평화의 계획을 제안하고, 베트남은 이를 거부하고 있다.〉 전쟁에 대한 평화 제안이 거부된 만큼 베트남 사람들은 본능적으로 전쟁으로 돌아섰다. 이러한 상황에서 닉슨의 제안은 항상 선물이나 대화에 대한 희망으로 비치며, 이에 대한 베트남의 반응은 마치 명백한 폐쇄 또는 단호한 대답으로 보인다. 모든 보도 내용은 하노이가 전쟁을 원하고 닉슨은 평화를 갈망한다는 것으로 보이게 만든다. 그럼 기사 취급에 관한 규정 제2호를 살펴보자. 〈진정 어느 한 방향으로 중심이 맞추어진 기사는 공개적인 논평을 필요로 하지 않는다. 오히려 형용사들의 선택과 대치 게임에 근거할 뿐이다.〉

*

오후 저녁 텔레비전 뉴스는 상황이 좀 다르다. 만약 오후 1시 30분의 텔레비전 뉴스가 정치, 문화적 오프셋이기를 희망한다면 오후 저녁 뉴스는 민중, 여성적 오프셋이기를 원한다. 정치 기사는 최소한으로 축소된 반면, 호기심을 자극하는 기사는 좀 더 많은 시간을 차지하는데, 악천후, 오염 위기에 처한 바레세 호수, 산악인들과의 인터뷰, 유행 컬렉션 등이 주류를 이룬다. 하지만 〈아마도 이탈리아 국영 방송 RAI 1이 저녁 8시 30분에 방송하는〉 저녁 뉴스는 각 지역의 주요 일간지에 보도된 기사들에 주목할 것이다. 편집자들은 기사들을 감정적으로 강조하지 않고 모든 기사들을 다 방송하기 위해 가능한 모든 수단을 동원하는 것 같다. 제2채널(즉 이탈리아 국영 방송 RAI 2)은, 황금 시간대에 신문 기자들이 여러 분야의 인사들과 나눈 인터뷰를 동원하여 낮의 사건 또는 사실들을 논평한 후에 인용 기사들만 취급하는 지방의 일간지 수준일 뿐이며 또한 약 15분 정도의 시간만을 주요 사건 보도에 사용한다.

제1채널의 저녁 텔레비전 뉴스에 대해서 좀 더 이야기해 보자. 이 시간대의 뉴스는 그 누구의 논평도 내보내지 않고 중도적인 태도를 견지하면서 기사 취급에 관한 규정 제3호, 즉 〈의심스러우면 침묵하라〉에 따라 해당 기사들을 보도하지 않는다. 26일 저녁 8시 30분의 텔레비전 뉴스에서는 카이로의 학생 시위 소식은 보도하면서, 밀라노의 정부 청사에서 발생한 사고와 뉴욕에서 폭탄이 터졌다는 소식 그리고 국민 투표의 정당성을 인정한 판결문에 대해서는 일절 언급하지 않았다. 27일 저녁 8시 30분 텔레비전 뉴스는 사바Sava를 폐쇄한 것에 대한 포로토 마르게라 항구의 파업 사태와 정치 이념을 문제 삼아 판사를 고발하는 것이 불가능하다는 대법원 판결, 「파리 주르Paris Jour」 폐간, 그리고 텔레비전의 영역 침범에 항의하는 프랑스 기자들의 시위에 대해서는 아무런 언급도 하지 않았다. 28일 저녁 8시 30분 텔레비전 뉴스는 카스텔누오보의 교수들과 25명의 학생들에 대한 예심 소식, 국민 투표에 대한 기독교 민주당과 비종교인들 간의 사적인 여론 조사 그리고 독일의 본에서 있었던 공산주의자를 향한 신나치주의자들의 공격에 대해 일절 보도하지 않았다. 반면에 편집자들이 잘 알고 있겠지만, 노비Novi의 노동 현장에서 발생한 사망 사고와 카타니아 병원에 대한 소식을 방송했다. 그렇다면 이제 이러한 뉴스들을 어떤 방식으로 방송했는지를 살펴보자.

27일 저녁 8시 30분 텔레비전 뉴스는 카타니아의 병원에서 파업에 참가한 사람들과 경찰이 충돌하여 사상자가 발생했으며 파업이 계속되고 있다고 전했다. 뉴스는 이 소식을 불과 몇 초의 짧은 보도를 통해 시청자들의 호기심을 자극한 후에 곧바로 집중된 관심을 누그러뜨리는 전략의 일환으로 다른 소식들을 이어서 방송했다. 그리고 뉴스를 마치기 직전에 이르러서야 병원 근무자들이 두 달 전부터 월급을 받지 못했다는 사실을 추가로 언급했다. 이것은 게걸스럽게 먹고 있는 것을 보고 웃는 수많은 사람들이 등장하는 찰스 애덤스의 그 유명한 만화에서 기원한 모나리자 효과이다. 이 만화를 잘 보면 수많은 군중들 속에서 유일하게 입가에 미소를 머금고 있는 모나리자가 눈에 띈다. 코미디 효과임에는 명백하다. 그러나 독자는 이 만화를 세심하게 잘 들여다보아야 한다. 그렇지 않으면 단지 웃고 있는 얼굴들만 무차별적으로 존재할 뿐이다. 이와 같이 뉴스 방송에서 한 기사가 짧은 시간에 그것도 눈 깜짝할 사이에 방송된다면 시청자는 아나운서의 말을 들을 뿐이며 특별한 의미를 담고 있는 이미지를 놓쳐 버리기 일쑤다. 정말 중요한 사실은 미처 듣지 못한다. 따라서 기사 취급에 관한 규정 제4호는 〈그 누구도 더 이상 기대하지 않는 순간에 별로 달갑지 않은 소식을 전하라〉고 권고한다.

병원 파업에 관한 소식과 관련하여, 주목할 또 다른 사실은 어린이 병동에 최루탄이 발사된 것이다. 27일 저녁 8시 30분 텔레비전 뉴스는 이 소식에 침묵했다. 28일 저녁 8시 30분 텔레비전 뉴스는 소아과 병동의 환자들에 대한 소식을 보도했다. 이것은 또 다른 모나리자 효과이다. 그러나 이번에는 빠른 속도의 보도가 아니라, 대부분의 시청자가 이해하지 못하는 말들을 사용함으로써 가능한 것이었는데, 이것은 기사 취급에 관한 규정 제5호, 즉 〈옥수수 파이에 내해 말할 때는 옥수수 죽 폴렌타는 결코 언급하지 마라〉에 해당한다. 이 기사를 늦은 시간에 재방송한 것은 텔레비전 뉴스의 또 다른 경향으로 기사 취급에 관한 규정 제6호에 해당한다. 〈신문을 통해 이미 보도된 경우에 국한하여 모든 사실을 방송하라.〉 27일의 텔레비전 뉴스는 어린아이들에 대해서는 침묵했고, 28일 오전에는 모든 신문이 이 소식을 보도했으며 28일 저녁 뉴스는 같은 소식을 그것도 매우 난해한 방식으로 방송했다. 동일한 현상이 닉슨의 제안을 하노이 정부가 거부한 것에서도 반복되어 나타났다. 27일 텔레비전 뉴스는 베트민Vietminh이 미국의 제안을 수용하지 않았다고 보도

했으며 28일 신문들은 베트민의 거부 의사가 단지 라디오 방송을 통해 전달되었을 뿐 공식적으로는 협상의 여지가 남아 있다고 보도했다. 같은 날 텔레비전 뉴스는 동일한 내용을 방송했고 29일 텔레비전 뉴스는 조심스럽게 낙관주의를 드러내기에 이르렀다.

*

그럼 이번에는 펠라가티 효과라고 할 수 있는 한층 복잡해진 언론 매체에 대해 살펴보자. 26일 저녁 8시 30분 텔레비전 뉴스는 노비의 이탈시데르[1] 소속의 한 노동자가 추락하여 사망했다는 소식을 전한다. 계속해서 노동조합이 〈안전사고의 예방에 대한 조합의 입장을 구체화하기 위한〉 파업에 돌입했다는 기사를 내보낸다. 겉으로 보기에는 잘못한 사람이 없어 보인다. 다음 날 아침 「코리에레 델라 세라」는 노동자가 규정상 설치하도록 명시되어 있는 난간이 없었던 관계로 추락했다는 사실을 명확하게 보도한다. 27일 저녁 8시 30분 뉴스는 타란토의 제철소에서 노동자 2만 명이 좀 더 인간적인 노동 환경을 요구하며 대규모 파업에 동참했다고 한다. 그러나 뉴스에 보도된 기사는 사실과 다르다. 28일 오후 1시 30분 뉴스는 ─ 마시모 이나르디의 현장 보도를 길게 내보낸 후에 ─ 사망한 노동자의 장례식을 보도하고 끝 무렵이 되어서야 노동조합이 노동 현장에서 인명을 보호하기 위한 충분한 장치가 마련되지 않았다는 사실에 분노하고 있다는 기사를 내보낸다. 그리고 마지막으로 28일 저녁 8시 30분 텔레비전 뉴스는 충격적인 장면을 방송한다. 티토 스타뇨는 도나트 카틴이 이탈시데르를 위협하여 모든 안전

---

[1] 이탈리아 국영 지주 회사인 IRI 산하의 철강 부문 생산 회사.

장치를 마련할 것을 요구한다거나 또는 노동 감시국이 이 제철소의 모든 조업 활동을 중단시킨다는 극적인 소식을 전한다. 알다시피 그 누구도 이 사건의 핵심인 계약 문제를 지적하지 않았다. 따라서 무슨 이유로 도나트 카틴이 그토록 화가 났는지 아무도 알지 못한다. 이것이 바로 펠라가티 효과이다. 이 효과의 기원은 다음과 같다. 어느 날 대위는 분대장을 불러 군인 펠라가티에게 부모가 사망했다는 소식을 가능한 한 부드럽게 통보할 것을 지시한다. 분대장은 모든 군인들을 한자리에 불러 모은 다음 부모가 있는 군인들은 한 발 앞으로 나오도록 명령한다. 그러고는 버럭 화를 내며 〈펠라가티, 이 멍청한 놈아. 넌 들어가!〉라고 말한다. 이 경우 기사 취급에 관한 규정 제7호(〈정부가 이미 언급한 경우에만 사실을 말하라〉)와 제8호(〈장관의 개입을 숨기지 마라〉)가 매우 적절하게 성립한다.

물론 텔레비전 뉴스의 편집자에게 이탈시데르 또는 카타니아 병원의 병원장에 대한 사적인 논평을 강요할 수는 없다. 그러나 이 두 가지 기사가 목소리로 전달되지 않고 녹화와 노동조합과 노동자 인터뷰를 통해 보도되었다면 문제들의 핵심은 저절로 밝혀졌을지도 모른다. 그러나 이 경우에도 기사 취급에 관한 규정 제9호가 발동한다. 〈중요한 기사는 오직 목소리로만 방송되어야 하며 별로 중요하지 않은 기사는 녹화로도 가능하며 또 그렇게 해야만 한다.〉 예를 들어 29일 오후 1시 30분 텔레비전 뉴스는 나폴리의 한 창고에서 노동자가 거대한 상자에 깔려 숨졌다고 보도한다. 주제의 성격상 모든 시청자는 그 문제의 상자를 보고 싶어 한다. 그러나 이에 대한 보도는 그것으로 끝이다. 곧이어 토리노 경찰이 도둑맞은 옷가지를 발견했다는 기사를 내보낸다. 녹화된 내용에서는 그저 옷가지, 옷가지, 그리고 또 옷가지만 보일 뿐이다. 누군가는 중요한 기사가 녹화되지 않는다는 것이 사실이 아니라고 주장할 것이다. 지난 5일 동안 카이로의 학생 시위, 비행기를 납치했다가 곧바로 사살된 납치범들, 낭트 성당의 화재 사건, 프랑스 경찰이 찾아낸 마약에 관한 녹화 기사를 보았다. 그러나 기사 취급에 관한 규정 제10호에 따르면 〈외국에서 발생한 경우에만 주요 기사로 방송된다.〉 카이로의 학생 시위는 그렇다 치더라도 밀라노에서 경찰과 충돌한 학생들에 대한 소식은 전혀 아니다.

그렇다면 이집트 텔레비전은 보도에 있어서 이탈리아 텔레비전보다 더 빠르다는 말인가? 그 대답은 아래의 설명에서 찾을 수 있는데, 다시 말하면 20개의 텔레비전 뉴스에 대한 분석으로 가능하다. 이탈리아의 1백 개 도시의 모든 텔레비전 방송은 첫눈이 내리는 정확한 순간에 자신들의 도시를 전국에 보도하려고 노력한다. 반면, 결빙된 고속도로에 대한 반복적인 소식을 방영하는 것은 통행에 따른 위험을 감소시키는 데 유익하며, 겨울철 첫눈에 덮인 모든 도시에 대한 신문들의 시적인 흥분은 개별적인 효과에 머문다. 이는 아마도 눈에 대한 소식들이 보는 즐거움 외에, 진정 사실처럼 보이며 창문으로 머리를 내밀어 정말 눈이 온다는 것을 확인하는 시청자에게 믿음으로 부응하기 때문일 것이다. 그리고 텔레비전은 있는 그대로를 언급한다. 하지만 이와 같은 방식으로 신질서의 파시스트들에 대한 42번의 재판을 어떻게 그리고 왜 시작했는가에 대해 책임 있는 사법부의 생생한 증언을 경청하려는 사람은 거의 없다(30일 오전 11시 30분 텔레비전 뉴스에서 베르사니가 직접 자신의 목소리로 방송했다). 뿐만 아니라 30일 오전 11시 30분 텔레비전 뉴스가 화장품 공장들을 고발한 사법관과 오랜 인터뷰를 할 수 있었던 것은 천우신조라 할 것이다. 화장품 부정에 대해서는 그토록 증거를 남기면서 네오파시스트의 위협에 대해서는 아무런 기록도 남기지 않는 이유가 도대체 뭐란 말인가?

*

보도하기에는 좀 껄끄러운 기사들을 방송하지 않고 사람들이 흥미를 갖지 않도록 만들기 위해 텔레비전 뉴스는 시청자의 눈을 다른 곳으로 유도하면서 중요한 사실들을 무관심의 어둠 속에 묻어 버린다. 텔레비전 뉴스는 모나리자 효과와 펠라가티 효과 사이에서 의미 있는 기사의 정체성을 바탕으로 언론을 이끌어 가는 데 무능력함을 드러냈다. 그리고 오직 외국의 소식들에만 공정성을 유지했을 뿐 따분함을 객관성으로 위장했다. 이와 같은 현실에서도 텔레비전 뉴스는 모든 공식 발언을 동원했음에도 모든 일간지가 단 하나의 타이틀로 전말을 보도해 버린 기사들 중에 단 하나도 보도하지 못한 채 무려 5일 동안 정부의 위기에 대한 기사만을 내보냈다. 그토록 사실에 대한 접근이 불가능했기 때문인지, 아니면 사회주의자들의 인내심이 더욱 커진 까닭인지 도무지 모를 일이다. 여러 당사자들에 대한 인터뷰만으로도 충분히 해결할 수 있었을 텐데 말이다.

어쨌든 비정치적인 입장에 머물러야만 한다는 불안감 때문에 텔레비전 뉴스는 정치에 대한 지겨움과 따분함을 시청자들에게 강요하는 결과를 가져왔다. 전문성의 부재에 관한 문제가 아니라는 전제하에, 위기로부터 그 누구도 충격을 입지 말아야 한다는 명제로 고민했던 것 같다. 그 대가로 텔레비전 뉴스는 우주선에서 일어나고 있는 모든 것에 대해 하루도 빠짐없이 보도해야 하는 상황에서 이제는 대중의 시대가 시작되었다는 말을 되풀이한다. 텔레비전 화면을 통해 한 번도 보지 못한 카타니아의 병원 근무자들에게 이제는 밀린 봉급이 지급되었기를 희망하면서, 텔레비전 카메라에 포착된 범선들의 멋진 모습을 보고 싶다.

(1972)

대상으로서의 두 부류: 멋진 것과 흉한 것

기호와 신화에 대한 글을 쓰기 위한 최선은 — 주기성에 대한 강박 관념은 가지지 않겠지만, 그래도 이곳저곳의 글 재촉에 적절히 대응하면서 — 매스 커뮤니케이션의 성소들 중 하나, 즉 밀라노 박람회에 참가하는 것이다. 물론 이러한 곳에 가려면 정장이 바람직하다. 왜냐하면 단순한 노동자의 입장에서 가는 경우, 박람회는 거짓말들의 잔치가 아니라 원하는 물품을 찾아 잘 살펴보고 원하면 구입할 수 있는 가능성을 제공한다. 따라서 이중적인 의미의 게임이 아니며 시장 경제의 무역 경쟁이 정직하게 이루어지는 만큼 이곳에서도 정직이 지켜지고 있다. 반면, 구경꾼의 입장에서 가보면(이곳에서 만나는 대부분의 사람들이 그러하다) 박람회는 경쟁력이 입증된 상품들의 거대한 전시장이며 거대한 국제 엑스포의 특성을 띤다. 만약 — 카를 마르크스의 말처럼 — 〈자본주의 생산 방식이 지배하는 사회의 부는 수많은 상품들을 한곳에 모아 놓은 것과 같다〉면, 이곳의 거대한 상품 전시장은 상품들이 사용 가치와의 모든 실질적인 접촉과 사실상 교환 가치와의 모든 접촉을 상실한 후에 감동의 열정이 살아 있는 순수한 공시적 기호가 된다. 다시 말해 구체적인 개별성을 거의 상실하는 대가로 발전을 향한 성가, 풍요를 위한 노래 그리고 소비와 생산의 행복을 위한 노래가 된다.

그러나 견본 박람회는 반쪽짜리 행사일 뿐이다. 왜냐하면 이곳의 상품들은 판매를 위한 것이기도 하기 때문이다. 이들은 무차별적인 욕망의 기호들이지만, 개별적이고 정확한 욕망의 객관적 대상이기도 하다. 이곳에 전시된 수많은 물품들은 프랑스에서 시작된 〈물질의 사회학〉(이에 대해서는 다음 기회에 언급하기로 한다)을 상기시킨다. 그러나 물질의 사회학(또는 기호학)은 이 물품들을 생산하고 사용하는 사회의 구체적인 체제하에서, 즉 말할 때 들리는 언어로 간주될 뿐만 아니라, 이러한 언어를 규정하는 시스템을 모색하려고 노력한다. 밀라노 박람회에 동원된 물품들은 마치 사전에서 동사는 동사끼리, 부사는 부사끼리, 그리고 등잔은 등잔끼리, 트랙터는 트랙터끼리 모여 있는 것과 같다. 따라서 이곳에 전시된 물품들은 전시 박람회의 물품들로서 사실상 방문객들을 구속하지 않고, 자유롭게 구경할 수 있도록 물품들을 집적해야 한다는 논리를 강요하지 않고 오히려 차가운 시선, 즉 일종의 선택을 허용한다고도 말할 수 있지 않겠는가? 하지만 사실은 그렇지 않다. 박람회의 이념적 의미는 처음보다는 재차 구경하는 순간, 즉 박람회의 진정한 매력을 발견하는 순간에 비로소 그 모습을 드러낸다.

물품들은 크게 두 가지 부류를 구성한다. 한 부류는 소유하고 싶은 욕망을 불러일으키는 멋진 것들로서 접근이 용이하다. 이들은 소파, 전등, 소시지, 술, 모터보트, 수영장 등이다. 방문객은 이것들을 좋아하고 소유하기를 원한다. 비록 당장은 모터보트를 살 수 없겠지만, 가까운 미래 언젠가 구입했으면 하고 생각한다. 그러나 동일한 품목의 물품을 여러 개 소유하는 것은 결코 원하지 않는다. 재떨이는 하나라면 모를까 백 개까지는 원하지 않으며, 고무보트 역시 수천 개 보다는 단 한 개로 만족한다. 이와 같이 욕망은 강렬하지만, 광적이지는 않다. 구입하려는 시기가 반드시 지금일 필요는 없다. 또한 원하는 물품을 가지고 싶어 하는 관람객은 자신의 욕망이 실현되기 어려울 수는 있지만, 결코 불가능한 시나리오라고는 생각하지 않는다. 이곳의 물품들이 아름답다고 생각하는 것 그 자체가 이미 소비의 대상을 구성한다.

또 다른 부류는 흉한 것들이다. 왜냐하면 이들은 크레인, 레미콘, 선반, 준설기, 굴착기, 수압기 등이기 때문이다(실제로 이것들은 다른 그 어떤 것들보다 멋진 물품들이다. 관람객들이 이를 모르고 있을 뿐이다). 이들은 보기 흉한 외형에, 다루는 것도 거의 불가능해 보인다. 관람객들은 이들을 별로 원하지 않는데, 허공을 맴도는 바퀴, 공중에서 빈 삽질만을 반복하는 삽 등이 이상하게 오작동되는 것처럼 보이기 때문이다. 이들은 접근이 쉽지 않지만, 관람객은 이에 대해 크게 신경 쓰지 않는다. 관람객은 이러한 유용한 기계를 살 수도 있다고 생각하겠지만, 별로 사용하지 않을 것이 분명하다. 왜냐하면 이러한 물품들은 여느 것들과는 달리, 집적될 경우에만 기능하기 때문이다. 수천 개의 재떨이는 불필요하지만 수천 개의 기계는 대산업을 형성한다. 전시장을 모두 둘러본 후에 대부분의 방문객은 자신이 무언가를 선택했다고 생각한다. 그는 외형이 멋지고 작동이 용이하며 집적되지 않는 물품은 원하지만, 외형이 보기 흉하고 집적되는 것이어서 조작하는 것도 용이하지 않은 것은 거부한다. 그러나 실제로는 아무것도 선택하지 않았다. 그는 생산 수단의 주인이 아니기 때문에 다만 자신이 소비재의 소비자라는 사실만을 수용한 것이다. 그러나 그는 여전히 만족한다. 내일은 미래의 그 어느 날 소파, 냉장고 등을 구입하기를 희망하면서 더욱 열심히 일할 것이다. 그리고 그는 자신이 (박람회에서 확실히 알게 되었듯이) 결코 구입하기를 원하지 않기에 자신의 것이라고 생각하지 않는 선반에서 열심히 일할 것이다.

(1970)

바르바라 부인

한 유행가의 후렴구를 떠올리는 횟수가 점차 잦아지고 있다. 이러한 일은 누구에게나 항상 일어난다. 그러나 몇 년 전부터는 노래들의 후렴구가 생각날 때마다 군중의 함성이나 고함 소리를 동반한 박수갈채와 같이 매우 활력적인 요인들에 대한 기억도 함께 떠오른다. 이러한 후렴의 멜로디는 레코드나 악보에서 유추할 수 있는 그런 평범한 것이 아니다. 오히려 지구의 움직임에 의한 것처럼, 아니 그보다는 오히려 화산이 폭발할 때처럼 매우 요란하다. 예전의 노래들에서는 이러한 요인들을 전혀 찾아볼 수 없었으며 마치 별다른 욕심도 없는 게으름뱅이의 오랜 수면과도 같이 무미건조했다. 그러나 요즘 노래들의 후렴은 요란한 소리를 내는 모터의 배기구처럼 충격의 고함 소리나 또는 멀리서는 잔잔하게 들리지만 점차 가까이 올수록 날카롭게 들리는 말벌의 날갯소리와 같다. 이는 차라리 멜로디를 동반한 후렴이라기보다 극도의 오르가슴에 도달한 사람의 요란한 신음소리처럼 들린다. Bzz······ bzz······vrrr······ vrrr······ 그리고 갑작스럽게 매끄럽고 넓게 확산된 음향의 멜로디로 이어진다. 레이디 바르바라 바로 당신······(레이디 바르바라, 즉 바르바라 부인의 이름을 굳이 들먹이는 것은 가장 먼저 머리에 떠오른 이름이지만 거의 모든 이탈리아 가요제나 여름을 위한 음반들에 가장 보편적으로 적용되는 대표적인 사례이기 때문이다).

이는 가요제에 참가한 곡들의 스타일이 텔레비전 방송의 오랜 관행으로부터 영향을 받았다는 것을 의미한다. 즉, 절정의 순간에는 노래에서와 마찬가지로 코미디에서도 박수가 따른다. 그러나 관객들의 박수는 (과거에 그러했듯이) 절정의 순간 직후가 아니라, 그 직전에 터져 나와야 한다. 다시 말해 이제 박수는 절정의 순간 직전에 시작되거나 예고하거나 또는 적어도 그 감동의 순간에 동반되어야 한다. 박수는 음악과 같은 것이다. 그러므로 박수는 공연에 대한 판단이나 증명을 구성하지 않으며 공연이 열광의 도가니에 휩싸여 열정적인 분위기를 연출할 수 있게 만들기 위한 수단들의 하나이어야 한다.

박수는 더 이상 대중이 만족하고 있음을 보여 주는 잣대가 아니라 대중에 명령하기 위한 것이다. 〈너는 오직 만족, 아니 열광해야 한다. 너는 앞으로 벌어질 상황에 주목해야 한다.〉 이러한 논리와 관련하여 에드거 앨런 포는 외젠 쉬의 대중 소설에 〈기법을 은폐하는 기법〉이 결여되어 있음을 질타했다. 그럼에도 그는 〈조심해, 잠시 후 너를 놀라움에 사로잡히게 만들 엄청난 일이 벌어질 거야〉라고 청중에게 사전에 알려 주는 솜씨는 탁월했다고 평가했다. 그럼 절정의 순간 직전에 박수가 터져 나오게 하려면 어떻게 해야 하는가? 두 가지 방법이 있다. 첫 번째는 가장 황당하고 기계적인 방식으로, 무대의 전광판을 조작하여 박수라는 단어에 불이 들어오게 하는 것이다. 이 방식은 텔레비전에서 종종 사용하지만 이때 방청객은 모두 초대받은 사람들이어야 한다. 청중은 무료로 입장한 만큼 진행에 적극 협력해야 한다는 논리가 저변에 깔려 있는 것이다. 그러나 이 방식의 효과가 매우 생산적인 것으로 드러난 만큼 산레모 가요제의 경우처럼 표를 사서 입장한 많은 청중들 앞에서도 동일한 효과를 창출할 수 있어야 한다. 따라서 박수를 칠 것에 대한 지시는 외적인 수단들보다는 노래가 진행되는 적절한 순간에 내려져야 한다. 청중이 마음으로 박수를 치고 노래의 낭만적인 호소에 감동하여 흥에 겨운 마음을 자유롭게 표현하려는 절호의 순간을 포착하는 것이 매우 중요하다.

그렇다면 이러한 감동과 이를 겉으로 표출하려는 자유 혹은 열정은 어떻게 생기는 것일까? 가장 적절한 방법은 긴장감과 지겨움과 반복 그리고 지루한 느낌을 최고조로 끌어올려 참을 수 없게 만든 후에 마지막에 가서는 새롭고 더욱 만족스러운 모험을 약속하면서 지겨움과 지루함을 마감하는 신호를 보내는 것이다. 그리고 이러한 기법을 매번 사용하기보다는 가끔 사용하는 것이 바람직하며, 자유의 신호는 인지할 수 있을 몇 가지 특징들만을 포함하는 것이 좋다. 그다음에는 관중들이 스스로 알아서 행동하는데, 이는 파블로프의 조건 반사 실험에 동원된 개의 반응과 거의 다를 바 없다. 이러한 방식으로 가요제에 참가한 곡들은 노래의 시작 부분을 빠르지 않고 리듬도 부족하여 거의 음악적이지도 못한 상태에서 끝을 지루하게 질질 끌어 멜로디의 정확성까지도 의도적으로 회피한다. 그 결과 청중의 대부분은 불쾌하고 좋지 못한 느낌을 받는다. 하지만 노래의 끝 부분, 즉 후렴구를 지나면 음량을 높이거나 리듬의 강도를 높여 사람들에게 친숙한 멜로디를 표출하는데, 이때 청중은 오케스트라의 거대한 음색과 청취된 음에 마음을 빼앗긴 채 감동받은 마음을 겉으로 마음껏 드러내고픈 유혹을 강하게 느낀다.

산레모 가요제에 출전한 세르조 엔드리고의 노래를 생각해 보자. 그가 열창한 곡은 인위적으로 수집된 기계적인 이미지들, 예를 들면 등유나 죽은 말 등에 대한 별로 유쾌하지 못한 느낌의 홍수를 이룬다. 게다가 그의 음색을 타고 흐르는 리듬은 성가의 멜로디를 연상시키는 것은 물론, 균형과 운율 또한 전혀 아니다. 그러나 어느 순간이 되면 가수의 입가에 흐르는 미소와 양쪽으로 벌린 두 팔 그리고 오케스트라의 대대적인 호응을 신호로, 〈떠날 것이다. 배는 떠날 것이다〉의 완벽한 균형과 운율의 멜로디가 조금 전까지 지겨움에 사로잡혀 있던 청중의 눈과 귀에 신선한 감동을 선사한다.

다만 노래의 운명은, 스타일이 일정한 논리를 추구하고 작곡 역시 하나의 방식을 추구할 경우, 그 미래가 매우 불투명하다. 왜냐하면 만약 어느 곡이 인공 지능학적으로 수많은 대중의 호응을 유도하고 풍부한 정보를 제공하려면 유일하면서도 정확한 절정의 순간이 작곡의 틀에 몰입되어야 하기 때문이다. 곡이 크게 히트하려면 기다림의 순간과 도입부의 지루함을 가능한 한 길게 늘여야 한다. 이러한 의미에서 멋진 노래의 운명은 사실, 형편없는 곡의 운명과 일치한다. 다만 마지막 부분에 가서 짧고 경이롭지만 금방 끝나 버리는 순간이 준비되어 있어 이 부분으로 되돌아올 때 청중은 마치 한 번도 들어 보지 못했다는 듯이 열광의 박수를 보낸다. 청중은 노래가 완전히 불쾌한 느낌을 줄 때 비로소 행복해한다.

(1972)

엉덩이에 대한 사고

몇 주 전 이탈리아의 대표적인 일간지 「코리에레 델라 세라」에 루카 골도니가, 아드리아 해의 어느 해안에서 유행하는 청바지를 입기는 했으나 어떻게 앉아야 할지 그리고 성기를 어디에 위치시켜야 할지를 몰라 쩔쩔매던 한 사람의 불운함에 대한 재미있는 글을 기고했다. 골도니가 제기한 문제는 철학적으로 생각해 볼 가치가 충분하다. 따라서 지금부터 침착하게 그리고 독자적으로 이 문제를 분석해 보려고 한다. 왜냐하면 사실 그 어떤 일상의 경험도 인간에게는 결코 하찮은 것이 아니며, 이제 철학을 스스로 걷게 하는 것은 물론 자신의 발과 허리로 꼿꼿이 서도록 해주어야 하기 때문이다.

나는 사람들이 별로 입고 다니지 않을 때부터 주로 방학 때이기는 하지만, 청바지를 즐겨 입었다. 특히 여행을 다닐 때 매우 편했는데, 주름이 지거나 찢어지거나 또는 무엇이 묻은 것에 대해 크게 신경을 쓰지 않았다. 오늘날 사람들은 오히려 멋으로 청바지를 입고 다닌다. 뭐니 뭐니 해도 실용성 차원에서 꽤 좋은 것이 사실이다. 그러나 오래전부터 나는 더 이상 청바지를 입는 즐거움을 누리지 못했다. 그 이유는 살이 쪘기 때문이다. 잘만 찾아본다면 초대형 사이즈의 청바지도 없는 것이 아니다(뉴욕의 의류점 마시에서는 올리버 하디Oliver Hardy를 위한 사이즈도 구할 수 있다). 그러나 이 청바지는 허리는 물론 허벅지 부분까지도 충분히 넓기 때문에 입고 다니는 데는 별 지장이 없지만, 보기에는 별로 좋지 않다.

최근 주량을 줄이면서 평범한 사이즈의 청바지를 입을 수 있을 정도로 체중을 줄이는 데 성공했다. 그럼에도 〈좀 더 당겨 보세요. 일단 들어가기만 하면 잘 맞을 거예요〉라고 말한 청바지 가게 여종업원의 말을 인용하면서 골도니가 지적한 고난의 길을 스스로 경험해야 했다. 나는 나온 배를 억지로 집어넣지 않고도 청바지를 입는 데 성공했다(사실 죽을 맛이었다). 그러나 많은 시간이 지난 후에 나는 몸통을 조이기보다는 옆구리에 걸치는 바지를 입음으로써 산뜻한 느낌을 만끽했다. 솔직히 말해 청바지는 엉덩이 부위를 조여 무언가 허리에 걸려 있다는 느낌보다는 착 달라붙는다는 느낌을 주는 것이 사실이다.

시간 간격을 두고 생각해 볼 때 오랜만에 청바지를 입은 느낌은 새로운 것이었다. 청바지는 몸에 해를 입히지는 않지만, 자신의 존재를 느끼도록 만든다. 청바지를 입으면 그 탄력성으로 인해 몸의 절반에 갑옷을 입은 것처럼 느껴진다. 청바지 속에서는 허리를 돌리거나 겨우 쑤셔 넣은 배를 움직이는 것이 쉽지 않다. 따라서 마치 몸이 두 개의 독립된 부위로 구분된 것처럼 느껴진다. 몸의 상체는 옷과는 무관한 허리 벨트의 상부이며, 다른 부위는 청바지와 유기적으로 함께하며 허리 벨트에서 그 아래의 발목 복사뼈 사이에 해당한다. 나는 청바지를 입었을 때의 움직임, 즉 걷거나 뒤를 돌아보거나 앉거나 걸음을 재촉하는 방식이 달라진 것을 느낀다. 그렇다고 어렵다거나 또는 쉽다는 것이 아니라, 다만 확실하게 달라졌다는 말이다.

때문에 나는 보통 사람들이 팬티나 바지를 입고 있다는 사실을 잊고 사는 것과는 달리 청바지를 입고 있다는 생각을 늘 하면서 살아가고 있었다. 나는 청바지를 위한 삶을 살고 있었고, 그 결과 청바지를 입은 사람의 외형적인 행동을 따라 하고 있었다. 다시 말하면 특정한 행동을 해야만 했다는 것이다. 가장 형식적이지 않고 예의와는 무관한 전통 의복이 오히려 철저한 예의를 필요로 한다는 사실은 매우 흥미롭다. 보통 나는 엉뚱한 짓을 잘하고 아무 데나 걸터앉으며 내가 좋아하는 곳에서는 우아함에 신경 쓰지 않는 스타일이었다. 이런 나에게 청바지는 나의 이러한 행동들을 통제하고 있었으며 좀 더 교육적이고 성숙된 몸가짐을 강요했다. 나는 이 사실에 대해 오랫동안 생각해 왔으며 특히 함께 일하는 많은 여성들과 관련하여 이 문제에 대해 많은 생각을 했다. 이에 대한 관찰을 통해 평소 가지고 있던 많은 의구심을 해결할 수 있었는데, 우선적으로 말할 수 있는 것은 여성들이 이러한 문제와 관련하여 많은 경험을 했다는 사실이다. 그동안 여성들은 의복을 통해 많은 제약을 받아 왔다. 하이힐, 비치코트, 딱딱한 브래지어, 스타킹, 코르셋 등이 그 대표적인 사례이다.

문명의 역사에서 의복은 무장 군인의 갑옷처럼 품행에 많은 영향을 미치면서 외적으로 드러나는 도덕성을 통제하는 데 일조했다. 영국 빅토리아 여왕 시대의 부르주아는 목 부위를 감싸고 있는 딱딱한 깃 때문에 뻣뻣한 자세와 엄격한 예의범절에 얽매여 있었다. 19세기 신사들은 몸에 밀착된 르댕고트와 각반 때문에 머리를 급작스럽게 움직일 수 없었다. 만약 빈이 적도에 위치해 있다는 가정 아래 이 도시의 신사들이 버뮤다 지역 주민들의 복장으로 돌아다녔다면 프로이트가 신경증에 대해 전과 동일하게 기술했을까? 또한 오이디푸스 삼각형의 경우에도 그렇게 기술했을까? 그리고 설사 프로이트가 전통 의상인 킬트를 입은 스코틀랜드의 의사였다고 해도 동일한 주장을 했을까?(알다시피 당시 이 지역 주민들은 전통 치마 속에 아무것도 걸치지 않았다.)

고환을 압박하는 의복에 대해서는 다른 생각이 든다. 생리 중인 여성이나 치질, 고환염, 요도염, 전립선염 또는 이와 유사한 병으로 고통받는 사람은 둔부에 대한 압박과 불편함이 정신 건강에 얼마나 큰 영향을 미치는지 잘 알고 있다. 목이나 팔 또는 머리나 다리의 경우에도 물론 그 정도는 덜하겠지만, 마찬가지다. 신발을 신고 다니는 것을 배운 인류는 맨발로 돌아다녔을 때의 그것과는 분명 다르게 사고한다. 과거의 이념 전통에 집착하는 철학자라면 정신이 이와 같은 여건에서 기원했을 것이라고 생각하는 것이 매우 유감스러울 터이다. 그러나 진실은 이뿐만이 아니다. 아름다움은 헤겔도 잘 알고 있었다. 그래서 그는 골상학자들이 연구한 두개골을 연구했고 그 결과를 자신의 『정신 현상학』에 발표했다. 그러나 나는 청바지의 문제에 관련하여 다른 고찰을 했는데, 그 핵심은 의복이 나의 품행을 규정하는 유일한 기준이 아니라, 나의 모든 관심을 품행에 묶어 두면서 외부 지향적인 삶을 강요한다는 것이다. 다시 말하면, 나의 내적인 삶을 축소시킨다는 것을 의미한다. 나와 동일한 직업을 가진 사람들은 무언가 다른 것이나, 써야 할 논문, 학회 개최, 이런저런 사람들과의 관계, 안드레오티 정권, 구원의 문제를 어떻게 고찰할 것인가, 화성에 생명체는 있을까, 아드리아노 첼렌타노의 최근 노래, 에피메니데스의 패러독스를 생각하면서 걷는 것이 일반적이다. 나와 동일한 부류의 사람들은 이를 내적인 삶이라고 부른다. 청바지를 입고 다닌 후부터는 나의 삶이 온통 외향적으로 바뀌었다. 나는 나와 바지의 관계 그리고 바지를 입은 나와 주변 사회의 관계를 생각했다. 이로써 나는 표피적인 자의식 또는 이질감을 체험했던 것이다.

나는 세기를 거치면서 사상가들이 무장 해제를 위해 투쟁했다는 점에 주목했다. 전사들은 겉면이 견고한 갑옷과 사슬 갑옷으로 무장한 채 외형적인 삶을 추구했지만, 수도승은 스스로 품행의 필요성을 해결했다. 특히 수도승의 전통적인 복장은 온통 하나의 천으로 제작되어 위엄과 수려한 느낌을 주는 것은 물론, 의복 속과 내부의 육신을 완전히 자유롭게 하여 스스로를 잊을 수 있도록 해준다. 또한 이들은 풍부한 내적인 삶을 살아가면서도 다른 한편으로는 매우 불결했다. 왜냐하면 육신이 숭고함과 자유로움을 제공하는 의복의 보호를 받으며 자유롭게 무언가를 생각하거나 잊을 수 있었기 때문이다. 물론 이러한 승복은 교회만의 독점물은 아니었다. 에라스뮈스도 이와 매우 흡사한 의복을 입고 있었다. 지식인은 평상시 세속인의 의복을 착용하지만, 무언가를 명상할 때에는 발자크의 모습에서 볼 수 있듯이 길고 풍성하며 자유로운 스타일의 의복을 입었다. 사색은 쇠사슬의 복장에 질색한다.

그러나 만약 갑옷이 외형적인 삶을 강요했다면, 수천 년 동안 여성이 의복에 예속되어 살아온 것은 사회가 여성에게 사유의 기회를 주지 않으면서 갑옷을 착용하도록 강요했다는 사실에서 그 원인을 찾을 수 있다. 여성은 매력적으로 보이는 것은 물론, 외형적이고 우아하며 흥분을 유발시키는 모습으로 보이도록 강요받으면서 자신을 성의 대상으로 만들어 버린 유행의 노예로 전락했다. 특히 여성의 노예화는 의복 구매 심리를 극도로 자극하면서 심리적으로 외형을 중시하는 삶을 집요하게 강요한 의류 산업에 의해 더욱 촉진되었다. 이로써 한 소녀가 이러한 의복을 통해 세비녜 부인, 비토리아 콜론나, 퀴리 부인 또는 로자 룩셈부르크와 같이 되려면 지적인 능력을 얼마나 갖추어야 하는가를 생각하게 한다. 이 문제는 몇 가지 사실에서 생각해 볼 가치가 있는데, 그 이유는 분명한 자유와 남자들과의 평등에 대한 상징으로서 오늘날 여성들이 유행으로 입고 다니는 청바지는 실제로는 주님의 또 다른 함정이라는 사실을 발견하게 해주기 때문이다. 오히려 육신을 해방시키는 것이 아니라, 또 다른 예절과 품행에 종속시키는 것은 물론 겉으로 보기에는 여성적이라고 할 수 없는 갑옷 속에 처박히는 셈이다.

결론적으로 의복은 외적인 품행을 부과하는 기호학적 장치 혹은 의사소통을 위한 도구이다. 이러한 사실은 이미 잘 알려져 있지만, 많은 사람들이 말하는 것처럼 사고를 표현하는 방식에 영향을 미치는 언어의 문장론적 구조와 비교해 보려는 시도가 나타나지 않고 있다. 또한 의복 언어의 문장론적 구조는 세계를 바라보는 방식에 영향을 주는데, 그것도 시간의 연속이나 접속법의 존재보다 더 물리적인 방식으로 작용한다. 억압과 해방의 변증법이 알 수 없는 길을 얼마나 많이 지나고 있으며 또한 세상에 그 빛을 발하기 위해 강력한 투쟁을 전개하고 있는지를 살펴보라. 그것도 엉덩이를 통해서 말이다.

「코리에레 델라 세라」(1976)

카사블랑카

2주 전, 영화 「카사블랑카」를 다시 보기 위해 텔레비전 앞에 40대의 사람들이 모여 앉았다. 결코 일반적인 향수, 즉 다시 보려는 추억 때문은 아니었다. 실제로 영화 「카사블랑카」가 미국의 대학들에서 상영되었을 때, 20대의 학생들은 모든 장면과 대사들(〈의심스러운 놈들은 모두 체포해〉라든지, 〈이거 대포 소리야, 내 심장이 고동치는 소리야?〉 또는 보가트가 〈꼬마야 kid〉라고 부를 때마다)에 마치 야구 경기를 보듯이 열광했다. 이러한 현상은 이탈리아의 경우, 젊은이들이 자주 출입하는 영화관에서도 볼 수 있다. 그럼 도대체 「카사블랑카」의 매력은 무엇일까?

이 질문은 정당해 보인다. 그도 그럴 것이, 미학적으로 말한다면(또는 비평적 측면에서 보자면) 이 영화는 지극히 평범하기 때문이다. 만화적인 요소가 다분하고, 이런저런 요인들이 모두 혼합된 반죽처럼 심리적 개연성이 매우 약하며, 장면 장면들이 별다른 합리적 명분도 없이 줄줄이 이어진다. 물론 그 이유도 모르는 바가 아니다. 즉 이 영화는 촬영이 진행되면서 그 줄거리가 결정되었으며 감독과 시나리오 작가들도 마지막 순간까지 일자가 라즐로와 릭 두 사람 중에 누구와 함께 떠날지를 모르고 있었다. 그러므로 영화감독의 치밀함이 드러나고 돌발적인 뻔뻔스러움으로 관객의 박수를 강요하는 것처럼 보인 것은 실제로는 절망적인 상황에서 내려진 결정에 불과했다. 그렇다면 당시의 이러한 대책 없는 상황을 생각할 때, 오늘날 두 번, 세 번 또는 네 번씩이나 다시 상영된 이 영화가 재차 앙코르를 요청하는 박수를 받고 사람들이 미공개 작품을 발견한 것처럼 열광하는 것은 어찌 설명해야 하는가? 물론 배우들의 무게감이 절대적으로 작용한 것은 사실이지만, 결코 충분한 대답은 되지 못한다.

두 남녀가 등장하고, 냉정한 성격의 남자 주인공과 부드러움을 소유한 여자의 낭만적인 스토리가 전개되지만, 이미 뻔한 구조에 불과하다. 「카사블랑카」는 시대를 초월하여 주기적으로 우리 사이에서 인기를 얻는 또 다른 영화인 「역마차 Stagecoach」와는 다르다. 이 영화는 여러 측면에서 대작으로 평가받고 있으며 모든 구성 요인들이 가장 적절하게 배치되어 있는 것이 최대의 장점이다. 역시 높은 평가를 받고 있는 줄거리는 적어도 전반부에 있어서는 모파상에서 따온 것이다. 그럼 엘리엇이 「햄릿」을 다시 읽었듯이, 「카사블랑카」를 다시 읽어 보자. 엘리엇이 생각했던 「햄릿」의 매력은 이 작품이 성공을 거두었다는 사실(오히려 이 작품은 셰익스피어의 작품들 중에 가장 뒤처지는 것으로 평가받고 있다)에 있는 것이 아니라, 오히려 그 반대로 가장 흥행에 실패했다는 데 있다. 이 작품은 이전의 여러 「햄릿」들이 정돈되지 않은 채 뒤죽박죽이 된 결과이다. 이들 중 하나의 주요 테마는 복수에 초점을 맞추고 있다(어찌 보면 순수한 계략으로서의 광란일지도 모른다). 반면, 다른 하나는 주요 테마로서 모친의 죄에 따른 심리적 위기를 강조했으나 결과적으로 햄릿의 긴장감과 어머니가 저지른 범죄의 부정확하고 일관성이 결여된 특징 사이에서 동기의 불균형을 초래했다. 이와 같이 비평과 대중은 멋지기 때문에 재미있다고 믿으면서도 재미있어 아름답다고 말한다.

「카사블랑카」의 경우에도, 그 정도는 크지 않지만 동일한 현상이 빚어졌다. 그때그때마다 줄거리를 만들어 내야 했던 관계로 작가들은 그 속에 모든 것을 집어넣었다. 이를 위해 작가들은 이미 검증된 사실들을 줄거리로 선택했다. 이미 확인된 사실들로 선택이 제한됨으로써 영화는 시리즈 영화 또는 심지어 별 볼일 없는 영화로 전락했다. 그러나 선별된 요인들을 모두 동원했을 때, 가우디의 성가족 성당과 같은 건축물이 탄생했다. 결국 현기증이 발생하고, 천재성은 시들고 말았다.

이제 영화가 어떻게 제작되었는지에 대해서는 잊어버리고 이 영화가 무엇을 나타내고 있는지를 알아보자. 영화의 첫 장면은 이미 그 자체로 마술이나 다름없는 장소인 이국풍의 모로코를 배경으로, 「라 마르세예즈」의 아랍풍 멜로디를 동반한다. 릭의 카페에 들어서면 거슈윈의 음악이 들리고 아프리카, 프랑스, 미국의 취향이 한눈에 들어온다. 이 순간에 영원한 원형이 그 복잡한 움직임을 시작한다. 이것은 어느 시대를 막론하고 항상 전제되는 상황이다. 그러나 보통 훌륭한 줄거리를 구성하기 위해서는 하나의 전형적인 상황을 설정하는 것으로 충분하며 그 나머지는 스스로 알아서 앞으로 나아간다. 〈불행한 사랑〉 또는 〈도주〉가 그 대표적인 사례이다. 「카사블랑카」는 이에 만족하지 않는다. 그리고 모든 요인들을 동원한다. 도시는 거쳐 지나가는 장소, 즉 약속된 땅으로 가기 위한 통로(또는 통속적으로 말해 북서부로 가기 위한 통로)이다. 그러나 이 통로를 통과하기 위해서는 기다림(영화가 시작하면서 해설자가 〈그들은 기다리고, 기다리고, 또 기다린다〉고 말한다)이라는 시험을 거쳐야 한다. 기다림의 시간을 마감하고 약속의 땅으로 출발하기 위해서는 마술 열쇠, 즉 비자가 필요하다. 이 열쇠를 획득하는 과정에서 열정의 순간들이 연출된다. 열쇠를 확보하려는 과정에서 돈이 중재의 역할을 담당한다(여러 다른 영화에서는 죽음의 게임 또는 룰렛 게임의 형태로 나타난다). 그러나 결국에는 이 열쇠가 선물의 형태로 주어진다는 사실이 밝혀진다(궁극적으로 선물은 비자이지만, 릭은 자신의 희생을 대가로 욕망을 선물한다). 이것은 혼란스러운 욕망으로 빚어지는 줄거리로서 순수한 영웅인 빅터 라즐로와 불가리아 신혼부부만이 행복한 결말을 맞이한다. 순수하지 못한 열정을 가진 사람은 모두 실패하고 만다.

따라서 또 다른 전형인 순수가 승리한다. 그렇지 못한 자들은 약속의 땅에 들어가지 못한 채 먼저 사라진다. 그러나 이들은 자신들을 희생하여 순수를 실현한다. 이것이 속죄이다. 릭과 프랑스 경찰서장은 자유로워진다. 그리고 그 저변에서는 약속의 땅이 두 개라는 사실이 암시된다. 즉 하나는 미국이지만 많은 사람들에게 거짓된 목표일 뿐이다. 다른 하나는 저항, 다른 말로 하면 성전(聖戰)이다. 빅터는 오랜 성전으로부터 돌아오고, 릭과 경찰서장은 성전을 위해 출발하여 드골과 합류한다. 그리고 영화에 자주 등장하는 비행기의 상징성은 미국을 향한 도주를 강조한다. 단 한 번 등장하는 로레나의 십자가는 영화의 끝 부분에 가서 비행기가 출발하는 상황에서 비시의 물병을 던져 버리는 경찰서장의 또 다른 상징적 제스처를 예고한다. 한편 희생의 신화는 영화 전체에 걸쳐 계속된다. 부상당한 영웅을 위해 사랑하는 남자를 남겨두고 파리를 떠나는 일자의 희생, 남편을 돕기 위해 자기 몸을 희생하는 불가리아 신부, 일자를 릭과 재결합시키려고 노력하는 빅터의 희생.

이러한 희생의 전형들 속에는 〈불행한 사랑〉의 주제가 포함된다(보가트와 흑인 돌리 윌슨의 관계 덕분에 노예와 주인의 주제를 동반한다). 릭은 일자를 사랑하지만 그녀의 사랑을 얻지 못해 불행하고, 일자는 릭을 사랑하지만 그와 함께 떠날 수 없어 불행하고, 그리고 빅터는 일자를 온전히 차지하지 못했다는 사실에 불행하다. 사랑에 빠진 불행한 자들의 게임은 다양하고 의도된 교차로를 만들어 낸다. 즉 처음에는 불행한 릭이 무슨 이유로 일자가 자신을 버리고 떠났는지를 이해하지 못하지만, 나중에는 일자가 왜 릭을 사랑하게 되었는지를 불행한 빅터가 이해하지 못한다. 그리고 결말에 가서는 불행한 일자가 무슨 이유로 릭이 자신을 남편과 함께 떠나게 했는지를 이해하지 못한다. 이 불행한(또는 불가능한) 세 주인공들은 삼각관계를 형성한다. 그러나 삼각관계의 전형 속에는 배신한 남편과 승리에 도취된 애인이 자리하고 있다. 반면 두 명의 남자 주인공은 배신당하고 빼앗긴 사람들이다. 그렇지만 (수많은) 패배 속에서도 인식되지 않을 정도로 매우 가벼운 부수적 요인이 작용하고 있다. 그리고 그 저변에서는 육체적인 사랑 혹은 소크라테스적인 사랑에 대한 의심이 꿈틀거린다. 왜냐하면 릭은 빅터에게 감복하고 빅터는 구체적이지는 않지만 릭에게 매력을 느낀다. 그리고 두 사람은 어느 시점에 가서는 다른 사람을 행복하게 만들기 위한 희생의 게임을 벌인다. 어쨌든, 루소의 『고백록』에서와 같이 여인은 두 남자의 연결 고리로 작용한다. 여기서 긍정적인 가치의 대변자는 여인, 즉 일자가 아니라 두 남자이다.

이와 같이 연속되는 모호함의 저변에는 희극의 선악적 특징들이 존재한다. 빅터는 이중의 역할, 즉 애정 관계에서는 명확하지 않은 태도로 일관하고 정치 관계에서는 확고한 신념을 드러낸다. 그는 야수 같은 나치들에 대항하는 미녀인 셈이다. 야만족에 대항하는 문명에 관한 주제는, 드넓은 벌판의 전투에서 트로이가 보여 준 용맹함이 오디세우스의 우울한 귀환과 뒤섞이듯이, 다른 주제들과 뒤섞인다.

이러한 영원한 신화의 마당 저변에는 역사적 신화 혹은 다시 보는 영화의 신화들도 산재한다. 험프리 보가트는 이들 중에 적어도 세 가지를 연기로 구현한다. 첫째는 냉소적이면서도 관대한 태도를 드러내는 우유부단한 모험가이고, 둘째는 고통스러운 사랑에 절망한 금욕주의자이며, 마지막은 구원받은 술주정꾼(그리고 이미 절망한 금욕주의자인 그에게 자유를 주기 위해서는 주정뱅이로 만들 필요가 있다)이다. 잉그리드 버그먼은 수수께끼 같고 운명적인 여인이다. 그다음에는 「내 사랑, 우리의 노래를 들어 보세요」, 「파리에서의 마지막 날」, 미국, 아프리카, 리스본, 포르토프랭스, 국경 지대 또는 사막 언저리의 마지막 요새가 이어진다. 그 외에도 외인부대(각 인물은 고유의 국적과 상이한 사연을 가지고 있다)가 있으며 끝으로는 사람들이 오고 가는 그랜드 호텔이 등장한다. 릭의 카페는 모든 상황이 연출될 수 있는 마술의 장소로서 이곳에서는 사랑, 죽음, 추적, 스파이, 도박, 유혹, 음악, 애국주의 등 모든 것이 가능하다(무대 설치와 예산 문제로 모든 사건들을 오직 이 한 장소에 집중시켰다). 이러한 장소는 홍콩, 마카오의 게임 지옥, 스파이 활동의 천국인 리스본, 미시시피의 배에도 존재한다.

그러나 이러한 전형들은 이미 모두 존재한다. 다시 말해 「카사블랑카」는 이미 제작된 수천의 다른 영화들을 골고루 인용했고, 모든 배우들이 이미 여러 차례 연기했던 역할을 반복하기 때문에 관람객에 대한 상호 텍스트성의 반향을 불러일으킨다. 「카사블랑카」는 자체적으로 마치 향수의 흔적들처럼, 관람객이 별다른 의식 없이 험프리 보가트가 헤밍웨이식 영웅으로 열연한 영화 「소유와 무소유」와 같이 나중에 만들어진 영화들을 보면서 직접 알게 되는 상황들을 동반한다. 그러나 보가트는 릭이 스페인에서 투쟁했다는 단순한 사실 (그리고 앙드레 말로처럼 중국 혁명을 지원했다는 사실)로 인해 헤밍웨이식의 함축된 의미들을 자신에게 집중시킨다. 피터 로어Peter Lorre는 프리츠 랑에 대한 기억을 떠올리고, 콘라트 바이트Conrad Veidt는 「칼리가리 박사의 밀실」에서 미세한 낌새를 알아차린 독일군 장교의 배역을 소화한다. 그는 무자비하고 기술 관료적인 나치 당원이 아니라, 야행성의 악마 같은 카이사르이다. 이렇게 볼 때, 「카사블랑카」는 한 편의 영화가 아니라 수많은 영화이며 일종의 명작 선집이라고 할 것이다. 또한 이 영화는 우연하게, 그것도 추측건대 스스로 만들어지고 그리고 적어도 작가들이나 배우들의 의도와는 무관하게 제작된 것으로 보인다. 바로 이러한 이유로 영화 「카사블랑카」는 미학적인 그리고 영화 이론적인 결함에도 불구하고, 관객을 끌어모은다. 뿐만 아니라 이 영화에서는 예술성이 개입되지 않은 상황에서도 이야기 전개의 저력이 무한하게 뻗어 나가고 있다. 따라서 등상인물들이 매 순간 유머와 도덕성 그리고 심리를 바꾸어 가는 것이 가능하다. 음모를 획책하는 자들이 스파이가 접근해 오면 잔기침을 하여 대화를 중단시키는 것이나, 바람둥이 여자들이 「라 마르세예즈」를 들으면서 눈물을 흘리는 장면도 얼마든지 이해할 수 있다. 모든 전형들이 한순간에 밀려들 때면 그리스 시인 호메로스의 심오함이 더 가깝게 느껴진다. 상투적인 문구 몇 마디는 웃음을 자아내지만, 그 수가 많아지면 감동을 준다. 왜냐하면 상투적인 문구들이 서로 연계하면서 재발견을 실현하기 때문이다. 고통의 극치가 희열과 통하듯이, 도착증세들의 극치는 신비한 에너지를 공급하며, 진부함의 극치는 탁월한 예술성에 대한 의심을 엿보게 한다. 이것은 감독을 대신하여 무언가를 말한 것이나 다름없다. 이러한 현상은 마땅히 존중되어야 한다.

『레스프레소』(1975)

한 장의 사진

『레스프레소』의 독자들이라면 경찰이 문을 열라고 다그치던 황급한 순간에 라디오 앨리스[1]가 방송으로 내보낸 마지막 몇 분의 기록을 기억하고 있을 것이다. 이와 관련하여 충격적이었던 것은 아나운서들 중 한 사람이 긴장된 목소리로 당시 어떤 일이 벌어지고 있었는지를 구체적으로 알리기 위해 상황을 영화의 한 장면에 빗대어 설명한 부분이다. 마치 영화에서처럼 극적인 순간을 겪고 있던 한 개인의 상황은 매우 개별적인 것이었음에 틀림없다.

이러한 상황에 대한 해석은 다음의 두 가지로만 가능하다. 첫 번째는 전통적인 해석으로서, 삶은 예술 작품과 다를 것이 없다는 것이다. 두 번째는 좀 더 깊은 사색을 필요로 하는데, 삶은 시청각 작품(영화, 비디오테이프, 프레스코 이미지, 만화, 사진)이며 이미 우리 기억의 일부로 자리 잡고 있다는 것이다. 후자의 해석은 전자와 상이하다. 이는 전자와 다른 것은 물론, 신세대 젊은이들이 자신들의 행동의 구성 요인인

---

[1] Radio Alice. 1976년 방송된 볼로냐의 학생 운동권 라디오 프로그램. 당시 이탈리아의 불안한 정치, 경제 상황 속에서 상상력과 성적 자유를 펼칠 것을 표방했다.

대중 매체에 의해 여과되고 (그리고 금세기 예술적 경험의 가장 불가해한 영역에서 기원하는) 일련의 요인들을 확인시켜 주는 듯하다. 사실, 새로운 세대에 대해서까지 말할 필요는 없다. 즉, 중간 세대로서 지금까지의 살아온 삶이 이미 경험해 온 이미지들(사랑, 두려움 혹은 희망)을 통해 어느 정도로 여과되었는지를 아는 것으로 충분하다. 이러한 삶의 방식을 비판하는 일은 도덕주의자들에게 맡기기로 하자. 단지 기억할 것은 인류가 이와는 다르게 살아오지 않았으며 나다르와 뤼미에르 형제가 등장하기 이전에는 이교도들의 부조(浮彫)나 「요한 계시록」의 세밀화와 같은 다른 이미지를 사용하고 있었다는 사실이다.

이와 관련해서는 이견(異見)이 있을 수 있다. 그러나 이번에는 전통에 대한 숭배와는 무관하다. 진행 중인 행위와 극적인 사건들에 직면하여 과거처럼 앞으로도 계속해서 이들을 분석하고, 정의하고, 해석하고 또 해부하는 것이 중립성 유지라는 과학의 이념에 대한 별로 유쾌하지 못한 사례는 아닐까? 정의(定義)를 위해 모든 정의에서 벗어나는 것을 정의할 수 있을까? 믿는 것을 재차 확인하는 용기가 필요하다. 그러나 오늘날처럼 정치 현실 그 자체가 상징적인 것을 통해 경험하고 동기를 부여받으며 지나칠 정도로 부양된 적은 일찍이 없었다. 우리가 경험하고 있는 상징적인 것들의 메커니즘을 이해하는 것은 정치하는 것을 의미한다. 이를 이해하지 못한다면 정치를 잘못하게 되는 결과를 가져온다. 물론, 정치 및 경제 분야의 사실들을 오직 상징적인 것들의 메커니즘으로 간주하는 것은 잘못이다. 그러나 이러한 차원을 무시하는 것도 그만큼 잘못된 것이다.

로마 대학에 공산주의자 루치아노 라마가 개입하여 결과가 좋지 못했던 데에는 분명 여러 심각한 이유가 있었다. 그러나 이들 중에서 두 세력 간의 공간, 즉 두 개의 구조나 입장의 반목이 있었다는 사실은 반드시 지적할 필요가 있다. 라마는 사람들 앞에 그것도 바람과 같이 갑자기 등장하여, 노동조합과 노동자들의 전형적인 의사소통 규정에 따라, 겉으로 보기에는 조직도 갖추지 않고 유동적이며 더구나 응집력까지 결여된 집회와 상호 작용의 틀 속에 머물고 있는 학생들과 대면했다. 그것은 공간을 조직하는 전혀 다른 방식이었으며 이날 대학에서는 전망을 달리하는 두 개념, 즉 브루넬레스키[2]적 개념과 큐비즘적인 개념이 충돌했다. 모든 이야기를 이러한 요인들에 집중시키는 것이 잘못이라는 것에는 동의한다. 그러나 이러한 해석을 지적인 유희로 치부해 버리는 것은 잘못이다. 가톨릭교회, 프랑스 혁명, 나치즘, 소비에트 러시아 그리고 중화 인민 공화국을 비롯하여 롤링 스톤스와 축구 구단들은 공간의 여지가 종교, 정치, 이념이었다는 사실을 누구보다 잘 알고 있다. 그러므로 공간적인 것과 시각적인 것에 정치, 사회적 관계의 역사에서 차지하던 본래의 위치를 돌려주는 것이 필요하다.

그렇다면 다른 사실에 대해 생각해 보자. 몇 달 전쯤에 〈운동〉의 이름으로 정의된, 다양하고 유동적인 경험의 세계에 38구경으로 무장한 사람들이 등장했다. 많은 사람들은 이 운동을 자신들과는 무관한 외적인 단체로 규정해야 한다고 요구했다. 그리고 이 운동의 안팎에서 이러한 압력이 끊이지 않았다. 이들의 존재를 거부하는 것은 여러 요인들로 인해 매우 어려운 난관에 직면했다. 간략하게 정리하자면, 이 운동에 참가한 많은 사람들은 비록 이들이 수용할 온갖 방식으로 자신들의 의사를 드러내고 비극적으로 자살을 선택하지

---

2 Filippo Brunelleschi(1377~1446). 15세기 이탈리아 르네상스 건축 양식의 창시자 가운데 한 사람.

만, 그럼에도 부정할 수 없는 소외의 현실을 표현하는 것 같아 보이는 이들의 존재를 자신들과는 무관한 세력으로 간주하려 들지 않았다. 나는 지금 우리 모두가 알고 있는 논쟁들에 대해 말하고 있다. 종합적으로 말해 이들은 실수하고 있지만, 대중 운동의 일부인 것은 사실이다. 논쟁은 격렬했고 지겹기도 했다.

그런데 지난주까지만 해도 미해결 상태로 남아 있던 논쟁의 모든 쟁점들이 당혹스러울 만큼 명확해졌다. 이것은 말 그대로 매우 충격적이었는데, 왜냐하면 불과 하루 만에 모든 것이 결정되면서 일명 〈P.38〉로 불리는 무장 압력 단체가 철저하게 고립되었기 때문이다. 왜 이 순간에 그런 변화가 나타났을까? 왜 그 이전은 아니었을까? 밀라노에서 벌어진 사건들이 그토록 강한 인상을 남겼다는 것으로는 설명이 충분하지 않다. 왜냐하면 로마에서의 사건들도 이에 못지않은 충격이었기 때문이다. 그렇다면 무언가 새롭고 색다른 사건이 벌어졌다는 말인가? 하나의 가설을 발전시켜 보기로 하자. 그러나 이에 앞서 다시 한 번 말하건대, 하나의 설명으로는 모든 것을 설명할 수 없다. 다만 상호 관계에 있는 일련의 수많은 설명들에서 한 부분을 차지할 뿐이라는 사실을 먼저 전제하고 싶다. 이러한 급작스러운 변화의 핵심에는 사진 한 장이 있었다. 기사들과 함께 실린 사진들은 많았지만, 오직 한 장의 사진만이 「코리에레 딘포르마치오네Corriere d'informazione」에 실린 후에 다른 모든 신문들에서도 인용되었다. 기억하고 있겠지만, 이 사진은 전투용 두건을 쓰고 다리를 벌린 채 두 팔을 앞으로 곧게 뻗은 다음 양손을 모아 권총을 들고 지면과 수평이 되도록 사격 자세를 취하고 있는 한 남자의 모습이었다. 그 남자의 뒤로 다른 사람들의 모습도 보이지만, 사진은 고전적인 단순함의 구도를 유지하고 있어 중심의 인물은 구도의 전체 공간을 홀로 지배하고 있었다.

이 같은 경우들에서 미학적인 고찰이 정당하다면(동시에 필요하다는 의무감도 든다), 이 사건은 역사에 남을 것이며 또한 수많은 책들에서 인용될 사진들 중의 하나이다.

오늘날 발생한 모든 사건들의 이미지는 시대를 대변하는 소수의 대표적인 사진들로 요약된다. 〈세계를 뒤흔든 10일〉의 기간 동안 광장에 모였던 무질서한 군중, 민병대원 로버트 카파의 피살, 태평양의 이오 섬에 성조기를 세우는 해병대원들, 관자놀이에 총을 맞고 처형된 베트콩 포로, 처참하게 살해되어 병영의 한 탁자 위에 놓여 있던 체 게바라의 모습. 이제 이러한 사진들은 모두 신화가 되었으며 수많은 이야기들을 함축하고 있다. 또한 사진들은 이것들을 제작한 한 개인의 영역을 뛰어넘었기 때문에 관련자들에 대해서는 그 누구도 말하지 않는다. 오히려 이들보다 앞서거나 이후에 발생한 유사한 사건들을 연상시키는 개념들만 존재할 뿐이다. 따라서 각각의 사진은 우리가 본 영화나 이들을 모방한 다른 영화들을 기억나게 한다. 이들은 종종 단순한 사진이 아니라, 하나의 그림 또는 플래카드처럼 보이기도 한다.

밀라노 거리에서 누군가를 향해 총을 쏘고 있던 남자의 사진은 우리에게 어떤 메시지를 전한 것일까? 나는 핵심을 빗나가거나 주변을 맴도는 수많은 수식어들을 생략한 채, 더 이상 말로는 소용이 없는 무언가를 드러낸 것이라고 믿는다. 이 사진은 적어도 지난 4세대 동안 혁명의 이념을 상징해 온 이미지들과 별다른 유사성을 가지고 있지 않다. 집단적 요인이 부족하기 때문이다. 이 사진에서는 한 영웅의 모습이 선명하게 드러난다. 그리고 이 영웅은 혁명 포스터에 등장하는 인물의 이미지가 아니다. 그래서 더더욱 무대 위에 희생자나 희생양, 즉 예를 들면 죽어 가는 민병대원이나 살해된 체 게바라의 모습으로 묘사된 인간이 아니다. 오히려 이 영웅은 미국 경찰 영화에서 철저하게 고립된 모습으로 등장하는 주인공들이나 또는 서부 영화의 고독한 총잡이다. 인디언이기를 원하는 세대에게는 더 이상 우상이 아니다.

밀라노의 고독한 총잡이가 연출한 이미지는 다른 세계, 즉 프롤레타리아 전통, 민중 봉기와 대중 투쟁의 이미지와는 전혀 무관한 서술과 형상의 전통들을 연상시킨다. 거부 반응의 신드롬을 야기한 것도 이 때문이며, 그 결과 혁명과는 무관하여 설사 일어난다 할지라도 이와 같은 〈개인의〉 행동에 의해서는 불가능하다는 사실을 확신시켰다.

이미지를 통해 생각하는 것에 익숙해진 문명의 입장에서 본다면, 이 사진은 한 가지 사례에 대한 기술이 아니다(그러므로 그 사람이 누구인지는 중요하지 않으며 이 사진은 사진 속의 사람이 누구인가를 밝혀내는 데 사용되지 않는다). 즉 이것은 합리적 사고였으며 이로써 충분한 설득력을 가진다.

이 사진 속의 인물이 단순히 포즈를 취한 것에 불과한지에 대해서는 관심 없다(물론 사실이라면 지금까지의 모든 이야기는 거짓이 되고 만다). 더구나 이것이 의도적인 행동에 대한 증거인지, 타이밍과 밝기와 구도를 정확하게 계산한 사진 전문가의 작품인지, 비전문적인 어느 행인이 운 좋게도 영상화하는 데 성공한 것인지에 대해서도 아무런 흥미가 없다. 이 사진이 일반에 공개된 순간에 의사소통의 과정은 이미 시작된 것이나 다름없다. 그리고 다시 한 번 정치적인 것과 사적인 것은 언제나 그러했듯이 상징적인 것에 의해 각색되어 현실로 만들어진다.

『레스프레소』(1977)

카탈로그 소개하기

이 글은 예술 카탈로그를 소개하는 사람(이후 PDC로 지칭한다)을 위한 지침으로 가치가 있다. 따라서 전문 잡지에 기고된 비평적이고 역사적인 성격의 글을 기고하는 것과는 무관하다. 이러한 배경에는 다양하고 복잡한 이유들이 있지만, 그 첫 번째는 비평적인 글들이 다른 비평가들에 의해 읽히고 판단될 뿐, 이러한 잡지들을 정기 구독하거나 또는 2백 년 전에 이미 사망한 예술가들이 분석하지는 않는다는 사실이다. 하지만 현대 예술 전시회에서 사용되는 카탈로그의 경우에는 정반대의 현상이 발생한다.

그럼 어떻게 해야 PDC가 될 수 있을까? 불행히도 아주 쉽다. 지적인 직업(예를 들면 사람들이 매우 선호하는 핵물리학자와 미생물학자를 지적할 수 있다)에 자신의 이름으로 등록된 전화와 어느 정도의 명성이 있다면 그것으로 충분하다. 명성은 다음과 같은 방법으로 측정할 수 있다. 명성은, 넓이에 있어서는 전시회가 열리는 장소를 지리적으로 뛰어넘어야 하며(인구 7만 이하의 소도시인 경우에는 군 차원의 명성, 도의 행정 수도인 경우에는 국가 차원의 명성, 산마리노와 안도라를 제외한 국가 수도의 경우에는 세계적인 명성이 필요하다), 깊이에 있어서는 그림을 구입할 가능성이 있는 구매자들의 문화적 교양의 깊이보다는 심오하지 않아야 한다(전시회 그림들이 세간티니 스타일의 알프스 전경을 주제로 했다면 뉴욕에 글을 기고할 필요가 없다. 따라서 이 경우에 명성은 필요하다기보다는 오히려 해가 될 수 있으며, 오히려 해당 지역에 있는 교육 기관의 교장이 차라리 더 효과적이다). 물론 대중적인 인기를 누리는 예술가들을 모여들게 만드는 것이 필요하다. 하지만 이것은 문제의 핵심이 아니다. 왜냐하면 대중적인 인기를 누리는 예술가들은 능력 있는 PDC에 비해 그 수가 더 많기 때문이다. 이러한 상황에서 PDC를 선택하는 일은 운명적이며 유능한 PDC의 의지와는 별개로 진행된다. 만약 예술가가 원하기만 한다면, 뛰어난 능력을 가진 PDC는 다른 대륙으로 이민을 가지 않는 한, 결코 요청을 거부할 수 없을 것이다. 요청을 받아들이면 PDC는 다음의 여러 동기들 중에서 하나를 선택해야 한다.

A) 금권 매수(거의 드문 경우인데, 앞으로 살펴보겠지만, 비용이 덜 드는 사례도 있기 때문이다). B) 성 상납. C) 우정. 정에 이끌리거나, 도저히 거절할 수 없는 경우로 나뉜다. D) 예술가가 작품을 선물하는 경우(이러한 동기는 예술가에 대한 경탄과 일치하지 않는다. 실제로 나중에 팔아 치울 생각으로 그림 선물을 원하는 경우도 있다). E) 예술가의 작업에 진정으로 감동하는 경우. F) 자신의 이름을 예술가의 이름에 결부시키려는 욕망. 젊은 지성인에게는 투자를 위한 최고의 기회로서, 예술가는 자신의 조국과 해외에서 만들어질 카탈로그들에 기록될 수많은 문헌들에 자신의 이름을 남기려고 최선을 다할 것이다. G) 하나의 경향이나 예술 화랑의 발전에 대한 이념적이고, 미학적인 또는 상업적인 공동의 이해관계. 후자, 즉 G)의 경우는 매우 민감한 내용으로서 그 어

떤 PDC도 이에 결코 완전히 무관심하지는 못할 것이다. 문학과 영화나 연극 비평가는 자신이 언급하는 작품을 최고로 극찬하거나 혹평하지만, 그럼에도 작품의 운명에는 아무런 영향을 미치지 못한다. 문학 비평가는 훌륭한 서평으로 소설의 판매 부수를 수백 권씩 늘린다. 영화 비평가는 천문학적인 수입을 막지는 못하지만 저질의 포르노 희극을 박살 낼 수 있다. 그리고 연극 비평가도 이들과 별반 다르지 않다. 반면 PDC는 자신의 개입을 통해 예술가의 모든 작품들에 대한 가격을 높이는 데 기여하며 때로는 그 수치를 열 배로 증가시킬 수도 있다.

이러한 상황은 PDC의 비평적 상황에도 영향을 미친다. 즉 문학 비평가는 자신이 알지 못하고 그래서 (보통은) 신문에 관련 기사가 실리는 것을 저지할 수 없는 작가에 대해 혹평을 할 수 있다. 하지만 예술가는 카탈로그를 살펴보거나 통제한다. PDC에게 〈너무 극단적이지 않기를 바라네〉라고 말할 때에도 실제로 이러한 부탁이 반드시 지켜지지는 않는다. 거절을 할 수도 있겠지만, 그렇게 할 수만은 없는 노릇이며, 그것도 아니라면 최소한의 예의를 지키든가 아니면 모호하게 얼버무리면 그만이다.

PDC가 자신의 권위로 예술가와의 우정을 지킬 생각이라면 전시회 카탈로그들을 모호하게 얼버무리는 것이 필수적이다.

한 가지 경우를 가정해 보자. 프로시우티니Prosciuttini는 30년 전부터 황토색 바탕에 중앙에는 초록의 이등변 삼각형이 있고 그 아랫부분에는 남동쪽 방향으로 기울어진 붉은색 부등변 삼각형이 투명하게 자리 잡고 있는 그림을 그려 오고 있다. PDC는 프로시우티니가 1950년부터 1980년까지 시기별로 자신의 작품들에 〈구성〉, 〈2 더하기 무한대〉, 〈$E=mc^2$〉,

〈아옌데〉, 〈칠레는 항복하지 않는다〉, 〈아버지의 이름 *Nom du Père*〉, 〈*A/traverso*(비스듬히)〉, 〈개인〉 등의 제목을 붙여 오고 있다는 사실을 고려해야 한다. 그럼 PDC가 개입할 수 있는 가능성은 무엇인가? 만약 그가 개입할 대상의 작품이 시(詩)라면 쉬울 것이다. 프로시우티니에게 시 한 편을 써서 헌정하면 그만이기 때문이다. 예를 들어 이 정도면 어떨까 싶다.

> 충동이 (아! 잔인한 제논이여!)
> 화살처럼
> 파라상 *parasang*(옛 페르시아의 거리 단위) 거리를 날아
> 병든 우주의 다채색 검은 구멍들에 꽂혀 든다.

PDC, 프로시우티니 그리고 화랑 주인과 구매자에게 있어 해결책은 저마다의 특권을 최대한 활용하는 것이다.

두 번째 해결책은 오직 해설자를 위한 것으로, 자유롭게 써 내려간 편지의 형태를 이용한다. 이를테면 이러하다. 〈친애하는 프로시우티니 씨, 나는 당신의 (그림 속) 삼각형들을 보면, 호르헤 루이스 보르헤스의 우크바르에 있는 듯한 착각에 빠집니다. 그리고 지금과는 다른 시대에 재창조된 형태들을 보여 준 피에르 메나르를 기억합니다. 타고난 호색한. 우리는 과연 이러한 욕구에서 자유로울 수 있을까요? 어느 6월의 아침, 한적한 시골의 전신주에 목이 매달린 파르티잔 대원. 아직 어린 티를 벗지 못한 가련한 모습, 규정의 본질에 회의를 갖게 되었죠……〉 등등.

학문적 소양을 갖춘 자에게 PDC의 임무는 식은 죽 먹기와 다름없다. 그는 그림도 하나의 현실이라는 사실에 대한 정확한 설득으로 자신의 매듭을 풀어 간다. 즉 현실의 심오한 측

면들을 언급하는 것으로 충분하다. 무엇을 말하든지 결코 거짓으로 판명 나지 않을 것이다. 예를 들면, 〈프로시우티니의 삼각형들은 일종의 도형이며 동시에 구체적인 위상 기하학의 대비적 기능이라는 평도 매우 그럴듯하다. 여러 교점. 한 교점 U에서 다른 교점으로 어떻게 이어질까? 이 경우 가치 함수의 기능 F가 필요하다. 만약 F(U)가 F(V)에 비해 적거나 같다면 염두에 두고 있는 교점 V를 위해 U를 U로부터 유래된 다른 교점들이 생성될 수 있도록 전개한다. 완벽한 가치 평가 함수는 F(U)의 조건을 만족시키거나 또는 F(V)와 동일하다. 이렇게 하여 U, Q의 경우, V, Q에 비해 짧거나 동일하다. 물론 이곳에서 (A, B)는 도형에서 A와 B의 거리이다. 예술은 수학이다. 이것이 프로시우티니의 궁극적인 생각이다〉.

얼핏 보기에 이와 같은 해결책은 추상화의 경우에는 매우 적절하지만 모란디Morandi나 구투소Guttuso의 경우에는 그렇지 못하다. 분명한 실수일 것이다. 따라서 이 경우에는 사람의 학식이 성공과 실패를 결정한다. 일반적으로 말해 오늘날에도 르네 통René Thom의 재앙 이론을 별다른 선입관 없이 적용한다면 모란디이 죽은 자연은 균형을 이룬 양극단에 걸친 형태들을 보여 주는 것 외에도 유리병들의 자연스러운 형태가 초음파에 노출된 크리스털처럼 구부러진다. 화가의 의도는 이러한 한계 상황을 보여 주려는 것, 즉 죽은 자연에 대한 영국식 해석, 즉 〈여전히 삶은 삶이다still life〉를 적극 활용했다. 아직은 삶이 삶인데, 그러나 언제까지? 아직까지와 무엇 무엇 이후에의 마술 같은 차이를 보여 준다.

PDC가 개입할 수 있는 또 다른 가능성은 1968년과 1972년 사이에 존재하고 있었다. 이는 정치적 해석으로, 계급 투쟁과 거래 대상으로 전락한 예술 작품들에 대한 언급을 의미한다. 교환 가치이기를 거부하는 형태로서 자본주의에 의해 착취된 노동자들의 상상력을 위해 제공된 프로시우티니의 삼각형들은 상품들로 넘쳐 나는 세상에 저항하는 예술이다. 과거 황금시대로의 회귀 혹은 유토피아 선언, 어느 구체적인 대상에 대한 꿈…… 결국 이런 것들이 PDC의 능력을 좌우하는 주된 논지가 아닐까 한다.

그럼에도 지금까지 언급한 모든 것은 PDC가 예술 전문 평론가가 아닌 경우에만 유효하다. 솔직히 말하면 예술 평론의 상황은 이보다 훨씬 비평적이다. PDC는 작품에 대해서 언급할 뿐, 결코 가치에 대한 평가는 하지 말아야 한다. 좀 더 쉬운 해결책은 예술가가 세상을 지배하는 것을 바라보는 시각, 우리에게 상당한 영향력을 행사하는 형이상학과의 조화 속에서 작업을 추구한다는 사실을 보여 주는 데 있다. 거의 모든 형이상학은 존재하는 모든 것의 존재 방식을 드러낸다. 어떤 그림이든 간에 분명 존재하는 것들에 속한다. 뿐만 아니라, 설사 명예스럽지 못한 것이라 해도 어떤 식으로든 존재하는 것을 대변한다(비록 추상화일지라도 존재할 수 있는 것 혹은 순수 형태의 우주에 속하는 것을 대변한다). 만약 이러한 형이상학이 단지 존재하는 모든 것의 에너지에 불과하다면, 프로시우티니의 그림이 에너지라고 말하는 것도 에너지를 나타내는 것이지 결코 거짓된 수작이 아니다. 즉 이는 그 무엇보다 명확하다. 그러나 이 명확함이야말로 평론가를 구원하는 것은 물론, 프로시우티니나 화랑 주인, 구매자 모두를 행복하게 해준다.

문제는 동시대의 모든 사람들 사이에서 대중성을 이유로 회자되고 있는 이러한 형이상학을 어떻게 구분해 내는가이다. 버클리의 말처럼 지각되는 것은 존재한다고 하거나, 프로시우티니의 작품들이 인지되기 때문에 존재한다고도 말할 수 있다. 그러나 우리가 의도하는 형이상학은 그 영향력이 절대적인 것이 아니다. 따라서 프로시우티니와 그의 작품을 감상하는 사람들은 제시된 메시지의 의미가 지나치게 명확해지는 것을 경계할지 모른다.

만약 프로시우티니의 삼각형들이 지난 1950년대에 소개되어 반피 파치와 사르트르, 메를로퐁티의 영향을 받았다고 한다면(이들이 추구하는 경향을 대표하는 인물은 후설이다), 프로시우티니의 삼각형들을, 〈생활 세계 Lebenswelt〉의 양식을 기하학의 순수한 형태들로 표현하는 인식의 영역을 구성하면서 무언가를 의도하는 행위 그 자체를 대표하는 것으로 정의하는 것이 더 편리해 보인다. 이 시대에는 형태 심리학의 다양한 용어들로도 설명이 가능했다. 즉 프로시우티니의 삼각형들이 게슈탈트적인 함축성을 가지고 있을 것이라고 말하는 것에는, 모든 삼각형이 삼각형으로 인지될 수 있다는 가정하에 게슈탈트적인 함축성을 내포하고 있는 만큼, 이론의 여지가 있을 수 없다. 1960년대에 프로시우티니가, 만약 자신의 삼각형들 속에서 레비스트로스가 제시한 관계 구조의 패턴과 유사한 구조를 보였다면, 이는 분명 한층 업데이트된 것으로 보일 수도 있었을 것이다. 구조주의와 〈68그룹〉의 관계와 관련하여, 음양의 이원론을 통해 헤겔의 삼분법을 중재하는 마오쩌둥의 이원론에 따르면, 프로시우티니의 두 삼각형은 초기의 기본 모순과 부차적 모순의 관계를 좀 더 분명하게 드러낸다. 구조주의의 양식이 모란디의 유리병들에도 적용될 수 없다고는 보지 않는다. 즉 속이 깊은 병과 속이 얕은 병의 대립 관계 말이다.

1970년대 이후에 평론가가 되기 위한 조건은 한층 자유로워졌다. 물론 붉은 삼각형을 관통한 푸른색 삼각형은 결코 그 정체가 드러나지 않는 타자에 대한 욕망의 요정이다. 프로시우티니는 차이의 화가, 더 나아가 정체성에 내재된 차이의 화가이다. 정체성에 있어서의 차이는 1백 리라 동전의 앞면과 뒷면의 관계에서도 볼 수 있다. 그러나 프로시우티니의 삼각형들은 내부로 파고 들어가는, 즉 내파(內波)의 경우는 물론, 잭슨 폴록의 그림과 항문으로 좌약을 삽입하는 것(블랙홀)의 개체성을 지적하는 것에도 적용이 가능해 보인다. 그러나 프로시우티니의 삼각형들 속에서는 사용 가치와 교환 가치를 서로 무력화시키는 것도 가능하다. 비스듬한 각도의 측면에서 보면 모나리자의 미소는 음부의 모양으로 보일 수도 있다. 이러한 차이를 전제한다면, 프로시우티니의 삼각형들은, 서로를 상쇄시키는 재앙으로 순환하는 가운데, 입을 다문 음부로 잘못 비칠 수 있다. 결론적으로, PDC를 위한 최선의 규정은 다른 그림들에는 물론 소시지 가게의 진열장을 유심히 바라보던 경험에까지도 적용할 수 있는 서술 능력을 활용하는 것이다. 만약 PDC가 〈프로시우티니의 그림들에 드러난 여러 형태의 개념들이 나름대로의 느낌을 제공한다면, 프로시우티니는 해석할 수 없거나 작업이 불가능한 개념은 존재하지 않는다고 말한다. 느껴진 것에서 개념으로의 이행은 활력이고 관습이며 세상에 존재하는 것이다. 이는 마치 스스로 존재하는 것의 본질 그 자체에서 의도적으로 잘려 나간 압샤퉁겐*Abschattungen*의 건축물과 같다〉라고 설명한다면, 독자는 프로시우티니의 진실을 이해한다. 왜냐하면 그의 진실이 소시지 가게에서 러시아 샐러드와 모르타델라를 구분하는 메커니즘과 다르지 않기 때문이다.

   이러한 모든 사실은, 실행 가능성과 효율성의 기준들 외에도 도덕성의 기준을 설정한다. 진실을 말하는 것으로 충분하다. 물론 방법은 제각각이지만 말이다.

『레스프레소』(1980)

대작은 그 값이 얼마나 갈까?

베스트셀러는 어떻게 만들어지는가(대형이든 소형이든 서점의 크기에 관계없이)에 대한 주제로 최근에 벌어진 논쟁에서 문학 사회학의 한계가 여지없이 드러났다. 물론 여기에서 문학 사회학이란 저자와 출판사의 관계(책이 출판되기 이전의)와 책과 시장의 관계(책이 출판된 이후의)에 대한 연구를 의미한다. 그러나 이 시점에서 문제의 또 다른 핵심에 대한 언급이 필요한데, 그것은 책의 내부 구조에 대한 문제이다. 나는 결코 모호한 입장에서 문학적 질(모든 과학적 증명에서 벗어나 있는)에 대해 말하려는 것이 아니다. 오히려 물질적이고 변증법적인 차원에서 내부 사회 경제학을 언급하고 있다.

이러한 생각은 결코 새로운 것이 아니다. 이미 1963년에 나와 더불어 라이디, 주세페 트레비사니가 밀라노의 알드로반디 서점에서 선언한 바 있다. 그리고 본인은 『일 베리』(같은 해인 1963년의 제9호에는 리오폴드 블룸이 1904년 6월 16일 더블린에서 한나절을 보내는 동안 지출한 비용에 대한 안드레아 모세티의 연구 결과도 실려 있다)에 대한 소식을 전한 바 있다.

20년이 지난 지금, 당시 모든 소설마다 작가가 자신이 서술한 모든 경험들을 위해 사용해야 했던 생활비를 어떻게 산출할 수 있었는지를 생각해 보자. 1인칭 소설의 경우 비용 산출은 그렇게 어렵지 않다(이 경우 비용은 서술자 자신의 것이기 때문이다). 반면에 여러 인물들이 등장하는 소설의 경우, 비용 산출은 그만큼 어려워진다.

그럼 좀 더 구체적으로 이해하기 위해 사례를 들어 보자. 헤밍웨이의 『누구를 위하여 종은 울리나』는 많은 비용을 필요로 하지 않았다. 화차를 타고 밀입국하는 형태로 스페인을 여행했고 숙소와 음식은 공화주의자들로부터 제공받았으며 또한 소녀의 침낭에서 잠을 잤기 때문에 시간당으로 값을 지불하는 호텔에는 한 푼도 지불하지 않았다. 『강 건너 숲 사이로』와의 차이는 해리스 바에서의 마티니 한 잔이 얼마인지를 생각해 보면 금방 드러난다.

카를로 레비의 소설 『그리스도는 에볼리에 머물렀다』는 처음부터 끝까지 모든 비용을 정부가 부담했다. 비토리니의 소설 『셈피오네가 프레유스에게 윙크하다 Il Sempione strizza l'occhio al Frejus』는 정어리 한 마리와 물에 삶아 익힌 야채 반 킬로그램의 값이 들었을 뿐이다(반면 『시칠리아 섬에서의 대화』는 비록 3등 열차이지만 밀라노 시칠리아행 기차표의 값과 여행 중에 오렌지를 구입한 비용이 들었다). 또한 『인간 희극 La Comédie humaine』의 경우, 누가 지불했는지를 모르는 까닭에 비용을 산출하는 것이 매우 어렵다. 하지만 발자크는 사람의 심리를 잘 알고 있었기에 라스티냐크가 사용한 비용을 뉘생장Nucingen의 계좌로 이월했을 뿐만 아니라 부채, 어음, 분실한 돈, 무담보 대출금, 고의 파산 등의 수법을 동원하여 비용 산출을 불가능하게 했다.

체사레 파베세의 상황은 매우 투명한 편인데, 그는 작은 언덕 위의 바에서 포도주 한 잔을 마시는 등 비교적 많지 않은 돈을 지출했다. 하지만『독신녀들 사이에 *Tra donne sole*』에서는 바와 레스토랑의 비용을 추가했다. 비용이 거의 들지 않은 소설은 디포의『로빈슨 크루소』이다. 이 소설에서는 단지 뱃삯만 지출했을 뿐 다른 모든 것은 고립된 섬에서 자체적으로 해결했기 때문이다. 그 외에도 비용이 거의 들지 않은 것으로 보이지만, 조목조목 따져 보면 의외의 비용이 추가되는 소설들이 있다. 예를 들면 제임스 조이스의『젊은 예술가의 초상』이 그것인데, 이 경우 비용으로는 적어도 11년 동안 클롱고스 우드 대학Clongowes Wood College에서 벨비디어Belvedere 대학까지 다닌 비용 그리고 대학 기숙사비와 심지어 책값까지를 합산해야 한다. 아르바시노의『이탈리아의 동포들 *Fratelli d'Italia*』에 대해 말할 필요까지는 없어 보인다(카프리, 스폴레토 등 온통 여행으로 일관했다. 반면 기혼자인 상구이네티는 자신의『이탈리아 기상곡 *Capriccio italiano*』에서 가족까지 동반하면서도 타고난 경제적 현명함을 발휘했다). 엄청난 비용이 소요된 작품은 프루스트의『잃어버린 시간을 찾아서』이다. 게르망트가(家)에 출입하려면 빌린 연미복으로는 충분하지 않았을 것이며 더구나 꽃, 선물, 발베크의 호텔과 엘리베이터, 할머니를 위한 화려한 마차, 알베르탱과 함께 생루를 방문하는 데 사용한 자전거까지 등장한다. 당시에 자전거 값이 얼마였는지 이 한 가지만 생각해 봐도 이 소설의 비용을 짐작할 수 있다. 더구나 이 시대의 자전거는 테니스 라켓, 새로운 유행을 선도하던 셔츠 등과 더불어 그 값은 물론 품목 자체가 희귀한 것들이었기 때문에『핀치 콘티니가(家)의 정원』이 출간되던 시대의 일반화된 자전거와는 비교가 되지 않는다. 더구나 그 외의 다른 비용들은 손님을 초대하기 좋아하는 전통의 가문이 지출했다.

반면, 『마의 산』의 경우에 비용은 우리의 상상을 초월한다. 요양원, 모피, 가죽 모자, 한스 카스토르프의 선박 회사에서 받을 수도 있었던 엄청난 이득까지 그 비용은 실로 막대하다.「베네치아에서의 죽음」역시 리도 섬에 위치한 호텔의 화장실 딸린 방은 물론, 이 시대의 아셴바흐 같은 신사는 품위 유지비와 팁, 곤돌라 그리고 루이 뷔통 상표의 가방을 구입하는 비용으로 한 재산을 지출했다.

그럼 지금까지의 도입부 서술을 마감하자. 당시 우리는 본 주제로도 학위 논문이 충분히 가능하다고 생각하고 있었다. 방법론이 있고 자료 역시 조절이 가능했기 때문이다. 그러나 지금에 와서 본 주제를 다시 생각해 보니, 몇 가지 문제점이 발견된다. 콘래드의 말레이시아 소설과 살가리의 말레이시아 소설들을 비교해 보자. 가장 먼저 알 수 있는 것은 콘래드가 원거리를 항해하는 선장의 자격증을 획득하기 위해 막대한 돈을 투자한 후에 작업해야 할 많은 자료들을 무료로 확보한다는 사실인데, 이때 그는 항해 비용까지 지불한 셈이다. 그에 비해 살가리의 상황은 전혀 다르다. 이미 알려진 바와 같이, 그는 여행을 전혀 하지 않았다. 말레이시아, 몸프라쳄의 〈부엔 레티로〉 궁전의 화려한 시설, 손잡이가 상아로 된 권총들, 호두만큼 큰 루비, 개머리판이 조각된 장총, 프라호 praho들, 기관총, 심지어는 후추나무 열매 betel까지 이 모든 것은 값비싼 소품들이었다. 비용을 상환하기 이전까지 〈루아 드 라 메르 Roi de la mer〉호의 건조, 구매 그리고 침몰로 이어진 과정은 엄청난 자금을 필요로 했다. 그토록 극빈자였던 살가리가 그 막대한 자금을 어디서 확보했는지는 물어볼 필요가 없다. 이 순간에까지 저속한 사회학의 티를 내지는 말자. 아마도 어음을 발행했을지도 모른다. 그러나 가난한 살가리가 이 모든 것을 일정한 비율로 축소하여 자신의 스튜디오에 만들어 놓은 것은 분명해 보인다.

콘래드와 살가리를 비교하는 것은 『파름Parme의 수도원』과 『레 미제라블』에 묘사된 워털루 전투를 비교하는 문제를 동반한다. 스탕달은 실제의 전투를 모델로 했는데, 이에 대한 증거는 파브리스Fabrice가 상황을 이해하지 못한 것을 보면 알 수 있다. 반면, 위고는 워털루 전투를 전혀 새롭게 재구성했다. 그는 마치 제국의 실물 지도를 놓은 상태로 헬리콥터를 타고 위에서 내려다보듯이 수많은 군대의 이동, 절름거리는 말들, 일제히 포격을 시작한 포병대의 모습을 묘사하고 있다. 그리고 그 소리는 그루시Grouchy에서도 들을 수 있을 정도로 엄청난 것이다. 역설적인 표현을 의도한 것은 아니지만, 워털루 전투가 재현된 현장에서 유일하게 비용이 안 든 것은 캉브론Cambronne의 똥뿐이다.

그럼 결론적으로 한 가지 비교를 더 해보자. 한편으로는 『약혼자』처럼 경제적으로 이득이 많은 소설도 있다. 이 소설은 말 그대로 모든 단어의 사용에까지 세심하게 신경을 쓰면서 당시 이탈리아 사람들의 유머까지 연구한 수준 높은 베스트셀러이다. 만초니는 자신의 소설을 위한 배경으로 코모의 호수에서 포르타 렌차까지 이어져 있는 구릉 위의 작은 성을 최대한 활용했다. 그의 세심함은 훌륭한 인품을 소유한 인물을 발견하지 못했거나 또는 봉기나 민란의 과거사를 발견하지 못한 때에는 문서를 제시하고, 얀센주의적인 정직함으로 자신이 허구를 만들어 내는 것이 아니라 원하면 누구든지 도서관에서 그 증거를 찾아볼 수 있음을 확신시켜 준다. 유일한 예외는 익명의 저자가 쓴 필사본으로, 만초니에게는 중요한 자료였다. 그러나 당시 밀라노에는 바르셀로나의 바리오 고티코와 마찬가지로, 진본처럼 보이지만 조작된 양피지 문서를 제작해 주는 고서점들이 있었다.

반면 정반대의 사례도 있었다. 이는 『트로바토레』와 같이 역사적으로 조작된 소설들을 말하는 것이 아니라, 조반나 프란치의 최근 작품, 『공포 속에서 올리는 미사 *La messa in scena del terrore*』(그리고 이미 언급한 마리오 프라츠의 고딕 소설과 사드의 모든 소설)를 가리킨다. 나는 벡퍼드가 『바테크』를 쓰기 위해 치른 엄청난 비용까지 언급하고 싶지는 않다. 이 작품은 상징적 낭비의 대표적인 사례로서 비토리알레보다 더 심각하다. 뿐만 아니라 성, 수도원, 래드클리프와 루이스 그리고 월폴의 지하 예배소들은 어느 날 산책하다 우연히 길모퉁이에서 볼 수 있는 것들이 아니다. 나를 믿을 필요가 있는 것이, 이들은 모두 값비싼 소설들로서 비록 베스트셀러가 되기는 했지만 결코 금전적으로 성공했다고는 볼 수 없기 때문이다. 그러나 이들이 모두 돈 많은 신사들이었다는 것은 매우 다행스러운 일이다. 만약 이들이 저작권에 의존했다면 이들의 상속인들에게는 아무것도 주어지지 않았을 것이 분명하다. 그 외에도 이들과 같이 전체가 인위적인 요인들로 넘쳐 나는 소설들의 부류에는 라블레의 『가르강튀아와 팡타그뤼엘』도 속한다. 그리고 이러한 기준을 엄격하게 적용한다면 단테의 『신곡』도 예외는 아니다.

이상에서 언급한 두 부류의 중간에는 『돈키호테』가 위치한다. 왜냐하면 라 만차의 기사는 있는 그대로의 세상을 돌아다니고 풍차는 이미 존재하던 것이다. 그러나 도서관은 막대한 비용을 필요로 했다. 그도 그럴 것이 모든 기사 소설은 오리지널이 아니라, 피에르 메나르와 같은 사람의 필요에 의해 쓰인 것이기 때문이다.

이 모든 고찰은 일정한 정도의 가치를 가지고 있다. 그 이유는 두 가지 서술 형태의 차이, 그리고 이러한 사실로 인해 이탈리아어에 〈novel〉과 〈romance〉의 차이를 구체적으로 반영하는 용어들이 존재하지 않는다는 사실을 이해하는 데 도움이 되기 때문이다. ⟨novel⟩은 현실적이고 부르주아적이며 근대적이고 비용이 거의 들지 않는다. 저자가 무료로 체험한 경험을 사용하는 것이 그 주된 이유이다. ⟨romance⟩는 환상적이고 귀족적이며 초현실주의적이고 막대한 비용을 필요로 한다. 왜냐하면 이 용어를 통해 모든 것이 줄거리로 엮이며 재구성되기 때문이다. 그럼 만약 이미 존재하는 소품들을 사용하지 않는다면 재구성이 어떻게 가능할까? 나는 이것이 대화주의나 상호 텍스트성과 같은 난해한 용어들의 진정한 의미가 아닐까 생각한다. 많은 비용을 지불하고 재구성된 다양한 소품들을 끌어모으는 것으로는 충분한 효과를 기대하기 어렵다. 그리고 이러한 사실을 알고 있다는 것 외에 독자가 알고 있다는 사실까지도 알아야 한다. 그래야 풍자적으로 묘사할 수 있다. 살가리는 그토록 고비용을 들여 꾸며 낸 자신의 세계를 인정받도록 하는 데 필요한 충분한 아이러니를 구사하지 못했다. 이것은 분명 그의 한계이다. 그리고 이 한계는 그의 작품을 찬찬히, 그리고 그가 알고 있었음 직한 방식으로 다시 읽은 독자에 의해서만 극복될 수 있다.

비스콘티의 「루드비히」와 파솔리니의 「살로 소돔의 120일」은 매우 유감이다. 왜냐하면 마치 그동안 쓴 비용을 다시 회수하려는 듯 자신들의 작품을 지나칠 정도로 진지하게 고려하기 때문이다. 반면 돈이란 고딕 시대의 거장들이 그러했듯이, 대부호의 ⟨무관심한 듯한 태도⟩로 일관할 때 비로소 회수할 수 있는 것이다. 비로 이러한 점 때문에 우리는 이들에게 열광한다. 그리고 이들은 미국의 비평가 레슬리 피들러가 말한 것처럼, 즐거움까지 제공하는 포스트모던 문학을 위한 모델을 구성한다.

창조적인 작품들에 좋고 명료한 경제학적 논리를 방법론

적으로 적용한다면 얼마나 많은 사실들이 새롭게 드러날까? 어쩌면 인위적으로 교차하는 운명들을 통해 허구의 성들을 방문하도록 초대받은 독자들이 문학의 재미를 인정하고 즐기는 이유들을 구체적으로 알 수 있을지도 모른다. 물론, 멋진 모습을 보여 주기 위해서는 그만큼 많은 비용도 불가피하다.

『레스프레소』(1983)

6
철학의 위안

중단된 사고

 때로는 혼자서 조용히 읽기보다는 논평하고, 설명하며, 큰 소리로 주석을 다는 것이 더 편한 책들이 있다. 왜냐하면 주석을 다는 것에만 열중한다면 즐거움을 느낄 겨를도 없이 주제의 전개 과정과 철저한 삼단 논법 혹은 정확한 관계의 맥을 추구할 수 있기 때문이다. 아리스토텔레스의 『형이상학』 또는 칸트의 『순수 이성 비판』과 같은 책들의 경우에 독자보다는 주석가들이, 그리고 이러한 책들을 좋아하는 사람들보다는 전문가가 더 많은 것은 바로 이러한 이유 때문이다.

 반면에 읽는 것이 즐거운 책들도 있다. 하지만 이러한 책들에 대해 무언가를 쓴다는 것은 불가능하다. 왜냐하면 이들을 소개하거나 주석을 붙이려 하는 순간, 〈이 책은 《……》을 말하고 있다〉로 요약하는 것이 불가능함을 곧바로 알게 되기 때문이다. 이러한 책들을 재미 삼아 읽는 사람은 자신의 돈을 매우 만족스럽게 소비했음을 알게 된다. 그러나 누군가에게 이야기해 줄 목적으로 이러한 책들을 읽는 사람은 한 줄 한 줄 읽어 내려갈 때마다 성질을 내면서, 조금 전까지 작성했던 요약문을 찢어 버리고, 어떤 식으로든 결론에 도달하려고 애써 보지만 결국에는 성공하지 못할 것이다.

우리에게 익숙한 것과는 전혀 다른 이상적인 논리들에 따라 전개된 선(禪)의 이야기를 〈생각 없는 것〉으로 치부해 버리는 것은 결코 용서받을 수 없는 인종적 우월주의에 의한 죄악이다. 그러나 우리의 이상적인 생각이 〈그러므로〉와 〈한편〉으로 구성된 서양식 모델로 요약된다면, 우리는 이러한 책들에서 우리가 그 메커니즘을 충분히 알고 있어야 하는 〈중단된 사고〉의 알려진 사례들을 발견할 수 있다. 〈중단된 사고〉는 미치광이들에게 또는 비논리적으로 사고하는 작가들에게 공통적으로 나타난다. 그러므로 우리는 어떤 경우에 〈중단된 사고〉가 결점으로 드러나고 또 어떤 경우에 이것이 덕목, 즉 맬서스 이론을 추종하는 자들의 습관에 대항하는 덕목인지를 이해해야만 한다.

〈중단된 사고〉는 세상이 상징 혹은 징후들로 가득하다고 생각하는 사람들의 전형이다. 사실 이 같은 사람은 미치광이나 다름없다(왜냐하면, 예를 들어 이러한 사람은 미네르바 상표의 성냥갑을 한참 동안 유심히 바라보다가 〈보세요, 일곱 개의 성냥개비가 있어요〉라고 말한다. 그러고는 혼동될 수 없는 명확한 기호의 답변을 기대하면서, 다시금 주의 깊게 바라본다. 이러한 유형의 사람은 상징들로 가득한 세상의 주민이며 자신이 살고 있는 세계에서 모든 사물과 사건을 모든 사람들이 이미 알고 있고 오직 재확인되기를 원하는 초월적인 그 무엇의 기호로 전환한다).

그러나 〈중단된 사고〉는 상징들보다는 징후들, 즉 이곳저곳에 있는 것이 아니라, 언젠가는 발생할 그 무언가에 대한 확실한 기호들로 가득한 세계를 주목하는 사람의 전형이기도 하다.

평론가는 누군가가 무엇인가를 관찰하면서 〈보세요, 일곱 개의 성냥개비가 있어요〉라고 말할 때, 이미 다른 사람들에게 기호 또는 징후들이 어떻게 발생했는가를 더 이상 설명할 수 없다는 사실에 대해 고민스러워한다. 그러나 상대방이 〈당신은 모든 의심을 떨쳐 버린다는 의미에서 오늘 네 마리의 제비가 날아갔다는 사실을 고려해 보세요〉라고 말한다면, 평론가는 정말 망연자실할 것이 분명하다. 이 모든 것에도 불구하고, 〈중단된 사고〉가 예언적으로나 시적으로 그리고 심리학적으로 놀라운 기술이라는 사실을 부인하지 못한다. 다만 그것은 말로 표현할 수 없을 뿐이다. 그러므로 어쨌든 이에 대해 그 무엇인가를 말하기 위해서는 ─ 독자들도 동의하는 바와 같이 ─ 〈나는 완벽하게 인식한다$cogito\ perfectus$〉에 대한 확실한 믿음이 필요하다.

매스 커뮤니케이션과 기술 문명의 세계에 대한 대화에서 〈중단된 사고〉는 이미 과거에 우리가 종말론자라고 불렀던 사람들 사이에서 크게 유행했다. 이들은 과거의 사실들에서 잘 알려진 조화의 상징들을 주목할 뿐만 아니라, 현재의 사건들에서는 더 이상 어찌할 수 없는 확실한 몰락의 상징들을 주목한다. 그럼에도 항상 구체적으로 이해가 가능한 암시로서, 미니스커트를 입은 소녀를 마치 그러할 자격이 있다는 듯이 한 시대를 마감하는 판독 가능한 상형 문자로 간주한다. 반면에 이러한 사실은 오늘날에 이르기까지 순응주의자들에게는 알려지지 않았다. 이들은 세계를 판독하려 들지 않고 별다른 문제 없이 그 속에 안주한다. 그럼에도 불구하고, 이러한 성향은 우리가 과거 순응주의자들 또는 오순절파, 또는 더 나아가 파루시아[1] 교도들로 정의할 수 있을 범주의 사람들에 의해 추진되어 온 것이 사실이다. 즉 이러한 다양한

---

[1] Parusia. 종교적으로는 복음서의 약속에 따라 초기 기독교 시대에 신자들이 믿고 있던 예수의 재림을 의미하며, 철학적으로는 플라톤의 철학에서 이데아의 재등장을 나타낸다.

범주의 사람들은 제4의 목가시 신드롬, 황금시대에 애정을 가지고 있다. 만약 종말론자들이 노아의 슬픈 친척이라면, 그리스도의 재림을 신봉하는 자들은 동방 박사들의 쾌활한 사촌인 셈이다.

출판 덕분에 우리는 방법과 기간의 차이에도 불구하고, 큰 성공을 거둔 두 권의 책들을 함께 살펴볼 수 있게 되었다. 이 것들은 현대 문명에 관한 주제로 열람할 가치가 있는 책들이다. 이 가운데 제들마이어의 『중심의 상실』은 종말론 사상의 역작이고, 다른 한 권인 매클루언의 『미디어의 이해』(〈의사소통의 도구들〉이라는 잘못된 제목으로 번역되었다)는 그리스도의 재림을 주장하는 자들에 의해 출판된 가장 흥미롭고 크게 성공한 책이다. 이 두 권의 책과 관련하여, 독자는 극히 대립적인 방식으로 세상을 바라보는 두 사람이 어떤 방법으로 사고하는가를 알기 위해서 비교와 반박의 반복과 변증법적인 축제의 장터를 준비한다. 그러나 독자는 두 사람이 정확히 동일한 방식으로 사고하고 있을 뿐 아니라 동일한 주제들에 상호 보완적인 내용을 제공하고 있음을 알게 된다. 그리고 더 나아가 두 사람은 동일한 사건을 제시하면서도 각자의 상징들과 징후로 바라보는데, 한 사람은 암울하고 비탄에 잠긴 심정으로 그리고 다른 한 사람은 기꺼운 낙관주의로 바라본다. 이뿐만이 아니다. 이들 각자는 부고장과 청첩장을 작성하는 심정을, 그리고 기호 앞에 〈−〉와 〈+〉를 첨가하는 심정을 경험한다. 그러나 두 사람 모두 방정식으로 표현하는 것에는 관심이 없다. 상징과 징후들이 〈중단된 사고〉에 의해, 한 움큼의 색종이들로 하늘에 던져졌을 뿐, 주판알들처럼 가지런히 정리되지 않은 상태로 남아 있기 때문이다.

『중심의 상실』은 1948년의 작품이다. 역사적으로 타락한 예술 작품들을 불태우던 분노의 시대와는 거리가 있지만, 그럼에도 극히 일부나마 분노의 잔재를 반영하고 있다(이 상황에서 우리의 사고는 저자의 이력이 아니라 작품에 초점을 맞추고 있다). 그럼에도 이념에 대한 연구의 영역에서 제들마이어가 차지하고 있는 위치를 알지 못하고 그의 작품을 읽는다면 시대의 증상들을 치료하기 위한 것으로 간주된, 영국식 정원과 혁명기의 유토피아적 건축과 같은 현대 건축의 현상들에 대한 (분노나 연구의 흔적조차 보이지 않는) 내용만을 발견하게 된다. 이성 숭배는 영속의 종교를 위한 기념물, 사원에 대한 취향, 자연 에너지와의 암울하고 심오한 관계를 형성하며 하계의 영들에 대한 갈망을 드러내는 정원사들의 집이나 박물관에 원인을 제공한다. 더구나 이러한 장소들에서는 심미적 세계의 사원에 대한 이념이 드러나는데, 그럼에도 구체적인 신의 이미지는 보이지 않는다. 그 이후 비더마이어가 등장하면서, 안락하고 사적이며 개인주의적인 예식을 동반한 위대한 신성과 같은 주제들에 집중되는 관심을 대신하여 세계 박람회와 같은 세속 성당들이 출현했다.

우리의 관심은 신에 대한 경배에서 자연에 대한 경배로, 형태에 대한 경배에서 기술에 대한 숭배로 옮아간다. 그것은 계승에 대한 서술적 이미지이다. 그러나 이러한 계승이 퇴행으로 정의되는 순간, 서술의 범주에는 결론적으로 다음과 같은 진단이 불가피하다. 즉 인간은 밑을 향해 추락하고 있다. 중심을 상실했기 때문이다. 이 순간에 책의 몇 장을 읽지 않고 생략한다고 해도 별로 잃을 것이 없어 보인다. 그도 그럴 것이, 제들마이어는 결론의 장에서 상징들을 이해하는 데 필요한 열쇠를 제공하기 때문이다. 이러한 주장이 제기된 만큼 (저자인 제들마이어는 신학자가 아니라 그런지는 몰라도 무엇이 신이며, 인간과 신의 관계가 무엇으로 구성되는가에 대해 말하지 않은 것을 우려한다), 어린아이가 보더라도 신이 등장하지 않고 신과 대화하지 않는 예술 작품들에 대해서는 신이 배제된 예술품이라는 결론을 충분히 내릴 수 있다. 이 상황에서 수많은 반론이 제기될 수 있다. 만약 신이 공간적으로 위에 존재한다면 뒤집어 보는 예술 작품(칸딘스키를 참고하라)은 무신론적인 의미를 갖는다. 제들마이어에게는 인간이 자신의 역사에서 중심을 상실할 수밖에 없다는 결론에 도달하기 위해 서양 예술의 발전 과정에서 인식한 동일한 기호들을 다른 방식으로 해석하는 것으로 충분해 보인다(낭만적 악마주의, 보슈의 강박 관념들, 브뢰겔의 그로테스크 등). 그러나 저자는 신학교 학장에게나 어울릴 법한 철학 문제들, 예를 들면 〈어쨌거나 비록 외적으로 드러나는 것은 다양하겠지만, 인간의 본질은 시대를 초월하여 오직 하나이듯이, 예술의 본질도 하나라는 원칙을 고수해야 한다〉는 유의 철학적 주제에 매달리기를 좋아한다. 이 말이 무슨 뜻일까? 인간을 자연과 초자연으로 정의하고 초자연을 서양 예술의 한 시대를 대표하는 용어들로 정의한 만큼, 〈이러한 분리는 인간과 신의 부재가 성화에 대한 특별한 해석을 통해 연역된 순간부터 인간(그리고 신)의 부재와 상충된다〉는 결론의 도출이 가능하다.

그러나 이와 같이 웃음을 자아내는 철학을 논하기 위해, 저자는 문학계의 찬사를 기대하고 몇 페이지의 쓸데없는 글을 장황하게 늘어놓았다.

그렇다면 이처럼 쓸데없는 글은 어떻게 읽을 것인가? 저자는 지면으로부터 분리하고 위와 아래를 뒤섞어 놓은 현대 건축의 성향에 대해서 공포심을 불러일으키며 차양, 즉 〈일종의 금실로 짠 비단〉의 출현에 크나큰 실망감을 추가한다. 차양에 의한 충격은 제들마이어의 글 전반에 깔려 있다. 각 층들 사이에 유리벽들의 공간을 허용하며 건축을 수평적으로 유도하려는 성향은 수직적으로 뻗어 나가는 것(수평 층들의 겹침 현상)을 거부했다. 그의 눈에는 이러한 것들이 〈지질구조학적〉인 요인들을 부정하는 징후와 지상에서 분리되려는 징후처럼 보였다. 건축학의 전문 용어로는 차양이 층층이 형성된 고층 빌딩은 성당을 추가하지 않고 그대로 내버려 두는 것에 대해 심사숙고하지 않았기에 계속해서 붕괴된 보베 성당의 내진(內陣)보다 더 견고하고 안전할 수 있다. 제들마이어는 건축을 표면과의 관계에 대한 특별한 형태와 동일시했기에, 건축의 해체에 대해 적지 않게 당황한다. 르두 Ledoux에서 풀러Fuller에 이르는 그 누군가가 정육면체나 피라미드가 아니라, 구(球)의 형태로 건축했다는 사실은 그를 몹시 당혹스럽게 한다. 제들마이어는, 앞서 언급한 미치광이의 성냥개비 일곱 개의 경우처럼, 르두나 풀러의 원형들이 한 건축 시대의 마감을 암시하는 명백한 기호들이라고 생각한다. 파르메니데스와 아우구스티누스는 구의 형태를 중심의 상실로 해석하는 데 동의하지 않을 것이다. 그러나 제들마이어는 자신이 상징으로 묘사한 사건들에 이미 처음부터 알고 있던 것을 의미할지도 모른다는 가능성을 부여하려는 목적으로 전형들까지 바꾸려고 했다.

조형 미술로 눈을 돌려 보자. 제들마이어는 도미에 또는 고야의 풍자를 불균형하고 추한 인간의 등장으로 이해한다. 이는 마치 그리스 항아리를 그린 조형 미술가들이 유사한 즐거움을 느끼지 못했다거나 19세기 진보주의를 추종하는 풍자가들이 이성적이지 못하다고 느끼는 것과 다를 것이 없다. 세잔과 큐비즘에 대해서 제들마이어가 어떻게 생각하는지는 그가 회화를 경험한 현실을 가시적으로 재구성하는 것으로 축소 해석한 것에 기초해 짐작할 수 있다. 현대 예술에 대해서도 마찬가지다. 제들마이어는 오목 거울을 통해 드러나는 변형과 인간 외적인 모습의 전형적 사례인 사진 합성과 같은 종말론적 기호들에 현혹되었다. 그러므로 오목 거울로 내가 보는 것이 나이며 이것을 내가 했다고 대답하는 것은 의미가 없다. 나는 이러한 방식으로 바라보는 것이 인간적인 만큼 더 나아가 르네상스 시대의 원근법적 구도에 잡힌 외눈박이 거인과 같은 변형이라고 생각한다. 이미 오래된 이야기들이다. 그러나 제들마이어에게서 그 자신이 언급한 기호들은 혼돈과 죽음의 이미지에 우선한다. 그 어느 누구도 제들마이어가 열거한 현상들이 진정 그 무엇인가의 기호들이라는 사실을 의심하지 않는다. 그러나 일반적으로 예술과 문화의 연구가 추구하는 바는 이러한 현상들이 어떤 방식으로 반응하는가를 보기 위해 이들을 서로의 관계로 엮어 내는 데 있다. 반면 제들마이어의 주장에는 편집광적인 흔적이 엿보인다. 왜냐하면 그 자신이 모든 기호들을 동기가 드러나지 않을 뿐만 아니라 철학적으로도 명확하지 않은 강박 관념들에 귀속시키기 때문이다. 그러므로 지면과의 분리를 상징하는 구와 위로의 진출을 거부하는 차양, 그리고 성모 마리아의 처녀성에 대한 가시적인 기호인 일각수 사이에는 그 어떤 차이도 보이지 않는다.

제들마이어는 중세 말기적 인물로서 날카로운 시각과 화려한 몽상가적인 기질을 자랑하는 판독가들을 모방한다. 그의 주장이 〈중단된 사고〉의 가장 적절한 사례로 꼽히는 이유는 기호가 주어질 때, 그가 우리를 팔꿈치로 슬쩍 건드리고 윙크를 하면서 〈너, 봤어?〉라고 말한다는 사실에서 찾을 수 있다. 이와 같이 그는 불과 몇 줄의 글로 유기체가 아닌 것의 발견에 몰두하려는 현대 과학의 성향을 비정형과 변질에 몰두하는 것으로 간주해 버린다. 그러므로 그는 (임상학의 외상법과 마찬가지로) 변질의 조직체는 상징 논리학을 무기로 삼는 지식인이며 이 지식인의 가시적인 조직들은 거시적 관찰과 미시적 관찰이라고 연역한다. 특히 거시적 관찰과 관련하여 제들마이어는 추가적으로 〈여기에서도 중심의 상실이 나타난다〉는 사실을 언급한다. 그럼에도 불구하고, 나의 입장에서는 제들마이어 교수가 우리를 속이고 있다고 생각한다. 나는 보지도, 그리고 알지도 못하기 때문이다. 만약 그 누구도 나서지 않는다면, 내가 나서서 당신은 설명을 하고는 있지만 당신과 47이 당신이 말한 죽은 사람이라는 사실을 주장하는 사람의 차이가 전혀 없다고 말할 것이다.

이제 매클루언의 연구를 살펴보자. 그는 제들마이어와 동일한 것을 말한다. 즉 매클루언 역시 인간이 중심을 상실했다고 말한다. 다만 이것은 논평일 뿐, 결국에는 그때가 지금이다.

이미 모두가 알고 있듯이, 매클루언이 주장하는 요지는 바퀴에서 전기에 이르는 기술의 다양한 발전이 미디어, 즉 우리의 육체적 존재의 확장으로 간주되었다는 것이다. 역사의 과정에서 이러한 확장은 우리 감성의 충격과 둔화 그리고 재구성을 야기했다. 이들은 간섭이나 교체를 통해 세상을 바라보는 우리의 방식을 변화시켰다. 그리고 새로운 미디어가 가져온 변화는 이전이 가능하기 때문에 경험적인 내용을 별로 중요하지 않은 것으로 만든다. 미디어는 메시지로서 새로운 확장을 통해 얻은 것들보다는 확장의 형태 그 자체를 중요하게 여긴다. 당신들이 타자기로 무엇을 기록하든 타자기는 서체 인식의 급진적인 방식보다 더 중요하지 않다. 인쇄술이 성서를 보편적으로 확산시켰다는 사실은 모든 기술적 공헌이 이미 우리와 함께하는 것들에 추가되었다는 사실을 의미한다. 그러나 인쇄술은 모든 사람이 코란을 볼 수 있게 함으로써 아랍 지역에서도 확산될 수 있었을 것이다. 그렇다고 인쇄술이 근대의 감수성에 미친 영향의 유형을 변화시키지는 않았을 것이다. 이러한 영향의 유형은 획일적이고 반복적인 단위들로 지적인 경험을 쪼개는 것 외에도, 수 세기의 간격을 두고 컨베이어 벨트를 만들어 냈으며, 미적분의 세계를 통괄한 것처럼 기계 시대의 이념을 이끌어 온 지속성과 동질성의 의미를 재건한 것이다. 시계와 알파벳은 우주를 시각적 파편들로 만들면서 상호 의존의 음악에 종지부를 찍었으며 공간에 배열되어 있는 것들에 더 이상 감동을 받지 않는 인간을 양산했다. 이뿐만이 아니다. 이들은 직설적인 방식으로 사고하는 데 익숙하고, 공동체의 모든 구성원이 범우주의 모든 변화들에 전체적으로, 그리고 감성적으로 반응하는 분화되지 못한 단위의 집단들을 구성하는 〈구술 시대〉의 여러 부족들로부터 자유롭고 특별한 인간을 창조했다.

인쇄술(이와 관련하여 매클루언은 자신의 역작인 『구텐베르크 은하계』를 집필했다)은 전형적인 핫 미디어이다. 단어에서 풍기는 것과 달리 핫 미디어는 오직 한 가지 의미로의 해석을 유도한다(인쇄술의 경우에는 비전이다). 그럼에도 핫 미디어는 수신자에게 자료에 대한 만족감과 더불어 정확한 정보를 제공하지만, 수신자의 다른 능력에 대해서는 여타의 간섭도 하지 않는다. 어떤 의미에서는 핫 미디어가 수신자를 매료시키지만 이해의 시각을 오직 하나의 관점으로 고정시키는 측면도 있다. 한편, 쿨 미디어는 거의 정의되지 않은 정보들을 공급하면서 수신자에게 빈 공간을 채울 것을 강요한다. 이와 같이 쿨 미디어는 자신의 모든 센스와 능력을 동원하여 수신자에게 이러한 작업의 노고를 부과한다. 즉 쿨 미디어는 수신자를 동참자로 수용하지만, 이는 어디까지나 전반적인 환상의 형태를 벗어나지 못한 채 수신자에게 모든 것을 동원하도록 한 것뿐이다. 인쇄술과 영화는 핫 미디어이지만, 텔레비전은 쿨 미디어이다.

전기의 발명은 혁명적이라고 할 만한 현상들을 동반했다.

무엇보다 먼저, 미디어가 내용과는 별도의 독립된 메시지라면, 전기의 빛은 역사상 처음으로 내용이 완전히 결여된 미디어로 등장했다. 두 번째로, 전기 기술은 분리된 기구가 아니라, 중추 신경계로 대체된 상태에서 자신의 첫 번째 결실로 정보를 제공했다. 자동화 시대에 등장한 기계 문명의 다른 결실들인 신속한 커뮤니케이션, 신용 경제, 금융 정책은 생산된 정보에 비해 부차적인 것으로 전락했다. 정보의 생산과 판매는 동일한 이념적 차이를 극복했다. 그리고 시간이 흐르면서 최고 수준의 쿨 미디어 수단인 텔레비전의 등장은 구텐베르크 스타일의 모델을 파괴하고 원시적 촌락으로서의 부족 단위를 재건하면서 기계 문명의 직선적 세계를 파괴했다.

시각적인 측면에서 볼 때, 텔레비전의 이미지는 거의 아무런 자료도 가지고 있지 않다. 영화의 정지된 한 컷이 아니다. 게다가 사진은 더욱 아니다. 오히려 전자 붓으로 그려진 것들이 연속적으로 만들어지는 것에 불과하다. 텔레비전 이미지는 1초에 3백만 개의 점으로 투사되지만, 시청자는 이들 중에서 한 번에 불과 몇십 개의 점들만 수신하여 이미지를 만든다. 그물 형태의 눈과 모자이크 기능을 수행하는 텔레비전은 예술의 원근법을 지원하지 않고 삶의 방식에 있어서 직선적 성격을 촉진한다. 텔레비전의 등장으로 산업 분야에서는 사진 합성 기법이 사라졌는데, 이는 기업의 경영진 체제에서 계급적이고 직선적인 조직이 사라진 것과 마찬가지다. 댄스파티의 (여성 파트너를 구하기 위해 줄을 서고 있는) 남성들, 정당의 정치 노선, 고객이 도착하기를 기다리며 문 앞에서 대기하고 있는 호텔 종업원 그리고 나일론 스타킹의 줄 등도 더 이상 찾아볼 수 없다. 표음 문자에 의해 확장된 시각은 형태들에서 오직 한 가지 측면만 인지하려는 분석 성향을 자극한다. 그 결과로 우리는 표현 예술에서처럼 시간과 공간 속에서 사건의 개체성만을 고집한다. 이와는 반대로, 성상(聖像) 예술은 우리가 손을 필요로 하듯이 눈의 기능을 요구하며 사람이나 사물의 상황이나 양태와 같은 수많은 순간들로 이루어진 이미지를 만들려고 노력한다. 어쨌든 아이콘의 방식은 표현 예술이 아니며 시각적 긴장감의 전문화, 즉 특별한 위치에서의 조망도 아니다. 촉감으로 무언가를 감지하는 방식은 예측되지 않은 뜻밖의 현상일 뿐, 전문적인 것은 아니다. 이것은 전체적이고 공감각적인 것으로서 모든 감각을 동원한다. 텔레비전의 모자이크 이미지에 빠진 어린아이는 알파벳과는 대치되는 정신으로 세상을 바라본다. 텔레비전과 수십 년을 함께한 젊은이들은 비현실적이고 중요하지도 않으며, 중요하지 않은 만큼 무기력한 지배 문화가 제시한 먼 미래의 목표들이 아련하게 보이는 혼란의 심연 속에 빠져들고 싶은 충동을 자동으로 수용한다. 이러한 변화된 태도는 프로그램과는 아무런 상관이 없으며 설사 모든 프로그램들이 문화적으로 고차원적인 내용을 포함하고 있더라도 바뀌는 것은 아무것도 없다. 전기 기술은 우리 몸 중추 신경계 내부에서 이미 오래 전부터 지속되고 있는 상호 작용과 유사한 구성 요인들 간의 움직임을 통해서 자발적인 인식 과정을 확대한다. 이러한 속도 그 자체는 〈유기적 단위〉를 구성하며 구텐베르크에 의해 본격적으로 시작된 기계 시대를 마감한다. 만약 전기가 에너지와 동시성을 제공한다면 조직의 생산과 소비에 따른 모든 측면은 커뮤니케이션과의 관계에서 본질적이지 않은 것이 된다.

이상에서 인용된 내용은 매클루언의 입장을 종합해 본다는 차원에서 제시된 것이며, 동시에 그가 주제를 다루는 기술에 대한 단적인 사례에 해당한다. 이러한 기술은 아이러니하게도 그 자신이 주장하는 것의 타당성을 무효로 만드는 작용을 한다. 좀 더 구체적으로 설명해 보자.

쿨 미디어에 의한 지배는 우리 시대의 전형으로서, 모든 사람의 참여와 실증을 동시에 유발한다. 이러한 사실을 보여주는 대표적인 사례는 쿨 미디어가 구체적으로 정의되지도 않은 상태에서 완제품이 아니라 과정들을 제시하고, 더 나아가 대상과 순간, 그리고 주제들을 일직선으로 연결하기보다는 해당 자료의 전체성과 동시성을 나타낸다는 사실이다. 이러한 현실을 겉으로 드러내 제시하는 차원에서는 삼단 논법이 아니라, 격언식의 대화가 불가피하다. (매클루언도 잘 알다시피) 격언식의 대화는 불완전하기 때문에 적극적으로 참여할 것을 전제한다. 이러한 의미에서 그가 주제를 다루는 방식은 전혀 새로운 세계이며 그는 이 세계에 대한 우리의 동참을 강요하고 있다. 또한 이 세계는 제들마이어와 같은 사람들에게는 악마적이라고 할 만큼 완벽한 〈중심의 상실〉로 보일 수 있는 반면, 매클루언에게는 동시성의 박테리아 세균들이 알파벳 박테리아들에게는 완전히 낯선 놀라운 정도의 증식에 성공할 미래의 〈수프〉와 같다.

그러나 이러한 기술은 몇 가지 결점을 가지고 있다. 그 첫 번째로 매클루언은 이러한 모든 주장에 대해 각각의 반론을 제기하면서, 양측의 견해 모두가 적절한 것으로 간주한다. 이러한 차원에서 그의 저서는 제들마이어에게는 물론 익명의 순응주의자들과 같은 종말론자들 전체에게 수용될 수 있는 유효한 주제를 제공할 수 있을 것이다. 뿐만 아니라 그의 논지는 서구 사회를 비판하려는 중국의 마르크스주의자들에게는 인용 가치가 충분한 것이며 신자본주의적 낙관주의 이론가에게도 매우 유용하다. 매클루언은 자신이 취급한 모든 주제가 진실한가에 대해 걱정하지 않는다. 즉 그는 있는 그대로에 만족한다. 우리의 관점에서는 모순되어 보이는 것이 그의 관점에서는 단순히 공존을 의미한다. 그러나 그는 자신의 책에서 보여 주었듯이, 일관된 논증을 이어 가는 구텐베르크식의 습관에서 벗어나지 못했다. 일관성이 기능이라는 사실을 제외한다면, 그는 주제들의 공존을 마치 논리의 연속인 것처럼 소개한다. 한 인용 문구에 의하면, 기업 조직의 직선적 개념에서 스타킹과 같은 그물망의 구조로 신속하게 이동하는 것은 단지 우발적인 접촉으로 접근이 이루어져야 함을 나타낼 뿐이다.

매클루언의 저서는 〈연속적인 합성 사진들의 소멸〉과 〈그물망 구조를 가진 스타킹의 소멸〉이 (인과 관계의 접속어인) 〈그러므로〉에 의해서 연결되어서는 안 되며, 이것이 아닌 경우, 이들이 적어도 메시지의 저자가 아니라 거의 정의되지 않은 이러한 연결 고리들의 빈 공간을 채울 수신자에 의해 연결되어야 한다는 점을 강조한다. 그러나 문제는 있다. 즉, 매클루언은 구텐베르크 방식의 습관에 따라, 인쇄된 내용에 직설적으로 언급된 두 자료를 읽는 순간부터 우리가 〈그러므로〉의 접속어를 생각하도록 강요받는다는 사실을 알고 있으므로, 우리가 위의 접속어를 사용해 줄 것을 은근히 기대한다. 그는 제들마이어가 미시적 관찰이 중심의 상실을 의미한다고 했을 때 그러했듯이, 그리고 일곱 개의 성냥개비에 대해서 말한 미치광이와 마찬가지로 우리를 기만하고 있다. 그는 외삽법을 요구하며 이를 매우 계략적인 방법을 동원하여 합법적인 것으로 삼는다. 우리는 결과적으로 더 이상 〈사고한다 cogito〉로 표현될 수 없다면 중단되었다고 할 수 없는 〈중단된 사고〉의 중심에 있다. 그러나 매클루언의 저서는 그 의미가 모호한 〈사고한다〉, 즉 합리성을 거부하는 방식들 때문에 주제가 되지 못하는 〈사고한다〉에 의존하고 있다.

만약 우리가 새로운 차원의 사유와 물리적 삶의 출현을 목격하거나 또는 이러한 현상이 전반적이고 급진적인 것이라면 — 사실 이러한 성향은 이미 승리했다 — 모든 책을 미완성으로 남게 만드는 그 무언가의 출현을 보여 주기 위한 책들을 더 이상 쓸 수 없을 것이 분명하다. 아울러 우리 시대의 문제는 새로운 차원의 지성과 감성을 우리 시대의 모든 통신 방식이 의존하는(시작 단계부터 그리고 아직도 구텐베르크 방식의 차원으로 조직되고 연구되며 프로그램화되고 있는 텔레비전 커뮤니케이션을 포함해서) 차원과 통합하는 것이다. 그렇다면 (책을 저술하는) 비평의 임무는 중개 노력을 수행하는 것으로, 다시 말하면 주변을 둘러싸고 있는 전체적인 상황을 특별하고 직선적인 구텐베르크 방식의 합리성을 반영하는 용어들로 번역하는 것이다.

최근 매클루언은 어쩌면 책들이 더 이상 쓰이지 말아야 한다는 사실을 이해한 것으로 보인다. 그는 자신의 〈책이 아닌〉 최근 저서인 『미디어는 마사지다』에서, 어휘가 이미지와 혼동되고 지적인 독자의 동요를 야기하는 비합리적인 자료들을 시각적, 구어적으로 동시에 제안하는 대가로 논리적 연결 고리들을 파괴하는 내용의 담론을 제안했다. 그러나 위의 저서가 충분히 이해되기 위해서는 『미디어 이해하기』를 이해할 필요가 있다. 매클루언은 우리가 동참하고 있는 과정을 합리적으로 명확히 해야 한다는 당위성을 부정하지 않는다. 그러나 〈인식한다〉의 필요성을 수용하는 순간에 그는 이를 단념하지 않으려고 했다.

이러한 모호한 상황의 첫 번째 희생양은 매클루언 그 자신이다. 그는 연결되지 않은 자료들을 일직선에 올려놓고 마치 이들이 연결된 것처럼 흡수해 버리는 것으로 만족하지 않는다. 또한 그는 겉으로 보기에 연결되지 않고 상호 반목하는 것처럼 보이지만, 자기 스스로 이들이 논리적인 작업을 통해 연결된 것이라고 생각한 자료들을 우리에게 제시하려고 노력한다. 다만 예외적으로 그는 이러한 것을 행동으로 옮기는 데에는 수치심을 느끼고 있었다.

그럼 아래에 인용된 몇 가지 사항들을 함께 읽어 보자.

분석적인 서구 사회의 파편적이고 분리된 권력은 시각적인 능력을 집중하는 것에서 유래했을 것이라는 사실은 모순처럼 보인다.

1) 시각적 감각은 모든 사물을 지속적이고 연결된 것으로 바라보려는 습관에 의한 것이기도 하다.

2) 시각적 강요에 의한 파편화는 시간 속에 고립된 순간이나 공간 속에 고립된 모습에서 확인이 가능한데, 이는 촉각, 청각, 후각 그리고 움직임의 위력을 초월한다.

3) 전기 기술은 순간적인 속도에 의해 가시화되지 못한 관계들을 동원하여 시각적 감각을 퇴보시키는 반면, 다른 감각들에 공감각과 긴밀한 연관 관계를 제공한다.

그럼 좀처럼 이해가 쉽지 않은 위의 세 가지 사실들에 다음의 접속어들을 삽입하여 다시 읽어 보자. 1) 실제로, 2) 그럼에도 불구하고, 3) 그 반대로. 이럴 경우 적어도 형식적으로나마 이해가 될 것이다.

그럼에도 이상에서 고찰된 모든 것은 설명을 위한 테크닉에 관련된 것이다. 더 심각한 것은 토머스 내시의 오랜 주석가인 매클루언이 알고 모방해야만 했던 스콜라 철학자들의 단골 용어들로 요약될 수 있는 주제들의 함정을 연출한다는 사실이다. 다시 말해 매클루언이 연출한 함정은 가정된 용어들에 대한 다의적인 해석, 즉 모호한 정의라고 말할 수 있다.

구텐베르크 스타일의 인간과 그 이전에 알파벳을 사용했던 인간은 우리가 대화에서 사용하는 용어들을 정확하게 정의하는 것을 가르쳐 주었다. 독자를 연루시키기 위해 이러한 용어들에 대한 정의를 회피하는 것은 어찌 보면 하나의 테크닉일 수도 있으나(시의 효과를 위해 의도적으로 도입되는 모호함의 특성과 다를 것이 없다) 다른 사례들의 경우에는 마술사의 눈속임에 지나지 않는다.

그렇다고 용어들에 관습적으로 부여되는 암시적 의미를 자유롭게 의사 전달하는 것에 대해 말하는 것이 아니다. 따라서 〈핫〉이 비평적 단절을 허용하는 능력을 의미한다면, 〈쿨〉은 (독자들을) 연루시키는 기능을 한다. 또한 〈시각적인〉 것의 의미는 〈알파벳으로 표현된〉 것을, 〈촉각적인〉 것은 〈시각적인〉 것을, 단절은 비평적 임무를, 그리고 참여는 〈환각적 이탈〉을 나타낸다. 이 점에 있어 도발적인 목적에 따라 용어들을 의도적으로 재생하는 수준에서 벗어나지 못하는 것이 사실이다.

정의를 내리는 규정에 대한 몇 가지 대표적인 사례를 살펴보자. 〈모든 미디어는 경험을 새로운 형태들로 전환하는 능력을 가지고 있기 때문에, 적극적인 은유이다〉라고 말하는 것은 사실이 아니다. 예를 들어 미디어의 한 수단으로서의 구어(口語)는 규범을 구성하고 있기 때문에 경험을 다른 형태로 바꾼다. 반면에 은유는 규범의 내부에서, 유사함과 포함의 명분에 따라 용어를 다른 용어로 대체한다. 그러나 미디어를 은유로 정의하게 되면 미디어에 대한 정의가 혼란스러워질 뿐이다. 미디어가 〈우리 자신의 확장〉을 대변한다고 말하는 것은 별로 설득력이 없다. 바퀴가 발의 능력을 확대한다면 지렛대는 팔의 능력을 확대한다. 그러나 알파벳은 특수 경제학의 기준에 따라 경험을 코드로 전환하는 발성 기관들의 기능성을 축소한다. 인쇄술을 미디어로 생각하는 것은 미디어를 언어로 간주하는 것과 동일한 차원이 아니다. 인쇄술은 기록된 언어와 비교할 때, 경험을 코드로 전환시키는 것을 변화시키지 않고 오히려 경험을 정확성과 표준화 등으로 발전시킨다. 〈발 혹은 신체에 대한 바퀴의 기능을 언어가 지성에 대하여 한다. 즉 인간이 더욱 쉽고, 더욱 자유롭게 그리고 항상 덜 참여하면서도 한 곳에서 다른 곳으로 옮겨 갈 수 있도록 해준다〉라고 말하는 것은 별반 가치 없는 일종의 재담과 같은 것이다.

사실 매클루언의 합리화 체계에서는 커뮤니케이션 이론가에게는 매우 심각한 일련의 모호함이 지배적이다. 이러한 이유로 커뮤니케이션의 채널과 메시지 그리고 규범들 간의 차이를 설정하는 것이 불가능하다. 길과 문어(文語)가 미디어라고 말하는 것은 채널과 규범을 동일시하는 것을 의미한다. 유클리드 기하학과 의복이 미디어라고 말하는 것은 규범(경험을 형식화하는 방식)을 메시지(의복의 관습에 기초하여 내가 말하려고 하는 그 무언가의 내용을 의미하는 방식)와 짝짓는 것이다. 빛이 미디어라고 말하는 것은 여기에 빛에 대한 적어도 세 가지 개념이 있다는 사실을 주목하지 못한 것을 의미한다. 1) 신호로서의 빛(모스 부호에 기초하여 특별한 메시지를 의미하게 될 자극들을 전달한다), 2) 메시지로서의 빛(《오세요》의 의미로서 연인의 창가에 켜놓은 빛), 3) 다른 커뮤니케이션 채널로서의 빛(만약 어느 길에서 내가 빛을 비춘다면 벽에 붙은 벽보를 읽을 수 있다).

이상 세 가지 경우에서 보듯이, 빛은 서로 다른 기능을 수행한다. 이처럼 서로 다른 관습의 차원과 세 가지 현상에서의 빛의 탄생이나 또는 그토록 왜곡된 모습들의 차원에서, 확고한 현상을 연구하는 것은 매우 흥미로울 것이다. 결론적으로 성립 이후 매우 유명해진 〈미디어는 메시지이다〉라는 서식은 모호하고 둔탁한 일련의 반목적인 관계의 서식들을 드러낸다. 실제로 이 서식은 아래와 같은 의미를 가진다.

1) 메시지의 형태는 메시지의 진정한 내용(문학 논문이고 아방가르드적인 비평 논문)이다.

2) 규범, 즉 언어의 구조 — 또는 다른 시스템의 커뮤니케이션 구조 — 는 메시지(는 벤저민 리 워프Benjamin Lee Whorf의 그 유명한 인류학 논문이며, 이 때문에 세상에 대한 비전은 언어의 구조에 의해 결정된다)이다.

3) 채널은 메시지(즉, 정보의 이동을 위해 선택된 물리적 수단은 메시지의 형태 또는 내용이나 규범들의 구조 그 자체를 결정하는데, 여기에서 예술의 재료에 대한 선택은 정신의 운율과 주제 그 자체를 결정하는 미학의 분야에서 이미 잘 알려진 이념이다)이다.

이 모든 서식들은 정보학자들이, 형태상의 문제를 외면하고 오직 정보의 내용만을 고려했을 것이라는 매클루언의 주장이 사실이 아니라는 것을 보여 준다. 그럼에도 매클루언은, 일부분이나마 용어들의 유희를 즐기고 〈내용〉이라는 용어를 두 가지의 서로 다른 개념(매클루언에게는 언급된 것을 의미하지만, 정보학 이론에 의하면 무언가를 말하기 위해 선택된 이진법적인 수이다)으로 사용하고 있다. 이러한 사실은 커뮤니케이션 이론이 정보의 다양한 이동 상황을 형식화하면서, 다를 뿐만 아니라 다른 것으로 간주된 현상들을 차별화하려는 목적에서 유익한 수단을 제공했음을 보여 준다.

매클루언은 이러한 다양한 현상들을 자신의 서식으로 통일시키면서도, 더 이상 유익한 그 무엇도 말하지 않는다. 실제로 타자기의 출현은 여성들로 하여금 타이프라이터로 기업들에서 일을 하게는 만들었지만, 다른 한편으로 가래침 뱉는 그릇을 생산하는 업자들을 파산의 위기로 내몰았다. 이는 모든 신기술이 사회의 변화를 동반한다는 원칙을 더욱더 분명하게 해준다는 사실만을 의미할 뿐이다. 그러나 이러한 변화들과 관련하여, 이들이 새로운 채널, 새로운 규범, 규범을 나타내는 새로운 방식, 메시지가 규범을 드러내면서 언급하는 것들, 혹은 제한된 그룹이 메시지를 수신하기 위해 선택한 방식에 따라 발생하는가의 여부를 이해하는 것이 무엇보다 유익하다.

그럼 이번에는 다른 사항에 대해서 살펴보자. 미디어는 메시지가 아니다. 그리고 메시지는 수신자나 발신자의 것도, 커뮤니케이션 학자의 것도 아닌 바로 자신의 고유한 규범에 따라 의도하는 것이 된다. 미디어는 메시지가 아니다. 왜냐하면 식인종 추장에게 시계는 시간을 공간으로 전환시키는 구체적인 도구가 아니라, 목에 거는 움직이는 장식물에 불과하다. 만약 미디어가 메시지라면, 아무런 할 일이 없다(이러한 사실을 종말론자들은 잘 알고 있다). 즉, 우리는 우리가 만든 도구들에 끌려가고 있다. 그러나 메시지는 이를 읽는가의 여부에 의존하며 전기의 세계에는 게릴라전을 위한 공간이 여전히 남아 있다. 다시 말해 수신의 전망이 각양각색이며, 이 때문에 텔레비전을 공격할 것이 아니라, 모든 텔레비전 시청자들의 맨 앞자리를 차지해야 한다. 아마도 매클루언(그리고 종말론자들)이 의도하는 것이 사실일지도 모른다. 그러나 이 경우에 매우 유해한 진리가 될 것은 자명하다. 문화가 파렴치하게도 다른 진리들을 만들어 낼 가능성을 가지고 있기 때문에 좀 더 생산적인 그 무엇을 제안할 필요가 있는 것이다.

정의하자면, 매클루언의 저서를 읽는 것이 적절한가의 문제는 아래의 세 가지 질문으로 요약된다.

『미디어의 이해』를 끝까지 읽어 낼 수 있을까? 그렇다. 왜냐하면 저자는 거대한 양의 정보를 우리에게 제공하는 것처럼 보이지만(아르바시노는 자신의 글에서 이 책이 부바르와 페퀴셰에 의해 쓰였을 것이라고 말한다), 실제로 그가 제공하는 핵심 정보는 단 한 가지, 즉 〈미디어는 메시지다〉이며, 이를 수많은 사례들을 동원하고 우리를 초대하는 구전 및 종족 사회에 대한 이상적인 담론에 절대적으로 충실하면서 반복하고 있다. 〈메시지 전체는 외견상의 장황함을 드러내면서 중심을 같이하는 나선의 원들을 여러 차례 반복했다.〉 단 한 가지로 요약한다면, 장황함은 겉으로 드러나는 것이 아니라, 실제적인 것이다. 마치 대중 오락을 위한 최선의 결과인 것처럼 양립적인 정보들의 원무(圓舞)는 독자가 항상, 그리고 오직 이해하고 알고 있는 것만을 수신하는 방식으로 과도한 중앙구조를 열망하게 만드는 데 이용될 뿐이다. 매클루언이 읽은 기호들은 모두 초기에 주어진 그 무엇을 언급하고 있다.

제들마이어와 같은 학자들의 저서를 읽고 나서도 매클루언과 같은 저자의 책을 읽을 가치가 있을까? 솔직히 말하면, 그렇다. 양측은 대수 기호를 달리하면서도 궁극적으로는 동일한 것을 말한다(그리고 미디어들은 이데올로기를 전달하지 않으며, 이들이 곧 이데올로기이다). 그러나 매클루언의 망상적 과장은 결코 이해 불가능하지 않으며, 자극적이고 유쾌하며 열광적인 것이다. 대마초 흡연가와 히피들 가운데에도 좋은 사람이 있듯이, 매클루언에게도 장점이 없는 것은 아니다. 이들이 또 무슨 일을 벌일지 기다려 보자.

과학적으로 매클루언의 저서를 읽은 것이 생산적이라고 할 수 있을까? 대답하기가 상당히 곤혹스럽다. 왜냐하면 「전기 자매」의 성가를 작곡한 사람을 학문적 감각의 빛으로 제거해야 하는지를 심사숙고할 필요가 있기 때문이다. 이러한 지적인 구조물 아래에는 도대체 어떤 풍부한 요인들이 숨어 있을까?

매클루언은 우리에게 〈*47 morto che parla*〉에 대해서만 말하는 것이 아니라, 비록 언제나 카발라 방식이기는 하지만, 〈77 le gambe delle donne〉와 같은 유형의 주장도 전개한다. 이 경우에 우리는 첫 번째에서처럼 동기가 전혀 없는 관계가 아니라 구조적 상응 관계를 가진다. 즉, 구조적 상응 관계를 모색하는 것은 기초적인 내용을 제외한 그 어떤 것도 알지 못하는 사람이나 사고가 좁은 사람들에게는 공포심을 자극할 뿐이다. 파노프스키는 고딕 양식으로 건축된 성당의 설계도와 중세 신학 연구서의 형태 사이에서 구조적 상응 관계를 발견했을 때, 동일한 도형과 형태상의 유일한 모델로 환원시킬 수 있는 관계 구조들에 활력을 불어넣은 두 가지 작업 방식을 비교하려고 노력했다. 매클루언은 구텐베르크식 사고의 소멸과 직선적이고 계급적인 방식으로 조직 구조를 인지하는 방식의 관계를 발견했을 때, 파노프스키의 그것과 동일한 과학적 연구법에 대한 만족감을 가지고 연구했다. 그러나 동일한 과정을 통해 호텔 손님들의 도착에 때맞추어 짐을 날라 주는 도우미들의 줄이 사라진다는 사실이 추가되면서, 매클루언은 확인 불가의 세계로 빠져들기 시작했으며 나일론 스타킹에서 수직의 줄이 사라졌다는 사실을 알게 되면서 측량 불가의 세계로 들어갔다. 그리고 계속해서 그는 당대의 몇 가지 견해들이 거짓이라는 사실을 알고 곧바로 냉소적인 반응을 드러낼 때 비로소 우리를 의심하기 시작한다. 매클루언은 전자두뇌가 수많은 작업을 눈 깜짝할 사이에 해낸다는 사실 외에도, 수많은 작업이 동시에 신속하게 진행되는 현상 때문에, 직선적인 구조의 작업들을 수행하는 낡은 메커니즘 구도가 종식되었다고 주장할 수 없음을 잘 알고 있다. 실제로 전자두뇌의 프로그램화는 이항 신호로 분산된 논리적 작업들의 직선적인 구조를 전제로 진행된다. 만약 그다지 종족별로 나뉘지 않고 총체적이며, 다중심적이고 환각적이며 그리고 구텐베르크 스타일과는 다른 그 무언가가 존재한다면 이는 프로그램 제작자의 작업이다. 전자두뇌에 대해서는 오직 공상 과학 서적을 통해서만 접했을 뿐인 평범한 인문주의자의 순진무구함은 별로 활용할 소지가 없다. 그의 논지가 매우 가치 있는 직감들을 소개한다는 차원에서 그에게 더 이상의 속임수를 부리지 말 것을 요구한다.

다소 우울한 결론이기는 하지만, 그의 사상이 세속적으로 크나큰 성공을 거둔 것은 용어들을 정의하지 않는 기술과, 지식인들이 주로 구독하는 신문의 제3면 하단에 실린 (종말론자들에게도 커다란 반응을 불러일으킨) 〈중단된 사고〉의 논리에 기인한다. 이러한 의미에서 매클루언은 나름의 명분을 가진다. 구텐베르크 스타일의 인간은 죽었으며 독자는 별로 정의되지 않은 메시지를 책에서 찾으려 노력하며 발견한 메시지의 환각 속에 빠져든다. 그렇다면 이 시점에서는 텔레비전을 시청하는 것이 오히려 최선이지 않을까?

텔레비전이 제들마이어보다 낫다는 것에는 의심의 여지가 없다. 마이크 본조르노가 자신이 진행하는 텔레비전 프로에서 피카소의 미래파 그림들에 적개심을 드러낸 것은 타락한 예술에 대해 불평을 늘어놓는 것보다 더 건전하다. 그러나 매클루언의 경우는 다르다. 좋은 것과 나쁜 것이 뒤섞여 무질서한 방식으로 팔릴 때에도 이념은 설사 반박되기 위한 것들이 아니라 해도 어쨌든 다른 이념들을 필요로 한다. 매클루언의 저서를 읽어 보자. 그리고 읽은 후에는 친구들에게 이야기해 보자. 그러면 연속의 개념을 선택하고 환상에서 빠져나와야 한다는 심정을 절박하게 느낄 것이다.

『퀸디치』(1967)

새로운 철학자들

새로운 철학자들의 등장은 이미 10년 전에 예상되고 있었다. 아직도 19세기 실증주의와 데카르트의 흔적이 이곳저곳에 남아 있는 구조주의적인 환경을 생각해 보면 금방 알 수 있다. 하이데거에 대해 조금(또는 많이) 소개하자면, 그는 니체의 본격적인 영향으로 오랜 검증 기간을 거쳤고, 뤼캉 Lucan의 숭고한 위엄을 뤼캉식 유행으로 전환했으며, 공허와 균열과 차이와 존재의 결핍을 문학적 은유로 번역했다. 그 외에도 레비스트로스로부터는 정신의 구조가 보편적이고 불변한 것이라는 시도를 이끌어 냈으며, 이를 통해 원시인들이 옳고 그 이외에 인간성을 표면적으로밖에는 바꾸지 못한 결과를 도출했다. 알튀세르에게서는 대립(반목)의 주제(마오쩌둥은 이러한 대립의 주제를 선택했다)가 아니라, 필요성의 주제(스피노자 방식의 은밀한 암시)를 예견했다.

이러한 혼합의 결과는 다음과 같다. 과오와 조정과 폐기, 그리고 향후의 일시적 해결에 종속된 인간사로서의 역사를 거부한다. 고통스럽고 해결될 수 없는 어리석음으로 점철된 반복과 대립에 대한 거부, 숙명적인 사랑, 설령 실수라 할지라도 미래를 위한 모든 계획에 무관심으로 일관한 것, 획일화된 정의와 존재를 말하기 위한 언어의 사용과 획일화된 정의를 피하기 위한 오시모리카[1] 게임. 만약 미래가 수정될 수 없고 그 이유가 우리 자신의 결핍 속에 이미 실패가 기록되었기 때문이라면, 오직 부재와 비극의 고독한 대화만 있을 뿐이다. 세상을 다른 것으로 바꾸려고 하는 것은 본래의 과오를 되풀이하는 것을 의미할 뿐이다. 지식인에게는 세상이 위선자들의 이야기이며 절규와 분노로 가득하다는 사실을 증언하는 것 외에 다른 아무런 일도 남지 않는다. 실제로도 지금까지 그러했다.

최근 일부에서는 새로운 철학자들과, 동의하는 일에 몹시도 인색한 지성인들이 서로 혼동되고 있다. 타당한 면도 없지는 않지만 조금 성급한 판단으로 보인다. 그러나 후자, 즉 동의에 인색한 지성인들은 공식적인 좌익과 의견을 달리하지만, 전자는 이미 서양 문화의 실용적 합리주의와 견해를 달리한다. 이들이 한 가지를 제외하고, 가타리와 사르트르에게 동의하지 않는 것은 우연이 아니다. 옳든 그르든 간에 일의 과정을 결정하는 방식은 아직도 정치적인 행위이다. 이것이야말로 새로운 철학자들이 더 이상 하려고 들지 않는 것이다. 이들은 베를링구에르나 마르케스보다는 인류 역사의 개념에서 여성을 제외시킬 것을 요구하며 다음과 같이 목소리를 높인다. 〈지겨운 여자들을 쫓아 버려라!〉

그럼, 새로운 철학자들은 도대체 누구인가? 항간에는 이들을 싸잡아 얘기하는 모호한 말들이 떠돌고 있다. 나는, 방법론상의 절제된 의미에서, 베르나르 앙리 레비의 『인간의 얼굴을 한 야만 *La Barbarie à visage humain*』에 대해서만 이야기하려고 한다.

---

[1] *ossimorica*. 한 문장이나 표현에서 서로 상충되는 두 용어를 역설적인 방식으로 통합하는 수사학적 모양새.

별다른 부담이나 전제 없이 이 책을 읽다 보면, 책의 마지막 부분에서 에밀 졸라(비현실성의 정도가 매우 심하며 거대한 전통문화로 무장하고 있다)와의 관계가 드러나며, 사회주의와 평등주의에 대항한 논쟁에서는 주세페 프레촐리니 혹은 판필로 젠틸레의 반향의 흔적이 드러난다. 오래전 조지 오웰의 『1984년』과 올더스 헉슬리의 『멋진 신세계』에서 언급되었을 때, 『수용소 군도 Arkhipelag Gulag』가 폭로한 사실들에 대한 이념적 허탈감이 무엇 때문에 그토록 큰 것이었는지 모를 일이다(솔제니친이 보도 기자라면 이들은 점쟁이라고 할 것이다 그러나 이들은 문고판 livre de poche으로는 조금 늦게 나왔다).

그럼에도, 이 책을 좀 더 철학적인 관점에 치중하여 읽으면서, 이를 최근 2백 년 동안 드러난 프랑스 문화의 정확한 경향과 연결시켜 보는 것도 충분히 가능한 일이다. 비록 저자는 모든 직접적인 관계를 부정하지만 그렇다고 이들 관계 형성의 과정과 절차는 이리저리 구부러진 순례자의 길과는 다르다. 선진 문화에 대한 인종학 연구에서도, 필요할 때면 무의식적으로 재등장하는 신화와 엑소시즘을 발견할 수 있다. 그리고 이들은 사고의 운율이 유전되는 까닭에 상속된다. 유전학적으로도 푸른 눈이나 불치병은 세대의 반복을 통해 재차 출현한다.

쥘리앵 방다는 성직자들에게 정치적 임무를 수행한다는 명분으로 성직의 신분에 위배되는 행위를 삼가라고 경고한다. 그러나 대부분의 경우 혁명, 발전, 자코뱅주의, 평등을 구현하는 데 기여한 사건의 절차에 대해 누가 뒤에서 말을 하는가? 그리고 좌익의 낙관주의에 실망한 베르나르 앙리 레비의 책에는 누가 등장하는가? 그는 위대한 사부아인으로 가톨릭에 대한 반동적 비관주의의 아버지이며 그리고 정통 왕당

파인 조제프 마리 드 메스트르이다. 또 다른 한편, 새로운 철학자들에 대한 굴라크의 영원한 전율은 어디서 유래하는가? 그 진원지는 솔제니친이다. 그럼 솔제니친의 근원은 어디인가? 그 근원은 다름 아닌, 19세기 러시아의 신비주의 경향이다. 계속해서, 그럼 누가 19세기 초반의 이러한 경향을 — 적어도 많은 부분에 있어서 — 배양했는가? 그 인물은 바로 굴라크, 드 메스트르이다. 그는 상트페테르부르크에서 (솔제니친과) 대화를 했는데, 그럼 그 대화의 내용은 무엇이었을까? 대화의 주제는 영원한 굴라크, 말로흐Maloch와 같이 혁명과 위대한 인물을 배출하는 인류사의 운명 그리고 정죄를 위한 피의 목욕이었다.

물론 드 메스트르에게서 이러한 역사의 무용성은 엄격한 섭리 차원에 해당한다. 이러한 의미에서 교황은 최후의 이성인 셈이다. 물론, 새로운 철학자들의 기원은 분명히 다르다. 그러나 이들은 한결같이, 존재하지 않는 역사나 또는 뿌리 깊은 악을 부정하기 위한 사회주의자들의 발명에 대해 말하고 있다. 이들은 백과사전주의적 정신과 발전 이념 등과 논쟁을 벌인다. 바로 이러한 것들이 카를 마르크스 이후, 드 메스트르의 추종자들이 다시 언급한 주제들이다.

물론, 레비는 부정의 게임에서 뛰어난 능력을 발휘한다. 즉 그는 권력은 존재하지 않으며 욕망이나 자본주의도 존재하지 않고 자연, 개인 등도 존재하지 않는다고 주장한다. 이러한 발견과 카드 공개의 내력은 무엇인가? 계급이 존재하지 않는다거나 역사와 혁명의 주체인 프롤레타리아가 존재하지 않는다는 레비의 인식에 대해서 살펴보자.

레비는 계급이 존재하지 않는다는 사실에 — 다소 실망스럽기는 하지만 — 어떻게 주목했을까? 왜냐하면 그가 이러한 사실을 우연히 길에서 알게 된 것이 아닐 터이기 때문이다. 그는 다음의 논리에서 타당성을 가진다. 당신들은 프롤레타리아와 함께 바에서 커피를 마셔 본 적이 있는가? 뿐만 아니라 계급은 카를 마르크스가 발명한 것으로, 그가 최우선적으로 이를 공식화하고 이론적으로 구축했다. 그리고 오직 물리적인 힘을 통해 스스로의 존재를 확인하고 예언적 자세를 취하는 이러한 대상들에 사회주의자들의 모든 환상이 기초한다.

이러한 인식론적 대량 학살의 과정에서 발생하는 일련의 시위와 파괴적인 결과들을 살펴보자. 수는 존재하지 않으며 더더욱 삼각형도, 큰곰자리도 존재하지 않는다. 스스로 하늘에 떠 있는 별들을 연결하는 선들을 추적하는 사람은 천문학자이다. 보어의 원자까지 동원할 필요는 없다. 궁극적으로 레비는 과학이 추상적 사변과 개념들로 구성되었다거나 또는 구조가 결핍되었으며 그 신경계가 올바로 자리 잡고 있지 않다는 사실을 발견했다.

그렇다면 그는 어떤 이유로 이러한 사실을 그전에는 알지 못했을까? 가능한 가설은 두 가지이다. 첫 번째로 그는 68세대의 장난기 많은 맹목적 숭배주의자로서의 생애를 마감했다. 사는 동안 그는 현실에 대한 자신의 욕망을 쟁취했고 계급에 대해서는 중국의 〈포스터들〉 또는 아름답고 물리적이며 주먹 쥔 손으로 상징되는 사회주의적 현실주의의 구도를 통해 계급을 알게 되었다. 계속해서 한편으로는 새로운 노동자 계급에 대한 이론가들이, 그리고 다른 한편으로는 이들 새로운 노동자 계급을 전혀 보지 못했을 뿐만 아니라 프롤레타리아가 물리적인 것, 즉 자신들이라는 다소 맹목적 숭배주의에 젖어 있던 스탈린 관료주의자들에 의해 수용소에 수감되었던 솔제니친이 등장했다.

이 시점에서 새로운 철학자에게는 충격이 불가피해 보인

다. 〈빌어먹을! 그들이 나를 속였어. 물리적 실체가 아니라 노동 구도, 실제적 명분의 공리, 계획 등 실행에 옮겨야 할 것들이었어. 중국 공산당이 나를 속이고 있었던 거야!〉

두 번째 가설은 첫 번째와 관련이 있다. 나는 알튀세르가 이념들의 질서를 바로잡고 서로를 연결하는 것은 사물들의 그것과 유사해야 한다고 말한 것을 기억한다. 다른 말로 하면 이론은 실행 법칙을 표현하고 예상하며 고찰한다. 따라서 이론과 실천 사이의 몇 가지 불협화음이 확인되고, 몇 가지 혁명적 유토피아가 그 꼬리를 드러내며 그 결과 실망감이 확산된다는 것으로 충분하다. 만약 계산이 완벽한 것이었다면 결과는 잘못된 것이다. 더 이상 계산할 필요가 없다. 시간 낭비에 불과하다. 이것은 여인에게서 버림받은 한 남자가 평생 동안 모든 여성을 창녀로 생각하면서 증오하는 것과 다를 바가 없다.

드 메스트르는 지나친 자코뱅적 환상의 실패, 바로 그 위에 자신의 급진적 비관주의를 건설했다. 그럼에도 그는 실망하지 않았다. 그는 죽음과 질병과 살육에 의해 지배되는 세계, 즉 이른바 타협하기 힘든 신의 정의에 대한 표현을 운명적인 것으로 수용해야 한다는 사실을 이미 알고 있었다. 그러나 적절한 표현을 빌린다면 레비가 결론에서 형이상학적이고 천사적이며 그리고 심미적인 것으로 제안한 세속적 유심론은 달라 보이지 않는다. 새로운 철학자는 어느 정도까지만 생각해야 할 것이다. 물론 〈신의 지배에서 벗어난 세계에 대한 이념은 불가능하다〉는 것을 믿으려 해서는 안 된다.

(1977)

언어, 권력, 힘

1977년 1월 17일, 롤랑 바르트는 자신에게 문학 기호학 강좌를 의뢰한 콜레주 드 프랑스의 개원을 기념하는 자리에 모인 수많은 군중들 앞에서 축하 강연을 했다. 당시 신문들은 그의 강연을 기사화했으며(「르 몽드」는 그의 강연을 위해 한 페이지 전체를 할애했다) 쇠유 출판사는 40여 페이지 분량에 달하는 그의 글을 겸손과 자신감이 배어 있는 〈강의〉라는 제목으로 출간했다. 이 책은 모두 세 개의 장으로 구성되었다.[1] 첫 번째 장은 언어, 두 번째 장은 언어의 권력에 대한 문학의 기능, 그리고 세 번째 장은 기호학, 특히 문학 기호학에 대한 내용이다.

이 책의 세 번째 장에 대해서는 언급을 생략할 것이며(이 장은 짧은 분량에도 불구하고 방법론에 대한 폭넓은 토론을 필요로 한다), 두 번째 장에 대해서도 간략하게 살펴보는 수준을 넘지 않을 것이다. 첫 번째 장은 그 자체로 방대한 문제를 다루고 있는 만큼, 문학과 문학 연구의 기술들을 초월하여 권력의 문제에 도달한다. 이러한 문제는 이 책과 관련하

---

[1] Roland Barthes, *Leçon* (Paris: Seuil, 1978) — 원주.

여 함께 고려된 다른 책들의 경우에도 마찬가지로 적용할 수 있다.

바르트는 기념 강연을 자신에게 주어진 교수직의 명예에 대한 미사여구의 찬사로 시작했다. 이미 알고 있겠지만, 콜레주 드 프랑스의 교수들은 강의만 할 뿐, 시험을 보지 않고 승급이나 낙제를 결정하지도 않는다. 학생들은 이들이 말하는 것을 듣고 싶어 강의에 참석한다. 바르트는 이 점에 대해 다시 한 번 겸손하면서도 당당한 태도로 커다란 만족감을 드러냈다. 그는 〈나는 권력에서 제외된 곳에 발을 들여놓았습니다〉라고 말했다. 분명 위선적인 말이다. 왜냐하면 프랑스에는 콜레주 드 프랑스에서 교수 활동을 하면서 지식을 창출하는 것보다 더 큰 문화 권력을 누리는 곳이 없기 때문이다. 그러나 이것은 분명 다른 사안이다. 바르트는 자신의 (우리가 보기에 분명 언어의 유희를 즐긴) 수업에서 순수한 의도이기는 하지만 짓궂은 장난기를 발동했다. 그는 권력에 대한 정의를 명분으로 은근슬쩍 또 다른 정의를 전제했다.

실제로 바르트는 푸코를 무시하거나 농담할 입장에 있지 않았다. 오히려 그가 콜레주 드 프랑스에 자신을 추천한 것에 깊은 감사를 표했다. 어쨌든 그는 권력이 유일한 것이 아니며, 마치 악마들이 그렇게 하듯이 군대가 전혀 눈치채지 못하는 곳에 슬그머니 들어가 복수의 형태로 자리를 잡는다는 것을 알고 있다. 권력은 사회적 교환이 가능한 가장 엷은 메커니즘의 체제, 즉 국가, 계급, 단체, 그리고 계속해서 유행, 여론, 볼거리, 게임, 스포츠, 정보, 가족 관계와 개인적인 관계, 심지어는 (권력을) 거부하는 자유의 물결에도 존재한다. 따라서 그가 〈죄를 상속하는 모든 대화, 다시 말해 이를 수용하는 자의 죄과를 권력의 담론이라 칭한다〉고 말한 것은 모두 이러한 이유 때문이다. 여러분이 권력을 파괴하기 위해 혁명을 일으킨다면, 권력은 새로 형성될 상황의 내부에서 또다시 만들어질 것이다. 〈권력은 정치사와 역사뿐만 아니라 인간의 내적인 역사에 결부된 초사회적인 조직에도 기생한다. 인간사의 모든 기간에 걸쳐 권력이 둥지를 트는 대상은 언어이다. 좀 더 정확하게 말해 권력의 표현이 언어라는 것을 의미한다.〉

말하는 능력이 권력을 형성하는 것은 아니다. 질서와 규정의 체제 속에서 견고해지는 만큼 말하는 능력은 곧 언어이다. 바르트(그는 폭넓게 반복하고 있지만, 벤저민 리 워프의 입장을 얼마나 의식하고 있는지는 알 수 없다)에 따르면 언어는 말하는 사람을 주체로 설정하고 행위를 드러내도록 강요한다. 이 순간부터 행동으로 표현한 것은 이로 인해 발생한 것의 결과인 셈이다. 언어는 남성형과 여성형 사이에서 선택을 강요한다. 그리고 중성적 카테고리에 대한 인식을 금지하며 〈당신들〉이나 2인칭 단수인 〈너〉를 통해 상대와 접촉하게 만든다. 누구든 자신의 정서적인 사회적 관계를 부정확하게 방치할 권리는 없다. 물론 바르트는 프랑스어에 대해 말하고 있다. 영어의 경우에는 적어도 마지막에 인용된 두 가지 자유는 보장받겠지만, 그가 올바르게 말했듯이 다른 두 가지는 놓치게 된다. 결론적으로 〈언어는 구조 그 자체로 인해 광기의 운명적 관계를 암시한다.〉 말하는 것은 스스로를 종속시키는 것, 즉 언어는 일반화된 반응인 것이다. 더 나아가 〈언어는 반동적이지도, 그렇다고 급진적이지도 않으면서 단순히 파시스트적이다. 왜냐하면 파시즘은 말하는 것을 방해하는 것이 아니라 말하도록 강요하는 것이기 때문이다.〉 논쟁적인 관점에서 볼 때, 이 문제는 1977년 1월부터 더 많은 저항을 불러일으켰다. 이에 동반된 다른 모든 것은 이에 따른 결과이다. 그러므로 단어들과 같이 이미 사전에 형성된 전형들을 사용하도록 강요하기 때문에 언어가 권력이라는 사실과, 언어는 철저하게 구조화되어 있는 만큼 언어에서 벗어나는 것은 존재하지 않기 때문에 그 내부의 노예들을 밖으로 자유롭게 방출할 수 없다는 사실은 더 이상 우리에게 충격을 주지 못한다. 바르트가 사르트르식 표현으로 〈더 이상 출구는 없다〉고 말한 것에서 탈출할 수 있을까? 속이면 가능하다. 즉 언어로 속이는 것이다. 이와 같이 정직하지도, 유익하지도 그렇다고 자유롭지도 못한 게임이 문학이다.

그럼 지금부터 글쓰기나 말로 하는 게임으로서의 문학 이론을 간략하게 살펴보자. 관심의 대상 영역은 문학 관행과 맞닿을 뿐만 아니라 과학자나 역사학자의 연구에도 충분히 유익하다. 그러나 이러한 자유로운 활동 모델은 바르트에게는 소위 말하는, 창조적이거나 또는 창조하는 활동에 해당한다. 문학은 언어를 전면에 내세워 그 (언어의) 틈새에서 움직이고 이미 실행에 옮긴 진술들보다는 진술 주체의 게임 그 자체로 평가되며 어휘들의 고유한 맛을 발견한다. 문학은 언어의 힘에 크게 의존하지만, 이러한 사실로 인해 버려질 수도 있다. 문학은 말하고, 그리고 이미 말한 것을 부정하며, (어떤 사실에) 집착하거나 (다른 사실로) 쉽게 옮아가기도 한다. 그렇지만 기호들을 파괴하지는 않으며 오히려 이들로 하여금 게임을 벌이게 하거나 이들을 대상으로 게임을 전개한다. 문학이 언어의 힘으로부터 해방될 수 있는가의 여부는 이러한 권력의 특성에 달려 있다. 이에 관해 바르트는 분명하지 않은 태도로 일관한다. 한편으로 바르트는 푸코를 친구로서, 그리고 직접적으로는 물론 복수의 권력에 대해 간단히 언급했을 때처럼 간접적으로도 일종의 주석을 위한 기능으로 인용했다. 권력에 대한 푸코의 연구는 오늘날 가장 큰 설득력을 가지며 어떤 의미에서는 가장 자극적이다. 그의 이

러한 성과는 자신의 연구 전반에 걸쳐 세세하게 기술되어 있다.[2]

푸코의 저술들을 살펴보면, 권력과 지식의 관계, 대화 관행과 비대화 관행의 차이는 적어도 두 가지 특징으로 대변되는 권력의 개념을 드러낸다. 첫째는 권력이 탄압과 금지일 뿐만 아니라, 담론에 대한 자극과 지식의 생산이라는 것이며, 둘째는 바르트가 강조한 것처럼, 권력이 유일하거나 다량으로 존재하지도 않으며 명령을 내리는 기관과 이에 복속된 구성원들 간의 일방적인 진행 과정이 아니라는 것이다.

〈이러한 권력은 소유된 것이기보다는 행사되는 것이며 지배 계급이 획득하거나 장악한 《특권》이 아니라, 전략적인 모든 지위에 대한 애착, 즉 지배받는 자들의 지위를 드러내고 때로는 반영하는 성향이라는 것을 인정할 필요가 있다.〉

한편, 이러한 권력은 이를 소유하지 못한 자들에게 단순히 또는 순수하게 의무나 금지의 형태로 적용되지는 않는다. 권력은 권력을 갖지 못한 자들 위에 군림하고 이들을 수단으로 하거나 이들을 통해서 자신의 존재를 드러낸다. 또한 권력은 권력을 갖지 못한 자들이 권력 투쟁에서 권력이 자신들에게 행사하는 수단들에 의지하는 것과 동일한 방식으로, 그들 즉 권력을 갖지 못한 자들에 의지한다(미셸 푸코, 『감시와 처벌: 감옥의 탄생』, 프랑크푸르트암마인, 1976).

좀 더 살펴보자. 〈나는 권력이 어느 특정 국가에서 시민들의 복속을 보장하는 모든 제도와 기구라고는 생각하지 않는다. ……나는 권력이 조직을 구성하거나 운영하는 분야에 내재된 수많은 힘의 관계라고 생각한다. 또한 권력은 끝없는 충돌과 투쟁을 통해 이러한 조직들을 변화시키고 강화하며 역

---

2 종합적인 평가에 대해서는 최근에 출판된 베로네시Veronesi의 *Foucault, il potere e la parola*(Bologna: Zanichelli, 1978) 참고 — 원주.

전시키는 게임이며, 힘의 관계가 일련의 연쇄와 시스템을 구성하는 방식으로 모색하는 이러저러한 지원, 또는 이와는 반대로 이들 각자를 고립시키는 차이와 반목, 그리고 끝으로 자신들이 집착하는 것을 실현시키는 전략일 것이다. 이러한 전략의 일반적 구도나 제도의 결정화는 정부 조직과 법 체계 그리고 사회의 헤게모니에서 그 실체를 드러낸다.〉 권력은 유일한 군주권의 중심에만 있는 것은 아니다. 오히려 지엽적이고 불안정한 권력 상황과 불균형으로 인해 끊임없이 요동치는 역동적인 역학 관계에서 존재한다. 권력은 어디에든 존재한다. 그 이유는 모든 것을 포함하기 때문이 아니라, 모든 방향에서 유래하기 때문이다. 권력은 낮은 곳에서 유래한다. ······ 권력관계의 기원에 있어, 보편적인 원부(原簿)로서, 지배자와 피지배자의 양립적이고 전체적인 대립은 존재하지 않는다. 이보다는 생산 기구, 가족, 친밀감이 돈독한 그룹, 제도들에서 형성되어 기능하는 다수의 권력관계가 사회 조직 전체를 관통하는 분열의 폭넓은 결과를 촉진한다고 상상하는 노력이 필요하다(『앎의 의지』).

이제 이러한 권력 이미지는 언어학자들이 언어라고 부르는 체계를 연상시킨다. 언어는, 알다시피 고압적인 것이기는 하지만(언어는 나에게 〈나, 우리는 그 누군가가 되고 싶다〉라고 말하는 것을 금지하며 이해되지 않는 것에 대해 처벌한다), 이러한 고압적인 태도는 개인적인 결정이나 여러 규정들을 만들어 내는 소수의 그룹에 의존하는 것이 아니라, 사회적으로 형성된 것이다. 그리고 모든 사람의 동의를 목적으로 강압적인 기구로 성립하며 모든 구성원은 마지못해서라도 문법을 존중해야 하지만 결국에는 이에 동의하면서 자신의 편의를 위해 다른 사람들이 지켜 주기를 요구한다.

나는 언어를 권력 장치라고 말할 수 있는지 모르겠다(비록 체계성으로 인해 언어가 지식을 구축한다고 할지라도 말이다). 그러나 분명한 것은 언어가 권력의 모델이라는 사실이다. 따라서 언어는 최고의 기호학적 기구 또는(러시아의 기호학자들이 말하듯이) 우선적인 모델 체계로서, 여러 다양한 문화에서 권력 장치로 정착된 다른 기호학 체계들과 지식(부차적인 모델 체계)의 모델이라고 말할 수 있을 것이다.

이러한 의미에서 바르트가 언어를 권력과 연관된 그 무엇으로 정의한 것은 정당하다. 하지만 이로부터 언어가 파시스트적이라거나, 권력을 등록된 대상 또는 위협적인 권력의 출현으로 정의하는 것은 잘못이다.

그러므로 위의 첫 번째 정의를 제거한다. 권력이 푸코가 정의한 그것이라면 이는 분명 올바르지 않다. 그리고 만약 권력의 특성들이 언어에서 재발견되는 경우에 언어가 파시스트적이라고 말하는 것은 단순한 농담의 수준을 넘어 극심한 혼란을 초래하게 될 것이다. 왜냐하면 당시 파시즘은 이미 시작 단계부터 도처에, 그리고 모든 권력 상황과 모든 언어에 존재했기 때문에 세상 그 어디에도 존재하지 않는 것처럼 보였다. 만약 인류가 처한 상황이 파시즘의 영역 속에 놓여 있다면 모든 사람이 파시스트이며 동시에 그 누구도 파시스트가 아닌 것이다. 이와 같은 사실을 통해서 우리는 — 패러독스를 사용할 줄 알고 이것을 수사학적인 목적에 적용하는 바르트의 섬세한 지적을 참고하지 않더라도 — 선동 정치적인 주제들이 얼마나 위험한 것이며 또한 이들이 일상적인 차원에서 얼마나 과도하게 사용되고 있는가를 알고 있다.

그러나 앞서 지적한 두 번째 오류(〈권력이 등록된 대상 또는 위협적인 권력의 출현〉)는 생각보다는 그리 심각해 보이지 않는다. 솔직히 말해 나는 프랑스적인 습관 혹은 모든 것을 기록하고 모든 것을 기록된 것으로만 바라보려는 프랑스 풍의 습관을 결코 이해할 수 없다. 간단히 말해, 등록(기록)한다는 것이 무엇을 의미하는지 잘 모르겠으며, 다른 방식으로는 정의되지 않는 문제들을 권위적인 방식으로 해결하는 여러 표현들 중 하나인 것처럼 보인다. 그러나 이러한 표현을 좋게 간주함에 있어 본인은 언어가 기구이며 이를 통해 권력이 삽입되는 곳에 등록된다고는 말할 수 있다. 이 문제에서 이해력을 높이려면 세 가지 계급(제1계급, 제2계급, 제3계급)에 대한 조르주 뒤비의 연구를 참고하는 것이 바람직하다.[3]

뒤비의 연구는 프랑스 혁명 직전의 일반적인 신분, 즉 성직자, 귀족, 제3신분에서 시작한다. 그는 이러한 세 계급에 대한 이론(이념)이 어디에서 유래했는가를 자문한다. 그리고 그 출처가 카롤링거 왕조 시대의 오래된 교회 문헌이라는 사실을 밝히는데, 이에 따르면 하느님의 백성은 세 가지 신분이나 무리 또는 단계, 즉 기도하는 자, 전투하는 자, 노동하는 자로 구성되었다. 중세에 널리 알려진 또 다른 비유는 양들의 비유로서, 목자들과 사냥개 그리고 양들이 등장한다. 이러한 삼분법에 대한 전통적인 해석은 다음과 같다. 삼분법의 한 축을 담당하는 성직자는 영적으로 사회를 지도하고 군인들은 사회를 보호하며 민중은 다른 두 계층을 부양한다. 이와 같은 해석은 극히 단순할 뿐만 아니라, 성직 임명권을 위한 투쟁, 학교 수업 시간에 배운 교황청과 제국의 분쟁을 생각하면 이해가 어렵지 않을 것이다.

그러나 뒤비의 관점은 이중적인 해석의 그 너머에까지 도달했다. 4백 페이지가 넘는 연구에서 그는 12세기 말에 드러

---

3 Georges Duby, *Les trois ordres, ou l'imaginaire du féodalisme* (Paris: Gallimard, 1978) — 원주.

난 카롤링거 시대의 이러한 이념을 추적하여 당시의 사회 질서가 그 자체로 결코 동일하지 않았다는 사실을 밝혀냈다. 카롤링거 시대의 질서 모델은 비교적 빈번하게 드러나지만, 이를 설명하는 데 동원된 용어들의 의미는 달라진다. 때로는 삼각형 구도가 아닌 네 가지 신분의 관계를 보이기도 한다. 이들 각자를 표현하는 데 사용된 용어들은 변화하며, 전투하는 자들의 경우는 군인, 칼을 쓰는 자, 기사로, 그리고 기도하는 자들의 경우는 성직자, 수도승으로 그리고 노동하는 자들의 경우는 장원의 농민, 노동자, 상인으로 그 표현이 매우 다양했다.

3세기 동안 유럽 사회는 수많은 발전을 거듭했으며 위에서 언급한 세 가지 계층 사이에서 여러 다양한 형태의 동맹 관계가 형성되었다. 즉 민중을 탄압하기 위한 봉건 영주와 도시 성직자들의 동맹 관계, 기사 계층의 압력을 벗어나기 위한 성직자와 민중의 동맹 관계, 도시 성직자들에 대항하기 위한 수도승과 봉건 영주의 동맹 관계, 도시 성직자와 군주국의 동맹 관계, 군주국과 거대 수도회의 동맹 관계 등이 그것이었다. 이러한 관계의 연속은 그 끝을 찾을 수 없을 만큼 계속되었다. 뒤비의 연구서가 우리 시대의 독사들에게 주는 느낌은 미래 3천 년대의 독자에게 기독교 민주당, 미국, 공산당 그리고 현대 이탈리아의 대기업들 간의 정치 관계에 대한 연구가 주는 그것과 동일할 것이다. 이 같은 상황에서 분명한 점은 모든 것이 보이는 것과는 달리 언제나 명확하지는 않다는 사실이다. 이처럼 좌익에의 개방이나 경제 발전과 같은 강령들도 줄리오 안드레오티에서 베티노 크락시에 이르는 과거 외에도 심지어는 기독교 민주당 내부의 전당 대회와 — 공간적으로는 — 두 번에 걸친 선거에서조차 다른 의미를 가지기 십상이다. 이러한 중세에 대한 논쟁들은 경쟁 관계에 있는 세력들의 분명한 게임으로 드러나 보이지만, 실상은 전혀 그렇지 않다. 뒤비의 연구서는 너무 많은 내용을 포함하고 있어서 한편으로는 매력적이지만, 반대로는 지겹다는 느낌을 주기도 하듯이, 쉽게 이해할 수 있는 요약 내용이 없는 관계로 이해가 여간 어렵지 않다. 왜냐하면 그의 연구서 전체에 걸쳐 내용에 대한 이해도를 떨어뜨릴 수 있는 말재간의 흔적들이 지속적으로 나타나기 때문이다. 클뤼니 수도회의 수도승이 성직자, 기사 그리고 농민의 삼분법을 언급했을 때, 실제로는 지상의 삶과 밀접한 관계에 있는 기존의 세 신분 구조에 초자연적인 삶의 새로운 축을 추가한 네 신분의 환영이 요동치고 있는 듯이 보인다. 이러한 새로운 사분법적 사고에서 수도승의 신분은 천상의 중계자로서 이전의 삼분법과 대조를 보인다. 이와 같이 게임이 지속적으로 변화하는 가운데, 수도원은 내부의 도시 성직자가 단순히 대리의 기능을 수행하는 다른 세 신분들에 군림하기를 원하고 있으며 수도원과 봉건 사회의 구조 간에는 직접적인 관계가 존재한다.

각각의 서식은 유사함과 차이 사이에서 일련의 힘의 관계에 근거한다. 즉 기사들이 농촌을 약탈하자, 민중은 애타게 도움을 구하면서 토지의 생산물을 지키기 위해 백방으로 노력한다. 그러나 민중들 사이에서는 이미 자신의 토지를 소유하고 주변의 상황을 자신들에게 유리하게 이끌려는 세력이 나타나고 있었다.

그러나 이러한 힘의 관계들이 모든 사람들에게 힘을 인정하고 동의하게 만드는 권력 구조에 의해 통제되지 않았다면 단순히 사적인 것으로 남았을 것이다. 이를 위해서는 수사학, 또는 강조된 중심을 지속적으로 이동하면서 어떤 힘의 관계들은 합법화하지만 동시에 다른 관계들을 죄악으로 단정해 버리는 언어의 질서 유지 및 모델화의 기능이 필요하다. 그 결과, 이념은 스스로의 모양새를 갖추어 나간다. 즉 권력은 이 같은 과정을 통해 형성된 후에 낮은 곳에서 시작된 일련의 합의로 성장하는데, 그 이유는 힘의 관계들이 상징의 관계로 전환되기 때문이다.

이렇듯 이질적인 텍스트들에 대한 강독에서는 권력과 힘의 반목이 드러나는데, 이는 일상의 오늘날, 학교에서 공장, 유대인 거주 지역들에 이르기까지 권력에 대한 수많은 이야기들에서 완전히 지워져 버린 것처럼 보인다. 이러한 사실은 지난 1968년에서 오늘날까지 권력에 대한 비평과 논박이 지나치게 급증함으로써 오히려 그 힘이 급격하게 약화되었다는 사실에서 확인할 수 있다. 이것은 분명 불가피한 과정이다. 그러나 어떤 개념이 모든 사람들에 의해 공유되는 순간, 그 의미가 퇴색하기 때문에 — 속으로는 정반대의 생각을 하면서 — 차라리 소수를 위해 남아 있어야 한다고 말하는 것은 좋지 않다. 반대로 개념은 모든 사람이 공유해야 하지만, 정작 이렇게 되면서 퇴색될 위험에 직면하고 무엇보다 타락과 변질에 대한 비판이 큰 설득력을 얻게 될 것이 자명하다.

권력에 대한 대중의 정치적 견해에는 두 가지 모호함이 존재한다. 별로 신통치 않아 보이는 첫 번째 영역에서는 권력이 그 중심에 위치한다(이 체제는 계급 노동자들을 파멸로 몰아넣기 위해 간악한 술수를 부리는 수염 난 못된 고용주의 모습과 다르지 않다). 이러한 생각은 충분히 비판받았다. 권력에 대한 푸코의 개념이 이러한 견해의 유인원적인 저질성을 확실하게 증명하고 있다. 이러한 개념에 대한 재점검의 흔적은 테러리스트 집단의 내적인 반목들에서 찾아볼 수 있는데, 국가의 심장부를 공격하려는 자들로부터 잡상인과 소상인들 그리고 간수들이 주로 활동하는 주변부의 — 푸코가 지적한 — 지점들에서 시작하여 권력의 전체 구조를 해체시키려는 자들에 이르는 차이가 바로 그것이다.

그러나 그 의미가 더 모호한 것은 권력과 힘이 너무나 쉽게 혼동되고 있는 후자이다. 나는 자연스럽게 머리에 떠오르는 우연성보다는 힘에 대해서 말하고 있는데, 그 이유는 곧이어 언급할 것이다. 그럼 일단은 우연성이라는 지극히 평범한 개념을 가지고 이야기를 계속해 보자.

세상에는 다른 것에 원인을 제공하는 것들이 존재한다. 즉 벼락은 나무를 불태우고 남성의 생식기는 여성의 자궁을 수태시킨다. 이러한 관계는 역전이 불가능하다. 즉 나무는 벼락을 불태울 수 없으며 여성은 남성을 수태시킬 수 없다는 말이다. 반면에 누군가가 상징적인 관계로 연결된 다른 누군가에게 어떤 것을 하도록 만드는 관계들이 존재한다. 즉 남자는 여자로 하여금 집에서 접시를 닦도록 하고, 종교 재판은 이단을 행한 자가 화형을 당하도록 하고 어떤 것이 이단인가를 규정할 권리를 갖는다. 이러한 관계들은 언어의 전략에 기초한다. 즉 후자는 이러한 관계들의 허약함을 간파하면 피지배자들의 동의를 얻어 이들을 상징적으로 제도화해 버린다. 상징적인 관계들은 역전이 가능하다. 원칙상 여성은 남자에게 접시 닦기를 시키려면 〈싫어〉라고 말하면 그만이다. 이단자들은 이단 심문관이 화형을 당하게 하려면 그의 권위를 인정하지 않으면 된다. 물론 현실의 일들은 그리 단순하지 않은데, 그 이유는 상징적으로 권력을 구성하는 대화가 우연성의 단순한 관계보다는 힘의 복합적인 상호 관계로 이루어지기 때문이다. 그럼에도 불구하고, 이것은 상징적인 사실로서의 권력과 순수한 우연성의 차이로 보인다. 즉 전자는 힘에 의해 혁명이 발생하는 것처럼 역전이 가능한 반면, 후자의 영역에서는 단지 제어되거나 통제될 수 있기에 개혁들(피뢰침의 발명, 부인이 방어 수단의 사용을 결정하거나, 성관계를 갖지 않거나 또는 동성애만을 즐기기로 결정하는 것)만 가능하다.

권력과 우연성을 구분할 줄 모르면 많은 유치한 정치적 행위들이 동반된다. 이미 말했듯이 실제의 현실은 그리 간단하지 않다. 그렇다면 우연성의 개념을 힘의 개념으로 대체해 보자. 힘은 다른 힘에 작용한다. 이들은 힘의 평행 사변형을 구성한다. 아무것도 삭제하지 않으며 법에 따라 서로의 구성력을 갖춘다. 힘의 게임은 개량주의적인 것으로서 타협을 양산한다. 그러나 게임은 결코 두 힘 사이에 존재하지 않으며 수많은 힘들 사이에 위치한다. 그리하여 (힘의) 평행 사변형은 수많은 단면들의 복잡한 모양들에 기원을 제공한다. 어떤 힘들이 다른 힘들과 대치하는가를 결정하기 위해서는 힘의 게임보다는 권력 게임에 의존하는 결정들의 개입이 필요하다. 이로써 힘들의 구성에 대한 지식이 양산된다.

뒤비의 연구로 돌아가 보자. 기사들이 활동할 때, 상인들이 부를 축적할 때, 농부들이 기근으로 인해 도시로 이주할 때, 힘들과의 그 어떤 구체적인 관계가 형성된다. 다시 말해 상징적인 전략, 셋 혹은 네 개의 계층에 대한 신빙성 있는 이론의 서식과 권력관계의 표출은 어떤 힘이 다른 힘들을 제압하고 있는가, 그리고 어떤 방향으로 평행 사변형의 관계가 움직이는가를 정의하기 위한 게임을 시작한다. 그러나 뒤비의 연구서에서 만약 독자가 정신을 집중하지 못하면, 힘의 게임이 상징적인 형상들에 계속 재배치되는 상황에서 형성되는 핵심 주제의 그늘에 묻히는 것을 눈치채지 못하게 된다.

그럼 마지막으로 유럽 역사에서 드러난 무기의 역사에 대한 하워드의 연구서를 살펴보자.[4] 본인은 이 책을 대략적으로 살펴보면서 독자들이 봉건 시대에서 핵 시대에 이르는 기간에 벌어진 전쟁들 사이에 있었던 수많은 일화와 놀라운 사실들을 즐겁게 읽어 보기를 권한다. 1346년 에드워드 3세는 크레시 전투에서 적의 기마대에 대항하여 장궁의 궁수들을 배치했다. 장궁은 석궁으로 화살 하나를 적진으로 날릴 시간에 대여섯 번의 시위를 당길 수 있었기 때문에 이전과는 달라진 힘으로 기마대에 대항할 수 있었다. 그 결과 에드워드 3세는 적군을 격파했다. 이 전투가 있은 후로 기마대는 무장을 무겁게 해야만 했으며 결국 쉽게 움직이기 어려운 지경에 이르렀고, 말에서 내린 상황에서는 전투에 아무런 도움이 되지 못했다. 무장한 기사의 힘은 완전히 없어진 것이다.

이것이 바로 힘의 관계이다. 그리고 새로운 힘에 대항하는 상황에서 새로운 권력관계가 반응한다. 즉, 무장 체계의 구조 전체가 개혁된다. 유럽사는 이러한 종류의 구조로 반응하며 군대는 다른 그 무엇으로 바뀌어 간다. 아리오스토의 작품에 등장하는 팔라딘이 소총의 무자비한 야만성에 대해 불평을 늘어놓는 장면을 상기해 보는 것으로 충분하다. 그러나 여기 변화와 재구성의 와중에 새로운 힘의 관계가 엿보이면서 군대에 대한 새로운 개념이 만들어지고 새로운 상징체계가 형성된다. 여기에서 하워드의 연구서는 뒤비의 연구서와는 정반대의 진행을 보인다. 즉, 하워드는 힘으로부터 간접적으로나마 권력의 새로운 구조로 향하고 있는데 반해, 뒤비는 권력 이미지의 형성에서 출발하여 이에 속하는 신구의 힘들의 관계로 나아가고 있었다.

그러나 이러한 대조의 모양새를 잘 관찰하지 않는다면, 정

---

4 Michael Howard, *La guerra e le armi nella storia d'Europa* (Bari: Laterza, 1978) — 원주.

치적 유아론에 빠지게 된다. 힘에는 〈싫어, 당신에게는 복종하지 않겠어〉라고 말하는 것이 아니다. 교란시키는 기술이 필요한 상황이다. 그렇다고 권력관계에 단순하고 즉각적인 힘의 행동으로 반응할 수도 없는 노릇이다. 즉 권력은 아주 민감해서 매우 세심한 동의를 필요로 하며, 항상 그리고 반드시 주변부에 머무는 지점의 공격받은 상처를 치유한다.

이러한 이유로 흔히 사람들은 위대한 혁명에 매료된다. 하지만 후대의 사람들은 이것을 — 겉으로 보기에는 별로 중요해 보이지 않는 순간에 시작하여 권력 상황의 내적인 중심축으로 등장하는 — 힘의 행위에 따른 결과로만 인식할 뿐이다 (바스티유 감옥 습격, 러시아 혁명 당시의 겨울 궁전 습격, 몬카다 병영의 총격 등). 야망의 혁명가들은 이 같은 사례의 혁명을 실현하기 위해 부단히 노력하지만 놀랍게도 이들은 성공에 이르지 못한다. 역사적인 힘의 행위는 결코 힘의 행위가 아니다. 오히려 상징적인 제스처로서 이미 오래전부터 구석구석까지 확산된 힘의 관계의 위기를 무대극 차원에서 의미심장한 방식으로 승인하는 연극의 파국인 셈이다. 힘의 관계가 위기에 처하는 상황이 발생하지 않는다면, 거짓된 힘의 행위는 상징적인 권력도 없이 작고 지엽적인 평행 사변형으로 전락할 단순한 힘의 관계에 머물게 될지도 모른다.

그렇다면 일련의 동의에 기초하여 형성된 권력은 어떻게 해체될 수 있을까? 이 질문은 푸코가 『앎의 의지』에서 지속적으로 제기한 바 있다. 〈권력에 안주하는 것이 불가피하고, 이로부터 도망할 수 없으며, 권력에 대한 절대적 외형성이 존재하지 않는다. 그렇다면 무슨 이유로 법에 예속되는 것이 필연적이란 말인가?〉 이 시점에서 우리는 언어에서 결코 벗어날 수 없다는 바르트의 말을 음미해 볼 필요가 있다.

푸코의 대답은 이러하다. 〈권력의 관계들이 가지는 관계적인 특성을 부인하는 것으로 보인다. 권력의 관계들은 권력관계에서 적과 저항 세력, 지원, 공략 지점의 역할을 수행하는 수많은 저항 지점의 기능에서만 존재할 수 있다. ……권력에 있어서는 저항 정신, 모든 반란의 원천, 혁명가의 순수한 규범과 같은 위대한 거부를 위한 여지는 남아 있지 않다. 그러나 저항에 있어서는 가능한 것, 필요한 것, 가능해 보이지 않는 것, 자발적인 것, 야만적인 것, 고립적인 것, 합의된 것, 점진적인 것, 폭력적인 것, 타협될 수 없는 것, 타협할 준비가 되어 있는 것, 이해관계가 얽힌 것, 희생적인 것 등의 다양한 사례가 존재한다. 저항의 시점과 연결 고리, 발원지는 다양한 농도로 시간과 공간에 흩어져 있으면서 결정적인 방식으로 그룹이나 개인들을 봉기하게 만들고, 그리고 사회의 어느 구석, 삶의 어느 순간 그리고 어떤 구체적인 행위에 불을 댕긴다. ……사회의 통일성을 깨뜨리거나 여러 그룹으로의 분열을 조장하고 개인들을 자극하며 해체하거나 리모델링하는 등의 분열을 도입하는 것은 유동적이고 일시적인 저항의 여러 지점들과 밀접한 관계를 가진다…….〉

이처럼 권력은 내부에서 성립의 전제 조건에 해당하는 합의에 균열이 생기는 것을 목격한다. 범위를 이 글로 국한할 경우, 중요한 것은 푸코가 매우 암시적인 형태로 기술한 해체의 지속적인 과정과 바르트가 언어 권력의 체제 속에서 문학에 부여한 기능이 아주 유사하다는 점이다. 이러한 전제는 글쓰기를 이론화하는 것과 저자의 저술 활동을 전복 활동으로 선언한 순간(앞서 언급된 푸코의 저서 목록에 포함되어 있는 1977년의 인터뷰 참고)에 푸코식 전망의 미학주의에 대한 성찰을 자극한다. 바르트가 (과학자나 역사학자에게도 열려 있을 가능성에 대해 말하던 순간에) 문학을 폭넓은 사회생활에서 권력을 비판하고 저항하는 관계의 알레고리로 간주하지 않았는지를 질문해 보는 것도 좋다. 분명한 것은 권력에 반대하는 — 항상 내부에서 발생하여 확산되는 — 기술이 힘에 반대하는 — 항상 외적이고 정확성을 자랑하는 — 기술들과는 무관하다는 사실이다. 힘에 저항하는 것은 항상 두 개의 당구공이 부딪치는 것처럼 즉각적인 결과를 수반한다. 하지만 권력에 대한 저항은 항상 간접적인 결과를 가져온다.

1930년대의 미국 갱 영화를 소재로 알레고리를 언급해 보자. 차이나타운에서 갱은 이곳의 상점들을 대상으로 보호세를 강요한다. 이는 힘의 행위이다. 갱들은 상점으로 들어가 돈을 요구하며, 거부할 경우에는 모든 기물을 부숴 버린다. 세탁업소 주인은 힘에는 힘으로 맞서 갱 단원의 얼굴에 주먹을 날릴 수 있다. 결과는 즉각적으로 발생한다. 그다음 날 갱들은 더 큰 힘을 동원할 것이 분명하다. 이러한 힘의 게임은 구역의 삶에 여러 변화를 가져오는데, 예를 들면 세탁업소의 철문과 경보 장치, 피뢰침이 그것이다.

그러나 이러한 분위기는 점차 구역의 주민들에게 확산된다. 가장 먼저 레스토랑들이 문을 닫고 주민들은 저녁 시간 이후 외출을 삼간다. 다른 지종의 사람들은 더 이상 방해받지 않기 위해 보호세를 지불하는 것이 합리적이라는 사실을 인정한다. ……결국 갱들의 권력을 합법화하려는 관계가 성립되고 이에 모든 주민과 다른 체제를 갈구했던 사람들도 협력한다. 이제 갱들의 권력은 복종의 상징적 관계들 위에 기초한다. 이러한 관계의 형태에서는 복종시키는 자나 복종하는 자 모두에게 책임이 따르는데, 어떤 식으로든 각자는 자신만의 이익을 궁리한다.

합의가 깨질 수 있는 첫 번째 징조는 일단의 젊은이들이 매일 밤 종이로 만든 용과 축포를 동원해 축제를 계획하기로 결정한 것에서 나타날 수 있다. 이것은 힘의 행위로서 갱들을 도망하게 만들거나 거리를 활보하지 못하게 만들 수 있을지도 모른다. 그러나 이러한 차원에서 볼 때, 행동의 강도는 극히 미미한 것에 불과하다. 권력에 대한 저항의 양태로서 축제는 신뢰의 요인을 도입하는데, 이는 공포에 의해 강요된 합의를 해체하는 요인으로 작용한다. 결과는 이내 나타날 수 없다. 특히 축제에 다른 주변적 태도와 더불어, 〈나는 참여하지 않는다〉는 의사를 표현하는 다른 방식들이 상응하지 않는다면 결과는 기대하기 힘들다. 이러한 영화에서는 지방 신문사의 기자가 용기 있게 행동하는 경우가 종종 있다. 하지만 그 과정에서 실패할 수도 있다. 갱들의 보호세 체제가 지역 주민들을 통합할 능력을 가지고 있는 경우, 이 같은 전략은 전면적으로 취소되어야만 한다. 영화이기에 더 이상의 서술을 고집하다 행복한 결말을 강요받기 전에 알레고리에 대한 언급은 이것으로 생략한다.

용의 축제가 바르트가 말하는 문학의 알레고리인지, 또는 바르트와 이 축제가 권력 체제에 대한 푸코식의 위기에 대한 알레고리인지는 확신할 수 없다. 왜냐하면 이 시점에서 한 가지 의문, 즉 어느 정도까지 바르트의 언어가 푸코에 의해 기술된 권력 체계와 유사한 메커니즘에 복종하는가에 대한 의문이 제기되기 때문이다.

게다가 우리는 언어를 규정 체계로 간주한다. 즉 문법 체계 외에도 오늘날 사람들이 실용적이라고 하는 규정들까지 규정 체계로 간주하는 경향이 있다. 예를 들면, 질문에 관련된 방식으로 대답하고 이를 위반하는 자는 경우에 따라 버릇없는 놈, 어리석은 놈, 도발적인 놈으로 판단하거나 또는 말하고 싶지 않은 그 무언가를 암시하는 것으로 이해하는 대화 규정이 그것이다. 언어로 속임수를 쓰는 문학은 규정들을 해체하고 다른 규정들을 도입하는 활동처럼 보인다. 그럼에도 이는 일시적인 것으로서 단 한 번의 대화나 담론, 특히 문학 실험의 장에서는 유효하다고 할 것이다. 다시 말하면 이오네스코가 「대머리 여가수」에서 말하듯이, 자신의 인물들이 말하도록 하면서 언어로 속임수를 쓰고 있음을 의미한다. 그러나 사회관계에서 모든 사람이 「대머리 여가수」처럼 말을 한다면 사회는 해체되고 말 것이 분명하다. 언어 혁명은 일어나지 않을 것이다. 왜냐하면 혁명이 권력관계들의 전복을 암시하기 때문이다. 또한 이오네스코처럼 말하는 사람은 아무것도 전복시키지 못할 것이며 단계 n(0의 반대, 무한수)의 행동을 부추길 뿐이다. 빵 가게에서 빵을 구입하는 것조차 더 이상 가능해 보이지 않는다.

그럼 이러한 위험으로부터 어떻게 언어를 방어할 것인가? 바르트는 위반 가능성에 직면한 권력의 상황을 재건하고, 위반 사례들을 흡수함으로써 방어가 가능하다고 말한다(예술가의 파격은 모두를 위한 규정이 된다). 이 사회는 지정된 장소에서 언어를 문젯거리로 삼는 문학을 자극함으로써 언어를 방어한다. 이와 같이 언어에서는 결코 혁명이 일어나지 않는다. 다만 모든 것이 허용되는 무대에서 혁명인 것처럼 호들갑을 떨 뿐이다. 그리고 모든 것이 끝나 집에 돌아가면 보통의 방식으로 대화를 한다. 오직 지속적인 개혁을 위한 끝없는 운동일 뿐이다. 미학은 해당 지역을 망각한 채 예술이 삶이고 삶이 예술이라는 믿음으로 구성된다. 대단한 착각이 아닐 수 없다.

그러므로 푸코식 해석에 의하면 언어는 권력의 시나리오가 아니다. 일단 수긍하고 보자. 그렇다면 무슨 이유로 언어의 규정과 권력의 규정 사이에 그토록 강력한 유사성이 있는 것처럼 보였으며 또한 권력을 구체화시키는 지식이 언어 수단들을 통해 양산되는 것처럼 보였을까.

여기에서 한 가지 의문이 발생한다. 즉, 언어는 권력과 다른데 그 이유는 후자가 언어에서는 허용되지 않는 혁명의 장소이기 때문이지 않을까 하는 것이다. 하지만 권력은 푸코가 언급한 바와 같이 결코 혁명의 장소일 수 없는 만큼 언어와 유사하다. 즉 권력의 영역에서는 개혁과 혁명의 차이가 존재하지 않으며, 혁명은 단계적 장치의 점진적인 변화가 르네통에 의해 재앙이라 정의된 것을 겪는 순간인 만큼, 급작스러운 상황 변화에 해당한다. 이것은 여러 차례의 미진이 축적되어 갑작스러운 대지의 변화를 가져오는 것과 같은 의미이며, 아울러 단계적으로 이미 사전에 형성된 것이 최종적인 균열로 이어진 것이다. 혁명은 주체의 의지와는 완전히 차단된 점진적인 여러 개혁적 움직임들의 재앙이며 최종적인 힘을 구성하는 우연한 결과로서 오래전부터 성숙되어 온 상징적 재구조화 전략에 순응한다.

푸코가 권력에 대해 가지고 있던 전망이 신혁명주의적인 것인지 아니면 신개혁주의적인 것인지는 분명하지 않다. 권력에 대한 개념과 더불어 정치적 이니셔티브의 개념까지도 재검토할 것을 요구하면서 이들의 차이를 제거한 것은 분명 푸코의 공적이다. 최신의 유행에 맹종하는 사람들은 벌써부터 내가 푸코를 〈역류〉의 사상가로 규정한다고 비난한다. 어리석은 소리에 불과하다. 이러한 문제들과 관련하여, 권력, 힘, 폭력적 전개, 그리고 점진적인 주변부의 느린 이동을 통한 급진적인 안정이라는 새로운 개념들은 모든 것이 주변부이고 그 어떤 것의 심장부도 존재하지 않는 중심 없는 세계에서 구상된다. 이 모든 것은 바르트의 저서 『강의』에 대한 성찰을 목적으로 하는 일련의 사고이다. 이 문제는 미해결의 장으로 남겨 두기로 하자. 푸코라면 이들이 개별적으로는 해결되지 않을 것이라고 말할 것이다. 그러니 이 상황에서는 문학적 허구로 제한하는 것이 무엇보다 중요하다.

『알파베타』(1979)

토마스 아퀴나스에 대한 찬사

1274년 3월 7일 토마스 아퀴나스가 49세의 나이에 포사노바에서 사망했을 때, 수도승들이 계단 아래로 옮기지 못할 정도로 그의 몸집이 거대했다고 해서 그의 위대한 경력이 심각하게 훼손된 것은 아니다. 그가 죽은 지 3년 후에 파리의 대주교 에티엔 탕피에가 219개의 이단 교리 명부를 작성하면서, 그 속에 아베로에스를 추종하는 자들의 주장 대부분과 1백 년 전 안드레아 일 카펠라노Andreas Capellanus가 세속의 사랑을 주제로 작성한 몇 개의 논문 그리고 토마스 아퀴나스의 것으로 추정되는 20편의 논문을 포함했을 때에도 그의 명예가 그토록 심각하게 실추되지는 않았다. 왜냐하면 이러한 탄압 행위에 대해 역사는 신속하게 정의의 심판을 단행했으며, 그 결과 토마스는 죽은 후에도 승리를 쟁취했기 때문이다. 반면 에티엔 탕피에는 토마스의 또 다른 천적인 기욤 드 생타무르Guillaume de Saint-Amour와 더불어, 소크라테스를 재판한 판사들에서 시작하여 갈릴레오의 판사들을 거쳐 일시적으로 가브리오 롬바르디에서 끊어진 위대한 복고주의자들의 끝없는 대열 속으로 사라져 버린다. 토마스 아퀴나스의 삶을 완전히 망가뜨린 사건은 단테가 사망한 지

2년이 지난 후인 1323년에 일어난다. 어떤 의미에서는 그 자신의 잘못도 일정 부분 작용했다고 할 수 있는데, 그해 교황 요한 22세는 토마스 아퀴나스를 성인으로 추대할 것을 결정한다. 이것은 노벨상을 받거나, 프랑스 학술원 회원이 되거나, 오스카상을 수상하는 것과 같이 매우 좋지 않은 모험이며 동시에 모나리자와 같은 상투성을 띠게 되는 것이다. 위대한 방화범이 소방수로 임명되는 순간이다.

올해(1974)는 토마스 아퀴나스가 죽은 지 7백 년이 되는 해이다. 토마스는 성인으로 그리고 철학자로 유행을 타고 현대로 회귀한다. 만약 그가 오늘날, 과거 자신의 신앙, 문화 그리고 지적인 에너지를 유지하고 있다면, 과연 무엇을 할 수 있을지를 함께 생각해 보자. 그러나 사랑은 종종 사람들의 영혼을 흐리게 만드는 법이다. 소위 말해 토마스가 위대한 인물이었다고 말하기 위해서는 그가 혁명가였어야 하는데, 그렇다면 어떤 의미에서 그런가를 살펴볼 필요가 있다. 그를 복고주의자로 단정할 수 없다면, 그 이유는 이후 그 어떤 혁명가도 내부로부터 기초를 흔들지 못할 만큼, 견고한 지적 유산을 바로 세우지 못했기 때문이다. 뿐만 아니라, 데카르트에서 헤겔과 마르크스, 그리고 테야르 드 샤르댕에 이르기까지 모두들 그의 업적에 대해 오직 〈겉으로만〉 주절거렸을 뿐이다.

토마스 아퀴나스는 거대한 몸집의 굼벵이와 같은 인물로서 낭만이라고는 눈곱만치도 찾아볼 수 없었다. 대학 시절에는 마치 아무것도 이해하지 못한 듯한 멍청한 표정으로 조용히 선생의 강의를 필기했으며, 이 때문에 친구들로부터 늘 놀림을 받았다. 이런 그에게서 어떻게 스캔들이 일어날 수 있는지 정말 이해할 수 없다. 어느 날 그가 식당의 2인용 식탁에 앉아 있을 때(그의 거대한 몸집 때문에 의자의 가운데 부분을 잘라 내야만 앉을 수 있었다), 짓궂은 동료 수도사들이 〈밖에 당나귀가 날고 있다〉고 그에게 소리쳤다. 그가 구경하기 위해 밖으로 달려 나가는 꼴을 보고 주위의 모든 사람들이 배꼽을 쥐었다(탁발 수도승들의 단순함은 익히 잘 알려진 바 있다). 그러자 토마스는 — 결코 바보는 아니다 — 이들을 향해 당나귀가 하늘을 나는 것이 수도승들이 거짓말을 하는 것보다 더 그럴듯하다고 말했다. 물론 그를 놀렸던 동료들의 황당한 표정은 좀처럼 회복되지 않았다.

학생 시절 동료들이 벙어리 황소라고 불렀던 토마스는 훗날 학생들이 존경하는 교수가 되었다. 그 시절의 어느 날, 그는 제자들과 언덕을 산책했다. 정상에 올라 파리 시내를 내려다보고 있을 때, 제자들이 이처럼 아름다운 도시의 주인이 되고 싶지 않은지를 묻자 그는 성 크리소스토무스의 설교집을 읽는 것이 더 행복하다고 답했다. 그러나 이념적으로 적대 관계에 있던 인물이 심하게 몰아붙이면 그는 마치 짐승처럼 분노했다. 그의 라틴어 문장은 모든 것이 쉽게 이해되는 만큼 별다른 내용이 없어 보이고, 이탈리아 사람이라면 어렵지 않게 짐작할 수 있도록 동사들을 적절히 구사하고 있지만, 때로는 사악하고 저질적인 표현을 노골적으로 드러냈는데, 이럴 때는 마치 셀리가를 심하게 질책하던 마르크스를 연상시킨다.

그는 평화의 사도인가 아니면 천사인가? 그는 고자였을까? 그의 형제들은 도미니크회 수도승이 되겠다는 그의 결심을 말리기 위해(당시 명문가의 자식들은 오늘날처럼 민중에 봉사하거나 다닐로 돌치와 함께 노동하는 공동체의 탁발 수도회보다 더 높은 권위를 자랑하던 베네딕트 수도회를 선택하는 것이 보통이었다) 파리로 가던 그를 중도에서 붙잡아 가문 소유의 성에 가두었다. 그리고 그에게서 수도승이 되겠다는 마음을 없애기 위해 모든 것에 응할 준비가 되어 있는 벌거벗은 소녀를 그의 방으로 들여보냈다. 그러자 토마스는 불붙은 장작을 들고 속살이 드러난 엉덩이를 태우겠다고 달려들었고 겁에 질린 소녀는 혼비백산하여 도망쳤다. 그렇다면 그에게 성은 아무것도 아니란 말인가? 나로서는 알 수 없는 일이지만, 이 사건 이후로 그는 많이 혼란스러워했다. 베르나르도 디 구이도의 말에 의하면, 그는 여성들과의 대화가 필요한 상황이 아니라면 마치 그녀들이 뱀이라도 되는 듯이 도망쳤다고 한다.

어쨌든 토마스 아퀴나스는 전사였다. 건장하고 날카로우며 원대한 야심을 품고 있었다. 이러한 것들이 결국에는 그를 승리하게 만든 원동력이었다. 그럼 무엇이 그의 투쟁을 위한 토양이었고 그 결과로 얻은 것은 무엇이었을까? 그가 태어나기 50년 전에 이탈리아의 자치 도시들은 레냐노 전투에서 황제의 군대를 격파하고 승리를 쟁취했다. 그리고 10년 전에는 영국에서 대헌장이 작성되었으며, 프랑스에서는 필리프 오귀스트의 오랜 통치가 종식되었다. 그리고 제국은 몰락을 향해 치닫고 있었다. 이후 5년이 지나면 유럽 북부의 자유 해양 도시들과 상인들이 한자 동맹을 구성할 것이었다. 피렌체의 경제는 번창 일로에 있었으며 플로린florin 금화가 등장을 서두르고 있었다. 피보나치는 이미 복식 부기를 발명했고, 이미 한 세기 전에 살레르노 의과 대학과 볼로냐의 법과 대학은 학생들로 문전성시를 이루고 있었다. 십자군 전쟁도 그 정점에 도달해 있었다. 또한 동방과의 접촉은 이미 충분히 활성화되어 있었다. 한편, 스페인의 아랍인들은 과학적, 철학적 발견으로 서양의 감탄을 자아냈으며 기술도 비약적 발전을 거듭하고 있었다. 이제 말굽에 편자를 박는 방법도, 물레방아를 돌리는 방법도, 배의 항해술도, 가축으로 수

레를 끌거나 토지를 개간하는 방식도 바뀌었다. 유럽 북부에는 군주 국가가 그리고 남부에는 자치 도시들이 출현했다. 간단히 말해 용어의 세속적인 의미에서는 더 이상 중세가 아니었다. 이렇게 말하면 논쟁거리가 될지 모르겠지만, 아무튼 토마스 아퀴나스를 바꿀 만한 것은 아닐지 모르지만 이미 르네상스의 세계가 도래한 것이다. 그러나 그전에 토마스 아퀴나스는 이미 (역사적으로) 이루어진 것들이 이루어지도록 하기 위해서 해야만 했던 것을 했다.

유럽은 ― 그 어느 누구도 반론을 제기하지는 않지만, 자연에 대한 새로운 감각에 활짝 열린 교회의 강력한 영향력에 의해 지배되던 ― 정치, 경제적인 이중성을 반영하는 문화를 창출하기 위해 노력하고 있었다. 조직적이고 생산적인 과정이 합리적으로 움직이고 있었다. 다시 말해 이성에 기초한 기술들을 발견해야만 했다.

토마스가 출생했을 당시, 이성의 기술들은 이미 한 세기 이전부터 꿈틀거리고 있었다. 파리의 인문학부는 여전히 음악, 대수학, 지리학 그리고 천문학에 대한 교육을 고집하면서도 다른 한편으로는 변증법, 논리학 그리고 수사학을 도입하여 새로운 방식으로 교수했다. 이러한 의미에서 한 시대를 풍미했던 아벨라르는 이미 한 세기 전의 사람이었다. 그는 생식기를 거세당했지만, 이것은 어디까지나 사적인 이유에서 발생한 사건일 뿐 그의 머리까지 이상하게 만든 것은 아니었다. 그의 새로운 방식은 여러 전통적인 권위들의 견해를 비교하고, 이념들을 담아내던 세속 문법에 기초한 논리적 절차에 따라 결정하는 것이었는데, 이는 언어학과 의미론의 성립을 의미했다. 이로써 어휘가 무엇을 의미하고 또 어떤 의미로 사용되는가에 대한 연구가 필요했다. 아리스토텔레스의 논리학 텍스트는 연구를 위한 기본서였지만, 그럼에도 그의 모든 연구가 번역되거나 주석 작업이 이루어진 것은 아니다. 누구도 그리스어를 알지 못했으며 당시 아랍인들은 철학과 과학에서 유럽인들을 상당히 앞지르고 있었다. 그러나 이미 한 세기 전부터 샤르트르 학파에서는 플라톤의 수학 텍스트를 발견함으로써, 지질학의 법칙에 기초한 자연 세계의 이미지를 측정 가능한 절차를 통해 구축하기 시작했다. 로저 베이컨의 경험적 방법론은 아직 등장하지 않았지만, 자연을 신적인 차원에서 바라보려는 지배적인 경향에도 불구하고, 이론적으로나마 자연의 기초 위에서 우주를 설명하려는 노력이 윤곽을 드러내고 있었다. 로버트 그로스테스트는 빛 에너지의 형이상학을 연구했는데, 이는 훗날의 베르그송과 아인슈타인을 생각나게 한다. 즉 광학 연구가 성립되면서 궁극적으로는 물리적인 대상들을 감지하는 문제와 연결되었고 가상의 환영과 현실의 실제 사이에 존재하는 한계가 여실히 드러났다.

이러한 성과에 대한 평가는 결코 무시할 수 없는 것이었다. 그도 그럴 것이, 중세는 환영의 세계였으며 세상은 신비한 존재들로 가득한 상징의 숲이었기에 사물들은 수수께끼를 읽고 편집하는 것으로 소일하는, 신성에 대한 계속적인 이야기처럼 비치고 있었기 때문이다. 이러한 환영의 우주는 토마스 아퀴나스의 시대에 이성의 세계에 의해서도 소멸되지 않았다. 오히려 이성의 세계는 아직도 지적 엘리트들만의 소유물로서 주변의 따가운 시선이 집중되고 있었다. 왜냐하면 당시의 이목은 지상의 세계에 매우 부정적이었기 때문이다. 성 프란체스코는 새들과 대화를 했지만, 신학의 철학적 장치는 신플라톤주의적인 것이었다. 이것은 신이 멀리, 그것도 아주 멀리 존재하고, 감지할 수 없는 신의 영역 속에서 사물들의 원리와 이념들이 소용돌이치고 있었음을 의미한다.

세상은 그토록 멀리 있는 일자(一者)의 호의적인 방임의 결과로서, 여과 작용을 하는 물질의 마구 더럽힌 찌꺼기들 속에서 완벽의 흔적을 남긴 채 밑을 향해 서서히 오줌의 당분들처럼 배어나는 듯하다. 일자의 무시해도 좋을 만한 주변부를 대변하는 이러한 부패된 물질에서, 우리는 불가사의한 천재의 도움으로 이해의 흔적들을 발견할 수 있다. 그러나 이해의 여지는 날카롭고 초탈한 직관을 가지고 있는 신비주의자나 도달할 수 있는 다른 곳에 있는데, 그는 마약에 찌든 듯한 눈으로 오직 진정한 연회가 열리는 유일자의 아지트를 관통한다.

플라톤과 아우구스티누스는 영혼의 문제들을 이해하는 데 필요한 모든 것을 말했지만, 어떤 것이 꽃이며 또한 살레르노의 의사들이 병든 자의 복부를 연구하면서 알게 된 창자의 뒤틀림 현상이 무엇이고 또한 무슨 이유로 봄날의 저녁에 공기가 신선한가에 대해서는 침묵으로 일관했다. 따라서 몽상가들의 판화로 꽃을 알고, 창자가 존재한다는 사실을 무시하고, 봄날의 저녁을 위험한 유혹으로 인식하는 것이 차라리 나았다. 이와 같이 유럽 문화는 하늘은 이해한 반면에 땅은 전혀 알지 못하는 것처럼 양분되어 있었다. 만약 이후 누군가가 하늘에 무관심한 상태에서 땅을 이해하려고 했다면 이는 매우 유감스러운 일이 아닐 수 없었다. 주변에 시대의 붉은 도적들인 이단의 무리들이 배회하고 있으면서 한편으로는 세상을 개혁하여 실현 불가능한 공화정을 건설하려 했고 다른 한편으로는 추잡한 성행위와 납치, 그리고 강도 행각과 같은 극악무도한 짓들을 서슴지 않았다. 이것이 진정 사실인지를 알려고 할 수도 있었겠지만, 그러나 이들을 모두 없애 버리는 것이 최선이었다.

이러한 상황에서 이성을 중시하는 자들은 아랍인들로부

터, 고대의 스승(즉 아리스토텔레스)이 여러 부분으로 절단되어 이곳저곳에 흩어져 있는 문화의 조각들을 한곳에 모으기 위한 해법을 제공할 수 있을지도 모른다는 사실을 배웠다. 아리스토텔레스는 신에 대해서 말을 할 줄 알고 있었다. 그러나 동물과 돌들을 구분했으며 행성들의 움직임을 연구했다. 아리스토텔레스는 논리학에 정통했던 관계로 심리학을 연구하고 물리학에 대해 언급했으며 정치 체제를 구분했다. 그러나 무엇보다 아리스토텔레스는 사물의 본질(그리고 사물들이 우리의 눈앞에 없을지라도 이들에 대해 이해할 수 있고 말할 수 있는 것)과 사물들의 재료인 질료의 관계를 뒤집기 위한 열쇠를 가지고 있었다(이 점에서 토마스 아퀴나스는 아리스토텔레스를 충분히 이용할 줄 알고 있었다). 그 자체로 잘 지내며 세상이 스스로 돌아갈 수 있도록 최고의 물리 법칙들을 제공한 하느님에 대해서는 잠시 접어 두자. 그러니 수많은 신비들로 가득한 하느님의 영역에서 최선의 길을 잃어버리고 물질과 뒤엉켜 버린 채 존재들의 흔적을 회복하는 데 시간을 낭비할 필요는 없다. 사물들의 메커니즘은 여기 우리 눈앞에 있다. 사물들은 자신들의 운동 원리이다. 인간, 꽃, 돌은 자신들을 움직인 내적 법칙에 따라 성장한 유기체들이다. 즉, 본질은 이들의 성장과 조직의 원리이다. 이미 그곳에서 폭발을 준비하며 속으로부터 물질을 움직여 성장시키고 그 모습을 드러내도록 만든다. 이러한 이유 때문에 우리는 물질을 이해할 수 있다. 돌은 형태를 취한 물질의 일부이다. 즉 이러한 결합을 통해 이들 전체는 사적인 실체로 태어난다. 토마스 아퀴나스가 천재적인 발상으로 주석을 붙인 존재의 비밀은 존재의 구체적인 행위에 머문다. 존재하는 것, 발생하는 것은 그 자체로 먼 신성의 따뜻한 자궁 속에 머무는 것이 좋을 이념들에서 발생하는 사건들이 아니다. 먼저 사물들은 하늘의 은총으로 구체적으로 존재하며 우리는 이것을 나중에야 이해한다.

그럼 다음의 두 가지 사실에 대해 좀 더 알아보자. 가장 먼저, 아리스토텔레스의 전통에 의하면 사물들을 이해한다는 것은 이들에 대한 경험적인 연구를 의미하지 않는다. 사물들은 그 숫자를 세면 그만일 뿐, 나머지는 이론이 알아서 한다. 물론 사람들은 이것이 별것 아니라고 말하겠지만, 이전 세기들의 환각적인 세상과 비교한다면 커다란 도약이 아닐 수 없다. 둘째로 아리스토텔레스를 기독교인으로 만들려고 했다면, 조금 한쪽으로 비켜나 있던 하느님에게 이전보다 더 넓은 공간의 여지가 필요했을 것이다. 사물들은 이들을 움직이는 삶의 원리 내부에 있는 힘에 의해 성장한다. 그러나 이 경우 역시 만약 하느님이 이 위대한 운동을 마음속으로 배려하고 있다면 돌을 생각하는 것이 가능한 반면, 돌은 스스로 돌이 된다는 것을 인정할 필요가 있다. 뿐만 아니라, 만약 하느님이 (토마스 아퀴나스가 〈참여〉로 정의했던) 전기를 끊어버리기로 결정했다면 우주의 정전이 생겨날 것이라는 사실도 함께 수용해야 할 것이다. 그러므로 돌의 본질은 돌 속에 있으며 (돌을) 생각할 능력을 가진 우리의 정신에 의해 인식된다. 그러나 사랑이 가득하고 손톱을 다듬는 데 시간을 보내는 것이 아니라, 우주에 에너지를 공급하는 데 여념이 없는 하느님의 정신 속에는 이미 존재하고 있다. 이것은 해볼 만한 게임이었다. 그렇지 않다면 아리스토텔레스는 기독교 문화에 편입되지 않을 것이다. 그가 기독교 세계의 외부에 남아 있었다면 자연과 이성도 밖의 세계에 잔존하고 있었을 것이 확실하다.

이것은 해볼 만은 하겠지만, 매우 어려운 게임이다. 왜냐하면 토마스 아퀴나스가 연구를 시작했을 때 마주친 아리스토텔레스주의자들은 우리에게는 더 좋았을지 모르며, 역사적 단절을 중시하는 해석자는 유물론이라고까지 정의했을지 모르는 다른 길을 선택했기 때문이다. 그러나 이것은 거의 변증법적이지 않은 유물론으로서 오히려 점성술적인 유물론에 더 가깝고 코란의 수호자들로부터 복음서의 수호자들에 이르기까지 모두를 어렵게 만들었다. 이 모든 것에 대한 책임은 한 세기 전에 무슬림 문화와 아랍어에 정통한 베르베르족 출신의 스페인 사람인 아베로에스에게 있었다. 그는 다른 그 누구보다 아리스토텔레스를 잘 알고 있었으며 그의 학문이 어디를 향하고 있었는지도 잘 이해하고 있었다. 즉 하느님은 우연히 모든 일에 참견하는 음모자가 아니었다. 오히려 자신이 구상한 질서의 메커니즘과 수학 법칙에 입각해서, 행성들의 구체적인 궤적에 의해 조절된 자연을 창조했다. 그리고 하느님은 영원하기 때문에 그의 질서에 의한 세계도 영원하다. 철학은 이러한 질서, 즉 자연을 연구한다. 사람들은 이 자연을 이해할 능력을 가지고 있는데, 모두가 동일한 지적 원칙에 따라 사고하기 때문이다. 만약 그렇지 않다면 우리 각자는 자신만의 고유한 지적 원칙에 따라 바라볼 것이며 그렇게 되면 더 이상 아무것도 이해하지 못할 것이 자명하다. 이 시점에서 물질주의에 입각한 결론이 불가피해 보인다. 다시 말해 세상은 영원하고 예측 가능한 결정론으로 통제된다. 만약 유일한 지성이 모든 사람들 속에 존재한다면 불멸의 개인적인 영혼은 존재하지 않는다. 또한 만약 코란이 이와 다르게 말한다면 철학자는 자신의 학문이 드러내는 것을 철학적으로 믿어야 하며 계속해서 지나치게 많은 문제를 제기하지 않고, 반대로 신앙이 자신에게 부과하는 것을 믿어야 한다. 두 개의 진실이 존재하는데, 하나는 다른 하나를 방해하지 말아야 한다.

아베로에스는 엄격한 아리스토텔레스주의에 내포되어 있던 것을 명백하게 결론으로 도출했고, 이로 인해 파리의 인문학부 교수들 사이에서 대성공을 거두었다. 이들 중에는 단테가 천국에서 토마스 아퀴나스와 함께 묘사했을 뿐만 아니라 토마스로 인해 자신의 모든 명성을 잃어버리고 철학사의 교과서에서 별로 중요하지 않은 철학자로 전락한 브라반트의 시게르가 대표적인 인물이었다.

토마스가 의도했던 문화 정치의 게임은 이중적인 것이다. 한편으로는 당대의 신학이 아리스토텔레스를 수용하도록 만들면서, 다른 한편으로는 아베로에스주의자들의 연구로부터 그를 분리해 내는 것이었다. 그러나 토마스는 이러한 노력에 있어 어려움에 봉착했다. 즉 그는 당시 피오레의 요아킴 Joachim de Fiore를 대중적으로 만들려는 모험을 했는데, 그는 교회와 세속 권력에 매우 위험한 교리를 주장한 종말론적 이단자들을 배출한 탁발 수도회 소속이었다. 신학부의 반동적 성향을 가진 선생들은 공포의 대상이었던 기욤 드 생타무르를 중심으로, 탁발 수도회의 수도승들 모두가 요아킴의 성향을 지지하는 이단자들이라고 주장했다. 당시 이러한 비난의 주요 근거는 탁발 수도회가 아베로에스를 추종하는 무신론적 물질주의자들의 스승인 아리스토텔레스를 가르치려고 했다는 것이다. 이것은 이혼을 원하는 자는 낙태를 원하고 마약을 원하는 자들의 친구라는 가브리오 롬바르디의 궤변에 가까운 말장난에 지나지 않는다. 마치 창조의 날인 것처럼 생각하고 여러분의 찬반 의견을 피력해 보라.

반면 토마스는 이단자도 아니며 혁명가도 아니다. 그는 〈중재자〉일 뿐이다. 그는 다만 계시의 학문과 새로운 학문의 타협을 위한 방안을 모색하고 아무것도 바뀌지 않도록 모든 것을 바꾸려 했을 뿐이다.

그는 이러한 계획에 (신학적 세련됨을 소유한 대가로서) 놀랍고 훌륭한 감각을 동원하여 자연의 현실과 지상의 균형에 크게 이바지했다. 따라서 토마스는 기독교를 아리스토텔레스화하지 않은 것이 분명하다. 다만 아리스토텔레스를 기독교인으로 만들었을 뿐이다. 더구나 그는 이성으로 모든 것을 이해할 수 있다고는 결코 생각하지 않았다. 신앙으로만 모든 것이 이해될 수 있다는 것이 그의 확신이었다. 그는 다만 신앙이 이성과 대치되지 않으며, 따라서 환영의 세계에서 벗어나 합리적으로 사고하는 사치가 충분히 가능하다는 것을 말하고 싶었다. 그는 연구서의 주요 내용들에서 오직 신과 천사, 영혼, 덕, 영원한 삶에 대해서만 말한다. 그러나 이러한 내용의 심연으로 들어가 보면 모든 것이 이성적이 아닌 합리적인 위치를 점하고 있다. 그의 신학적 건축물의 내부에서는 왜 인간이 사물을 인식하고, 왜 인간의 육신이 구체적인 방식으로 만들어졌는지, 왜 결정하기 위해서 사실들과 의견들을 분석하고 반목들을 숨기지 않고 발견될 구조를 부여하여 해결해야 하는지를 이해할 수 있다. 토마스는 교회의 권력을 티끌만치도 건드리지 않고 공동체들로 하여금 군주정인지 공화정인지를 결정하도록 자유롭게 내버려 두자는 교리를 교회에 제공했다. 예를 들어 그는 소유권의 여러 유형과 권리들을 구분하면서, 소유권은 존재하지만 소유의 개념일 뿐 사용의 권리가 아니라는 사실을 강조했다. 즉 내가 티발디 거리에 주택 한 채를 가지고 있고 오두막에서 살고 있는 사람들이 있다고 가정해 보자. 이성은 나와는 달리 집이 없는 사람이 내 집을 사용하도록 해줄 것을 요구한다(이 경우에도 나는 여전히 집의 주인으로 남지만, 다른 사람들도 내 이기주의에 비추어 별로 맘에 들지는 않아도 이곳에 살아야 한다). 그의 논조는 위의 사례와 별로 다르지 않다. 모든 해결책은 균형과 그가 〈사려 깊다〉고 정의한 덕목에 기초한다. 그리고 이들의 임무는 〈경험들에 대한 기억을 보존하는 것은 물론, 목적들에 대한 정확한 감각, 변화에 대한 깊은 주의력, 합리적이고 급진적인 탐구, 미래의 일들에 대한 예상, 기회에 대한 신중함, 복합적인 상황에 대한 예방, 지극히 예외적인 상황들에 대한 분별력을 가지는 것이다.〉

신비주의자인 그는 성공했다. 왜냐하면 인간의 영혼이 본능적으로 향하는 하느님에 대한 지복의 견신에 몰입하기를 열망하면서도, 인간적인 차원에서 자연의 가치들에도 관심을 기울이고 합리적인 대화를 존중했기 때문이다.

토마스 아퀴나스 이전에 주석가 혹은 필경사는 고대의 저자를 연구하다가 무언가 계시 종교와 일치하지 않는 부분을 발견하면 〈잘못된〉 문장이라고 하여 삭제하거나 독자에게 경계심을 주기 위해 의문의 표시를 달거나 또는 한쪽 구석으로 옮겨 버렸다는 사실을 잊어서는 안 된다. 반면 토마스 아퀴나스는 어떻게 했을까? 여러 다양한 견해들을 나열하고 각각의 의미를 분명하게 밝힌 다음, 드러난 모든 사실을 문제 삼아 가능한 반론을 나열하여 궁극적으로는 최종적인 중재를 모색했다. 그의 시대에 논쟁이 공개적으로 진행되었던 만큼, 모든 것은 공개적으로 이루어져야만 했다. 즉 이성의 법정이 실현된 것이다.

하지만 그의 저서들을 정독해 보면 어떠한 경우에도 신앙이 다른 모든 것에 우선하여 문제의 해결을 이끌고 있는 것을 알 수 있다. 다시 말하면 하느님과 계시된 진리는 세속적 이성의 움직임을 전제하고 인도한다는 것이다. 이것은 애정과 날카로운 직관을 가지고 토마스 아퀴나스를 연구하는 에티엔 앙리 질송Étienne-Henry Gilson과 같은 학자들이 명확하게 밝혀낸 사실이다. 그 누구도 토마스가 갈릴레오와 같은 부류의 인간이라고 말하지 않는다. 토마스는 단지 교회와 자연 세계를 조화롭게 해줄 이론적 체계를 마련했다. 그리고 빛나는 여정의 승리를 쟁취했다. 날짜가 이러한 사실을 명확하게 보여 준다. 토마스가 등장하기 이전까지는 〈아리스토텔레스의 정신이 숨 쉬는 곳에 그리스도의 정신이 임하지 않았다〉는 주장이 지배적이었다. 1210년에도 그리스 철학자의 자연 철학에 관한 저서들은 금서였으며, 이러한 현실은 이후 토마스가 자신의 협력자들에게 아리스토텔레스의 저서들을 번역하게 하고 이에 주석을 붙이던 수십 년 후까지도 계속되었다. 그러나 1225년에는 아리스토텔레스의 모든 것이 수용되었다. 토마스가 사망한 후에, 이미 알려진 바와 같이 또 한 차례 저항이 있기는 했지만, 아리스토텔레스의 입장을 바탕으로 가톨릭 교리가 성립되는 것을 막지는 못했다. 지난 반세기 동안 이탈리아 문화에 미친 크로체의 정신적 권위와 지배력은 토마스가 지난 40년간 기독교 세계의 문화 정치 전반에서 이룩한 변화에 비하면 아무것도 아니다. 이후 기독교 세계는 온통 토마스 아퀴나스의 주장으로 넘쳐 났다. 즉 그는 가톨릭 사상에 너무나도 완벽한 그물망을 제공했기에 모든 것에 대한 위치 설정과 설명이 가능했다. 그러나 이로 인해 가톨릭 사상은 더 이상 옴짝달싹할 수 없는 운명에 처했다. 기껏해야 반종교 개혁적 스콜라 철학에 동원되어 토마스를 부활시켰을 뿐, 오히려 이것으로 인해 예수회의 토미즘, 도미니크 수도회의 토미즘, 심지어 보나벤투라, 던스스코터스, 윌리엄 오컴의 영향이 넘쳐 나는 프란체스코 수도회의 토미즘으로 분열되었다. 토마스가 새로운 체계를 완성하려고 노력했던 것은, 이제 토미즘의 전통 속에서 난공불락의 보수주의 체제의 파수대로 전락했다. 또한 이 전통 속에서 새로운 것을 재건하려고 했던 토마스의 모든 계획은 수포로 돌아갔으며 스콜라 철학에 의한 토미즘은 아무것도 수정하지 않으려고 하면서, 새로운 것이 등장하면 토마스의 체계 속으로 밀어 넣기 위해 거짓된 토미즘적 균형의 기적을 일으켰다. 그 결과 이제 거대한 몸집의 토마스가 극히 왕성하게 보여 주었던 지식에 대한 절박감과 갈망은 서서히 이단 운동과 개신교 개혁의 파도를 타기 시작했다. 이제 토마스에 대해서는 그물만 남았을 뿐 당시로서는 진정 〈달랐던〉 그물망을 구성하기 위해 투자했던 지적인 노력은 더 이상 아무 곳에서도 찾아볼 수 없었다.

물론 이 모든 잘못은 토마스 아퀴나스에게도 있다. 피할 수 없는 모든 것을 별다른 갈등 없이 흡수하고 긴장 상황을 중재하는 방식을 교회에 제공한 장본인이 바로 그 자신이었기 때문이다. 또한 나중에 시간을 두고 조화롭게 중재하기 위해 분쟁거리들을 이렇게 저렇게 구분하는 것을 가르친 사람도 그였다. 일단 이러한 절차에 익숙해지자, 사람들은 다만 토마스가 〈ni〉(〈예스〉도 〈노〉도 아닌 불확실한 답변)를 멈추라는 것이 아니라 일보 전진하여 더욱 적극적으로 해결하기 위해 노력하는 순간에 사용하라고 가르쳤을 것이라고 믿었다.

따라서 만약 토마스가 오늘날을 살고 있다면 무엇을 했을까를 자문해 볼 필요가 있다. 그렇다고 해서 『신학 대전』을 다시 집필하지는 않을 것이다. 오히려 마르크스주의, 물리학의 상대성 이론, 형식 논리학, 실존주의 그리고 현상학과 대접전을 벌일 것 같다. 반대로 아리스토텔레스에 대해서는 더 이상 주석을 달지 않고 오히려 마르크스와 프로이트에 대한 주석 작업에 열중할 것이다. 논쟁 방식에 있어서도 예전과는 다르게 조화와 중재의 비중이 한층 약화될 것이다. 그리고 결국에는 건축물처럼 자체로 완성된 체계를 만들 수도 없고 그렇게 해서도 안 된다고 확신할 것이다. 그리고 그의 학문적 용어들에 역사적으로 일시적인 한계가 있는 개념이 포함될 것이기 때문에, 일종의 유동적인 체계로서 내부의 내용 일부를 교체할 수 있는 『신학 대전』만이 가능하다는 사실을 알게 될 것이다. 그가 여전히 기독교인으로 남아 있을지는 알 수 없다. 그러나 추정컨대 모범적인 기독교인일 것이다. 나는 그가 자신이 생각한 것을 어떻게 사용할 것인가에 골몰했다는 이후 시대의 주장에는 결코 동의하지 않겠지만, 다른 것에 대해서 생각했다는 주장에는 전적으로 동의할 것이라고 확신한다. 다시 말하면 그로부터 배울 수 있는 최대치는 우리가 우리 시대의 한 사람으로서 어떻게 사고를 정리하면서 생각하는가에 대한 것이다. 어쨌든 나는 그의 입장이 되고 싶지는 않다.

『레스프레소』(1974)

희극과 규칙

나는 오늘 희극의 문제점들에 대한 질문들 중에서, 다른 것들은 그렇다 치고 시간 관계상 단 한 가지에 대해서만 살펴보려고 한다. 어쩌면 질문이 잘못된 것일 수도 있고 최종적으로는 이것도 질문이냐는 의구심을 자아낼지도 모른다. 이는 우리가 주의를 기울여야 할 〈엔독사*endoxa*〉를 구성한다는 것을 나타낸다. 조금은 조잡한 측면도 있지만, 그럼에도 문제성을 제기하는 진리의 몇 가지 실마리들이 존재한다.

소위 비극(그리고 드라마)은 보편적인 것이라고 한다. 수없이 많은 세월이 지난 지금에도 우리는 오이디푸스와 오레스테스의 고난을 슬퍼하고 있으며, 마담 오메의 이념에는 동조하지 않더라도 에마 보바리의 비극에는 충분히 동참한다. 반면 희극은 시간, 사회, 문화 인류학과 관계가 있어 보인다. 우리는 「라쇼몬」의 드라마를 이해하지만, 언제 그리고 왜 일본인들이 웃는지는 이해하지 못한다. 또한 우리는 아리스토파네스의 희극을 이해하는 데 많은 어려움을 느끼며, 오를란도 팔라디노의 죽음을 슬퍼할 때보다는 라블레의 글을 읽으며 웃는 데 더 많은 문화적 소양을 필요로 한다.

물론, 보편적인 희극이 존재한다는 반론도 가능하다. 예를 들어, 파이를 뒤집어쓴 얼굴이나 진흙탕에 처박힌 제복의 병사, 리시스트라타에게 쫓겨나 집 밖에서 밤을 하얗게 새우는 남편들이 그것이다. 그러나 후대까지 전해 오는 비극은 단지 보편적(아이를 잃어버린 어머니, 연인이나 사랑하는 사람의 죽음)일 뿐만 아니라, 가장 특징적이기도 하다. 무엇 때문에 고발되었는지는 몰라도 발끝에서 심장까지 서서히 죽어 가는 소크라테스는 우리를 고통스럽게 만드는 반면, 고전 문학의 박사 학위가 없으면 무엇 때문에 아리스토파네스의 작품인 「소크라테스」가 우리를 웃게 만드는지를 정확하게 알지 못한다.

이러한 괴리는 현대의 작품들에서도 여지없이 드러난다. 즉 영화 「지옥의 묵시록」을 본 사람은 국적과 문화적 수준에 상관없이 전율을 느끼는 반면, 우디 앨런의 작품을 이해하기 위해서는 매우 박식할 필요가 있다. 대니 케이Danny Kaye가 우리를 항상 웃게 만드는 것은 아니다. 지난 1950년대 멕시코 무대의 우상이었던 칸틴플라스는 우리를 무관심하게 만들었고, 미국 텔레비전의 코미디들은 외국으로 수출할 수 있는 것이 아니다(이탈리아에서는 시드 시저Sid Caesar가 전혀 알려지지 않았으며 그렇디고 레니 브루스Lenny Bruce가 이탈리아 사람들에게 큰 웃음을 선사한 것도 아니다). 이것은 이탈리아의 알베르토 소르디(〈토토〉라고도 한다)가 출연한 작품들이 수많은 국가들에 수출되지 않는 것과 같다).

그러므로 아리스토텔레스의 분실된 작품 일부를 재구성한다면, 우리는 비극의 경우에 지나치게 야만적이거나 선하지는 않지만 동정심을 유발하는 고상한 품격의 한 인물이 몰락한 것을 보고, 그가 도덕적·종교적 규칙을 위반함으로써 직면한 운명과 죄과에 대한 공포스러운 경각심을 가질 수 있다. 그러나 결국 그가 받은 처벌이 그의 죄와 우리의 유혹에 대한 정화일 수 있다는 사실로 인해 우리도 충격을 받게 될지 모른다. 이와는 반대로 희극의 경우, 동물적인 특성의 저급함 때문에 우리가 상대적인 우월함을 느낄 만큼 우리와 동일시하지 않는 인물의 몰락과 규칙 위반에 대해 그 결과가 끔찍하다고 해도 우리는 더 이상 그 어떤 감동을 받지 않는다.

우리와 그토록 다른 한 인물이 규칙을 위반한 것에 대해 우리가 처벌받지 않는다는 안도감뿐만 아니라, 위반을 취향으로 즐긴다는 사실을 확인하는 것도 우리에게 만족감을 주지는 않는다. 그가 우리를 대신하여 대가를 치르는 것에 대해, 우리는 별다른 위험 없이 우리가 위반해 보고 싶은 규범을 그가 대리로 위반하는 상황을 즐길 수 있다. 이 모든 것은 의심의 여지 없이 희극의 일부를 구성한다. 그러나 만약 이러한 측면만이 전부라면, 우리는 무슨 이유로 경쟁 관계의 두 장르 사이에서 보편성이 희생되는지를 설명할 수 없을 것이다.

따라서 문제의 핵심은 규칙 위반과 희극 배우의 저급한 성격에만 있는 것이 아니다. 나의 관심은 〈이러한 위반된 규칙에 대한 우리의 인식이 무엇인가?〉에 있다.

그럼 첫 번째 오해를 풀기로 하자. 비극에서는 규칙이 보편적이기 때문에 모든 사람이 이에 연루된다. 반면, 희극에서는 규칙이 특수하고 제한적이다(주어진 기간, 특정한 문화가 그것이다). 이는 보편성의 제거를 설명하기에 충분하다고 생각한다. 즉 식인 풍속의 한 행위는 비극적일 수 있으며 포크가 아니라 젓가락으로 주위 사람의 인육을 먹는 식인 중국인이 있다면 이는 분명 희극이 아닐 수 없다(물론 우리에게는 희극이지만, 중국인들은 이를 매우 비극적인 것으로 간주할 것이다).

사실, 비극의 위반 규칙들이 반드시 보편적인 것은 아니다. 사람들은 근친상간의 공포가 세계 어디에서는 보편적이라고 말한다. 그러나 오레스테스가 자신의 모친을 죽여야 한다는 의무는 결코 보편적이지 못하다. 그럼 무엇 때문에 오늘날처럼 심각한 도덕적 비관주의의 시대에 우리는 보바리 부인의 상황을 비극적이라고 간주하는지를 자문해 보아야 한다. 이것은 일처다부제 사회의 경우에는 별로 두드러진 현상이 아니며, 뉴욕 사람들도 별다른 관심을 보이지 않는다. 정숙한 부인이 혼외정사를 즐기면서 그 일에 너무 슬퍼하지 않으면 그만이다. 지나치게 과도한 자괴감을 늘어놓는 이 시골 여성은 오늘날의 우리에게는 체호프의 「위험스러운 과장하기」에서 주인공이 무대에서 중요한 사람에게 침을 튀겨 가며 합리적인 한계를 무시하고 계속해서 자신의 변명을 늘어놓는 것과 마찬가지로, 웃기는 일이 아닐 수 없다.

비극의 전형은 규칙을 위반하기 이전과 위반하는 과정 그리고 그 이후에도, 우리를 그 규칙의 특성에 오랫동안 머물게 만든다. 비극에서는 코러스가 이와 같은 위반의 행위들을 통해서 비극을 구성하는 사회 규범(또는 사회 코드)들을 우리에게 제공한다. 코러스의 기능은 매 단계마다 무엇이 법칙인가를 설명하는 것이다. 즉 오직 이를 통해서만 위반과 그 운명적 결과들을 이해할 수 있다. 『보바리 부인』은 간음이 어느 정도로 처벌받을 수 있는 것인지, 또는 이 소설의 주인공과 동시대 사람들이 간음한 자를 얼마나 처벌할 수 있는지를 보여 주는 작품이다. 영화 「블루 에인절」은 중후한 나이의 교수가 한 발레리나와 몹쓸 짓을 하지 말아야 한다는 사실을 말하고 있다. 그리고 토마스 만의 소설 「베네치아에서의 죽음」은 위와 같은 연배의 한 교수가 어린 소년과 사랑에 빠지지 말아야 한다는 사실을 보여 준다.

두 번째 단계(연대기가 아니라 논리적인 차원에서 두 번째 단계이다)는 어떻게 사람들이 악을 행하지 말았어야 하며 또한 이로 인해 크나큰 혼란에 빠지지 말았어야 한다는 사실을 말하고 있다. 그러나 이러한 사실들의 근본적인 이유는 윤리적인 가치나 사회의 강요를 인정하는 형태의 규칙들이 반복되어야 하는 데 있다.

비극은 위반을 합리화하지만(운명, 열정 또는 이와 유사한 의미의 이름으로), 규칙을 제거하지는 못한다. 이러한 이유로 비극은 보편적인 것이다. 즉 비극적인 행위는 불안감과 자비심을 불러일으켜야 한다. 이 때문에 사람들은 모든 비극 작품이 문화 인류학 수업이라고 말하며, 설사 우리의 것은 아니라 해도 우리 스스로 규칙을 우리와 동일시하게 만든다.

만약 식인 공동체가 식인 풍속을 거부한다면 이는 구성원에게 비극적이라고 할 수 있다. 그러나 비극의 정도는 이러한 이야기가 인육을 먹어야 하는 의무의 무게와 엄숙함이 우리에게 얼마나 설득력이 있는가에 달려 있다. 채식주의자로서 좋아하지 않는 인육을 먹고 소화 불량에 걸린 식인종에 대한 이야기는 식인 풍속이 얼마나 고귀한 의무인가를 오랫동안 확실하게 설명하지 않는다면 단지 희극적인 줄거리에 지나지 않을 것이다.

이러한 이론적 제안들의 증거는 희극 작품들이 규칙을 제공할 뿐 이를 확인하는 데 그다지 신경 쓰지 않는다는 사실에 있다. 나는 이러한 사실을 믿고 있기에 실제로 증명해 볼 것을 제안한다. 이러한 가정을 텍스트 기호학의 용어로 바꾸어 본다면, 다음과 같은 용어들의 공식으로 전환이 가능하다. 사고의 형태들에 관련된 수사학적인 도구가 있는데, 이것은 시나리오나 이미 청중에 알려진 텍스트가 주어져 있는 만큼, 사고의 다양한 형태들 속에서 담론으로 명확하게 드러나지 않으면서도 이것들을 다양하게 보여 준다.

정상적인 규칙이 위반된 사실을 침묵으로 일관하는 것은 사고의 형태들이 드러내는 전형이며 아이러니 속에서 분명하게 드러난다. 아이러니는 반대되는 것(어떤 것의 반대인가 하면 존재하는 것이나 사회적으로 통용되는 것에 대한 반대이다)을 주장하는 것이기 때문에, 반대에 대한 반대가 더욱 분명하게 드러날 때 해소된다. 기껏해야 반대는 발표를 통해 암시된다. 그러나 아이러니에 대해 이러저러하다고 평하는 것은 곤란함만 가중시킬 뿐이며, 〈A 대신에〉를 염두에 두고 〈A가 아니다〉라고 주장하는 것도 마찬가지다. 〈A 대신에〉는 모든 사람이 알아야 하는 것이지만, 실제로는 그 누구도 이를 알지 못한다.

희극 배우가 재확인 과정을 거치지도 않고 위반하는 시나리오들에는 어떤 것이 있을까? 오히려 공동의 시나리오, 다시 말해 상징적인 상호 작용의 실용적인 규칙들은 사회가 이미 주어진 것으로 수용해야만 한다. 얼굴에 케이크를 뒤집어쓴 것은, 이것이 파티에서 많은 사람들이 먹는 것이지 다른 사람의 얼굴에 던지는 것이 아니기 때문에 사람들을 웃게 만든다. 일반적으로 손 키스는 부인의 손에 입술을 살짝 대는 것으로 알려져 있다. 대신에 누군가 한 여인의 작은 손을 독차지하여 온통 타액으로 범벅을 만들면서 크게 소리 내며 키스를 해대는 상황(또는 손으로부터 손목으로 옮겨 가면서, 그리고 다시 팔로 이동하면서 소리 내서 키스를 한다면 이는 전혀 희극적이지 않을뿐더러, 애정 관계나 육체적 폭력에 의한 비극이다)은 희극적일 수밖에 없다.

그럼 그라이스의 대화 규칙들을 살펴보자. 최근의 크로체 추종자들과 마찬가지로 우리가 일상의 상호 관계에서 (대화의) 규칙들을 계속해서 위반한다고 말할 필요는 없다. 자세히 살펴보면, 그렇지도 않은 것이, 우리는 뜻하지 않던 대화 규칙들의 존재에 기초하여 그 맛을 살릴 수 있다면 대화의 함축성, 수사학적 형태, 예술적 방만함을 긍정적인 의미로 선택한다. 규칙들이 비록 무의식적이라 할지라도 일단 수용되면 별다른 이유가 없어도 이것들을 위반하는 것은 희극이 된다.

1) 수량적 규칙: 상호 관계의 상황이 요구하는 만큼 가능한한 많은 정보를 부여하라. 다음의 사례는 희극적인 상황이다. 「실례합니다. 몇 시인 줄 아시나요?」「네.」

2) 질적 규칙: a) 거짓이라고 믿는 것은 말하지 마라. 다음은 이에 대한 희극적인 상황이다. 「나의 하느님, 당신께 간청합니다. 당신이 존재하지 않는다는 증거 하나만 주세요.」
b) 적합한 근거를 갖고 있지 못한 것에 대해서는 말하지 마라. 이에 대한 희극적인 상황은 다음과 같다. 「나는 마리탱 Maritain, Jacques의 생각을 수용할 수 없을 뿐만 아니라, 화가 난다. 그렇지만 그나마 그의 어떤 책도 읽지 않은 것이 다행이다.」(1953년 2월, 사적인 대화에서 나의 대학 시절 한 교수님이 소리치면서 말한 내용이다.)

3) 관계 규칙: 매우 중요한 것 같다. 이에 대한 희극적인 상황의 사례는 다음과 같다. 「모터보트를 운전할 줄 아세요?」「허허 참 나, 난 이래 봬도 알프스Alpes에서 군 생활을 했어!」(토토의 말)

4) 매너의 규칙: 모호하고 부수적인 의미의 표현을 피할 것이며 장황하고 불필요한 말들을 삼가라. 그리고 논리에 맞게 말하라. 나는 이러한 위반의 희극적 결과에 대해서까지

언급할 필요는 없다고 믿는다. 그럼에도 종종 의지와는 상관없는 상황이 발생하기도 한다. 물론 계속해서 말하자면, 이러한 요건이 충분하다고는 보지 않는다. 대화 규칙을 위반했을 때에도 통상적인 결과(함축적 결과)가 나타나거나 비극적인 결과(사회적으로 적응하지 못한 결과) 또는 시적인 결과가 도출될 수 있다. 이 시점에서 다른 요건들이 필요하며 나는 이것들이 희극적인 결과의 또 다른 유형학임을 지적하고 싶다. 내가 강조하고 싶은 것은, 위에서 언급한 경우들에서 만약 규칙이 언급되지 않고 함축적으로 전제된다면 희극적인 결과가 나타난다는 사실이다.

이와 마찬가지의 결과가 상호 텍스트적인 시나리오를 벗어나는 경우에도 발생한다. 몇 년 전 『매드 Mad』라는 잡지는 〈우리가 보고 싶은 영화들〉이라는 특집에서 영화들의 각 장면들을 선택하여 풍자 만화를 다룬 적이 있다. 예를 들어 서부의 현상 수배범들이 초원의 한 철길에 어린 소녀를 묶고 있다고 하자. 그리피스의 구성에 따라 장면들이 연속으로 이어지면서 기차는 계속해서 달려오고 소녀는 울고 있고 선한 무리들은 소녀를 구하기 위해 말을 타고 질주한다. 이때 장면들이 교차하면서 기차는 소녀의 위로 통과한다. 다른 사례들을 살펴보자. 보안관은 서부 영화의 모든 규칙들에 따라 최후의 대결을 벌이고 결국에는 악당에게 살해된다. 검객은 아름다운 여인이 악한에게 포로로 잡혀 있는 성으로 침투해 들어가 응접실을 통과하여 샹들리에와 커튼에 매달리며 악한과 치열한 결투를 벌이다 결국에는 악한의 칼에 찔린다. 이러한 사례들에서 규칙 위반을 즐기기 위해서는 이 같은 규칙이 이미 전제되어 위반할 수 없는 것이어야 할 필요가 있다.

만약 이것이 사실이라면 가설이 조작되었을 가능성은 거

의 없다고 믿는다. 그렇지 않다면 바흐친이 주장하는 카니발적인 형이상학 또는 메타 인류학을 포함한 희극의 형이상학도 바뀌어야 한다. 희극은 대중적이고 자유스러우며 파괴적인 것으로 보인다. 왜냐하면 규칙의 위반을 허용하기 때문이다. 그러나 이는 규칙을 위반할 수 없는 것으로 간주하는 사람에게나 가능하다. 희극에서 위반된 규칙은 이를 재확인할 필요가 없는 만큼 전적으로 인정된다. 이러한 이유 때문에 카니발은 1년에 오직 한 번 열릴 수 있다. 규칙의 위반을 즐기기 위해서는 1년 동안은 이를 준수할 필요가 있다.

일련의 사회 규칙들에 의해 발생할 수 있는 모든 상황과 절대적인 〈허용〉의 상태에서는 그 어떤 카니발도 존재하지 않는다. 왜냐하면 그 누구도 무엇이 문제인지를 기억하지 못할 것이기 때문이다. 카니발적인 희극, 즉 위반의 순간은 모든 규칙이 철저하게 준수되고 있을 때에만 가능하다. 이와 같은 의미에서 희극은 전혀 탈출구의 기능을 가지고 있지 못하다. 희극이 이러한 역할을 하기 위해서는 희극의 등장을 전후하여 규칙을 철저하게 준수해야 한다. 이것은 무슨 이유로 매스 미디어의 세계가 동시에 통제하고 합의를 조정하는 세계이며 희극의 상품화와 소비에 기초한 세계인가를 설명해 준다. 폭소가 가능한 것은 바로 웃는 순간을 전후하여 울게 되기 때문이다. 희극은 규칙을 반복하지 않는다. 왜냐하면 규칙이 잘 알려져 있고 의문의 여지없이 수용되었기 때문이며, 아울러 일정한 — 공간과 매개체로서의 가면이 있는 관계로 — 위반의 게임을 즐기도록 해주는 희극적 허가가 사용된 후에도 규칙은 계속해서 남을 것이기 때문이다.

그럼에도 〈희극〉은 〈놀이〉라는 용어와 마찬가지로 은폐어이다. 이토록 모호한 부류의 다양한 아류들 속에서, 비극의 틈새에서도 역할을 허용하고 놀랍게도 희극을 최고의 축하와 안전장치로 묶어 둘 수 있는 암울한 상품화에서 벗어나면서 규칙과는 다르게 움직이는 활동 형태가 존재할 여지가 있는지를 자문해 볼 필요가 있다.

나는 우리가 피란델로가 유머의 이름으로 희극과 관련하여 반대하거나 또는 희극과 분리한 것에서 이러한 범주를 구분할 수 있을 것으로 믿는다.

희극이 대조의 개념인 반면, 유머는 대조에 대한 감성이다. 더 이상 크로체적인 용어들에 대해서는 토론을 하지 않을 것이다. 만약 희극의 사례가 어린 소녀처럼 위장한 한 노파라면 유머는 왜 이 노파가 그렇게 행동하는가에 대해서도 의문을 제기한다.

이러한 과정에서 나는 좋은 규칙들에 정면으로 대치하는 비천한 등장인물보다 우월하고 그와 다르다고 느끼지 않는다. 오히려 이 등장인물과 나를 동일시하며 그가 엮어 내는 드라마에 함께한다. 이때 나의 폭소는 미소로 바뀐다. 피란델로가 제공하는 또 다른 사례는 아리오스토의 아스톨포와는 대조적인 돈키호테다. 우화에 등장하는 히포그리프[1]를 말처럼 타고 달에 도착한 아스톨포가 밤이 저물어 갈 무렵 마치 상용 여행자처럼 묵을 여관을 찾는 장면은 가히 희극적이다. 하지만 돈키호테는 이와는 다르다. 왜냐하면 풍차와의 싸움이 전투에 참가하여 다리를 잃고 영광에 대한 환상으로 투옥되었던 세르반테스의 환상을 그대로 재생하기 때문이다.

이야기를 좀 더 해보자. 독자가 알고 있는 것처럼 돈키호테의 환상은 유행이 지난 기사 문학에서나 가능한 세계에 걸

---

[1] *Ippogrifo*. 몸은 말이지만, 수리의 머리에 날개를 가진 동물.

쳐 있다는 것을 알거나, 또는 알아야만 하기에 유머로 넘친다. 그러나 이 시점에서 피란델로의 가설은 우리의 그것과 일치한다. 『돈키호테』가 도서관에서 시작하는 것은 우연이 아니다. 세르반테스의 작품은 라만차에서의 광기에 찬 모험이 모델로 삼고 있는 상호 텍스트적인 시나리오를 그대로 따르지 않고 결과를 뒤집는다. 그의 작품은 마치 비극 작품이 위반될 규칙을 상기시키듯이, 위의 상호 텍스트적인 시나리오를 설명하고 확인하며 재검토한다.

그러므로 유머는 비극처럼 작용하지만, 이들 사이에는 다음과 같은 차이가 존재한다. 비극에서 재확인된 규칙은 서술적 세계의 일부를 구성하거나(『보바리 부인』) 담론 구조의 차원에서 재확인될 때(비극적 코러스) 항상 등장인물들에 의해 언급된다. 반면 유머에서 규칙에 대한 서술은, 숨겨져 있는 만큼 진술에 대한 요청, 즉 언급된 등장인물이 믿어야만 하는 사회적 시나리오에 대해 숙고하는 저자의 목소리인 것처럼 등장한다.

한 등장인물이 자신과 자신에 대해 말할 때에도 이 사람은 판단의 주체와 대상으로 양분된다. 나는 우디 앨런의 유머를 생각하고 있다. 그의 유머에서는 목소리들 간의 격차를 구분하기가 여간 어렵지 않다. 그럼에도 그는, 소위 말해, 우리에게 느끼게 한다. 알레산드로 만초니의 유머에서 이러한 격차는 더욱 분명하게 드러나는데, 그 결과 돈 아본디오의 도덕적, 문화적 세계를 판단하는 저자와 돈 아본디오 자신의 (외적이고 내적인) 행위들 사이에는 격차가 확연하다.

이러한 방식으로 유머는, 희극의 경우와 마찬가지로, 전제된 규칙의 희생양이 아니라, 규칙에 대한 더욱 분명하고 의식적인 비평을 보여 준다. 유머는 메타 기호학적이고 메타 텍스트적인 것이다. 언어의 희극은 아리스토텔레스적인 재담에서 제임스 조이스의 재담들에 이르기까지 모두 동일한 부류에 속한다. 그러므로 〈무색의 초록빛 이념들이 격렬하게 잠을 자고 있다〉고 말하는 것은 (시가 아닌 경우) 구술적인 희극의 경우라고 할 것인데, 그 이유는 문법적 규정이 전제되고, 그리고 오직 이를 전제해야만 위반의 경우가 명확하게 드러나기 때문이다(이러한 이유로 이 문장은 문법학자들을 웃게 만들지만, 이미 수사학적인 질서의 다른 규칙들, 즉 문장을 평범한 것으로 만들어 버릴 부차적인 차원의 낮은 규칙들을 생각하고 있는 문학 비평가들에게는 웃음을 선사하지 않는다).

그러나 『피네건의 경야』가 하나의 〈세자라데Scherzarade〉라고 말하는 것은 문법적으로 틀린 표현을 빌려 세라자드〈Sheerazade〉, 〈시아라다sciarada〉 그리고 스케르초scherzo의 존재를 감추면서 동시에 반복하는 것이다. 그리고 이것은 반복되고 부정된 세 개의 어휘들에 대해 친화성, 근본적인 모호함, 이들을 허약하게 만드는 신소리[2]의 가능성을 보여준다. 파격 구문이 희극일 수 있거나 또는 왜 그런가에 대한 이유를 묻지 않는 랍수스(이때의 이유는 다른 사람들이 〈의미의 고리〉라고 부르는 구조 그 자체에 묻혀 있지만, 실제로는 백과사전의 모호하고 반복적인 구조이다)일 수 있다. 반면에 재치와 동음이의어의 익살은 유머와 매우 유사하다. 이들은 인간에 대한 동정심을 불러일으키지는 않지만, 그 대신 언어의 허약함에 대한 불신을 동반한다.

어쩌면 나는 궁극적으로는 구분되어야 할 카테고리들을 혼동하고 있는지도 모른다. 하지만, 이러한 사실을 비롯하여 반성과 그 반성을 위한 시간(연대기적인 시간)의 관계를 고

---

2 *paronomasia*. 수사법의 하나로서 발음이 비슷한 두 단어를 근접시키는 것.

려한다면, 나 자신이 새로운 장르, 즉 인간의 본질이 무엇인가를 불과 30분 내에 설명해야 하는 심포지엄의 메커니즘에 관한 우스꽝스러운 고찰의 문을 열고 있는지도 모른다.

(1981)

찾아보기

ㄱ

가르가니 Gargani, Aldo 189, 190
가보르 Gábor, Dennis 17
가우디 Gaudí y Cornet, Antonio 48, 330
갈릴레이 Galilei, Galileo 194, 411, 423
게인즈버러 Gainsborough, Thomas 41
게티 Getty, Jean Paul 59~65, 70, 441
고차노 Gozzano 19
골도니 Goldoni, Carlo 322, 323
구이도 Guido, Bernardaud 414
구텐베르크 Gutenberg, Johannes 211, 214, 370~372, 374~376, 382, 383
그레코 Greco, El 40, 65
그로스테스트 Grosseteste, Robert 416
그릴로 Grillo, Beppe 238, 239
긴즈버그 Ginsberg, Allen 216

ㄴ

나폴레옹 Napoléon 56, 57, 76, 237
뉴턴 Newton, Sir Isaac 285
니벨슨 Nevelson, Louise 36
니체 Nietzsche, Friedrich Wilhelm 147, 384
닉슨 Nixon, Richard Milhous 305, 306, 308

다빈치 da Vinci, Leonardo 37, 38, 68, 69
단테 Dante Alighieri 60, 285, 355, 411, 421
데카르트 Descartes, René 121, 191, 194, 384, 412
델 페초 Del Pezzo, Lucio 36
도나텔로 Donatello 68, 95
도리야크 d'Aurillac, Gerbert 67, 128
돌치노 Dolcino, Fra 153
두세 Duse, Eleonora 68
뒤비 Duby, Georges 397~399, 402, 403
뒤비비에 Duvivier, J. H. N. 252
드루예 Drouillet, Philippe 223

드샤반 de Chavannes, Pierre Cécile Puvis 26

디킨스 Dickens, Charles 176

디포 Defoe, Daniel 352

라블레 Rabelais, François 355, 427

라이트 Wright, Frank Lloyd 22, 61

라투르 La Tour, Georges de 60

라파엘로 Raffaello Sanzio 26, 60, 63, 68, 125

라피트 Lafitte, Jean 56

러셀 Russell, Bertrand 139

레니 Reni, Guido 40

레닌 Lenin, Vladimir 108, 119, 120, 143

레비 Lévy, Bernard-Henri 386~389

레투알 L'Étoile, Eudes de 154

렘브란트 Rembrandt, Harmensz van Rijn 40, 65

로댕 Rodin, François Auguste René 94

로런스 Lawrence, Sir Thomas 40

로버츠 Roberts, Oral 91, 92, 96

로어 Lorre, Peter 334

로턴 Laughton, Charles 74

루빈 Rubin, Jerry 108, 273

루소 Rousseau, Jean-Jacques 332

뤼캉 Lucan 384

르두 Ledoux, Claude-Nicolas 367

링컨 Lincoln, Abraham 33

마냐스코 Magnasco, Alessandro 60

마랭 Marin, Louis 76, 81, 83

마르크스 Marx, Karl Heinrich 109, 119, 122, 143, 144, 147, 177, 185, 191, 195, 261, 270, 314, 373, 387, 388, 412, 413, 425

마리 앙투아네트 Marie Antoinette 32, 89

만초니 Manzoni, Alessandro 224, 257, 285, 354, 437

말라르메 Mallarmé, Stéphane 248

말러 Mahler, Gustav 34

말로흐 Maloch 387

매클루언 McLuhan, Marshall 210, 211, 213, 364, 369, 370, 372~383, 452

맥나마라 McNamara, Robert 128

맨슨 Manson, Charles 114, 119, 151, 152, 155, 185

메나르 Menard, Pierre 345, 355

메사제 Messager, Annette 20

메스트르 Maistre, Joseph de 387, 389

모차르트 Mozart, Wolfgang Amadeus 28, 33

몬테베르디 Monteverdi, Claudio 223

무나리 Munari, Bruno 125

뮌처 Münzer, Thomas 154

미넬리 Minnelli, Liza May 48

미란다 Miranda, Carmen 48

미켈란젤로 Michelangelo 39, 40, 42, 66, 68, 94, 95

밀리컨 Millikan, Robert Andrews 69

바르도 Bardot, Brigitte 34

바르트 Barthes, Roland 6, 123, 390~394, 396, 404, 405, 407~409
바움 Baum, Dwight James 52
바이트 Veidt, Conrad 334
바자르 Bazar, Matia 224
바카 Vacca, Roberto 101, 103, 104, 114, 127, 128
발자크 Balzac, Honoré de 123, 222, 326, 351
방다 Benda, Julien 386
버베리언 Berberian, Cathy 223
베로네세 Veronese, Paolo 60, 65
베르가 Verga, Giovanni 304
베르그송 Bergson, Henri Louis 416
베르지에 Bergier, Jacques 135~137
베르티 Berti, Orietta 48
베를링구에르 Berlinguer, Enrico 294, 385
베이컨 Bacon, Roger 36, 416
베토벤 Beethoven, Ludwig van 28, 97, 253, 268, 272
백퍼드 Beckford, William 355
벤더스 Wenders, Wim 222, 223
벤투리 Venturi, Robert 72
보가트 Bogart, Humphrey 328, 332~334
보글럼 Borglum, Gutzon 69
보들레르 Baudelaire, Charles Pierre 47
브뢰겔 Brueghel, Pieter 366
브루넬레스키 Brunelleschi, Filippo 338
브리노 Brino, Giovanni 72
블룸 Bloom, Leopold 350
비스콘티 Visconti, Luchino 356

비토리니 Vittorini, Elio 351
빌라 Villa, Claudio 48

사르트르 Sartre, Jean-Paul 147, 294, 348, 385, 393
사코 Sacco, Giuseppe 112
산소비노 Sansovino, Jacopo 45
살가리 Salgari, Emilio 52, 184, 185, 353, 354, 356
상구이네티 Sanguineti, Edoardo 125, 127, 352
생타무르 Saint-Amour, Guillaume de 112, 411, 421
샤르댕 Chardin, Pierre Teilhard de 412
샤르트르 Chartres, Bernard de 121, 416
샹파뉴 Champaigne, Philippe de 40
세가렐리 Segarelli, Gerardo 153, 154
세잔 Cézanne, Paul 367
셰익스피어 Shakespeare, William 28, 329
소르디 Sordi, Alberto 428
솔제니친 Solzhenitsyn, Aleksandr Isayevich 386~388
쇼팽 Chopin, Frédéric François 48
스크랴빈 Skryabin, Aleksandr 47
스튀브산트 Stuyvesant, Peter 24, 25
스트라우스 Strauss, Johann 94
스티카 Styka, Jan 69
시저 Caesar, Sid 428

아르침볼도 Arcimboldo, Giuseppe 48
아리스토텔레스 Aristoteles 40, 107, 112, 120, 190, 195, 209, 257, 361, 415, 418~422, 424, 425, 428, 437
아리스토파네스 Aristophanes 265, 427, 428
아마도 Amado, Jorge 161, 167
아베로에스 Averroës 411, 420, 421
아벨라르 Abélard, Pierre 415
아시모프 Asimov, Isaac 28
아우구스티누스 Augustinus, Aurelius 367, 417
아인슈타인 Einstein, Albert 139, 272, 416
안드레오티 Andreotti, Giulio 290, 325, 398
알랭 드 릴 Alain de Lille 121
알베로니 Alberoni, Francesco 125
알튀세르 Althusser, Louis 384, 389
애덤스 Adams, Charles Francis 80, 307
앵그르 Ingres, Jean-Auguste-Dominique 40, 56
야콥슨 Jakobson, Roman 123, 261, 281
에른스트 Ernst, Max 125, 304
에이크 Eyck, Hubert Van 43
에피메니데스 Epimenides 325
오레스테스 Orestes 427, 430
오웰 Orwell, George 386
오토 Otto, Rudolf 146
오티에리 Ottieri, Ottiero 285
오펜바흐 Offenbach, Jacques 223
오펜하이머 Oppenheimer, Robert 139
우첼로 Uccello, Paolo 60
워프 Whorf, Benjamin Lee 379, 392
월리스 Wallace, A. R. 89
웰스 Welles, George Orson 44, 170
이덜리 Eatherly, Claude 139
이오네스코 Ionesco, Eugène 408

잠볼로냐 Giambologna 52, 66
잭슨 Jackson, Andrew 56
제들마이어 Sedlmayr, Hans 364~369, 373, 374, 381, 383
제이콥스본드 Jacobs-Bond, Carrie 69
조로조 St. Georgius 68, 163, 166, 167
조이스 Joyce, James Augustine 125, 352, 438
존스 Jones, Jim 149, 150, 152, 153, 156~158
존슨 Johnson, Andrew 21, 25, 63
졸라 Zola, Émile 386
진즈부르그 Ginzburg, Carlo 190
질 드 레 Gilles de Rais 119
질송 Gilson, Étienne-Henry 423

차이콥스키 Tchaikovsky, Pyotr Ilich 34
채닝 Channing, Carol 21
채플린 Chaplin, Charles Spencer 31
체호프 Chekhov, Anton Pavlovich 430
첼렌타노 Celentano, Adriano 325
첼리니 Cellini, Benvenuto 52

촘스키 Chomsky, Avram Noam 123, 262

킨홀츠 Kienholz, Edward 96

카노바 Canova, Antonio 125
카라바조 Caravaggio 65, 222
카루소 Caruso, Enrico 28
카셀리모레티 Caselli-Moretti, Rosa 69, 70
카솔라 Cassola, Carlo 294
카슨 Carson, 251
카툴루스 Catullus, Gaius Valerius 197
카펠라노 Capellanus, Andreas 411
칸트 Kant, Immanuel 190, 193, 195, 202, 227, 361
칸틴플라스 Cantinflas 428
케네디 Kennedy, J. F. 139
케이 Kaye, Danny 428
켈리 Kelly, Grace 246, 247
켐펠렌 Kempelen, von 82
코르나로 Cornaro, Caterina 68
코시모 Cosimo, Piero di 65
코페르니쿠스 Copernicus, Nicolaus 194
콜롬보 Colombo, Furio 109, 110
쿠쟁 Cousin, Victor 195
쿨먼 Kuhlman, Kathryn 93, 94
큐브릭 Kubrick, Stanley 221, 222
크락시 Craxi, Bettino 398
크레팍스 Crepax, Guido 223
클레르 Clair, René 44, 128
클로델 Claudel, Paul 116
클리번 Cliburn, Van 21
키케로 Cicero, Marcus Tullius 265

타데마 Tadema, Lawrence Alma 60
탕피에 Tempier, Etienne 411
탱글리 Tinguely, Jean 125
토르발센 Thorvaldsen, Bertel 46
토마스 아퀴나스 Thomas Aquinas 12, 411, 412, 414~416, 418, 419, 421, 423~425, 447, 448
토투 Tautou, Audrey 252
톨치프 Tallchief, Maria 21
티치아노 Vecellio, Tiziano 60

파노프스키 Panofsky, Erwin 382
파르메니데스 Parmenides 191, 367
파브리 Fabbri, Diego 37, 304, 354
파블로프 Pavlov, Ivan Petrovich 320
파솔리니 Pasolini, Pier Paolo 127, 294, 356
판사 Pansa, Giampaolo 185
팔라디노 Paladino, Eusapia 36
팔롬바라 Palombara, Joseph La 292
퍼스 Peirce, Charles Sanders 6, 190
퍼식 Pirsig, Robert 224
페라리 Ferrari, Gaudenzio 65
페촐리 Pezzoli, Poldi 65
포 Poe, Edgar Allan 80, 319
포드 Ford, John 74, 252
포웰 Pauwels, Louis 133, 136, 137, 139
폴로 Polo, Marco 52, 253

폴록 Pollock, Jackson 22, 349
푸생 Poussin, Nicolas 60
푸코 Foucault, Michel 391, 393, 394, 396, 400, 404, 405, 407, 408, 409
풀러 Fuller, Richard Buckminster 273, 367
프라트 Pratt, Hugo 223
프란체스코 Francesco, d'Assisi 119, 120, 153, 154, 416, 424
프레촐리니 Prezzolini, Giuseppe 386
프로이트 Freud, Sigmund 146, 150, 195, 324, 325, 425
프루스트 Proust, Marcel 352
플라톤 Platon 8, 193, 272, 363, 416, 417
피니 Fini, Leonor 48
피들러 Fiedler, Leslie 356
피란델로 Pirandello, Luigi 436, 437
피아첸티니 Piacentini, Marcello 48
필리프 오귀스트 Philippe Augustes 414

ㅎ

하디 Hardy, Oliver 323
하워드 Howard, Michael 402, 403
하이데거 Heidegger, Martin 147, 217, 281, 384
하인라인 Heinlein, Robert Anson 28
할로 Harlow, Jean 31
할스 Hals, Frans 65
해밋 Hammett, Dashiell 151
헉슬리 Huxley, Aldous Leonard 386
헤겔 Hegel, G. W. F. 195, 325, 348, 412
헤밍웨이 Hemingway, Ernest Miller 28, 334, 351
헤세 Hesse, Hermann 108, 224
휴스턴 Huston, John 222
흐루쇼프 Khrushchov, Nikita Sergeyevich 139, 209
히포크라테스 Hippocrates 190

옮긴이의 말

움베르토 에코의 관심은 철학, 미학, 역사학 등 학문 영역 전반을 관통한다. 그 이유는 세상의 관습적인 관점들을 뒤집는 그의 천재적인 발상이 학문의 한 영역에 안주하지 않고 새로운 관점과 해석을 끝없이 창출하기 때문이기도 하지만, 그 외에도 현대 학문이 통섭의 논리에 편승하여 학문 간의 장벽을 자유롭게 넘나드는 것도 그 주된 원인에 해당한다.

이 책은 에코가 지난 1970년대에 쓴 글들을 모은 것으로, 그중 일부는 여러 유력 일간지에 실린 바 있다. 총 여섯 장으로 구성되어 있으며, 각 장에는 다양한 주제(또는 분야)에 대한 에코의 기호학적 해석이 담겨 있다.

제1장 「극사실주의 세계로의 여행」은 기호학의 기호들을 이용하여 일상의 다방면에서 목격되는 여러 현상을 새롭게 해석하려는 노력의 흔적이다. 이 책은 기존의 지식을 관습의 틀에서 되새김하려는 것이 결코 아니다. 지금까지의 익숙함과는 전혀 다른 관점에서 현상을 파악하고 이를 통해 내면에 잠재된 의미를 인식의 수면으로 떠우려고 하였다. 그 한 예로 저자는 홀로그래피, 밀랍 박물관, 호스트의 성, 폴게티 박

물관 그리고 동물원 등을 지적한다. 이들은 모두 공동체 생활에서 시민들의 풍요롭고 여유로운 삶을 지원하지만 에코의 눈에는 극사실주의의 상징들이다. 에코는 사람들이 보이고 만져지는 사실들에 집착함으로써, 사실의 극단에서 실제의 모습을 보고 있다는 스스로의 거짓된 확신에 안주하고 있다고 지적한다.

제2장 「새로운 중세」는 서양사의 고대와 근대의 교량기인 중세의 실제적인 현상들이 우리 시대의 축소판인가에 대한 기호학적 분석에 해당한다. 비록 가정(假定)임을 전제하지만 충분히 발생할 수 있는 시나리오를 근거로 현대적 삶의 결코 유기적이지 못한 허약한 구조를 여지없이 폭로한다. 자동차, 컴퓨터, 비행기 등의 온갖 안락하고 편리한 삶의 이기(利器)에도 불구하고 여전히 우리는 21세기 유목 생활의 한계에서 벗어나지 못했다는 것이다.

에코는 자신이 모든 것이 가능한 시대에 살고 있다고 주장한다. 이는 의지와 희망의 서정적인 표현이 아니라 주변에서 일상적으로 발생하는 모든 것을 주목해야 하는 제4의 시대에서 이미 가능했던 것과 증명되었던 것들도 은폐될 수 있다는 위험을 직시하자는 경고의 메시지이다. 제3장에서 에코는 〈지하 세계의 신들〉로 정의한 이상의 위험으로, 자신의 조국에서 기독교민주당 소속 수상이었던 알도 모로Aldo Moro를 살해하면서 제국주의 국가들과 다국적 기업 체제에 저항했던 붉은 여단의 사례를 지적한다. 사실 이 같은 정치 테러는 체 게바라의 혁명 등과 더불어 필연적인 실패의 여정이었다고 분석한다. 붉은 여단의 〈국가의 심장부를 강타하라〉는 목표는 한 세기 전의 국가관에 불과할 뿐 심장과 머리를 가지고 있지 않은 오늘날의 거대 체제에는 전혀 효과적이지 않다는 것이 그의 논박이었다.

제4장에 따르면 우리는 창과 칼의 혁명 시대를 벗어나 커뮤니케이션 시대에 살고 있다. 따라서 과거와는 달리 혁명의 성공은 ─ 재화를 생산하는 도구로서가 아니라 재화 그 자체의 핵심에 위치하는 ─ 커뮤니케이션을 장악하는 자의 훈장인 셈이다. 이러한 권력의 논리와 마찬가지로 경제력 또한 생산 수단의 소유자로부터 이를 제한하고 통제할 수 있는 정보 수단을 장악한 자의 몫이다. 그러나 권력 집중은 그 주변에 머무는 소외의 문제를 영원히 동반한다. 이런 의미에서 시청자들에 대한 텔레비전의 영향력은 매우 지대하다. 그 이유는 텔레비전 중계의 목적에 따라 실제 사건들의 모양새가 결정되기 때문이다.

대부분의 사람들은 커뮤니케이션의 성소이며 자본주의 생산 방식이 지배하는 이 사회의 부가 집적된 공간, 즉 박람회에서조차 자신이 생산 수단의 주체이면서도 실상은 소비재의 소비자로서 행동한다는 사실을 인식하지 못한다. 또한 이와 마찬가지로 구경하는 동안 온갖 기준의 잣대로 수많은 선택을 하였음에도 이를 깨닫지 못하고 미래의 어느 날 상황이 허락하면 〈흉한 것〉보다는 〈멋진 것〉들을 구입하겠다는 생각만 할 뿐이다. 이것은 무대의 막이 오르면서 방금 시작된 노래가 귀에 거슬릴 정도로 따분했지만, 후렴부의 멜로디를 듣고 곧바로 행복해하면서 〈유행하겠는걸〉하고 생각하는 것과 별반 다르지 않다. 뿐만 아니라 매력적이고 섹시하다는 찬사의 대가로 스스로의 노예화(사회 권력 또는 이성에 의한 품행 제한과 도덕성 통제의 효과)를 부추기는 의복

구매 심리도 마찬가지의 논리에서 벗어나지 않는다. 에코는 제5장에서 사회의 구석구석에서 목격되는 이러한 현상들을 기호학적인 장치 또는 의사소통을 위한 도구로 간주한다.

마지막으로 에코는 이 책에서 권력의 (우선적인) 모델 체계로 언어를 지적한다. 하지만 그는 언어를 파시스트적이라거나 위협적인 권력의 표현 그 자체로 정의하는 데는 동의하지 않는다. 정작 — 이 책의 전반에 걸쳐 노출되어 있는 — 에코의 진정한 관심은 일상의 순간에 언어를 통한 극도의 선동적인 주제들이 넘쳐난다는 경고에 집중된다. 에코의 말처럼 많은 사람들이 언어를 혁명 그 자체로 정의하지만 그 혁명이 결코 권력 체계의 전복을 의미하는 혁명과는 교차하지도 그렇다고 조우하지도 않는다.

에코는 이 책을 통해, 생각 없이 습관적으로 남들처럼 살아가는, 그래서 겉으로 보이는 것에만 매달리는 세상의 바보들에게 무언의 충고, 다시 말하면 바보들이 결코 이해할 수 없는 방식으로 화내지 않으면서 화내는 요령을 가르치고 있다.
이 책은 결코 한 번에 통독할 수 있는 책이 아니다. 찬찬하고 여유 있는 마음, 즉 느린 삶의 리듬으로 정독하면서 거기에 자신의 생각을 더한다면 에코의 기호학 세계가 일상의 무대인 우리 현실의 한 층위로 보태어질 것이다. 같은 공간, 같은 시간대에 살지라도 세상의 실상과 실제처럼 보이는 허상의 차이를 이해하는 것은 삶의 크나큰 풍요로움이며 동시에 지혜이다.

김정하

움베르토 에코 연보

1932년 출생 1월 5일 이탈리아 피에몬테 주의 소도시 알레산드리아에서 태어남. 에코라는 성은 〈*ex caelis oblatus*(천국으로부터의 선물이라는 뜻의 라틴어)〉의 각 단어 머리글자를 딴 것으로 알려져 있는데, 한 시청 직원이 버려진 아이였던 그의 할아버지에게 붙여 줬다고 함. 아버지 줄리오 에코Giulio Eco는 세 차례의 전쟁에 징집당하기 전 회계사로 일했음. 어린 에코와 그의 어머니 조반나Giovanna는 제2차 세계 대전 동안 피에몬테에 있는 작은 마을로 피신함. 거기에서 움베르토 에코는 파시스트와 빨치산 간의 총격전을 목격했는데, 그 사건은 후에 두 번째 소설 『푸코의 진자』를 쓰는 데 많은 영향을 미침. 에코는 살레지오 수도회의 교육을 받았는데, 이후 저서와 인터뷰에서 그 수도회의 질서와 창립자를 언급하곤 함.

1954년 22세 아버지는 에코가 법학을 공부하길 원했지만 에코는 중세 철학과 문학을 공부하기 위해 토리노 대학교에 입학함. 토리노 대학교에서 루이지 파레이손 교수의 지도하에 1954년 철학 학위를 취득함. 졸업 논문은 「토마스 아퀴나스의 미학 문제Il problema estetico in San Tommaso」. 이 시기에 에코는 신앙의 위기를 겪은 후 로마 가톨릭 교회를 포기함.

1955년 23세 1959년까지 밀라노에 있는 라디오-텔레비전 방송국인 RAI의 문화 프로그램 편집위원으로 일하면서 저널리즘 세계에 입문함.

RAI에서의 경험은 미디어의 눈을 통해 근대 문화를 검토해 보는 기회가 되었음. RAI에서 친해진 아방가르드 화가와 음악가, 작가들(63 그룹)이 에코의 이후 집필에 중요한 기반이 됨. 특히 학위 논문을 발전시킨 첫 번째 저서인 『토마스 아퀴나스의 미학 문제』를 출판한 1956년 이후부터 영향을 미침. 또 이 만남은 모교에서 강의를 시작한 계기가 되기도 함.

1956년 24세 『토마스 아퀴나스의 미학 문제』 출간. 1964년까지 토리노 대학교에서 강사를 맡음.

1959년 27세 『중세 미학의 발전 Sviluppo dell'estetica medievale』 출간(후에 『중세의 미학 Arte e bellezza nell'estetica medievale』으로 개정판 출간). 이를 계기로 영향력 있는 중세 연구가로 인정받음. 밀라노의 봄피아니 출판사에서 1975년까지 논픽션 부분 수석 편집위원으로 일하면서 철학, 사회학, 기호학 총서들을 맡음. 아방가르드의 이념과 언어학적 실험에 전념하는 『일 베리 Il Verri』지에 〈작은 일기 Diario minimo〉라는 제목으로 칼럼 연재. 이 기간에 〈열린〉 텍스트와 기호학에 대한 생각을 진지하게 전개해 나가기 시작하여 나중에 이 주제에 관한 많은 에세이들을 집필함.

1961년 29세 이탈리아 토리노 대학교 문학 및 철학 학부에서 강의하고, 밀라노의 폴리테크니코 대학교 건축학부에서 미학 강사직을 맡음. 잡지 『마르카트레』 공동 창간.

1962년 30세 토리노 대학교와 밀라노 대학교에서 미학 강의를 시작함. 최초의 주저 『열린 작품 Opera aperta』을 출간함. **9월** 독일인 미술 교사인 레나테 람게 Renate Ramge와 결혼해서 1남 1녀를 둠. 밀라노의 아파트와 리미니 근처에 있는 별장을 오가며 생활함. 밀라노의 아파트에는 3만 권의 장서가, 별장에는 2만 권의 장서가 있었다고 함. 「일 조르노 Il Giorno」, 「라 스탐파 La Stampa」, 「코리에레 델라 세라 Corriere della Sera」, 「라 레푸블리카 La Repubblica」 등의 신문과 잡지 『레스프레소 L'Espresso』 등에 다양한 형태의 글을 발표함.

1963년 31세 『애석하지만 출판할 수 없습니다 Diario minimo』 출간함. 주간 서평지 『타임스 리터러리 서플리먼트 Times Literary Supplement』

에 기고를 시작함.

1964년 <u>32세</u>　『매스컴과 미학*Apocalittici e integrati*』 출간함.

1965년 <u>33세</u>　『열린 작품』의 논문 한 편을 떼어서 『조이스의 시학*Le poetiche di Joyce*』으로 출간. 제임스 조이스 학회의 명예 이사가 됨. 아메리카 대륙을 여행함.

1966년 <u>34세</u>　브라질 상파울루 대학교에서 강의함. 1969년까지 피렌체 대학교 건축학과에서 시각 커뮤니케이션 부교수로 일함. 어린이를 위한 책 『폭탄과 장군*La bomba e il generale*』과 『세 우주 비행사*I tre cosmonauti*』를 출간함.

1967년 <u>35세</u>　『시각 커뮤니케이션 기호학을 위한 노트*Appunti per una semiologia delle comunicazioni visive*』를 출간함. 잡지 『퀸디치*Quindici*』를 공동 창간함.

1968년 <u>36세</u>　『시각 커뮤니케이션 기호학을 위한 노트』를 개정하여 『구조의 부재*La struttura assente*』를 출간함. 이 책을 계기로 중세 미학에 대한 관심이 문화적 가치와 문학에 대한 보다 일반적인 관심으로 변화된 후에 자신의 연구 방향을 위한 기조를 설정함. 『예술의 정의*La definizione dell'arte*』를 출간함.

1969년 <u>37세</u>　뉴욕 대학교에서 초빙 교수 자격으로 강의함. 밀라노 폴리테크니코 대학교 건축학부의 기호학 부교수로 취임함.

1970년 <u>38세</u>　아르헨티나의 여러 대학에서 강의 시작함.

1971년 <u>39세</u>　『내용의 형식들*Le forme del contenuto*』과 『기호: 개념과 역사*Il segno*』를 출간함. 데달루스Dedalus(그리스 신화에 나오는 아테나이의 명장)라는 필명으로 이탈리아 공산당 지도자들이 창간한 잡지 『일 마니페스토*Il Manifesto*』에 기고함. 최초의 국제 기호학 학회지 『베르수스*VS*』의 편집자가 됨. 볼로냐 대학교 문학 및 철학 학부 기호학 부교수로 임명됨. 이때부터 그의 이론들이 본격적으로 제자리를 잡기 시작함.

1972년 40세 미국 시카고 노스웨스턴 대학교에서 방문 교수로 강의함. 파리에서 창설된 국제기호학회 IASS/AIS 사무총장을 맡아 1979년까지 일을 함.

1973년 41세 『집안의 풍습 Il costume di casa』(1977년에 출간한 『제국의 변방에서 Dalla periferia dell'impero』의 일부로 수록됨) 출간함. 후에 『욕망의 7년 Sette anni di desiderio』과 묶어 『가짜 전쟁 Semiologia quotidiana』으로 재출간함. 『리에바나의 베아토 Beato di Liébana』 한정판을 출간하여 250달러에 판매함.

1974년 42세 밀라노에서 제1회 국제기호학회를 조직함.

1975년 43세 볼로냐 대학교 기호학 정교수로 승진함(2007년까지 재직함). 미국 UC 샌디에이고 방문 교수를 지냄. 『일반 기호학 이론 Trattato di semiotica generale』을 출간함. 『애석하지만 출판할 수 없습니다』 개정판 출간함.

1976년 44세 『대중문화의 이데올로기 Il superuomo di massa』 출간함. 『일반 기호학 이론 A Theory of Semiotics』을 미국 인디애나 대학교 출판부와 영국 맥밀란 출판사에서 동시 출간함. 미국 뉴욕 대학교 방문 교수를 지냄. 이탈리아 볼로냐 대학교 커뮤니케이션학 및 공연 연구소 소장으로 임명되어 1977년까지 역임함(1980~1983년 다시 소장직 역임). 63 그룹과 신아방가르드에 관한 연구 결과로 루티 G. Luti, 로시 P. Rossi 등과 함께 『아이디어와 편지 Le idee e le lettere』를 출간함.

1977년 45세 『논문 잘 쓰는 방법 Come si fa una tesi di laurea』과 『제국의 변방에서』 출간함. 미국 예일 대학교 방문 교수를 지냄. 『매스컴과 미학』 개정판 출간함.

1978년 46세 미국 컬럼비아 대학교 방문 교수를 지냄.

1979년 47세 『이야기 속의 독자 Lector in fabula』 출간함. 『독자의 역할 The Role of the Reader』을 미국 인디애나 대학교 출판부와 영국 맥밀란 출판사에서 동시 출간함. 문학 월간지 『알파베타』를 공동 창간함. 국제기호학회 부회장을 역임함.

1980년 48세 소설 『장미의 이름Il nome della rosa』을 출간함. 〈나는 1978년 3월 독창성이 풍부한 아이디어에 자극받아 글쓰기를 시작했다. 나는 한 수도사를 망치고 싶었다〉는 말로 창작 배경을 설명함. 이 소설의 첫 번째 제목안은〈수도원 살인 사건〉이었으나 소설의 미스터리 측면에 과도하게 초점이 맞춰졌다고 판단, 데이비드 코퍼필드의 제목에서 영감을 받아〈멜크의 아드소〉를 두 번째 제목안으로 잡았다가 결국 좀 더 시적인〈장미의 이름〉이라는 제목을 선택함. 에코는 이 책이 열린 — 수수께끼 같고, 복잡하며 많은 해석의 층으로 열려 있는 — 텍스트로 읽히기를 원함. 이탈리아에서만 1년 동안 50만 부가 판매됨. 독일어판과 영어판은 각각 1백만 부, 2백만 부 이상이 판매되었으며, 세계 40개국 언어로 번역되어 2천만 부 이상이 판매됨. 에코의 이름이 전 세계에 알려지는 결정적 계기가 됨. 1987년에는 장 자크 아노 감독, 숀 코너리 주연으로 영화화됨. 미국 예일 대학교 방문 교수를 지냄.

1981년 49세 『장미의 이름』으로 스트레가상Premio Strega, 앙기아리상Premio Anghiari, 올해의 책상Premio Il Libro dell'anno 수상. 비매품으로 밀라노 공공 도서관의 『도서관에 대해De Bibliotheca』를 출간함. 몬테체리뇨네Monte Cerignone(이탈리아 중동부 해안과 산마리노 공화국에서 가까운 작은 소읍의 이름인데, 에코의 별장이 있는 곳)의 명예시민이 됨.

1982년 50세 『장미의 이름』으로 프랑스 메디치상(외국 작품 부문) 수상.

1983년 51세 『알파베타』에 발표했던 「장미의 이름 작가 노트Postille al nome della rosa」를 『장미의 이름』 이탈리아어 포켓판에 첨부함. 『욕망의 7년: 1977~1983년의 연대기』를 포켓판으로 출간함. 볼로냐 대학교 커뮤니케이션학 연구소 소장 역임. 피렌체 로터리 클럽에서 주는 콜럼버스상Columbus Award을 수상함.

1984년 52세 『기호학과 언어 철학Semiotica e filosofia del linguaggio』 출간함. 상파울루에서 『텍스트의 개념Conceito de texto』 출간함. 미국 컬럼비아 대학교 방문 교수를 지냄.

1985년 53세 『예술과 광고Sugli specchi e altri saggi』를 출간함. 유네스

코 캐나다 앤드 텔레클로브로부터 마셜 매클루언상Marshall McLuhan Award을 수상함. 벨기에 루뱅 가톨릭 대학교에서 명예박사 학위를 받음. 프랑스 정부로부터 예술 및 문학 훈장을 받음.

1986년 <u>54세</u> 볼로냐 대학교 기호학 박사 과정 주임 교수가 됨. 덴마크 오덴세 대학교에서 명예박사 학위를 받음.

1987년 <u>55세</u> 독일 콘스탄츠 대학교 출판부에서 『해석 논쟁*Streit der Interpretationen*』을 출간함. 『수용 기호학에 관한 노트*Notes sur la sémiotique de la réception*』를 출간함. 그동안 영어와 프랑스어로 썼던 다양한 글을 모아 중국에서 『구조주의와 기호학〔結構主義和符號學〕』출간함. 미국 시카고 로욜라 대학교와 뉴욕 시립 대학교, 영국 런던 왕립 미술 학교에서 명예박사 학위를 받음.

1988년 <u>56세</u> 두 번째 소설 『푸코의 진자*Il pendolo di Foucault*』를 출간함. 즉각적인 성공을 거두어 세계에서 가장 중요한 소설가의 반열에 올라섬. 미국 브라운 대학교에서 명예박사 학위를 받음.

1989년 <u>57세</u> 그동안 썼던 에세이를 모아 독일 라이프치히에서 『이성의 미로에서: 예술과 기호에 관한 텍스트*Im Labyrinth der Vernunft: Texte über Kunst und Zeichen*』를 출간함. 『1609년 하나우 거리의 이상한 사건*Lo strano caso della Hanau 1609*』 출간함. 산마리노 대학교의 국제 기호학 및 인지학 연구 센터 소장을 맡음. 1995년까지 같은 대학교의 학술 집행 위원회도 맡음. 파리 3대학교(소르본 누벨)와 리에주 대학교에서 명예박사 학위를 받음. 방카렐라상Premio Bancarella을 수상함.

1990년 <u>58세</u> 『해석의 한계*I limiti dell'interpretazione*』 출간함. 그동안 쓴 글을 모아 독일에서 『새로운 중세를 향해 가는 길*Auf dem Wege zu einem Neuen Mittelalter*』을 출간함. 영국 캠브리지 대학교에서 열리는 태너 강연회*Tanner Lectures on Human Values*를 함. 불가리아 소피아 대학교, 영국 글라스고우 대학교, 스페인 마드리드 콤플루텐스 대학교에서 명예박사 학위를 받음. 코스탄티노 마르모Costantino Marmo가 『장미의 이름』에 주석을 달아 책을 냄.

1991년 <u>59세</u> 『별들과 작은 별들*Stelle e stellette*』과 『목소리: 행복한 해

결 *Vocali: Soluzioni felici*』 출간함. 옥스퍼드 률리 하우스 1(지금의 켈로그 대학교)의 명예 회원이 됨. 「전쟁에 대한 한 생각 Pensare la guerra」을 『도서 리뷰 *La Rivista dei Libri*』에 발표함.

1992년 60세 『세상의 바보들에게 웃으면서 화내는 방법 *Il secondo diario minimo*』을 비롯해 『작가와 텍스트 사이 *Interpretation and Overinterpretation*』, 『메모리는 공장이다 *La memoria vegetale*』를 출간함. 파리의 프랑스 칼리지 방문 교수, 미국 하버드 대학교 노튼 강사를 지냈고, 유네스코 국제 포럼과 파리 문화 학술 대학교의 회원이 됨. 미국 캔터베리의 켄트 대학교에서 명예박사 학위를 받음. 어린이를 위한 책 『뉴 행성의 난쟁이들 *Gli gnomi di Gnu*』을 집필함.

1993년 61세 『유럽 문화에서 완벽한 언어의 탐색 *La ricerca della lingua perfetta nella cultura europea*』을 출간함. 1998년까지 볼로냐 대학교 커뮤니케이션학 학과의 주임 교수를 지냄. 인디애나 대학교에서 명예박사 학위를 받음. 프랑스의 레지옹도뇌르 Légion d'Honneur 훈장(5등) 수훈함.

1994년 62세 『하버드에서 한 문학 강의 *Six Walks in the Fictional Woods*』와 세 번째 소설 『전날의 섬 *L'isola del giorno prima*』 출간함. 룸리 R. Lumley가 『매스컴과 미학』의 일부 내용을 엮어 인디애나 대학교 출판부에서 영어판 『연기된 묵시파 *Apocalypse Postponed*』 출간함. 국제기호학회의 명예 회장이 되어 지금까지 맡고 있음. 볼로냐 학술 아카데미 회원이 됨. 이스라엘의 텔아비브 대학교, 아르헨티나의 부에노스아이레스 대학교에서 명예박사 학위를 받음.

1995년 63세 그리스의 아테네 대학교, 캐나다 온타리오 지방 서드베리에 있는 로렌시안 대학교에서 명예박사 학위를 받음. 「영원한 파시즘 Il fascismo eterno」을 컬럼비아 대학교의 한 심포지엄에서 발표함.

1996년 64세 추기경 카를로 마리아 마르티니 Carlo Maria Martini와 함께 『세상 사람들에게 보내는 편지 *In cosa crede chi non crede?*』 출간함. 파리 에콜 노르말 쉬페리외르 외래 교수를 역임함. 뉴욕 컬럼비아 대학교 이탈리아 아카데미 고급 과정 특별 회원을 지내고, 폴란드의 바르샤

바 미술 아카데미, 루마니아 콘스탄타의 오비두스 대학교, 미국 캘리포니아 산타클라라 대학교, 에스토니아의 타르투 대학교에서 명예박사 학위를 받음. 이탈리아에서 수여하는 〈명예를 드높인 대십자가 기사 Cavaliere di Gran Croce al Merito della Repubblica Italiana〉를 받음.

1997년 65세 『신문이 살아남는 방법 Cinque scritti morali』, 『칸트와 오리너구리 Kant e l'ornitorinco』를 출간함. 4월 예루살렘에서 개최된 〈세 개의 일신교에서의 천국 개념〉 세미나에 참석함. 프랑스 그레노블 대학교와 스페인의 카스틸라라만차 대학교에서 명예박사 학위를 받음.

1998년 66세 리베라토 산토로 Liberato Santoro와 함께 『조이스에 대하여 Talking of Joyce』 출간함. 뉴욕 컬럼비아 대학교 출판부와 런던에서 『언어와 광기 Serendipities: Language and Lunacy』 출간함. 『거짓말의 전략 Tra menzogna e ironia』 출간함. 캐나다 토론토 대학교에서 〈고조 Goggio 강연〉을 함. 모스크바의 로모노소프 대학교와 베를린 자유 대학교에서 명예박사 학위를 받음. 미국 예술 문예 아카데미 명예회원이 됨.

1999년 67세 볼로냐 대학교 인문학 고등 종합 학교의 학장으로 취임해 지금까지 맡고 있음. 독일 정부로부터 〈학문 및 예술에 대한 공적을 기리는 훈장〉을 수훈함. 다보스 세계 경제 포럼에서 크리스털상을 받음.

2000년 68세 에코는 평소에 미네르바라는 브랜드의 성냥갑에 해둔 메모를 정리해서 잡지 칼럼에 연재하곤 했는데, 이 칼럼을 모아 〈미네르바의 성냥갑 La Bustina di Minerva〉이라는 제목으로 출간함(한국어판은 『책으로 천년을 사는 방법』과 『민주주의가 어떻게 민주주의를 해치는가』로 분권). 실제 에코는 하루에 여러 갑의 담배를 피우고 밤늦게까지 일하며 손님들을 재미있게 해주고 무엇이든지 탐구하며 녹음기 틀기를 즐겨하는 성격의 소유자. 네 번째 소설 『바우돌리노 Baudolino』 출간함. 토론토 대학교 출판부에서 『번역의 경험 Experiences in Translation』을 출간함. 몬트리올의 퀘벡 대학교에서 명예박사 학위를 받음. 에스파냐의 오스투리아스 왕자상 Premio Principe de Asturias 수상함. 다그마와 바클라프 하벨 비전 97 재단상 Dagmar and Vaclav Havel Vision 97 Foundation Award 수상함.

2001년 69세 『서적 수집에 대한 회상Riflessioni sulla bibliofilia』 출간함. 개방 대학교에서 명예박사 학위 받음.

2002년 70세 『나는 독자를 위해 글을 쓴다Sulla letteratura』 출간함. 옥스퍼드 대학교 비덴펠트 강의 교수직과 이탈리아 인문학 연구소 학술 자문위원장을 맡음. 옥스퍼드의 세인트 앤 칼리지 명예회원이 됨. 미국 뉴저지의 러트거스 대학교, 이스라엘의 예루살렘 대학교, 시에나 대학교에서 명예박사 학위를 받음. 유럽 문학을 대상으로 하는 오스트리아 상 수상. 프랑스의 외국인 지중해상 수상.

2003년 71세 『번역한다는 것Dire quasi la stessa cosa』과 『마우스 혹은 쥐?: 협상으로서의 번역Mouse or Rat? Translation as Negotiation』을 출간함. 알렉산드리아 도서관 자문위원회 위원을 맡음. 프랑스 레지옹도뇌르 훈장(4등) 수훈함.

2004년 72세 비매품 『남반구 땅의 언어Il linguaggio della terra australe』 출간함. 다섯 번째 소설 『로아나 여왕의 신비한 불꽃La misteriosa fiamma della regina Loana』, 『미의 역사Storia della bellezza』 출간함. 프랑스 브장송의 프랑셰 콩테 대학교에서 명예박사 학위를 받음.

2005년 73세 이탈리아 남부 레조 칼라브리아의 메디테라네아 대학교에서 명예박사 학위를 받음. UCLA 메달을 받음.

2006년 74세 『가재걸음의 시대A passo di gambero』를 출간함. 이탈리아 인문학 연구소의 소장직을 맡음.

2007년 75세 『추의 역사Storia della bruttezza』 출간함. 슬로베니아 류블랴나 대학교에서 명예박사 학위를 받음.

2008년 76세 스웨덴의 웁살라 대학교에서 명예박사 학위를 받음.

2009년 77세 프랑스 문학 비평가 장 클로드 카리에르와 책의 미래에 관해서 나눈 대화를 엮은 책, 『책을 버려?Non sperate di liberarvi dei libri』를 출간함. 현재 볼로냐 대학교 명예 교수로 있음.

프랑스의 소르본 대학교, 미국의 브라운 대학교를 포함하여 세계 30여 개 대학교에서 명예박사 학위를 받았으며 초빙 교수로 강의하고 있음. 국제기호학회의 공식 저널인 『세미오티카 Semiotica』, 미국 듀크 대학교에서 발간하는 『포에틱스 투데이 Poetics Today』 외에도 『드그레 Degrés』, 『구조주의자 리뷰 Structuralist Review』, 『텍스트 Text』, 『커뮤니케이션 Communication』, 『정보의 문제 Problemi dell'informazione』, 『단어와 이미지 Word & Images』 등의 잡지와 저널의 편집 위원을 맡고 있음. 〈미국과 이탈리아를 위한 위원회〉와 〈이탈리아 아스펜 연구소〉 회원임. 유네스코, RAI의 실험적인 서비스 프로그램, 밀라노의 음악 음성학 센터, 밀라노 트리엔날레(1964), 몬트리올 엑스포(1967), 유럽 공동체 등과 공동 작업을 진행함. 〈해야 할 일이 많이 없으면 나는 어쩔 줄을 모른다〉고 밝히면서 여전히 역동적인 제스처를 구사하고 토론 중에 소리를 지르기도 하는 등 왕성한 활동을 하고 있음. 자신의 묘비명은 토마소 캄파넬라에게서 따온 인용문으로 쓰이기를 원하고 있음: 「기다려, 기다려.」「난 못해.」

움베르토 에코 마니아 컬렉션 6

가짜 전쟁

옮긴이 김정하는 한국외국어대학교 이탈리아어과를 졸업하고 이탈리아 시에나 국립대학원에서 박사 학위를 받았다. 현재 한국외국어대학교 유럽 연합 자료실 연구 교수로 재직 중이다. 옮긴 책으로 인드로 몬타넬리의 『로마 제국사』, 마리아 아쑨타 체파리 리돌피의 『중세 허영의 역사』, 카를로 진즈부르그의 『치즈와 구더기』(공역), 크리스토퍼 듀건의 『미완의 통일 이탈리아사』, 체사레 파올리의 『서양 고문서학 개론』 등이 있다.

지은이 움베르토 에코 **옮긴이** 김정하 **발행인** 홍지웅 **발행처** 주식회사 열린책들 **주소** 경기도 파주시 교하읍 문발리 499-3 파주출판도시 **대표전화** 031-955-4000 **팩스** 031-955-4004 Copyright (C) 주식회사 열린책들, 2009, *Printed in Korea*. ISBN 978-89-329-0899-1 94100 978-89-329-0875-5(세트) **발행일** 2009년 10월 30일 마니아판 1쇄

움베르토 에코 마니아 컬렉션 UMBERTO ECO MANIA COLLECTION

1. 중세의 미학 손효주 옮김 —『중세의 미와 예술』 신판
탁월한 중세 연구가 에코의 등장을 알린 중세 미학 이론서. 당시 에코의 나이는 26세. 젊은 에코는 이 책에서 중세의 문화 이론과 예술적 경험, 예술적 실제 간의 관계를 탐구하면서 신학과 과학, 시와 신비주의 등 그동안 분리되어 있었던 중세 미학의 이론들을 종합하고 있다.

2. 애석하지만 출판할 수 없습니다 이현경 옮김 —『작은 일기』 신판
농담과 철학, 그리고 문학적 감수성이 절묘하게 합성되어 있는 에코식 패러디의 결정판! 『성서』와 『오디세이아』는 출판하기에 부적절한 책으로 평가받고, 『롤리타』의 어린 소녀에 대한 동경은 할머니에 대한 성욕으로 바뀐다.

3. 매스컴과 미학 윤종태 옮김
대중문화의 주요 문제들을 다루는 동시에, 대중의 상상 세계를 사로잡았던 만화 혹은 대중 소설 속 영웅들을 흥미롭게 묘사하고 있다.

4. 구조의 부재 김광현 옮김 —『기호와 현대 예술』 신판
에코 기호학의 탄생을 알린 책. 이 책을 계기로 에코의 관심사는 중세 미학에서 점차 벗어나 일반적 문화 현상으로 확장되었고 자신의 기호학 이론을 체계화한다. 일반적인 기호학에서부터 사회 문화 전반에서 인식되고 있는 코드, 영화나 광고, 건축과 같은 현대 예술에서의 미학적인 메시지 분석 등을 다루고 있다.

5. 기호: 개념과 역사 김광현 옮김
기호학의 이론적 토대인 〈기호〉에 관해 명쾌하게 설명하고 있다. 다양한 기호의 개념 분석과 기호 이론 소개, 기호가 제기하는 철학적 문제 등을 자세히 다루고 있다. 기호학 입문서로 손색이 없다.

6. 가짜 전쟁 김정하 옮김
일상에서 발견할 수 있는 〈기호〉의 개념을 추적한 책. 에코는 완벽한 진짜는 완벽한 가짜와 통한다고 말한다.

7. 일반 기호학 이론 김운찬 옮김
기호학자로서 정점에 올라선 에코가 진단하는 기호학의 가능성과 한계. 유럽에서 기호학이 본격적으로 관심을 끌던 시기에 출간되었는데 에코 스스로 자신의 기호학 서적 가운데 〈결정적〉인 것이라고 강조한다.

8. 대중문화의 이데올로기 김운찬 옮김 —『대중의 슈퍼맨』 신판
슈퍼맨이 나타나야 하는 이유? 본드걸이 죽어야 하는 이유? 바로 대중이 욕망하기 때문이다. 에코는 이 책에서 소설 속 영웅들의 탄생과 기능을 대중문화의 구조와 연결하고 분석한 뒤, 소설이 반영하는 시대와 그 시대를 넘어서는 문화 구조의 본질을 파헤친다.

9. 논문 잘 쓰는 방법 김운찬 옮김
논문 제대로 쓰고 싶은 학생들을 위해 논문 작성의 대가 에코가 나섰다. 공부하는 법, 글을 쓰는 기술, 정리된 사고를 하는 법 등 논문을 쓰기 위해 필요한 실질적 테크닉과 논문 작성 노하우들을 공개한다.

10. 이야기 속의 독자 김운찬 옮김 —『소설 속의 독자』 신판
에코가 우연히 접한 아주 짧은 텍스트에서 이 책의 모든 논의가 시작된다. 함정과 반전이 도사리고 있는 그 텍스트를 접하는 순간 대부분의 독자는 당황스러움과 모순을 느끼게 되고, 에코는 그러한 독자들의 반응을 토대로 텍스트와 독자 사이에 벌어지는 신경전을 치밀하게 추적한다.

11. 장미의 이름 작가 노트 이윤기 옮김 —『장미의 이름 창작 노트』 신판
『장미의 이름』을 읽지 않은 독자라면, 읽게 될 것이고, 이미 읽은 독자라면, 또다시 읽게 될 것이다. 『장미의 이름』을 집필하기 위해 놀라울 정도로 치밀하고 논리적인 계획을 세운 에코의 열정을 이 작가 노트에서 확인하는 순간!

12. 기호학과 언어 철학 김성도 옮김
현대 기호학의 핵심 이슈를 다루고 있다. 특히 일반 기호학의 접근법인 기호와 세미오시스라는 두 가지 이론적 대상을 분석하고 있는데, 에코는 이 책에서 두 개념이 서로 양립할 수 있음을 보여 준다.

13. 예술과 광고 김효정 옮김
미학 논문, 대중문화의 현상을 분석한 글, 텍스트 비평, 철학 및 기호학에 관한 글이 실려 있다.

14. 해석의 한계 김광현 옮김
문학에서의 〈해석〉이라는 문제를 기호학, 철학의 관점에서 인식하고 그 한계와 조건을 살펴보고 있는 이 책은 서양사를 이끌어 온 문헌학 발전의 역학 관계를 파헤친다.

15. 세상의 바보들에게 웃으면서 화내는 방법 이세욱 옮김
에코는 이 책에서 유머 작가가 되고, 상대방의 얼을 빼는 논객이 되고, 썰렁한 웃음도 마다 않는 익살꾼이 되어 우리가 사는 삶의 실상과 빠른 변화의 시기에 상처받지 않고 살기 위한 처세법을 유쾌하게 이야기한다.

16. 작가와 텍스트 사이 손유택 옮김 ─『해석이란 무엇인가』 신판
움베르토 에코를 비롯하여 실용주의 철학자 리처드 로티, 탈구조주의자 조너선 컬러 등이 1978년 케임브리지 대학교에서 열린 〈해석과 초해석〉이라는 주제의 태너 강연회에서 발표한 글들이 실려 있다.

17. 하버드에서 한 문학 강의 손유택 옮김 ─『소설의 숲으로 여섯 발자국』 신판
에코가 하버드 대학교에서 한 여섯 번의 강의를 재구성하여 출간한 것으로 독자는 책을 읽는 데 필요한 요소들은 무엇인지, 어떤 관점에서 〈이야기〉에 접근해야 하는지, 저자와 독자 사이에는 어떤 관계가 있는지 밝히고 있다.

18. 세상 사람들에게 보내는 편지 이세욱 옮김 ─『무엇을 믿을 것인가』 신판
에코는 비신앙인의 입장에서, 마르티니 추기경은 신을 믿는 사람의 입장에서, 모든 이념적, 윤리적 근거와 희망을 잃어버린 채 새로운 천 년을 맞게 된 우리의 문제에 관해 편지를 주고받는다.

19. 신문이 살아남는 방법 김운찬 옮김 ─『누구를 위하여 종은 울리나 묻지 맙시다』 신판
텔레비전과 인터넷에 밀려 좌초 위기에 빠진 신문의 생존 전략을 명쾌하게 제시한다. 이탈리아 신문을 예로 들고 있지만, 한국의 신문에도 그대로 적용된다. 전쟁과 파시즘의 문제 등 현대 사회의 다양한 이슈도 다루고 있다.

20. 칸트와 오리너구리 박여성 옮김
우리가 어떻게 사물을 인식하고 명명하는가라는 고전적인 철학의 핵심 문제를 기호학적으로 접근해 풀어낸 책

21. 언어와 광기 김정신 옮김
인간의 역사를 형성해 온 실수의 층들이 위트와 박학, 놀라운 명석함으로 하나씩 벗겨진다. 신세계로 향하는 콜럼버스의 항해를 비롯해 장미 십자회와 성당 기사단의 비밀 그리고 전설적인 바벨 탑에 대해 고찰하는 이 책은 언어와 사고의 기이한 역사를 파노라마처럼 펼쳐 보인다.

22. 거짓말의 전략 김운찬 옮김 ─『낯설게하기의 즐거움』 신판
거짓말로 시작해 거짓말로 끝나는 이 책은 아이러니하게도 거짓말을 통해 진실을 밝히는 작업 또는 진실의 이면에 숨은 거짓을 드러내는 작업을 시도한다.

23. 책으로 천년을 사는 방법 김운찬 옮김 ─『미네르바 성냥갑』 신판
『세상의 바보들에게 웃으면서 화내는 방법』에 이은 촌철살인 세상 읽기! 글을 잘 쓸 수 있는 방법을 비롯해 책이 중요한 이유 등을 에코 특유의 익살스러운 문체로 풀어 냈다.

24. 민주주의가 어떻게 민주주의를 해치는가 김운찬 옮김 ─『미네르바 성냥갑』 신판
인권과 자유권, 평등권 등을 근본으로 삼는 민주주의는 현대 사회에서 가장 이상적인 사상으로 평가받지만, 에코는 그 민주주의 틈새를 파고들어 민주주의가 민주주의를 해치는 아이러니한 현장을 포착해 낸다.

25. 나는 독자를 위해 글을 쓴다 김운찬 옮김 ─『움베르토 에코의 문학 강의』 신판
글쓰기의 진짜 즐거움이란 〈하나의 세계를 만든다〉는 것 글은 오로지 〈독자〉를 위해 쓰는 것이지 자기 자신을 위해서만 쓸 수 없다는 에코의 주장은 문학의 존재 이유를 매혹적으로 드러낸다.

번역한다는 것 (가제) 김운찬 옮김
It's raining cats and dogs라는 영어 문장을 개들과 고양이들이 비온다로 옮기는 번역가는 분명 멍청이일 것이다. 그러나 에코는 생각을 바꿔 보라고 조언한다. 만약 그 책이 공상 과학 소설이며 정말로 개와 고양이들이 비처럼 쏟아진다고 이야기하는 것이라면? 오로지 에코 자신의 경험을 바탕으로 번역의 의미에 대해 서술하는 책

가재걸음의 시대 (가제) 이세욱 옮김
전쟁과 평화, 파시즘, 인종 차별주의 등 20세기 초반에 나타난 사회 문화적 현상 전반에 대한 에코의 진단과 분석. 앞으로 나아가지 못하고 가재처럼 뒷걸음질치는 세태를 풍자하고 있다.

책을 버려? (가제) 임호경 옮김
움베르토 에코와 프랑스 문학 비평가 장 클로드 카리에르가 책의 미래에 관해서 나눈 대화를 엮은 책